Viktor Schultze

**Geschichte des Untergangs des griechisch-römanischen Heidentums**

1. Band

Viktor Schultze

**Geschichte des Untergangs des griechisch-römanischen Heidentums**
*1. Band*

ISBN/EAN: 9783743660809

Hergestellt in Europa, USA, Kanada, Australien, Japan

Cover: Foto ©ninafisch / pixelio.de

Weitere Bücher finden Sie auf **www.hansebooks.com**

# Geschichte des Untergangs

des

# griechisch-römischen Heidentums

## I.

## Staat und Kirche im Kampfe mit dem Heidentum.

Von

## Victor Schultze,

Professor an der Universität Greifswald.

—>=<—

Jena,

Hermann Costenoble.

1887.

# Vorwort.

Die Geschichte der alten Kirche ist die Geschichte einer aufgehenden und einer untergehenden Religion. Zwischen beiden besteht eine Beziehung, aber die Form dieser Beziehung war naturgemäß der Kampf.

Die erste Phase dieses Kampfes, in populärer Sprachweise als Geschichte der Christenverfolgungen bezeichnet, hat in der kirchengeschichtlichen Forschung und Darstellung fast ununterbrochen in hervorragender Weise Beachtung gefunden. Doch in demselben Maße ist der weitere Fortgang der Entwickelung, die in Konstantin d. Gr. ihre entscheidende Wendung nimmt, aus dem Gesichtskreis der theologischen Wissenschaft zurückgetreten. Nur von weitem und in ihren Umrißlinien wird diese bedeutsame Geschichte sichtbar. Denn es ist eine bedeutsame Geschichte, obschon nicht für die landläufige Auffassung, welche die Kirchengeschichte als theologische Geschichte versteht. In Wahrheit ist die Kirchengeschichte Welt- und Volksgeschichte und das Theologische an ihr nur eine Eigenschaft, nicht ihr Wesen.

Zwei französische Gelehrte, Beugnot und Chastel, haben das Verdienst, das bis dahin noch fast ganz unbekannte

Gebiet erschlossen zu haben. Jener hat den Untergang des Heidentums im Occident (Histoire de la destruction du Paganisme en Occident 1835), dieser im Orient (Histoire de la destruction du Paganisme dans l'empire de l'Orient 1850) in dem allgemeinen Gange und in manchen Einzelheiten verfolgt. Doch können beide Arbeiten angesichts der vorgeschrittenern Forschung und Erkenntnis nicht mehr genügen. Gerade an den wichtigsten Punkten sind sie über= holt. Damit ist der Versuch gerechtfertigt, den Gegenstand von neuem zu behandeln.

Ich habe von vornherein darauf verzichtet, in allen Fällen mit abweichenden Meinungen mich auseinanderzusetzen. Mehr gilt mir immer das sicher gestellte Zeugnis der Quellen als jede Reflexion darüber.

Ich scheue das Geständnis nicht, bei der Ausarbeitung dieses Buches mehr von den Welthistorikern als den Kirchen= historikern gelernt zu haben.

Der vorliegende erste Band behandelt die auf die Ver= nichtung des klassischen Heidentums gerichteten staatlichen und kirchlichen Anordnungen und Maßnahmen von Kon= stantin d. Gr. an bis zur Zeit Justinians. Der zweite ab= schließende Teil soll den Rückgang des Hellenismus in den verschiedenen Ländern und auf den wichtigeren Lebens= gebieten aufzeigen.

# Inhaltsverzeichnis.

## Vierte Abteilung.

---

# Einleitung.

## Das Christentum am Eingange des vierten Jahrhunderts.

Im Jahre 260 gab eine unglückliche Schlacht jenseits des Euphrats den Kaiser Valerianus in die Hand seines Gegners, des Sassaniden Schapur. Es war ein Ereignis von weittragender Bedeutung. Das Reich verlor einen kräftigen Herrscher, die Kirche einen rücksichtslosen Verfolger. Der Sohn und Erbe des gefangenen Kaisers, Gallienus, hatte nicht die Fähigkeit, das eine, und nicht den Willen, das andere zu sein, und die Folge war, daß unter ihm das Reich verdarb und die Kirche aufblühte.

Die Lage, in welche Gallienus bald nach seinem Regierungsantritte die Kirche brachte und erhielt, war nicht ohne Analogie vor ihm und ist nach ihm dieselbe geblieben bis zum Ausbruche der diokletianischen Verfolgung. Ihre Eigentümlichkeit besteht darin, daß die neue Religion durch das Gesetz ausgeschlossen, in Wahrheit aber in vollem oder beschränkterem Umfange geduldet wurde. Der Widerspruch, welchen diese Thatsache in sich trägt, ist weder diesem noch andern Herrschern, welche dieser Politik folgten, ver-

borgen geblieben, aber nicht Jeder mochte oder konnte die
eine der beiden allein möglichen Lösungen wagen, Anerkennung
oder Ausrottung des Christentums.

Unter diesem eigentümlichen Kompromisse ersetzte die Kirche
seit Galliens nicht nur rasch die Verluste, die sie unter
Valerianus erlitten, sondern erweiterte auch in rühriger Arbeit
und mit wachsendem Erfolge die Grenzen ihres Gebietes und
festigte ihre innere Organisation. So gedieh sie zu dem
blühenden Zustande, den ein Kirchenschriftsteller des vierten
Jahrhunderts mit rühmenden Worten rhetorisch schildert.[1])
Die diokletianische Verfolgung hat, wie schwer sie auch ein
zelne Gebiete und Gemeinden traf, diesen Macht= und Besitz
stand nicht wesentlich zu verändern vermocht. Sie war wie
ein Schlag auf einen Ball, dessen Oberfläche sich wieder
glättet, sobald der Druck aufhört. Die Tausende, die der
Kirche im Oriente und sonst im Schrecken vor den Blut
edikten verloren gingen, kehrten zurück, als diese außer
Wirkung gesetzt wurden. Für den Westen trat außerdem
schon nach kaum zwei Jahren mit der Abdankung Maximians
eine Wendung zum Bessern ein, und Gallien und Britannien
hielt Constantius Chlorus fast ganz außerhalb des Bereichs
der Erschütterungen. Auch die östlichen Gemeinden, die
länger und empfindlicher den Wechselfällen der Verfolgung
ausgesetzt waren, erholten sich in kurzer Zeit wieder.

Die Beschaffenheit der Quellen verwehrt es leider, die
Zahl der Christen im ganzen Reiche etwa im zweiten Dezen=
nium des vierten Jahrhunderts mit einiger Sicherheit ab=
zuschätzen. Bestimmte Daten, auf denen zu fußen wäre,
fehlen. Nur hier und da treten deutlichere Umrisse hervor,

---

[1]) Euseb. H. E. VIII, I.

die unter den gegebenen Verhältnissen von um so größerem
Werte sind.

Der eigenartige Boden, welchen in Nordafrika das
Ineinandergreifen älterer und neuerer Kulturen geschaffen
hatte, erwies sich in einer im Abendlande sonst beispiellosen
Weise fruchtbar für das Christentum. Bereits am Ausgange
des zweiten Jahrhunderts besaß dieses in Karthago, aber
auch in der Landschaft, in allen Ständen zahlreiche feste
Punkte[1]) und wußte mit einer Schnelligkeit und Sicherheit
die gemeindliche Organisation durchzuführen, daß bereits in
den ersten Jahrzehnten des dritten Jahrhunderts in der
Proconsularis, in Numidien und Mauretanien über 70 geordnete Bistümer bestanden.[2]) Das lebhafte religiöse und
theologische Interesse, welches diese Gemeinden bekunden und
das in der wissenschaftlichen und populären Literatur nicht
minder wie in kirchlichen Erscheinungen und Bewegungen zu
Tage kommt[3]), zeigt die nordafrikanische Kirche auch in der

---

[1]) Einzelne Aussagen Tertullians, wie viel man auch von ihnen abzu-
ziehen ein Recht hat, noch mehr seine Schriften, in ihren Voraussetzungen
sowohl wie in ihren realen Angaben, sind das ausreichende Beweis-
material hierfür; auch auf die alten Märtyrerakten kann verwiesen
werden.

[2]) Eine unter dem um die Wende des 2. und 3. Jahrh. lebenden
karthagischen Bischofe Agrippinus gehaltene Synode versammelte nach einer
Angabe Augustins (de baptismo II, 13) 70 Bischöfe, und dabei blieb die
Provinz Mauretania unvertreten (Cyprian. Ep. 73 ed. Acad. Vind.)
Cyprian redet (a. a. O.) allgemein von episcopi plurimi, doch widerspricht
dieser Ausdruck nicht der obigen Zahlenangabe, da auch in den Sententiae
episcoporum LXXXVII de haereticis baptizandis auf diese noch
größere Zahl mit episcopi plurimi zurückgewiesen wird (Cyprian. opp.
I. S. 435).

[3]) An einer vorcyprianischen Synode zu Lambesa beteiligten sich
90 Bischöfe (Cyprian. Ep. 59), i. J. 252 an einem karthagischen
Konzil 66 (Cyprian. Ep. 64), an einem andern im Jahre 256 eben-

zweiten Hälfte jenes Jahrhunderts auf aufsteigender Bahn
und macht erklärlich, daß im Jahre 330 die Donatisten allein
eine Synode von 270 Bischöfen zusammenbringen konnten.
Es dürfte demnach wohl die Summe der Bistümer vor dem Aus=
bruche des donatistischen Schismas, das vielfach doppelte Epis=
kopate schuf, auf 200 abzuschätzen sein, was eine Zahl von min=
destens 100,000 Christen, also ungefähr 2 Prozent der Gesammt=
bevölkerung — diese zu 8½—9 Millionen gerechnet — ergeben
würde. [1]) Die Hauptmasse saß in der Proconsularis, die in kultu=
reller Beziehung den übrigen Provinzen voranstand und die
dichteste Bevölkerung hatte, und hier wiederum nahm Karthago,
das im dritten Jahrhundert an Volksmenge und Reichtum allein
von Rom übertroffen wurde und demnach eine Bevölkerung
von über einer halben Million gehabt haben muß, die her=
vorragendste Stellung ein. Dann folgt Numidien, in dritter
Reihe die beiden Mauretanien. Die Bistümer lagen fast
ausnahmslos in den Städten des Landes; das Christentum
trug also auch hier den städtischen Charakter, der ihm in
den ersten Jahrhunderten überhaupt eignet. Doch liegt in der
Geschichte des donatistischen Schismas ein deutlicher Hinweis,

daselbst 71 (Ep. 73) und an einem zweiten in demselben Jahre 87
(Cyprian. opp. I S. 435, wo die Namen und die Orte angegeben sind).
In eben diesem Jahre erwähnt Cyprian in einem Briefe (Ep. 73) tot
milia haereticorum in provinciis nostris ad ecclesiam
conversi.

[1]) Münter (Primordia ecclesiae Africanae, Hafniae 1829
S. 24) kommt auf anderem Wege zu dem Ergebnis, daß um das Jahr
200 die Zahl der Christen in Nordafrika gegen 100,000 betragen haben
könne. Seine Abschätzung ist also eine ähnliche. Auch sei noch darauf
hingewiesen, daß noch i. J. 484, also nach der vandalischen Verwüstung
die Zahl der nordafrikanischen Bistümer mit Einschluß freilich der
Cyrenaica, nach der Notitia provinciarum Africae (Böcking, Not.
dign. II S. 454) 297 betrug.

daß der neue Glaube auch in der Landbevölkerung weithin Eingang gefunden hatte.

Weit weniger günstig müßte die äußere Lage und die numerische Stärke der Kirche um diese Zeit in Spanien gewesen sein, wenn die nur von 19 Bischöfen und 24 Presbytern besuchte Synode zu Elvira im Jahre 305 oder 306 wirklich eine allgemeine spanische gewesen wäre. Die Wahl des Ortes im Süden der südlichsten Provinz und die fast ausschließliche Zusammensetzung der Versammlung aus Bischöfen der Bätica und der Tarraconensis weisen indeß davon ab. Trotzdem behalten die Akten einen Wert für unsere Untersuchung.[1] Die scharfe Sprache, welche sie dem Heidentume gegenüber führen, das mannigfache Verflochtensein der christlichen Gesellschaft mit der heidnischen, das sie bezeugen, endlich die schweren sittlichen Schäden innerhalb des geistlichen und des weltlichen Standes, die sie zu strafen für notwendig erachten, sichern mit andern Einzelheiten[2] die Existenz einer

[1] Die Akten bei Gams, Die Kirchengeschichte von Spanien, 2. Bd. Regensburg 1864 S. 21 ff. Daselbst auch Untersuchungen über die Ortsnamen und ihre lokale Fixirung. Die 24 Presbyter gehören ebenfalls meistens der Bätica an. Daß sie als Vertreter von Bischöfen erschienen, ist nicht wahrscheinlich, denn es heißt gleich am Eingange der Akten: episcopi universi dixerunt.

[2] Dazu zähle ich Kan. 15: propter copiam puellarum gentilibus minime in matrimonium dandae sunt virgines christianae, ne aetas in flore tumens in adulterium animae resolvatur. Das setzt doch eine starke christliche Bevölkerung voraus. Ferner Kan. 21: si quis in civitate positus tres dominicas ad ecclesiam non accesserit, pauco tempore abstineatur, ut corruptus esse videatur. Die immerhin milde Verordnung rechnet offenbar nicht mehr mit kleinen Kreisen von Christen, sondern mit größern Massen, in denen das Gefühl der Zusammengehörigkeit sich bereits abzuschwächen begonnen hat. Auch der über die Bilder handelnde bekannte 36. Kanon läßt auf Verhältnisse raten, die sich schon längst

zahlreich und weit in das Land eingegossenen Christenheit,
die in den untern Volksschichten in gleicher Weise ihre Ange=
hörigen hatte wie in den obern. [1] Zudem gewinnt man aus
den Synodalbestimmungen das Bild einer kräftigen, selbst=
bewußten Kirche, die das Gefühl hat, auf fester Unterlage
zu stehen, und mit klaren Zielen arbeitet. Auch die That=
sache, daß die Synode in Bätica — denn das ist anzunehmen —
angeregt und in einer Stadt dieser Provinz abgehalten wurde,
ist nicht Zufall; sie hat ohne Zweifel, worauf auch die In=
schriften weisen [2], ihren Grund darin, daß in dieser dichtbe=
völkerten und am meisten romanisirten Landschaft die Kirche
im Volkstume den breitesten Boden hatte und sei es hierdurch,
sei es durch Bedingungen anderer Art in der spanischen
Christenheit die Führerschaft besaß. In zweiter Linie folgt
die Tarraconensis, die schon zur Zeit Strabons gleichfalls
stark romanisirt war. In den dünn bevölkerten und noch
vielfach barbarischen Nordprovinzen dagegen scheint das Christen=
tum vorläufig nur kümmerlichen Fortgang gefunden zu haben.
Daher dürfte bei einer Gesamtbevölkerung von 9—10
Millionen die Zahl der Christen höchstens auf etwa 50,000
zu setzen sein. Nächst Nordafrika scheint Italien die größte

breit und behaglich gestaltet hatten. Ebenso ist Kan. 60 de his, qui
destruentes idola occiduntur und Kan. 19 de clericis negotia
et nundinas sectantibus charakteristisch für die Lage. Kan. 41
werden Christen als Besitzer einer größeren Anzahl von Sklaven vor=
ausgesetzt.

[1] Z. B. Kan. 2. 3. 40. 41. 49. 56.

[2] Unter den von Hübner, Inscriptiones Hispaniae christianae (Berol. 1877) gesammelten spanischen Inschriften des 4.—6.
Jahrh. entfallen auf Bätica allein 90, auf die viel umfangreichere
Tarraconensis gegen 60, auf Lusitania 44. Das zeigt das Übergewicht
der erstgenannten Provinz auch noch in späterer Zeit.

Anzahl christlicher Gemeinden gehabt zu haben. In weit
höherem Grade, als dort der Fall war, stand dieses Land
dem Weltverkehre offen und genoß nicht minder im internen
Verkehr alle Vorzüge einer bequemen Kommunikation. Die
erste Stelle nimmt Rom ein. Hier war im Laufe der Zeit
eine mächtige Gemeinde herangewachsen, die am Anfange des
vierten Jahrhunderts gegen 20 gesonderte Begräbnisplätze be=
saß und brauchte. Die Vermutung, daß in den untern
Schichten der Bevölkerung das christliche Bekenntnis überwog,
dürfte kaum irren. Auch wenn die Mitteilung des Eusebius [1]),
daß Maxentius, um dem römischen Volke zu schmeicheln, die
Christenverfolgungen seines Vorgängers 306 einstellte, in
ihrer Zuverlässigkeit, also auch in ihrer Tragweite nach dieser
Seite hin beanstandet werden sollte, so bleibt immerhin als
Grundlage für jene Vermutung die Thatsache bestehen, daß
unter demselben Maxentius die christliche Bevölkerung, in der
Frage der Bußpraxis gespalten, in den Straßen Roms in
förmlichen Kämpfen zusammenstieß und sich blutige Schlachten

---

[1]) Euseb. H. E. VIII, 14: Μαξέντιος, ὁ τὴν ἐπὶ Ῥώμης
τυραννίδα συστησάμενος, ἀρχόμενος μὲν τὴν καθ᾽ ἡμᾶς πίστιν
ἐπ᾽ ἀρεσκείᾳ καὶ κολακείᾳ τοῦ δήμου Ῥωμαίων
καθυπεκρίνατο, ταύτῃ τε τοῖς ὑπηκόοις τὸν κατὰ Χριστιανῶν ἀνεῖναι προστάττει διωγμόν, εὐσέβειαν ἐπιμορφάζων.
καὶ ὡς ἂν δεξιὸς καὶ πολὺ πρᾶος παρὰ τοὺς προτέρους
φανείη. Berechtigten Zweifeln kann m. E. diese Angabe nicht unter-
liegen. Daß die Bischöfe Marcellinus und Marcellus nicht in der Papst-
gruft beigesetzt wurden, giebt keinen zureichenden Grund ab für die
Annahme, daß die loca ecclesiastica damals noch nicht zurückgegeben
worden seien (Kraus, Roma sott. 2. Aufl. S. 162 ff.; Real=Encykl. d.
christl. Altertümer S. 247 b)

lieferte. [1]). Das wird aber nur bei der Voraussetzung einer Mehrheit von Christen in den hier in Betracht kommenden Volksklassen verständlich. In einer Gemeinde, die schon um die Mitte des dritten Jahrhunderts nicht weniger als 154 Kleriker hatte und in ihrem eigenen Schoße über 1500 Bedürftige unterhielt und dazu noch reiche Gaben nach auswärts sandte [2]), kann eine Fortentwickelung mit solchem Abschluß bereits nach einem halben Jahrhundert nicht auffallen. Auch in den mittlern Volksschichten, in dem Durchschnittsbürgertum war das Christentum damals ohne Zweifel weit vorgeschritten: anders begreift sich nicht, daß von einem ernsten Widerstande dieser Kreise gegen das Christentum nachmals nichts bemerkbar wird. Hartnäckiger hielt sich der alte Glaube in der römischen Aristokratie. So wird in Rom mit nicht geringerer Sicherheit als in Nordafrika eine allgemeine Schätzung gewagt werden können: die Zahl der Christen dürfte hier annähernd den siebenten Teil der gesamten Einwohnerzahl betragen haben, also ungefähr 100,000. [3]) Eine

---

[1]) Die darauf bezüglichen damasinischen Inschriften bei Lipsius, Chronologie d. röm. Bischöfe S. 251. Die hier in Betracht kommenden Worte der einen lauten: Hinc furor, hinc odium sequitur, discordia, lites ; Seditio, caedes : solvuntur foedera pacis; der andern: Scinditur in partes populus gliscente furore Seditio, caedes, bellum, discordia, lites.

[2]) Euseb. H. E. VI, 43; IV, 23: VII, 5. Döllinger (Hippolytus und Kallistus, Regensb. 1853 S. 124) schätzt die Zahl der römischen Christen um die Mitte des 3. Jahrh. auf 50,000 ab, was jedenfalls zu niedrig ist.

[3]) Im Monum. Ancyranum tab. III v. 15 ff. (herausg. v. Mommsen 1883 S. 58) wird die Zahl der plebs urbana, womit die Gesamtheit der Bürger mit Ausnahme der Ritter und Senatoren sowie der Frauen und Mädchen gemeint ist, auf 320,000 Köpfe angegeben; wie rapide aber unter Augustus die Volksmenge stieg, zeigt Mommsen a.

Vergleichung mit den entsprechenden Verhältnissen der jüdischen Gemeinde in Rom ist geeignet, die Wahrscheinlichkeit dieser Berechnung noch zu heben.

Als Philo von Alexandrien im Jahre 39 oder 40 n. Chr. als Führer einer Deputation in Rom eintraf, schlossen sich dieser nicht weniger als 8000 römische Juden an[1]; darnach und nach andern Nachrichten muß sich die Zahl der römischen Juden auf mindestens 20—30,000 Seelen belaufen haben.[2] Und doch war diese Gemeinde damals erst gegen 100 Jahre alt, denn ihrer Hauptmasse nach hat sie sich erst diesseits des Jahres 63 v. Chr., wo Pompejus mit zahl= reichen jüdischen Gefangenen aus dem sog. ersten jüdischen Kriege heimkehrte, gebildet. Unter wesentlich günstigern Be= dingungen stehend, muß aber die römische Christengemeinde, die schon im Jahre 64 die Zahl 1000 gewiß erreichte[3],

— —

a. L. S. 60. Bunsen (Beschreibung d. Stadt Rom I S. 184) taxiert die Zahl der freien Bürger auf 650,000, mit Einschluß der Sklaven auf 1,300,000. Ähnlich Wietersheim (Geschichte d. Völkerwanderung I S. 265): „nicht merklich über 1½ Millionen." Dagegen Beloch (Bei trägе zur Bevölkerungslehre I S. 392 ff.) auf 600—810,000, was die größte Wahrscheinlichkeit hat. Die Sklavenschaft kann, wo es sich um Abschätzung der Christengemeinde handelt, nur zum geringsten Teile in Rechnung gezogen werden.

[1] Joseph. Ant. XVII, 11, 1.

[2] Scherlen, (Entstehung und erste Schicksale d. Christengem. in Rom, Tüb. 1874 entscheidet sich für „mindestens 30,000 Seelen": Hausrat, Neut. Zeitgesch. (1874) 3. Teil für 40,000 unter Augustus und 60,000 unter Tiberius.

[3] Tacitus (Ann. XV, 44) spricht von einer multitudo ingens derer, welche in der neronischen Verfolgung festgenommen und verurteilt wurden. Daneben stand doch eine gewiß ebenso große Zahl von Frauen, Kindern und solchen Christen, die nicht zur Rechenschaft ge= zogen wurden. Sonst hätte sich die Gemeinde nicht so schnell wieder reorganisieren können, wie das der erste Clemensbrief voraussetzt.

in fast 300 Jahren in bedeutend rascherer Progression sich
gemehrt haben. Was Eusebius [1]) von dem überraschend schnellen
Wachstum der christlichen Gemeinden in der Zeit vor der
diokletianischen Verfolgung und von der Notwendigkeit berichtet, zu den vorhandenen Basiliken neue aufzuführen, um
für die Menge der aus dem Heidentume Herzuströmenden
Raum zu schaffen, bestätigt für Rom die durchaus unver-
fängliche Mitteilung des Papstbuches, daß Marcellus (307—309)
infolge der zahlreichen Übertritte zum Christentume sich veranlaßt sah, eine neue städtische Diöcesaneinteilung in 25
Parochieen vorzunehmen. [2])

Wie weit dagegen das Christentum in dem übrigen
Italien und auf den umliegenden Inseln ausgebreitet war,
läßt sich nicht mit derselben Wahrscheinlichkeit überschlagen.
Cornelius brachte in Sachen des novatianischen Schismas
im Jahre 251 in Rom eine Synode von 60 Bischöfen und
„noch mehr Presbytern und Diakonen" [3]) zusammen, die
wohl ausnahmslos Italien und seinen Inseln angehörten.
Die Zahl ist gering, wenn man die analogen Verhältnisse
in Nordafrika in Anschlag bringt. Zu welcher Höhe dieselbe
in der Folge bis zur Zeit Konstantins gewachsen ist, läßt
sich unmittelbar nicht erkennen; als ein Fingerzeig können
indes die Angaben des Papstbuches über die von Marcellus,
Eusebius und Miltiades in einem Zeitraume von ungefähr

---

[1]) Euseb. H. E. VIII, 1.

[2]) Die Worte lauten: hic fecit cymeteria in via Salaria et
XXV titulos in urbe Roma constituit, quod (= *quasi*) dioeceses
propter baptismum et poenitentiam multorum, qui converte-
bantur ex paganis et propter sepulturas martyrum. (Die letzten
Worte et propt. sep. mart. beziehen sich auf die erste Aussage über
die neu eingerichteten Grabstätten.)

[3]) Euseb. H. E. VI, 43.

6½ Jahren vorgenommenen bischöflichen Ordinationen gelten.
Darnach betrug die Zahl derselben 46, was immerhin auf
eine große Blüte der italischen Kirche hindeutet. Man könnte
freilich aus dem Umstande, daß auf dem Konzil zu Arles
314 die Kirche Italiens nur durch ungefähr ein Dutzend
Bischöfe vertreten war[1]), auf einen niedrigen Stand der
außerrömischen italienischen Christenheit schließen, wenn nicht
über dieselbe donatistische Angelegenheit schon vorher in Rom
im Beisein 15 italienischer Bischöfe und des römischen Bischofs
verhandelt worden wäre. Unter den Bistümern, die gelegentlich genannt werden — ihre Zahl beträgt gegen 20 — tritt
Unteritalien auffallend zurück. Doch kann das Zufall sein.
Da jedenfalls die kirchliche Lage in Italien ungleich günstiger
war, als in Spanien und schwerlich bedeutend ungünstiger
als in Nordafrika, so würde sich bei der Voraussetzung einer
Gesamtbevölkerung von 9 Millionen (wobei Rom ausgeschlossen ist) eine Zahl von mindestens 100,000 Christen ergeben, also für ganz Italien mit Einschluß Roms als Ge-
samtsumme niedrigst 200,000.[2]) Auf den umliegenden
Inseln treten, wenn man von Syrakus absieht, größere Gemeinden nicht hervor.[3])

---

[1]) Mansi II S. 476 f.

[2]) Wietersheim (a. a. O. I S. 204) berechnet die Gesamtbevölkerung Italiens in der Kaiserzeit auf mindestens 11 Millionen.
Obwohl darin auch die Peregrinen und die Sklaven eingeschlossen sind,
scheint diese Zahl zu hoch; vgl. Beloch a. a. O. S. 413 ff.

[3]) Auf eine nicht unbedeutende Christengemeinde in Syrakus führt
die älteste Katakombe der Gemeinde, die ich wiederzuentdecken das Glück
hatte (vgl. meine „Archäol. Studien über altchristl. Monum." Wien
1880 S. 130. 140). Auch das Einladungsschreiben zur Synode nach
Arles, das Konstantin an dem Bischof Chrestus von Syrakus richtete
(Euseb. II. E. X, 5), ist hier zu erwähnen. Auf derselben Synode

In Gallien ist das Sendschreiben der Gemeinden von Lugdunum und Vienna i. J. 177 an die „Brüder in Asien und Phrygien" das erste bestimmte Zeugnis einer größern Verbreitung des Christentums in dieser Provinz. Die Existenz von Kirchengebäuden wird während der diokletianischen Verfolgung ausdrücklich bemerkt, doch ohne Angaben über eine größere oder geringere Anzahl derselben. Aus dem Umstande, daß Konstantin einen südgallischen Bischofssitz, Arles, als Ort eines abendländischen Konzils in der Angelegenheit der donatistischen Appellation bestimmte, läßt sich vielleicht auf eine angesehene Stellung der gallischen Kirche überhaupt innerhalb des Ganzen der damaligen abendländischen Christenheit schließen. Doch können auch zufällige Rücksichten dabei maßgebend gewesen sein. Die Zahl der Bistümer, die gelegentlich genannt werden, beträgt nur 13.[1]) Selbstverständlich erschöpft sich damit nicht die Gesamtzahl derselben, doch scheint es immerhin zweifelhaft, ob die gallische Kirche damals doppelt so viele Bistümer besessen habe. Die epigraphischen Quellen stimmen mit den literarischen in dem Nachweise überein, daß das Christentum erst langsam von dem Rhonebecken und der Narbonensis aus in das übrige Gallien vorgedrungen ist und daß die barbarischen oder halbbarbarischen

---

erschien auch ein Bischof aus Calaris auf Sardinien. Die Grabanlagen in Girgenti, dem alten Agrigentum, weisen ebenfalls auf eine vorkonstantinische Gemeinde. (m. Katakomben, Leipz. 1882 S. 291 ff.)

[1]) Es sind folgende: Arelate (Gallia christ. 1715 ff. I S. 93 ff.), Antissiodorum (ebend. XII S. 98 ff.), Augustodunum (ebend. IV S. 40 ff.), Bellovacum (? IX S. 691 ff.), Burdigala, Lemovicum (II. 499 ff.), Lugdunum, Massilia (I, 631 ff.) Pictavium, Remi, Rotomagus, Suessiones (? IX S. 333 ff. vgl. X S. 96 ff.), Vienna. Mehrere dieser Bistümer sind durch die Teilnahme ihrer Inhaber an dem Konzil zu Arles, andere durch gute Überlieferungen beglaubigt.

Gebiete ihm am längsten Widerstand leisteten.[1]) Die Zahl der gallischen Christen ist schwerlich größer gewesen als die der spanischen, wahrscheinlich geringer.

Auf der Synode zu Arles war die germanische Kirche durch 2 Bischöfe aus Trier und Köln vertreten. Das ist indes fast die gesamte zuverlässige Kunde von dem Stande des Christentums in Germanien im zweiten Jahrzehnt des vierten Jahrhunderts; denn was sich in dieser Beziehung hinsichtlich der Donauländer noch weiter gewinnen läßt,[2]) bedeutet wenig für diese Frage. In ähnlicher Lage befinden wir uns Britannien gegenüber, von wo 3 Bischöfe nach Arles kamen. Nur das steht fest, daß die Erwartungen, welche ein häufig zitiertes Wort Tertullians[3]) erweckt, in der wirklichen Lage ihre Bestätigung nicht finden. Nur langsam werden im vierten und fünften Jahrhundert die Linien eines größern Kirchenkörpers sichtbar.[4]) Die drei englischen Bischöfe welche zu der Synode von Ariminum (359) sich einstellten, lebten in dürftigen Verhältnissen[5]), und auch die altchrist= lichen Inschriften des Landes führen zu der Vermutung, daß das Christentum vorwiegend auf das platte Land eingeschränkt

---

[1]) Le Blant, Manuel d' Épigraphie chrét. d' après les marbres de la Gaule, Paris 1869 S. 95 ff. (z. vgl. auch dess. Verf. Inscriptions chrét. de la Gaule antérieures au VIIIe siècle. Paris 1856 ff. Préface).

[2]) Rettberg, Kirchengesch. Deutschlands I. Bd. Gött. 1846 S. 216 ff.; Hauck, Kirchengesch. Deutschl. I. Bd. Leipzig 1887 S. 3 ff.

[3]) Tert. adv. Jud. c. 7: Britannorum inaccessa Romanis loca Christo vero subdita.

[4]) Will. Bright, Chapters of early English church history, Oxf. 1878. S. 3 ff.

[5]) Sulp. Sev. Chron. II, 41.

gewesen sei. [1]) In günstigeren Verhältnissen befand sich ohne
Zweifel die Kirche in Griechenland und Macedonien. Die
alten apostolischen Gemeinden haben, wie es scheint, in ihrer
Gesamtzahl ihre Existenz auch die folgenden Jahrhunderte
hindurch behauptet, und im Laufe der Zeit sind weitere Ge=
biete gewonnen worden. [2]) Indes macht nach allem, was
davon deutlich wird, diese Kirche nicht den Eindruck, als ob
sie in weiterem Umfange im Volksleben gefestigt gewesen sei.
Es scheint, daß in dem Lande, wo die alte Religion in den
Gemütern fester wurzelte als sonst. und noch in jenen Jahr=
hunderten Homer „zugleich Bibel und Schulbuch" war, dem Fort=
schreiten des Christentums sich ganz besondere Schwierigkeiten
entgegenstellten. Eine Ausnahme mag Byzanz gebildet haben,
wo bereits unter Septimius Severus in großer Anzahl
Christen vorhanden waren. [3]) Die entsprechenden Verhält=
nisse auf den griechischen Inseln waren gewiß sehr verschieden=
artig. Kreta besaß bereits um die Mitte des dritten Jahr=
hunderts mindestens 2 Episkopate und eine Anzahl Gemeinden;
schon früher lassen sich christliche Gemeinden in Melos
nachweisen. [4])

Ein klareres Bild bietet vielfach das Morgenland. Die
religiösen und theologischen Bewegungen, die durch die Ge=
meinden daselbst gehen, und die Geschichte der Christenver=

---

[1]) Hübner, Inscript. Brit. christ. Berol. 1876. Voran
stehen Wales und Yorkeshire.

[2]) Der Angabe des Libellus synodicus (Mansi I S. 726), daß
der Bischof Bacchyllus in Korinth in Sachen des Osterstreites eine
Synode von 18 Bischöfen versammelte, widerspricht wenigstens die
Notiz bei Euseb. H. E. V, 23 nicht.

[3]) Tert. Ad Scap. 14 (der Ausruf des Cäcilius Capella:
christiani gaudete!)

[4]) Euseb. H. E. IV, 23; m. Katakomben S. 275 ff.

folgungen, soweit sie auf östlichem Boden spielt, zeigen hier
das Vorhandensein großer geschlossener Kirchenkörper, wie sie
im Abendlande nur in Nordafrika annähernd nachzuweisen
sind. Der rasche Gang des Montanismus durch die kleinasiatische
Kirche erklärt sich allein aus dieser Voraussetzung, und auch
der Gnosticismus läßt überall umfangreiche Gemeindekomplexe
durchblicken. Es war auch natürlich, daß diejenigen Gebiete,
in welche die Evangelisation zuerst kräftig einsetzte, und auf
die sie längere Zeit einseitig fast ihre ganze Arbeit richtete,
in größerem Umfange dem Christentume zufielen. Daneben
wirkte aber auch die Thatsache fördernd mit, daß in der öst=
lichen Hälfte des Reiches fast gänzlich die Schranke fehlte,
welche im Westen den Fortgang des Christentums entweder
abschnitt oder wenigstens empfindlich hemmte, die Barbarei.
Während nämlich im Abendlande die römische Eroberung
mit sehr geringen Ausnahmen zugleich eine langsam vor=
schreitende schwierige Civilisation war und sein mußte, trat
sie in Kleinasien und den umliegenden Ländern in alte
Kulturen ein. Wie sehr aber die Ausbreitung des Christen=
tums von solchen Bedingungen abhängig war, stellt die Ge=
schichte derselben an allen Punkten vor Augen. Auch der
für politische und religiöse Fragen empfänglichere Sinn der
östlichen Bevölkerung und ihr aufgeschlossenes Wesen dürfen
nicht außer Betracht bleiben.

Das bekannte Schreiben des jüngeren Plinius an Trajan
entschleiert ganz unerwartet bereits am Anfange des zweiten Jahr=
hunderts in Bithynien und Pontus ein über Stadt und
Land verzweigtes, in raschem Wachstum begriffenes Christen=
tum, weiß aber freilich auch von günstigen Erfolgen der auf
gewaltsame Unterdrückung desselben abzielenden Regierungs=
maßregeln. Wie wenig dauerhaft und ernstlich indes dieser

Gewinn war, läßt sich daran erkennen, daß noch in demselben Jahrhundert der Goët Alexander von Abonuteichos Ursache fand, zu klagen, der Pontus sei voll von Atheisten und Christen[1]), und daß in der Kontroverse über den Passahstreit in dem zweiten Stadium ihrer Entwickelung auch „die Bischöfe von Pontus, unter denen Palmas als der Älteste den Vorsitz führte", hervortraten.[2]) Die langjährige bischöfliche Wirksamkeit ferner einer so bedeutenden Persönlichkeit, wie Gregorius Thaumaturgos war, kann nicht ohne kräftige Förderung des Christentums vorübergegangen sein; sollten die Aussagen einer spätern Zeit darüber als unzuverlässig abgewiesen werden, so bleibt immerhin als feste Grundlage für jene Voraussetzung der „kanonische Brief" des Gregorius v. J. 258, dessen Inhalt ein weit in das Volksleben eingedrungenes Christentum voraussetzt.[3])

Noch viel günstiger war die Lage der Kirche in Armenien. Das Arsakidische Königreich ist das erste Land, in welchem auf ausdrückliche Anordnung der Regierung die christliche Religion allgemein eingeführt wurde. Man darf annehmen, daß die darauf gerichteten Maßregeln, welche seit dem Anfange des vierten Jahrhunderts von dem Könige Terdat auf Veranlassung und unter dem fortdauernden Einflusse Gregors des Erleuchters getroffen wurden, in dem fast nur von Adeligen und Bauern bewohnten Lande, in welchem also ein widerstandsfähiges Bürgertum fehlte, äußerlich wenigstens den

---

[1]) Lucian. Pseudom. c. 25. (II S. 25 ed. Jacobitz Lips. 1838.)

[2]) Euseb. H. E. V, 23.

[3]) Wenn die Mitteilung des libell. syn. (Mansi II S. 551), daß im pontischen Cäsarea nach der diokletanischen Verfolgung eine Synode von 23 Bischöfen tagte, richtig ist, so würde damit auf ähnliche Verhältnisse gewiesen.

Erfolg erreicht haben, auf den sie ausgingen: die Christiani=
sierung des ganzen Reichs. Demnach erscheint die Angabe,
daß Gregor selbst 400 Bischöfe ordiniert habe, wohl glaub=
lich. Die Größe des Landes betrug gegen 5000 Quadrat=
meilen. Da es nicht stark bevölkert war, dürften auf eine
Quadratmeile 6—700 Köpfe zu rechnen sein, was eine Be=
völkerung von über 3 Millionen ausmacht. Weil aber wahr=
scheinlich ist, daß der alte Glaube in einzelnen abgelegenen
Gegenden noch heimliche oder offenbare Anhänger hatte, und
in den Städten eine zahlreiche Judenschaft saß, erleidet jene
Summe einen gewissen Abzug, der sich freilich nicht genauer
bestimmen läßt, aber schwerlich an eine Million heranreicht.

Die persische Kirche knüpft ihren Ursprung an apostolische
Mission. Ob mit Recht, bleibt für unsere Frage gleichgiltig.
Jedenfalls waren schon in der zweiten Hälfte des zweiten
Jahrhunderts christliche Gemeinden in Persien vorhanden [1]),
die sich in der Folgezeit doch in dem Grade entwickelten, daß
sie eine staatliche Interzession Konstantins d. Gr. hervorriefen.
Noch deutlicher läßt die im Anfange der vierziger Jahre des
vierten Jahrhunderts von Schapur II. eingeleitete Christen=
verfolgung eine blühende und wohlgeordnete Kirche er=
kennen.

Von Christen in Medien und Parthien wußte man
bereits am Ende des zweiten Jahrhunderts. [2]) Doch gehen
unsere Quellen hier über Angaben allgemeiner Art nicht
hinaus.

In den vorderasiatischen Provinzen saß jedenfalls
die dichteste christliche Bevölkerung. An zahlreichen Punkten

---

[1]) Bardesanes bei Euseb. Praep. ev. VI, 10.
[2]) Bardesanes bei Euseb. Praep. a. a. O.

der alten Kirchengeschichte tritt dies deutlich hervor, freilich nicht in der Weise, daß daraus greifbare Resultate gewonnen werden könnten: es lassen sich höchstens 30 Bistümer namhaft machen. Denn es entsprach der Selbständigkeit, in welcher die Episkopate in diesem, in zahlreiche größere und kleinere Gemeinwesen zerstückelten und stark partikularistischen Lande sich herausgebildet und erhalten hatten, daß größere Provinzialsynoden, wie sie etwa die Bischöfe von Rom und von Karthago zu sammeln vermochten, hier fehlten. Damit fällt die Möglichkeit einer ungefähren Berechnung der Zahl der vorhandenen Bistümer. Ein Schluß von dem an Umfang kleinern nordafrikanischen Kirchengebiete sichert, wenn man die bedeutend günstigere Bevölkerungszahl in Kleinasien berücksichtigt, jedenfalls eine Minimalzahl von 1 Million Christen innerhalb des Länderkomplexes, welchen östlich etwa eine gerade Linie zwischen Issus im Süden und Sinope im Norden abschneidet.[1] Am Konzil zu Nicäa nahmen gegen 100 kleinasiatische Bischöfe teil.[2] Am meisten traten die vorderkleinasiatischen Provinzen hervor, die auch in wirtschaftlicher und geistiger Hinsicht die binnenländischen Gebiete überholten.

Ähnlich lagen die Verhältnisse in S y r i e n, dem Durchgangslande der christlichen Mission von Palästina nach Norden und Osten. Neben den literarischen Quellen geben die neuerdings wieder an das Licht gezogenen epigraphischen und architektonischen Denkmäler zuverlässige Hinweise in dieser

---

[1] Wietersheim (a. a. O. I S. 227): 19,300,000 Einwohner für Kleinasien mit Einschluß von Cyprus (ähnlich Beloch a. a. O. S. 223 ff.): für die nordafrikanische Provinz mit Cyrenaika 8—10 Millionen.

[2] Die Listen bei Mansi II S. 692 ff. ergeben 112 bezw. 114. Pitra (Spicil. Solesm. I S. 529 ff.) bestimmt mit Hülfe einer koptischen Handschrift die Zahl auf 70. Eine vollständige Gewißheit ist hier vorläufig nicht zu erlangen.

Richtung.[3]　　Die frühe Ansiedelung des Christentums in Edessa ist bekannt. Antiochien, das an Größe und Bevölkerung Alexandrien nur wenig nachstand, muß eine starke Christengemeinde gehabt haben; das ergiebt sich aus der vorherrschenden Stellung, die es in der morgenländischen Kirche einnimmt. Die Zahl der syrischen Christen hat derjenigen der nordafrikanischen Kirche schwerlich nachgestanden.

Größeren Schwierigkeiten begegnete die Evangelisation in **Palästina**. Der Widerstand des Judentums gegen die Kirche muß dort größer gewesen sein als sonst; zudem war durch die Revolutionskriege des ersten und des zweiten Jahrhunderts die Bevölkerung stark verdünnt und das Land verwüstet. Die Einwohnerzahl Palästinas am Anfange des vierten Jahrhunderts hat die jetzige Bevölkerungssumme, die auf 650,000 Seelen berechnet wird, schwerlich überschritten. Darunter kann aber nur eine kleine Minderzahl Christen gewesen sein. Denn da, wo man mit Recht Christengemeinden in größerer Anzahl, wenn solche wirklich vorhanden waren, zu finden hoffen könnte, in des Eusebius Bericht über die Märtyrer in Palästina, bleibt diese Erwartung völlig unerfüllt. Sind wirklich auf der ersten ökumenischen Synode zu Nicäa 19 Bischöfe aus Palästina anwesend gewesen[2] — was doch auf eine Zahl von mindestens 25—30 Episkopaten führt, so müssen diese Episkopate von geringem Umfang gewesen sein.

Aus **Arabien** stellten sich zu derselben Synode 6 Bischöfe ein, woraus sich immerhin auf ein größeres geordnetes Kirchen-

---

[1] De Vogué, Syrie centrale. Architecture civile et religieuse du Ier au VIIe siècle. Paris 1865 ff.; Waddington Inscript. grecques et lat. de la Syrie. Paris 1870; außerdem hier und dort verstreute monumentale Quellen.

[2] Mansi u. Pitra a. a. O.

wesen schließen läßt. Denselben Eindruck gewinnt man aus
dem, was Eusebius über den Bischof Beryllos von Bostra
mitteilt. [1] Die „sehr vielen" Bischöfe, die mit Beryllos
über die von ihm angeregte Kontroverse verhandelten, noch ehe
Origenes eingriff, also vor dem Jahre 244, waren doch wohl
Araber. Andererseits mußte das Land mit seiner nomadisieren=
den Bevölkerung und seiner zahlreichen fanatischen Juden=
schaft für die Christianisierung sich schwierig stellen. Der
Mittelpunkt der arabischen Kirche wird in Bostra gelegen
haben, welches lange Zeit hindurch der oberste Sitz der römischen
Zivil= und Militärbehörde in der Provinz Arabia war und
auch später, als es durch eine neue Teilung verlor, das
rivalisierende Petra andauernd überholte.

Die Einwohnerzahl Ägyptens schätzt Josephus [2] auf
$7\frac{1}{2}$ Millionen, wobei Alexandrien ausgenommen ist; hier
zählte im Jahre 58 v. Chr. Diodor 300,000 freie Einwohner,
wonach die Gesamtbevölkerung wenigstens doppelt so groß
gewesen sein muß. Schon früh bildeten sich in diesem von
mannigfachem Verkehr bewegten Lande christliche Gemeinden,
die ihren Mittelpunkt und ihre oberste Leitung in Alexandrien,
der zweiten Hauptstadt der Welt, hatten. Schon die Stetig=
keit, mit welcher die Verfolgungen an die alexandrinische
Kirche anschlugen, würde die Existenz einer starken, in dem
Bevölkerungsmeer der Stadt entschieden hervortretenden Ge=
meinde hinreichend begründen; daneben stehen als weitere
Zeugnisse mit derselben Tragweite die blühende Katecheten=
schule und das rege wissenschaftlich=theologische Leben, welches,
wie jene, hier in einzigartiger Erscheinung entgegentritt.

---

[1] Euseb. H. E. VI, 33.
[2] Joseph. de bello jud. II, 16.

Unter den Märtyrern der diokletianischen Verfolgung be=
obachtet man in großer Anzahl ägyptische Christen. Eusebius
berechnet ihre Zahl auf viele Tausende.[1] Noch zuverlässiger
belehrt uns die Thatsache, daß auf der im Jahre 320 oder
321 in Alexandrien unter dem Vorsitze des dortigen Bischofs
versammelten Synode gegen 100 Bischöfe aus Ägypten und
Libyen erschienen. Das würde, da Alexandrien allein mit minde=
stens 50,000 Christen in Anschlag zu bringen ist, eine Minimal=
zahl von 150,000 Christen ergeben. Doch war in Wirklichkeit
die Zahl sicherlich weit größer, da die oberägyptischen Diöcesen
auf jener Synode gewiß nur zum Teil vertreten waren.

Auf dem Küstensaum von Libyen nach der Procon=
sularis hin haben christliche Gemeinden nicht gefehlt. Zu
Wasser und zu Lande bewegte sich hier ein lebhafter Verkehr
von Osten nach Westen und umgekehrt. Die Existenz einer
Gemeinde in Kyrene wird durch die noch erhaltene Grab=
stätte derselben gesichert.[2] Die Größe und künstlerische
Ausstattung der Anlage weist auf eine zahlreiche und wohl=
habende Gemeinde. Demnach ist anzunehmen, daß die durch
die Konkurrenz Alexandriens sehr gedrückte Stadt im dritten
Jahrhundert wenigstens noch nicht auf der Stufe des Ver=

---

[1] Euseb. H. E. VIII, 8: μύριοι τὸν ἀριϑμὸν ἄνδρες
ἅμα γυναιξὶ καὶ παισίν (vgl. auch VIII, 9 u. 10). Von zwei
Gruppen von Christen, die in die palästinischen Bergwerke geschafft
wurden, umfaßte die eine 97, die andere 130 Männer (Euseb. D.
M. P. VIII). Auch in Cilicien waren ägyptische Christen interniert
(ebend. X).

[2] M. Kataf. S. 286 ff. Ob in einer in diesem Cömeterium zum
Vorschein gekommenen Inschrift Z. 6: ... ΓΜΟΥ zu ergänzen ist
(διω)γμοῦ, wie die Herausgeber des C. I. G. (IV n. 9136) wollen,
womit also die Inschrift in die Verfolgungszeit datiert würde, scheint
mir unsicher. Doch weisen andere Anzeichen auf den vorkonstantinischen
Ursprung der Grabstätte.

falls angekommen war, von welcher die Äußerungen eines
spätern Schriftstellers reden. [1]

Wenn der Heide Maximinus Daza in einem öffent=
lichen Ausschreiben i. J. 313 ausspricht, daß vor der diokle=
tianischen Verfolgung „fast alle Menschen" den Dienst der
Götter aufgegeben und sich der Gemeinschaft der Christen
angeschlossen hätten, so spiegelt sich in dieser Übertreibung
in gewisser Weise die wirkliche Lage doch richtig wieder. [2]

Diese Thatsachen und Beobachtungen — von unwesent=
lichen Einzelheiten ist hier abgesehn — führen mit ihren
mittelbaren und unmittelbaren Ergebnissen mit vollkommener
Gewißheit auf eine Minimalzahl von 10 Millionen Christen
innerhalb der damaligen, mit dem römischen Reiche ungefähr
sich deckenden Kulturwelt. Das würde, die Seelenzal dieser
auf rund 100 Millionen veranschlagt, den zehnten Teil
der gesamten Bevölkerung ergeben. Dieser Ansatz bleibt
aber jedenfalls weit hinter der wirklichen Höhe zurück. Denn
so wenig auch greifbare Momente vorhanden sind, nach
denen diese Differenz genau bemessen werden könnte, ebenso
sicher gewinnt doch der Forscher aus der Einzelprüfung der
Quellen den deutlichen Eindruck, daß am Anfange des vierten
Jahrhunderts die Kirche auf dem großen Welttheater von
über 103,000 geogr. Quadratmeilen mehr als 10 Millionen
zählte. Wie weit indes in der Abschätzung diese Linie über=
schritten werden darf, entzieht sich dem Urteil. [3] Es ist aber

---

[1] Synesius v. Kyrene in seiner Oratio de regno v. J. 399;
er nennt Kyrene $\nu\tilde{v}\nu\,\pi\acute{e}\nu\eta\varsigma\,\varkappa\alpha\grave{\iota}\,\varkappa\alpha\tau\eta\varrho\acute{\eta}\varsigma$. Weiteres bei Thrige,
Res Cyrenensium, Hafn. 1828 S. 21.

[2] Euseb. H. E. IX, 9.

[3] Nach allgemeinen Eindrücken hat Gibbon (III, 15) $\frac{1}{20}$ der
Gesamtbevölkerung, also 5 Millionen angesetzt, Richter (Das weström.
Reich u. s. w. Berlin 1865 S. 85) 5—6 Millionen, Keim (Rom u.

schwerlich anzunehmen, daß die Zahl der Juden damals die der Christen überholt habe.

Jene betrug zur Zeit Neros in Palästina allein gegen 4 Millionen [1]), wozu mindestens eine ebenso große Anzahl von Diaspora-Juden kommt. [2]) Diese Zahl hat sich in den jüdischen Rebellionen zwar stark vermindert, doch ist der Verlust rasch wieder ersetzt worden, so daß die Ziffer im vierten Jahrhundert jedenfalls wieder auf der frühern Höhe stand.

Die rasche Ausbreitung des Christentums im römischen Reiche pflegt durch eine Reihe äußerer, sogenannter natürlicher Ursachen erklärlich gemacht zu werden, die hier zu wiederholen keine Veranlassung vorliegt. Eines, was für die zweite Hälfte des dritten Jahrhunderts, also für die Zeit, in welcher das Wachstum der Kirche in schnellstem Schritt sich bewegte, in der vorliegenden Frage von größter Wichtigkeit ist, wichtiger als alles, was sonst nach alter Sitte hier gebucht wird, ist dabei unbeachtet geblieben, der materielle Rückgang, der sich in der Masse der antiken Bevölkerung

d. Christentum. Berlin 1881 S. 419) ¹⁄₆, also etwas über 16 Millionen Zöckler (Handb. d. theol. Wissenschaften 1. Aufl. II S. 53) im Orient etwa ¹⁄₁₂, im Abendland ¹⁄₁₅; ähnlich Chastel (Histoire de la destruction du Paganisme dans l'Empire d' Orient. Paris 1850 S. 36): ¹⁄₁₅ im Occident, ¹⁄₁₀ im Orient. Die Abschätzung von Keim scheint mir nicht zu hoch.

¹) Zumpt, über den Stand der Bevölkerung u. die Volksvermehrung im Altertume, Berlin 1841 S. 52 auf Grund von Joseph. de bello jud. VI, 9, 3.

²) In Ägypten allein nach Angabe Philos (in Flacc. § 6 [II, 523 ed. Mang.]) 1 Million; dazu die Aussage leg. ad Gaj. § 33 (II, 582 ed. Mang.): Ἰουδαῖοι καθ' ἑκάστην πόλιν εἰσὶ παμπλή-θεῖς Ἀσίας τε καὶ Συρίας, und der Brief Agrippas an Caligula ebend. § 36 (Mang. II, 587). Auch in der Cyrenaica saß eine zahlreiche Judenschaft; über Rom vgl. oben S. 9.

vollzieht und zwar gerade in denjenigen Schichten, in welchen
das Christentum, wie die spätere Geschichte aufweist, am Be=
ginn des vierten Jahrhunderts den breitesten Boden hatte.

Die fortwährenden Barbaren= und Bürgerkriege, welche
das dritte Jahrhundert ausfüllen, hatten die staatlichen Finanzen
ruiniert; die Steuerlast wurde infolge davon immer drücken=
der. Handel und Gewerbe litten schwer darunter. Dazu
kam noch das Übel der Münzverschlechterung und die öffent=
liche Unsicherheit, welche zahlreiche Verkehrswege abschnitt.
Auch die Landwirtschaft wurde empfindlich von der Krisis
betroffen; Kolonen und Possessoren verdarben gleicherweise,
und die Zahl der brachliegenden Ländereien stieg ins Unge=
heuere. Schon Pertinax fand in Italien und den übrigen
Provinzen große verödete Ländermassen und versuchte, Ab=
hülfe zu schaffen.[1]) Der gesamte Wohlstand ging zurück,
die Bevölkerung verarmte, trotzdem eine furchtbare Pestilenz
unter Gallus im Jahre 252 die Zahl der Besitzenden um
viele Tausende gemindert hatte.

Von dem Militärstaate, zu dem die Entwickelung hin=
gedrängt hatte, war weder Verständnis für die elende Lage
noch materielle Hülfe zu erwarten; ja die Bureaukratie, für
welche die Bevölkerung nicht über den Wert eines Steuer=
objektes hinausragte, wurde unerträglicher und rücksichtsloser.
Dumpfe Verzweifelung kam über die durch Erdbeben und
unglückverkündende Himmelserscheinungen geängstigten Men=
schen; der materielle Ruin fing bald an, in reißendem Fort=
schritte auch die Gemüter zu vergiften, und hier und dort
erhoben sich die Hände wider die unbarmherzigen Unterdrücker.
Niemand kann ermessen, zu welchem Ende es geführt haben
würde, wenn diese ungezählten Massen einmütig im Aufruhr

[1]) Herodian. II, 4.

sich erhoben hätten. Die Verwüstungen des Bagaudenauf=
standes in Gallien sind geeignet, eine annähernde Vorstellung
davon zu geben.

Man darf zuversichtlich behaupten, daß die Kirche die
Weiterentwickelung dieser verderblichen Zustände, mochten sie
nun in sozialer Verkommenheit oder in sozialer Revolution
enden, sistirt hat, und zwar dadurch, daß sie diese Elemente,
an welche sich jene Befürchtung knüpfte, in sich aufnahm und
umwandelte. In dem allgemeinen Elende, in welchem die
Ordnungen des sozialen Lebens auseinandergingen und der
Einzelne aus festen Zusammenhängen sich plötzlich herausge=
rissen und auf sich gestellt und dem Elende preisgegeben
sah, mußte die straffe Organisation der Kirche, an welche
diese Wechselfälle nicht heranreichten, und die Regelmäßigkeit,
in welcher die kirchliche und die private Liebesthätigkeit fungierte,
eindrucksvoll wirken und durch ihre bloße Thatsächlichkeit
dringend einladen, in der Geschlossenheit dieser Gemeinschaft
den Halt und die Existenzsicherheit wiederzugewinnen, die
man draußen verloren und draußen wiederzufinden keine
Hoffnung hatte. Es waren nicht schlechte Elemente, die da=
mit in die Kirche kamen, sondern im Gegenteil die bessern
Schichten der römischen Bevölkerung, die Handwerker, die
Detailhändler und die kleinen Grundbesitzer, also vorwiegend
der untere und der mittlere Bürgerstand, der in der allge=
meinen sittlich=religiösen Auflösung des Heidentums noch als
die gesundeste Gesellschaftsklasse sich ausweist.

Es scheint nun, daß schon seit dem zweiten Jahrhundert
gerade diese Kreise sich dem Christentume aufgethan haben,
ja daß die vorkonstantinische Kirche stets dort ihren Schwer=
punkt hatte. Mit Unrecht findet man diesen in der Zeit
vor dem dritten Jahrhundert in der Sklavenschaft und der

leibeigenen Bevölkerung. Positive Zeugnisse lassen sich für jene Meinung nicht erbringen. Andererseits lag für die unfreien Leute in ihrer rechtlichen und sozialen Stellung ein Hindernis, das ihnen den Anschluß an die neue Religion erschweren, in vielen Fällen geradezu unmöglich machen mußte. Diese Hindernisse wuchsen selbstverständlich in dem Grade, als sich der Gegensatz zwischen Heidentum und Christentum verschärfte. Unbehinderter waren an sich die obern Stände. Doch richteten gesellschaftliche Rücksichten sowie staatsbürger= liche und amtliche Verpflichtungen in Wirklichkeit feste Schranken auf, die erst gegen das Ende des dritten Jahr= hunderts häufiger durchbrochen wurden.

Von dieser Zeit wird ausdrücklich rühmend hervorgehoben, daß einflußreiche Hofchargen und hohe Militär= und Zivil= posten in die Hände von Christen kamen.[1]) Auch in die Armee waren damals Christen in solcher Zahl eingereiht, daß Galerius es als eine notwendige Sicherheitsmaßregel erachtete, sie auszuscheiden. Aus dem beweglichen Literaten= und Gelehrtentum endlich gewann das Christentum schon seit Hadrian Anhänger. Aristides und Quadratus, die dem in Athen weilenden Kaiser Apologieen überreichten, eröffnen eine ununterbrochene Reihe von Gelehrten, die sich vom Heidentume zu der „neuen Philosophie" wandten. Hervor= ragende Männer der alten Kirche, Justin d. Märtyrer, Tertullian, Clemens von Alexandrien, Cyprian, Lactantius sind aus jenen Kreisen gekommen.

So hatte sich das Christentum an zahlreichen Stellen in die antike Gesellschaft eingeschoben und in raschem Fort= schritte mehrte es das Gewonnene. Am Anfange des vierten

---

[1]) Euseb. H. E. VIII, 1.

Jahrhunderts bedeutete es bereits eine Macht im Staate.
In dem Drängen des Galerius und seiner Partei auf eine
gewaltsame Vernichtung desselben tritt diese Thatsache ebenso
deutlich hervor, wie in der Weigerung Diokletians, „den Erd=
kreis aufzuregen." [1]) Die Verfolgung wurde schließlich dennoch
gewagt. Sie stieß auf größere Massen und festern Wider=
stand, als die Regierung geahnt hatte. Bald wurde das
Fiasko offenbar. Galerius selbst erkannte es, wenn auch
unmutig, in einem öffentlichen Ausschreiben an und gab den
Verfolgten mehr, als sie bis dahin gehabt hatten, den öffent=
lichen Rechtsschutz. Er hat zuerst das Wort von der religiösen
Toleranz im antiken Staate gesprochen und damit die Forde=
rung erfüllt, welche zwei Jahrhunderte hindurch die Apologeten
nicht müde waren vor dem Staate zu wiederholen. Das
Mailänder Schutzedikt hat den Gedanken wiederaufge=
nommen und nachdrücklicher und klarer ausgesprochen. Die
vereinzelten Wellenschläge lokaler Verfolgungen legen sich,
und auf dem nun festen Boden wächst die Kirche auf, höher
und mächtiger, und am Pfingsttage des Jahres 337 spendet
in Nikomedien, wo die letzte große Verfolgung begonnen
hatte, eine christliche Hand dem Herrscher des Weltreichs die
Taufe.

---

[1]) Lactant. de mort. pers. 11.

# Erste Abteilung.

## Beginn und Organisation des Kampfes.

### Erstes Kapitel.

### Konstantin der Große.

Das römische Volk wußte, soweit seine geschichtlichen Erinnerungen und seine Legende zurückführten, die Religion als einen wesentlichen Artikel seiner Staatsverfassung und ihre Ausübung als eine wichtige Funktion der öffentlichen Verwaltung. Der private Kultus in seiner Doppelgestalt als häuslicher und gentilizischer trat vor den vom Staate angeordneten und von dessen Organen, seien es bürgerliche, seien es priesterliche, ausgeführten Sacra durchaus zurück. Die Existenz des Staates und seine Erfolge ruhten nach altem Glauben auf der gewissenhaften Ausführung der sakralen Akte. Die religiöse Tugend hat Rom groß gemacht.[1] Die Religion ist Staatssache, die Priester Staatsdiener, daher ihre Diener nicht Leibeigene des Tempels, sondern Servi publici. Folgerichtig galt jeder Angriff auf die öffentliche Religion als Angriff auf das Staatswesen selbst. Es blieb in den Kreisen des Römertums unverständlich, daß die Christen

---

[1] Min. Fel. Oct. c. 6: virtus religiosa.

in Versicherungen ihrer guten staatsbürgerlichen Gesinnung nicht ermüdeten und doch das Fundament und die tragende Kraft des Staates, die Religion und ihre heiligen Formen ablehnten.

Politische Rücksichten auf unterworfene Völker und das Hineinströmen fremder Kulte in das Reich haben weder diese Voraussetzungen noch die dadurch geschaffene Lage geändert. Mitten unter Fremdgläubigen vollzog auch noch in der spätern Kaiserzeit der römische Beamte in den vorgeschriebenen Fällen unter priesterlicher Assistenz die ehrwürdigen Kulthandlungen und sprach die heiligen Formeln. Der Militärstaat, den Septimius Severus ausbildete und Diokletian vollendete, deckt sich hierin genau mit dem senatorischen Kaisertum. Der Dispens von persönlicher Vollziehung der Sacra, den Diokle= tian seinen christlichen Beamten gewährte, hinderte nicht, daß jene dennoch in der herkömmlichen Weise ungeschmälert fort= dauerten. Die Religion war mit dem antiken Staatstum so eng verwachsen, daß eine Beseitigung derselben nicht ohne unmittelbare Rückwirkung auf jenes bleiben konnte.

Die Leitung dieses Staatswesens gewann Konstantin der Große in seine Hand. Die brennende Frage des Jahr= hunderts und des Reiches war die Christenfrage. Energischer als je Lösung fordernd stand sie vor dem Kaiser. Die ge= waltsame Weise, mit welcher die Leiter des Staates im Jahre 303 die Frage aus der Welt zu schaffen vermeinten, hatte sich, trotz der größten Kraftanstrengungen, als unzureichend erwiesen. Damit war zugleich das letzte Mittel aufgebraucht. Die Lage war bedenklicher als zu irgend einer Zeit vorher. Das Eingeständnis der Erfolglosigkeit der Gewaltmaßregeln, zu welchem sich die Regierung schließlich gezwungen sah, be= deutete eine tiefe Niederlage, und das Toleranzedikt des Jahres

311 war der Preis, welchen der ermattende Staat an seine christ=
lichen Unterthanen zahlte. Die weitere Entwickelung war wohl
geeignet, die Besorgnisse zu steigern. Das Zurückfluten der
in der Verfolgung Gefallenen zur Kirche, das Hinzuströmen
neuer Bekenner aus dem Heidentume, nachdem die Regierung
selbst den Weg geebnet, waren für jeden Einsichtigen be=
deutungsvolle Zeichen. Der Staat konnte freilich sich und
seine Domäne von dem Christentume abgrenzen, ihm die
Beamtenschaft, die Armee und die öffentlichen Anstalten ver=
schließen. Damit hätte er indes den Zufluß der besten
Kräfte im Reiche abgedämmt und sich zu langsamem Hin=
sterben gezwungen. Wollte der Staat nicht die gefährliche
Bahn gehen, die alte Religion auszustoßen und das jugend=
liche, lebenskräftigere Christentum an ihre Stelle zu setzen —
es wäre ein Unternehmen von unberechenbaren Erschütterungen
gewesen, das kein Verständiger wagen konnte — so blieb nur
ein Weg offen: die religiöse Duldung, welche das Mailänder
Edikt mit Anschluß an das Galerius=Edikt proklamierte, nach
der Seite bürgerlicher Rechte und Pflichten hin zu ergänzen,
also den Christen zu der Freiheit der Religion politische
Gleichberechtigung mit den Heiden zu gewähren. Das Mai=
länder Edikt berührt, vielleicht absichtlich, dieses zweite nicht
und hat auch später nach dieser Richtung hin offiziell keine
Ergänzung erfahren. In Wirklichkeit indes stellte sich der
Staat wahrscheinlich schon seit 311, jedenfalls seit 313 auf
diesen Standpunkt; seine militärischen und bürgerlichen Ämter,
seine Verwaltung und Regierung hielt er den Bekennern des
Christentums aufgeschlossen. Damit wurde die alte Religion
empfindlich geschädigt. Denn die Beteiligung der Christen
an dem Staatsleben war nur zu gewinnen durch eine Ein=
schränkung der sakralen Handlungen, welche die amtlichen

Funktionen der staatlichen Organe nach heiliger Überlieferung
durchflochten. Ja, in den meisten Fällen mußte diese Ein=
schränkung zu vollständiger Beseitigung der heidnischen religiösen
Akte weitergeführt werden. Das war eine tiefschneidende
Verletzung an dem Rechtsbestande des alten Glaubens, gleich=
bedeutend mit Ausscheidung dieser Religion aus dem Staats=
leben.

Die Religionspolitik im Reiche, als deren bestimmende
Träger seit dem Patent von Mailand Konstantin und Licinius
sich ausweisen, bezweckte mit nichten einen Zustand, der den
beiden Religionen gestattete, ungekränkt nebeneinander zu be=
stehen, sondern war von vornherein unter dem vorherrschen=
den Einflusse Konstantins auf das Zurückdrängen des Heiden=
tums aus dem öffentlichen Leben und in ihrem letzten Ziele
auf Beseitigung desselben gerichtet. Von einer wirklichen
Parität weiß jene Politik nichts; sie würde sich mit der
Aufstellung oder Ausübung eines solchen Prinzips in Wider=
spruch zu ihren eigenen Akten gesetzt haben. Das Mailänder
Edikt, weit entfernt, das neue System zu bezeichnen oder gar
zu bestimmen, bildet nur eine niedrige Vorstufe zu demselben:
seine Bedeutung erschöpft sich darin, daß es die Kirche als
religiöse Genossenschaft anerkennt, sie in ihren faktischen Be=
sitzstand zurückstellt, was vordem schon einmal unter Gallienus
geschehen war, und damit mittelbar die Garantie für die
Fortdauer dieses Besitzstandes übernimmt. Es gab im Grunde
nicht mehr als die Kirche schon vorher besaß, nur wird dem,
was sie war und hatte, das Siegel der Gesetzlichkeit aufge=
drückt. Politische Rechte gewährte das Edikt nicht; weder
hier noch sonst ist von einem Rechtsanspruche der Christen
auf den Staat und sein Gebiet die Rede. In Wirklichkeit
aber steht das Christentum, durch die Gunst der Herrscher,

im Genusse dieses Rechtes, eines Rechtes, dessen Voraussetzung und Inhalt derartig waren, daß der Gebrauch desselben seitens der Christen einen wesentlichen Abzug von dem Rechts= bestande des Heidentums bedeutete.

Freilich auch ein altgläubiger Herrscher hätte sich solchen Zugeständnissen an die Verhältnisse nicht ganz entziehen können; anders war es nicht möglich, der oben bezeichneten Entwickelung, der Verödung des Staates auszuweichen. Doch würde ein solcher Regent vorläufig immerhin noch vermocht haben, den Rechtsanspruch der alten Religion auf den Staat besser zu wahren, als in Wirklichkeit geschah: in der Armee und in der Beamtenschaft konnte das Übergewicht des heid= nischen Elementes aufrecht erhalten und nach dieser und mancher andern Seite hin das heidnische Gepräge des antiken Staates vorläufig gewahrt werden. Daß das nicht geschah, nicht einmal versucht wurde und thatsächlich die Entwickelung eine andere Bahn einschlug, erklärt sich aus der persönlichen Stellung des Herrschers, den das Geschick an die Spitze des Staates stellte, Konstantins.

Das Kriegsspiel um die Alleinherrschaft, das seit der Abdankung Diokletians fast unaufhörlich im Reiche Heer gegen Heer warf, war zu seinen Gunsten ausgefallen. In drei blutigen Siegen entriß er zuletzt dem Mitaugustus Licinius die Herrschaft der östlichen Reichshälfte. Die Mon= archie war wieder hergestellt. Was sogar einem Diokletian als unmöglich erschienen war, gelang diesem Manne, die Ordnung des Weltreichs unter ein Szepter.

Indes schon seit Oktober 312, wo Konstantin auf dem alten Kampfplatze der Fabier vor Rom am Tiberufer den Usurpator Maxentius und seine Herrschaft vernichtete, lag das Geschick des Reiches thatsächlich in seiner Hand. Mit

Grund darf daher die äußere Lage des Christentums im römischen Reiche in den Jahren 312 bis 324 hauptsächlich in Beziehung auf Konstantin hin bemessen werden. Der christenfeindliche Maximinus Daza ging kaum ein Jahr nach der Tiberschlacht aus dem Leben, und die Abkehr des Licinius von der Religionspolitik Konstantins war nur von geringfügiger Wirkung.

Schon im Kriege gegen Maxentius hatte Konstantin sich und seine Armee unter den Schutz des Christengottes gestellt und den Namen Christus in der bekannten Monogrammform als Feldzeichen angenommen. Der Ursprung des Zeichens ist dunkel, seine Bedeutung klar. Unter den damaligen Verhältnissen war diese Handlung eine offene Auflehnung gegen die alte Religion und mußte in einer Generation, die noch unter den Nachwehen des großen Kampfes zwischen Heidentum und Christentum zitterte, als solche sofort deutlich erkannt werden. Der Kaiser hatte sich damit nicht nur zum Beschützer der Christen aufgeworfen, sondern stellte sich zugleich in scharfen Gegensatz zu dem Heidentume. Die göttliche Verehrung, welche den Heeresinsignien im Lager erwiesen wurde, also daß der Ort ihrer Aufstellung dadurch die Bedeutung eines heiligen Tempelbezirks erhielt[1]), wurde damit plötzlich abgeschnitten, und an ihre Stelle trat der Kultus des „heilbringenden Zeichens", das seinerseits auf den Christengott hinwies. Darin liegt die Tragweite dieses Aktes, die nicht dadurch abgeschwächt wird, daß der Senat und das römische Volk dem einziehenden Sieger gegenüber die Thatsache zu ignorieren für gut fanden. Die bald nach dem Siege

---

[1]) Vgl. die Inschrift C. J. L. III n. 6224: Dis militaribus | genio virtuti a|quilae sanc(tae) signis que leg(ionis) I Ital(icae) u. s. w.; auch 1158; 5822.

errichtete Bildsäule des Kaisers, welche ihn, ein Kreuz in der
Hand haltend, zeigte[1]), stellte das Ereignis dennoch vor aller
Augen. Die letzten Beweggründe dieses Bekenntnisses können
nur religiöse gewesen sein, wie auch dieser religiöse Zug
näher bestimmt werden mag. Der Zeitpunkt, in dem es erfolgte, führt zu dieser Annahme. Denn in keinem der beiden
Heere, die gegeneinander geführt wurden, bildeten die Christen
eine erhebliche Zahl, so daß es sich empfohlen haben würde,
sie im eigenen Heere fester an den Feldherrn zu knüpfen, im
fremden sich geneigt zu machen. Im Gegenteil, eine solche
öffentliche Verletzung des Heidentums hat als eine politisch
sehr unkluge Maßregel zu gelten in einem Augenblicke, wo
Konstantin sich anschickte, ein Reich mit über achtzig Millionen
heidnischer Bevölkerung zu gewinnen. Auf einen religiösen
Hintergrund jener Handlung weisen auch die Aussagen des
Kaisers selbst.[2])

Bald darauf erfolgte das Mailänder Edikt. Es eröffnet
eine Reihe wichtiger Verordnungen zu Gunsten der Christen.
In gesteigertem Maße kam seitdem das Wohlwollen des
Kaisers gegen die Kirche und ihre Glieder zum Ausdruck.
Er zeigt Interesse für ihre innern und äußern Angelegenheiten,
fördert ihre Bestrebungen und pflegt einen vertraulichen Umgang mit den Bischöfen. Für die Bedürfnisse der Kirche und
ihrer Institute hat er stets eine offene Hand; mit seiner

---

[1]) Vgl. meine „Untersuchungen zur Geschichte Konst. d. Gr." in
d. Zeitschr. f. Kgsch. Bd. VII S. 343 ff.

[2]) Euseb. V. C. I, 27 ff., (die schriftstellerische Ausmalung des
Eusebius kommt hier nicht in Betracht), II, 28; II, 55 und sonst. Im
übrigen ist auf die trefflichen Ausführungen Rankes hierüber (Weltgesch.
IV, 2 S. 256 ff.) zu verweisen.

Beisteuer erstehen zahlreiche Gotteshäuser.[1]) Den Kampf gegen Schisma und Häresie unterstützt er mit staatlichen Mitteln. In seinen Gesetzen und öffentlichen Erlassen erwähnt er die christliche Religion in Ausdrücken, die seine hohe Achtung vor ihr und den Glauben an ihre Göttlichkeit bezeugen; er nennt sie „seine" Religion und verurteilt die Christenverfolgungen als ein „Ankämpfen wider das göttliche Gesetz". In dem Christentum ruht ihm das Glück des Staates.[2]) Die kaiserliche Gesetzgebung und eine ganze Reihe kaiserlicher Verordnungen auf dem Gebiete der Regierung und Verwaltung spiegeln den Einfluß des Christentums wieder: die humanen Bestimmungen über die Sklaverei, die Beseitigung der Brandmarkung auf der Stirn und andere Milderungen in der grausamen Strafjustiz, die Aufhebung des harten Gesetzes über Kinderlose, das Verbot der blutigen Schauspiele, die Einführung des Sonntags, die staatliche Sorge für Arme und Verlassene.

Ein Rückschluß von diesem äußern Verhalten des Kaisers zur Kirche auf seine innere Stellung zum Christentume ist nicht ohne Schwierigkeit und nicht mit vollkommener Sicher-

----

[1]) Diese sind wohl hauptsächlich unter die οἰκοδομίαι πλεῖσται ἀνωφελεῖς einbegriffen, durch deren Aufführung nach dem Urteile des Zosimus (II, 32) der Kaiser den Fiskus erschöpft haben soll.

[2]) 3. vgl. Cod. Theod. XVI, 2, 1: divinus cultus — divina obsequia: XVI, 2, 4: sanctissimum catholicae (scl. ecclesiae) concilium; XVI, 2, 5: sanctissima lex — ecclesiae perpetuae sanctitatis. Euseb. H. E. X, 5, 21: θρησκεία ἡ ἁγία καὶ ἐπουράνιος δύναμις, V. C. IV, 42: ἡ ἐμὴ εὐλάβεια. II, 24: ἡ σεβασμιωτάτη τοῦ χριστιανισμοῦ θεραπεία, II, 67: ὁ τῆς ἱερᾶς θρησκείας νόμος, IV 12: τὸν τῷ θεῷ ἀνακείμενον λαόν. Vgl. außerdem H. E. X, 7, 15: V. C. II, 27, III. 12.

3*

heit zu vollziehen. Dieses Zugeständnis läßt sich nicht um=
gehen. Fest steht nur: die christlichen Zeitgenossen haben
ihn für einen überzeugten Christen gehalten, und er selbst
hat sich ihnen als solchen gegeben und nicht nur in Äuße=
rungen privater Natur, sondern auch in öffentlichen Aus=
schreiben und Anreden als ein Christ gesprochen. Um seines
Anschlusses willen an das Christentum haben ihn der Neffe
Julianus und der Heide Zosimus geschmäht. Wie weit
Konstantin indes innerlich vom Christentum berührt war,
entzieht sich der geschichtlichen Erkenntnis, wenn auch die That=
sache feststeht, daß er schon früh von demselben religiöse Ein=
drücke empfing. Kein Zweifel, daß der Vertraute und Biograph
des Kaisers, der Bischof Eusebius sein Urteil darüber zu hoch
spannt, woraus freilich noch nicht auf die Ungeschichtlichkeit
der von ihm berichteten Thatsachen geschlossen werden darf.
Aber andrerseits ist es auch nur durch die rücksichtsloseste
Behandlung der Quellen möglich geworden, die Christlichkeit
Konstantins zu dem Werte einer wohlberechneten politischen
Maßregel zu erniedrigen und seine Religion als den „öden
Deismus eines Eroberers, welcher einen Gott braucht, um
sich bei allen Gewaltstreichen auf etwas außer ihm berufen
zu können", zu kennzeichnen. Schon die Weise, wie ver=
ständige Profanhistoriker des vierten Jahrhunderts über den
Kaiser urteilen[1]), sollte eine Warnung sein, in ihm ein solches

---

[1]) Entrop. (X, 7): Vir primo imperii tempore optimis
principibus, ultimo mediis comparandus. Innumerae in eo
animi corporisque virtutes claruerunt... Civilibus artibus et
studiis liberalibus deditus, adfectator justi amoris, quem omni
sibi et liberalitate et docilitate quaesivit: sicut in nonnullos
amicos dubius, ita in reliquos egregius, nihil occasionum prae-
termittens, quo opulentiores eos clarioresque praestaret. X,
3: ... qui in Gallis et militum et provincialium ingenti jam

Übermaß von Heuchelei und niedriger Verstellung vorauszu=
setzen. Der fortdauernde Umgang Konstantins mit heidnischen
Gelehrten, unter denen besonders der Neuplatoniker Sopater
eine Vertrauensstellung bei ihm eingenommen zu haben scheint,
bietet nicht nur nichts Auffälliges, sondern ist bei einem für
Kunst und Wissenschaft in hohem Grade empfänglichen Herrscher
so selbstverständlich, daß man sich über das Gegenteil zu
wundern ein Recht hätte. Nachfolger Konstantins, die gegen
das Heidentum weit strenger vorgegangen sind, erscheinen in
demselben oder in noch näherem Verhältnisse zu der Philosophie
und den Philosophen des Heidentums.[1]) Außerdem ist nicht
nachzuweisen, daß zwischen Konstantin und jenen Männern
etwa auch religiöse Beziehungen bestanden haben.[2]) Wenn

---

favore regnabat. Eutropius scheint ein freies Urteil keineswegs, wie
z. B. seine Aussage über die Tötung des Licinius zeigt (X, 6). --
Aurel. Vict. Epit. c. 37: Commodissimus rebus multis fuit:
calumnias sedare, nutrire artes bonas, praecipue studia litte-
rarum: legere ipse, scribere, meditari, audire legationes et
quaerimonias provinciarum . . . Irrisor potius quam blandus.
Auch Julian hat in seiner Lobrede auf Konstantins kein Bedenken ge=
funden, dem toten Kaiser Lob zu spenden und ihm Beliebtheit bei Volk
und Heer nachzusagen (Juliani in Const. laudem oratio ed. Schaeffer.
Lpz. 1812 S. 10 f.). Noch freundlicher de Caes. 41, 17: quod (den
Tod Konstantins) sane respublica aegerrime tulit, quippe cujus
armis, legibus, clementi imperio quasi novatam urbem Roma-
nam arbitraretur. Auch c. 40 Schluß. Ebenso erscheint bei dem
heidnischen Zosimus Konstantin nicht als verschlagen und heuchlerisch,
sondern als rücksichtslos und hart. Auch in den Caesares Julians
treten jene Eigenschaften bei Konstantin nicht hervor.

[1]) Ich erinnere nur an die Beziehungen Theodosius d. Gr. zu
Themistius, Libanius und Symmachus.

[2]) Wenn Suidas (s. v. Σώπατρος) die Hinrichtung des Sopater
auf religiöse Motive zurückführt, so steht er im Widerspruch mit Zosimus (II, 40), der darin nur das Resultat einer erfolgreichen Hofintrige

Sopater und der Hierophant Prätextatus wirtlich bei den
Einweihungsceremonien von Konstantinopel gebraucht worden
sind[1]), so waren dies doch nicht Verrichtungen religiöser Art,
sondern sie entfallen in das Gebiet des gemeinen Aberglaubens,
der auch sonst bei Haus= und Städtegründungen zu allen
Zeiten und bei allen Völkern und auch in den christlichen
Ländern das ganze Mittelalter hindurch nachweisbar ist.
Andrerseits kamen gerade die sonst bei Städtegründungen
des Altertums unerläßlichen kultischen und divinatorischen
Akte[2]) hier in Wegfall. Am allerwenigsten aber kommen
für die Beurteilung der persönlichen Stellung des Kaisers
zum Christentum die Unthaten in Betracht, welche dieser in
seiner eigenen Familie und Verwandtschaft beging. Denn
wir sind nicht zuverlässig darüber unterrichtet, was hinter
diesen furchtbaren Katastrophen liegt[3]), und Herrscher, die
christlich getauft waren und christlich sein wollten, haben
schwerer Schuld auf sich geladen. Ein anderes ist es, zum
Christentume mit voller Überzeugung sich bekennen, ein anderes,
durch seine göttlichen Kräfte wirklich erneuert zu werden.

---

sah, die von dem Gardepräfekten Ablavius ausging. Die größere
Glaubwürdigkeit verdient in diesem Falle der jenem Ereignisse näher
stehende Zosimus.

[1]) Johannes Lydus, de mens. IV, 2 (S. 52 ed. Bonn.)

[2]) Fustel de Coulanges, La Cité antique. Paris 1866
S. 168 ff.

[3]) Vgl. auch das Urteil Rankes, Weltgeschichte III, 1 S. 521
Anm. 1. Ebendaselbst ist mit Recht wieder darauf hingewiesen, daß
nach dem zuverläßigen Zeugnisse eines Panegyrikers (Anonymi fune-
bris oratio c. 4 [in d. Havercampschen Ausgabe des Eutropius])
die Kaiserin Fausta i. J. 340 noch gelebt hat, sie kann demnach zu der
von den neuern Historikern mit besonderem Wohlbehagen aufgezählten
Opferreihe nicht gehört haben. Dazu m. Untersuchungen a. a. O.
Bd. VIII S. 540 f.

In welchem Maße neben den religiösen Motiven politische
Erwägungen das Verhalten des Kaisers im einzelnen be=
stimmt haben, ist unbekannt und zu wissen von geringem Werte;
denn es ist selbstverständlich, daß eine Religionspolitik, mag
sie auch in ihrem letzten Grunde vom Religiösen ihren Ausgang
nehmen, eben Politik ist; das größere oder geringere Maß
aber des Politischen bestimmt sich nach den thatsächlichen Ver=
hältnissen, mit denen der Religionspolitiker zu rechnen hat.

Die wohlwollende Gesinnung des Kaisers gegen die
Kirche und ihre Organe findet ihre Ergänzung in seinem
Verhalten zu dem Heidentume. Wenn dasselbe als Halb=
heit, als ein kluges Balancieren zwischen den beiden
Religionen und ihren Ansprüchen und Einflüssen verstanden
worden ist, so ist dabei die thatsächliche Lage, in die sich
Konstantin gestellt sah, nicht richtig erkannt. Selbst bei der
Voraussetzung, daß bald nach oder infolge der Toleranz=
edikte die Zahl der Christen im römischen Reiche sich
stark vermehrt habe, so betrug dieselbe immer noch höchstens
ein Fünftel der Gesamtbevölkerung. Eine solche That=
sache hätte auch dem christeneifrigsten Herrscher eine ge=
wisse schonende Zurückhaltung auferlegen müssen. Keinem
Einsichtigen konnte verborgen sein, daß eine gewaltsame und
plötzliche Lostrennung des Heidentums von dem antiken
Staate und dem öffentlichen Leben das Reich wiederum in
die gefährlichsten Erschütterungen hineingetrieben und den Be=
stand des neuen Kaisertums ernstlich in Frage gestellt haben
würde. Die letzte Reaktion des Staates gegen das auf=
strebende Christentum unter Diokletian hatte dieses aus der
Beamtenschaft und der Armee verdrängt. Die hohen Militär=
chargen und die obersten Regierungs= und Verwaltungsposten
lagen in der Hand von Heiden. Ebendasselbe war in den

niedern Offizien und den städtischen Magistraturen der
Fall. Auch das Heer war heidnisch. Höchstens wären im
günstigsten Falle doch nur die barbarischen Legionen, die aber
damals in dem Ganzen der römischen Armee noch wenig
bedeuteten, zu einem Religionskampfe zu gewinnen gewesen.
Denn — darüber kann kein Zweifel sein — auf einen
passiven Widerstand, zu dem die verfolgten Christen sich zu=
rückzogen, würde das bedrängte Heidentum damals sich nicht
beschränkt haben. Die wilden Scenen des heidnischen Fanatis=
mus, welche noch mehr als ein Jahrhundert später der mit
Gewalt vorgehende christliche Staat durch seine Rücksichtslosig=
keit entfesselte, weisen deutlich darauf hin, in welche Wirrnisse
und innere Verwickelungen eine solche Staatskunst geführt
haben würde. Sie hätte nicht nur einen Kampf zwischen
Staat und Heidentum bedeutet, sondern auch zwischen heid=
nischer und christlicher Bevölkerung. Das Äußerste, was ein
christlicher Kaiser, dem es mit der Christianisierung des
Reiches ernst war, unter den damaligen Verhältnissen wagen
konnte, war die Zurücksetzung und allmähliche Einschränkung
des Heidentums, beides womöglich auf dem Verwaltungswege
und in einer Form, daß Gewaltmaßregeln entweder ganz
vermieden oder geschickt verdeckt wurden.

Auf dieser Linie hielt sich die innere Politik Konstantins.
Von vornherein hat sie diese Richtung, doch kommt dieselbe
ganz natürlich anfangs weniger entschieden zur Wirkung als
in den spätern Regierungsjahren des Kaisers. In ihrem
allgemeinen Ziele festgestellt, mußte sie doch in ihrer prak=
tischen Anwendung eine Politik von Fall zu Fall werden.

Die Förderung dieser Politik durch persönliche Ein=
wirkung auf die davon betroffenen Kreise ließ Konstantin
sich angelegen sein. In Privatgesprächen und öffentlichen

Ausschreiben hat er Heiden und Christen gegenüber die alte
Religion unbedenklich auf das schärffte verurteilt. Sie gilt
ihm als ein „schändlicher Wahn“, an welchem „Völker, ja
ganze Nationen zu Grunde gegangen sind“. Ihre Anhänger
sind ihm „Irrende“; ihre Herrschaft über die Gemüter nennt
er „Gewalt der Finsternis“ und findet in dieser Gewalt das
Hemmnis für die „gemeine Neugeburt aller“ Er betrachtet
es als seine von Gott ihm gewiesene Bestimmung, den „ver=
abscheuungswürdigen Götzendienst“ zu beseitigen und den
Glauben an ein höchstes Wesen zu verbreiten, auf daß alle,
die „Gläubigen“ und die noch „im Irrtum Befangenen“
unter dem „heiligen Gesetze“ leben.[1]

---

[1] Es kommen hier vorzüglich zwei Ausschreiben des Kaisers an
die östlichen Provinzen des Reichs kurz nach Besiegung des Licinius
(323) und ein Brief an den Perserkönig Schapur, wohl aus etwas
späterer Zeit, in Betracht. Es ist für die vorliegende Frage gleichgültig,
ob der in Rhetorik und Schriftstellerei wohl erfahrene Kaiser die Schrift=
stücke eigenhändig entworfen habe oder nicht; jedenfalls trugen sie seinen
Namen und gaben sich als Ausdruck seines Willens und Meinens. Das
erste Schreiben (Euseb. V. C. II, 24—43), gerichtet an die „Be=
wohner Palästinas“, lag dem Eusebius in der eigenhändigen Ausferti=
gung des Kaisers vor; es wendet sich an die gesamte Bevölkerung
und nicht ausschließlich an die Heiden, wie Eusebius (II, 23) annimmt.
Der Inhalt läßt darüber keinen Zweifel. Das Ende der Christenver=
folger wird grell beleuchtet: ihr Schicksal hat die Macht des Einen
Gottes und die Kraft der wahren Religion herrlich offenbart. Das Ziel
der göttlichen Führungen, welche der Kaiser erfahren, ist: *ἵν' ἅμα μὲν
ἀνακαλοῖτο τὸ ἀνθρώπινον γένος εἰς τὴν περὶ τὸν σεμνό-
τατον νόμον θεραπείαν, τῇ παρ' ἐμοῦ παιδευόμενον ἐπουρ-
γίᾳ, ἅμα δὲ ἡ μακαριστὴ πίστις αὔξοιτο ὑπὸ χειραγωγῷ
τῷ κρείττονι.* Deutlicher und schärfer drückt sich aus das zweite kaiser=
liche Schreiben an die „Bewohner des Ostens“, dessen Original, von
Konstantins eigener Hand geschrieben, dem Eusebius zur Verfügung
stand; er teilt es in griechischer Übersetzung mit V. C. II, 48—60.
Die schonungslosen Urteile über die Verfolger und ihr frevelhaftes Be=

Der Kaiser beschränkte sich nicht auf diese und andere Äußerungen. Auch in seinem Benehmen und seinen persönlichen Anordnungen ließ er seine verächtliche Beurteilung der alten Religion auf mannigfache Weise zum Ausdruck kommen.

Mehr als unsere Quellen erkennen lassen, scheint dies schon bald nach dem Maxentiussiege hervorgetreten zu sein.

---

ginnen werden wiederholt. Als allgemeinen Rechtsgrundsatz spricht der Kaiser aus: Μηδεὶς τὸν ἕτερον παρενοχλείτω · ἕκαστος ὕπερ ἡ ψυχὴ βούλεται, τοῦτο καὶ πραττέτω. Aber unmittelbar darauf folgt das Bekenntnis, daß nur die unter dem heiligen Gesetze Ruhenden „heilig und rein" leben: die anderen aber, wenn sie Lust haben, mögen τὰ τῆς ψευδολογίας τεμένη behalten. Mit Bedauern wird festgestellt, daß die „Cäremonien des Tempeldienstes und die Gewalt der Finsternis" noch fortdauern, ὅπερ συνεβούλευσα ἂν πᾶσιν ἀνθρώποις, εἰ μὴ τῆς μοχθηρᾶς πλάνης ἡ βίαιος ἐπανάστασις, ἐπὶ βλάβῃ τῆς κοινῆς ἀναστάσεως ἀμέτρως ταῖς ἐνίων ψυχαῖς ἐμπεπήγει. Ähnliche Gedanken kehren in dem Briefe an den Sassanidenkönig wieder (V. C. IV, 9—13). Besonders bemerkenswert die Worte: τοῦτον (d. h. den wahren Gott) ἐπικαλοῦμαι γόνυ κλίνας, φεύγων μὲν πᾶν αἷμα βδελυκτόν (vom Opfer gemeint) καὶ ὀσμὰς ἀηδεῖς καὶ ἀποτροπαίους, πᾶσαν δὲ γεώδη, λαμπηδόνα ἐκκλίνων · οἷς ἅπασιν ἡ ἀθέμιτος καὶ ἄρρητος πλάνη χραινομένη, πολλοὺς τῶν ἐθνῶν καὶ ὅλα γένη κατέρριψε, τοῖς κατωτάτω μέρεσι παραδοῦσα. Ebenso hat er in einem an die in Tyrus versammelten Bischöfe gerichteten Schreiben (Athan. contra Arian. c. 86) sich gerühmt, daß durch seine Bemühungen die „Barbaren" zur Kenntnis des wahren Gottes gelangt wären. Auch auf die zuweilen verächtliche Erwähnung der alten Religion und ihrer Sacra in kaiserlichen Gesetzen ist hinzuweisen z. B. aliena superstitio (Cod. Theod. XVI, 2, 5), mos veteris observantiae (XVI, 10, 1); superstitio (IX, 16, 1). Eigentümlich ist die Ausdrucksweise in den beiden Verordnungen über die Haruspicin vom Jahre 319 (IX, 16, 1; 2). Von der Oratio pro sanctis und den Referaten des Eusebius über Reden Konstantins sehe ich ab, obgleich mir ihr Quellenwert größer erscheint, als angenommen zu werden pflegt.

Bereits im Jahre 314 hat ein christlicher Redner in öffent=
licher Versammlung die beiden Herrscher Konstantin und
Licinius als solche gerühmt, welche sich zu dem allein wahren
Gotte und seinem Sohne Jesus Christus bekennen, aber den
todten Götzen „ins Angesicht speien" und die „alte Täuschung
von der Väter Zeiten her verlachen". [1] Wie viel auch von
diesen Aussagen auf Rechnung des freudigen Gefühls, die
ersehnte religiöse Duldung endlich erlangt zu haben, zu setzen
sein mag, so führen sie doch im letzten Grunde auf That=
sachen zurück, die so beschaffen sein mußten, daß solche
Urteile sich wagen ließen.

Schon zwei Jahre nach der Maxentiusschlacht also hat
sich die Christenfreundlichkeit des Kaisers in sehr bestimmten
Umrissen dargestellt und zwar auch bereits in einer dem
Heidentume entgegengerichteten Form. Die folgende Zeit hat
diese Entwickelung rasch weiter geführt.

Zwei kaiserliche Schreiben [2] an die östlichen Provinzen
wiesen diese nachdrücklich auf die wahre und würdige Religion
hin, deren Gott auch der Kaiser bekenne. Es ist anzu=
nehmen, daß ähnliche Erlasse auch im Abendlande erfolgt

---

[1] Eusebius im Panegyrikus bei der Einweihung der Kirche zu
Tyrus (H. E. X, 4, 16): ὥστε ἤδη, ὃ μηδὲ ἄλλοτέ πω, τοὺς
πάντων ἀνωτάτω βασιλέας, ἧς λελόγχασι παρ' αὐτοῦ τιμῆς
συνησθημένους, νεκρῶν μὲν εἰδώλων καταπτύειν προσώποις,
πατεῖν δ' ἄθεσμα δαιμόνων θέσμια, καὶ παλαιᾶς ἀπάτης
πατροπαραδότου κατεγγελᾶν, ἕνα δὲ αὐτὸν μόνον θεὸν τὸν
κοινὸν ἁπάντων καὶ ἑαυτῶν εὐεργέτην γνωρίζειν, Χριστόν
τε τοῦ θεοῦ παῖδα παμβασιλέα τῶν ὅλων ὁμολογεῖν.

[2] Siehe die obige Anmerkung. Dazu Euseb. D. L.
C. c. 2; V. C. I, 8 Schlußsatz, was wohl rhetorische Verallgemeine=
rung und Steigerung ist. Das Geschichtliche wird das Schutzschreiben
an den Perserkönig (IV, 8 ff.) sein.

sind. Der Hafenort von Gaza, Majuma, wo man diesen
Wink verstand und den Götzendienst abthat, wurde dafür zur
Stadt erhoben und durfte sich Constantia nennen; auch die
Einwohnerschaft von Constantinia in Paläſtina, die in ſtür=
miſchem Vorgehen in ihren Mauern die alte Religion und
deren Kult beseitigte, erntete den Beifall und die ausdrück=
liche Anerkennung des Kaisers.[1] Auf der anderen Seite
tadelte derselbe bei öffentlichen Spielen in Rom mit hartem
Worte die zu den sakralen Feierlichkeiten sich anschickenden
Truppen und wies die übliche Leistung des Opfers ab, was
die heidnischen Kreise der Hauptstadt übel empfanden.[2] Von
den Decennalien wird die herkömmliche Begleitschaft kultiſcher
Akte und religiösen Pompes gelöst[3]); die heidnischen Pane=
gyriker finden sich mehr und mehr veranlaßt, auf die reli=
giöse Stellung des Kaisers Rückſicht zu nehmen. Schon der
galliſche Redner, der Anfang des Jahres 313 vor dem aus
Italien zurückkehrenden Sieger in Trier sprach, hielt es für
angemessen, sich allgemein monotheiſtiſch auszudrücken[4]); acht
Jahre später äußert sich der Heide Nazarius in seinem Pa=
negyrikus schon ganz chriſtlich.[5] Schließlich wurden die heid=

---

[1] Euseb. V. C. IV, 38. 37.

[2] Zosim. II, 29. Die Stelle ist wichtig: τῆς δὲ πατρίου
καταλαβούσης ἑορτῆς, καθ᾽ ἣν ἀνάγκη τὸ στρατόπεδον ἐν
ἰέναι εἰς τὸ Καπετώλιον, ἄνοδον ὀνειδίζων ἀναίδην, καὶ τῆς
ἱερᾶς ἁγιστείας ἀποστατήσας, εἰς μῖσος τὴν γερουσίαν καὶ
τὸν δῆμον ἀνέστησεν. Das Fest mögen die ludi Capitolini ge=
wesen sein; das Ereignis fand nach der Besiegung des Licinius statt,
vielleicht an den Vicennalien.

[3] Euseb. V. C. I, 48. III, 15; D. L. C. II.

[4] Incerti Paneg. Constantino Aug. dictus (IX S. 192
ff. ed. Teubn. Lips. 1874). Besonders das Schlußgebet c. 26.

[5] Nazarii Paneg. Const. Aug. dict. (X, S. 213 a. a. O.)
c. 2. 7. 14. 15. 16. u. ſ. ö.

nischen Panegyriker, „die gottlosen Menschen", ganz zurück=
geschoben und Christen traten an ihre Stelle. Bei den
Vicennalien und den Tricennalien im Jahre 326 und 336
hielt der Bischof Eusebius von Cäsarea die öffentliche Rede. [1])

Die von eben diesem Manne herrührende Mitteilung [2]),
Konstantin habe „mit Wort und That" seine Ueberzeugung
von der Nichtigkeit des Götterglaubens zu erkennen gegeben
und sich die Förderung des Glaubens an den Einen Gott
angelegen sein lassen, erweist sich damit als wesentlich richtig.

Unangreifbar in der Form, weil nicht ohne Präcedenz,
aber nicht minder unmißverständlich in seinem letzten Ziele
war eine Anordnung des Kaisers, durch welche er sein
Bildnis den Tempeln und überhaupt der religiösen Verehrung
entzog. [3]) Er beseitigte damit eine Sitte, die sich in der
Armee und in Volkskreisen schon seit Augustus großer Be=
liebtheit erfreute und in welcher die göttliche Seite des
Principats voll und scharf in die Erscheinung trat. Aber
auch gerade in der Richtung auf diesen sakralen Ritus und
die ihm zu Grunde liegende Voraussetzung [4]) hatte die alt=
christliche Polemik eine besondere Schärfe entwickelt, und das
religiöse Gefühl der Christen fand sich durch die Menschen=
vergötterung tief verletzt. Darin liegt die Erklärung jener
Maßregel, deren aufregende Wirkung in heidnischen Kreisen,
da sie Tausende von Tempeln und Hauskapellen traf, ihrem

---

[1]) Euseb. V. C. I, 1.

[2]) Euseb. V. C. III, 1.

[3]) Euseb. V. C. IV, 16. Der Text bei Sokrat. I, 18 ist
verderbt.

[4]) Es sei hier nur an die auf Inschriften sich findenden Bezeich=
nungen des Kaisers als divi filius, deus, dominus et deus, deus
natus, θεός, θεοῦ υἱός u. a. erinnert.

Urheber nicht verborgen sein konnte. Wenn er sie dennoch wagte, so prägt sich darin sein entschiedener Wille aus, das Machtgebiet der alten Religion einzuschränken.

Vielleicht noch ehe das genannte Verbot erfolgt war, wandte sich die Provinz Umbria an den Kaiser mit der Bitte, in der Provinzialstadt Hispellum die jährlichen Spiele feiern zu dürfen, in Beziehung auf welche sie bis dahin an die gemeinsame Festfeier der verbündeten Provinzen Tuscien und Umbrien in dem entlegenen Volsinii gewiesen war; zugleich ersuchten die Provinzialen um die Vergünstigung, der Gens Flavia einen Tempel errichten zu dürfen. Konstantin gestattete beides, fügte aber hinzu: „unter der Bedingung, daß das unserm Namen geweihte Haus nicht mit dem Trug irgend eines Aberglaubens befleckt werde." [1] Was darunter verstanden war, konnte den Hispellaten nicht verborgen sein. Jener Vorbehalt schnitt den Opferdienst ab und bestimmte den in Aussicht genommenen Tempel von vornherein zu einer Ruhmeshalle, in welcher neben den Büsten oder Standbildern der kaiserlichen Familie der in Marmorschrift umgesetzte Freibrief Platz gefunden haben mag.

---

[1] Über die darüber berichtende Inschrift (Muratori III, 1791; Orelli-Henzen III n. 5580), deren Echtheit keinem Zweifel unterliegt, Mommsen in den „Berichten über d. Verhandlungen d. K. Sächs. Gesellsch. d. Wiss." 1850 S. 199 ff. Die betreffenden Worte lauten: .... in cujus (scl. urbis) gremio aedem quoque Flaviae, hoc est nostrae gen | tis ut desideratis magnifico opere perfici  volumus, ea observatione perscripta (= praescripta?) ne ac | des nostro nomine dedicata cujusquam con  tagiose superstitionis fraudibus polluatur.    Die Inschrift fällt in die Zeit 326—337. Näheres in m. Untersuchungen a. a. O. VII S. 360 ff. Dazu noch Jahn, Über die Ausdrücke aedes, templum, fanum, delubrum (Hermes 1879 Bd. XIV S. 567 ff.)

Auf demselben Motive ruht eine kaiserliche Verordnung [1]) über die Haruspicin vom Jahre 319. Schon seit Jahrhunderten bedienten sich der Staat und Privatpersonen der Disciplina Etrusca, doch wurde gelegentlich, wie von Tiberius, die geheime, ohne Zeugen vorgenommene Befragung der Haruspices untersagt. Konstantin ging noch weiter; er verbot in dem angezogenen Erlaß die private Haruspicin überhaupt, und zwar in der schärfsten Form: dem Haruspex wird im Übertretungsfalle Todesstrafe, dem, der ihn zu sich ruft, Güterkonfiskation und Verbannung angedroht. Zur Denunciation wird ausdrücklich eingeladen.

Die überraschende Verordnung rief in den davon betroffenen Kreisen große Aufregung hervor; man verstand sie, als ob die Haruspicin damit gänzlich aufgehoben sein solle. Daher sah sich schon bald darauf die Regierung genötigt, den Inhalt ihres Erlasses in anderer Fassung zu wiederholen und die Haruspicinbedürftigen deutlicher, als in dem ersten Gesetze geschehen war, auf die öffentliche Haruspicin zu verweisen, freilich in einer Sprache, aus welcher der Ton der Geringschätzung dieses Ritus deutlich herausklingt. [2]) Das, was die konstantinische Religionspolitik charakterisiert, die allmähliche Einschnürung und stückweise Zertrümmerung des Heidentums, kommt auch hier zum Ausdruck. Die aus dem Privatleben herausgenommene und in die Hand des Staates gegebene Haruspicin dauert vorläufig noch fort. Eine kaiserliche Willens-

---

[1]) Cod. Theod. IX, 16, 1.

[2]) Cod. Theod. IX, 16, 2. Der Schluß: qui vero id vobis existimatis conducere, adite aras publicas atque delubra et consuetudinis vestrae celebrate sollemnia: nec enim prohibemus, praeteritae usurpationis officia libera luce tractari.

äußerung[1]) vom Jahre 321 erkennt die von den Haruspices
geübte Prokuration der Blitze als zu Recht bestehend an,
der Kaiser fordert jedoch in jedem einzelnen Fall eine
genaue Berichterstattung. Daß eben diese letztere, aus poli=
tischen Gründen, für Konstantin das Entscheidende war, er=
giebt der Zusammenhang ziemlich deutlich; überhaupt tritt
auch in diesem Edikt die Abneigung des Herrschers gegen die
Haruspicin sehr bemerklich hervor. Die vorläufige Be=
lassung der Haruspicin im Staate wurde durch die Macht
der Verhältnisse gefordert.[2]) Aber ebenso ergaben diese ganz
natürlich eine Einschränkung derselben.

Ist nämlich die Annahme berechtigt, daß um 320 die
höchsten und einflußreichsten Posten in sehr vielen Fällen in
christlichen Händen lagen, und daneben auch in die mittlere
und die untere Beamtenschaft Christen in größerer Anzahl
eingestellt waren, so ergab sich als selbstverständlich, daß die
nach alter Sitte von den Staatsbeamten vorgenommene Be=
fragung der Zeichen, sei es in der Form der etruskischen oder
der griechisch=römischen Disciplin, nur selten in Anwendung
kam.[3]) Sie wurde von selbst hinfällig, so daß endlich nach
324 ein allgemeines Verbot der Divination gewagt werden
konnte.[4]) Das galt aber überhaupt von den sakralen Ver=
richtungen der staatlichen und bürgerlichen Beamten. Schon
Diokletian hatte die Christen von solchen Akten dispensiert;
in weit größerem Umfange mußte es jetzt geschehen.[5]) In

---

[1]) Cod. Theod. XVI. 10, 1.

[2]) Über die Stellung Konstantins zur Haruspicin s. m. Unter=
suchung a. a. O. VIII. S. 517 ff.

[3]) Euseb. D. L. C. 1; V. C. IV, 52 verglichen mit V. C.
II, 44. Sozom. I, 8. Dazu Kan. 7 d. Synode v. Arles (a. 314).

[4]) Euseb. V. C. II, 45.

[5]) Euseb. V. C. II, 44. C. Theod. XVI, 2, 5 (a. 323).

dem Maße also, wie die christliche Beamtenschaft wuchs, ermattete die Bewegung des großen Apparats kultischer Hand= lungen, welchen die Frömmigkeit der Vorfahren in das Ge= triebe der staatlichen Verwaltung und Regierung hineingestellt hatte. Die Auspication, der erste öffentliche Akt des neu ernannten Beamten, wurde ein seltenes Schauspiel; die Zahl der Apparitores, welche die höhern Officialen umgaben, schmolz zusammen, denn die Gehilfen des Opferdienstes und der Divination, die Victimarii, Pullarii, Haruspices und wer sonst noch dazu zählte, schieden aus. Mit einem Wort, die Magistratur verlor mehr und mehr ihren religiösen Pomp. Der Staat fing an, sich der heidnisch=religiösen Formen zu entkleiden. So trat der heidnischen Bevölkerung auch von dieser Seite her die rücksichtsloseste Verkleinerung ihres Besitz= rechtes und ihres Besitzstandes auf staatlichem Gebiete un= mittelbar und gewiß häufig genug verletzend vor Augen. Denn man kann sich nicht der Vermutung erwehren, daß die durch die Gunst des Herrschers gestützte und in ihrer Voll= macht starke christliche Beamtenschaft dem Heidentume den Umschwung der Dinge im allgemeinen keineswegs schonend vorenthalten habe. Ein Bild von dem, was schließlich auf diesem Wege erreicht wurde, giebt die dritte Decennalienfeier im Jahre 336. Dieselbe sieht von der alten Religion voll= ständig ab. Die feierlichen Opferhandlungen und Auspica= tionen, welche sonst diese Feste begleiteten, fielen aus und wurden durch kirchliche Feierlichkeiten ersetzt. Der öffentliche Redner wies rühmend auf diese Thatsache hin und durfte den alten Ritus ungehindert schmähen.[1)]

Die Regierung wagte noch mehr. Sie begann, einzelnen Tempeln ihren wertvollen Schmuck, die metallbeschlagenen

---

[1)] Euseb. D. L. C. 2.

Thüren, die vergoldeten Dachverzierungen zu entreißen, ja
sie griff sogar das heilige Inventar an. Finanzielle Be=
drängnisse mögen die erste Veranlassung dazu gegeben haben,
aber daß ein solches Mittel überhaupt beliebt wurde, ist be=
zeichnend für den Standpunkt, welchen der Staat der alten
Religion gegenüber einnahm, und die pietätslose Weise, in
welcher die christlichen Beamten den kaiserlichen Befehl aus=
führten, gab der Maßregel einen ernsten Hintergrund und
eine größere Tragweite. Unter Spott und Lachen wurden
im Beisein der kaiserlichen Kommissare die ehrwürdigen
Statuen, an welchen der Glaube des Volkes hing, mit um
den Hals geschlungenen Stricken aus den Tempeln gezogen;
man entriß ihnen, was sie Kostbares an sich trugen, und
gab die nutzlosen Überbleibsel höhnend an die Gläubigen zu=
rück, oder sie fielen ganz den fiskalischen Schmelzöfen anheim.
Die Kosten der Gründung von Konstantinopel wurden zum
Teil aus den eingezogenen Tempelschätzen bestritten.[1] Andere
Stücke des heiligen Besitzes verschenkte der Kaiser an seine
Günstlinge oder ließ die Statuen so umformen, daß sie in
christlicher Umgebung keinen Anstoß mehr erregten. So
wurde das Bildnis der Rhea, das nach altem Glauben die Be=
gleiter Jasons bei Cyzicus aufgestellt haben sollten, in Kon=
stantinopel so verstümmelt und umgebogen, daß es endlich
zu einer betenden Frauengestalt wurde[2]: aus einem Apollo
machte Konstantin sein eigenes Bild.[3] Auch die schonungslose
Art, wie er die Tempel ausraubte, um für die neue Stadt
am Bosporus statuarischen Schmuck zu gewinnen, ist be=

---

[1] Liban. pro templ. II S. 161 ed. Reiske.

[2] Zosim. II, 31.

[3] Chron. Pasch. Olymp. 277, 1: Anon. Band. 14.

zeichnend, wenn auch hier religiöse Motive gewiß nicht in
erster Linie maßgebend waren. [1]

Priester und Volk mußten dulden, daß die „Götterlosen"
bis in das innerste Heiligtum der Tempel vordrangen und
mit profanen Händen die zur Konfiskation bestimmten Stücke
bezeichneten. [2] Die Folge dieser Beraubungen war, daß die
Heiligtümer verödeten und verfielen, ja ein kaiserliches Ge=
bot untersagte im Jahre 326, baufällige Tempel wiederher=
zustellen. [3] In engem Zusammenhange damit steht das Ver=
bot, neue Götterbilder aufzurichten. [4] Darin sprach sich offen
der Wille der Regierung aus, das Heidentum zurückzudrängen.
Es war ein langwieriger Weg, der hier betreten wurde, aber
eine allgemeine gewaltsame Zerstörung der heidnischen Kultus=
stätten lag außerhalb des Bereichs der Möglichkeit; nur in
einzelnen Fällen, wo es ohne Aufsehn und mit einer gewissen
Berechtigung geschehen konnte, wurden Tempel beseitigt, so
das berühmte Aphroditeheiligtum zu Aphaka auf dem Liba=
non, an welches sich ein wüster Kultus der Unsittlichkeit
knüpfte. Dieses „gefährliche Fangnetz der Seelen" schien
dem Kaiser „nicht wert, von der Sonne beschienen zu werden";
durch eine Abteilung Soldaten ließ er den Tempel samt
seinen Weihgeschenken vollständig vernichten. In Jerusalem
wurde der über der Grabstätte Christi sich erhebende Aphro=
ditetempel abgetragen, um das Ärgernis zu beseitigen und

---

[1] Euseb. V. C. III. 54 (die Bemerkung Burckhardts S. 419
Anm. 2 zu dieser Stelle ist gegenstandslos) und die Verzeichnisse im
Anon. Band.

[2] Euseb. V. C. III. 1: 54: 57. D. L. C. 8. 9.: Julian.
Or. VII S. 228 ed. Spanh.: Sokrat.: H. E. I. 3.

[3] Cod. Theod. XV. 1, 3.

[4] Euseb. V. C. IV. 25: II. 45.

4*

für eine christliche Kirche Platz zu gewinnen.[1] Auch der Asklepiostempel in Ägä, der durch seine Inkubationen einen gefeierten Namen hatte, fiel; wahrscheinlich weil der Kultus und die Priesterschaft des „Seelenverführers" in ähnlicher Weise Anstoß gaben.[2] Auch sonst sind Tempel zerstört worden. Ein heidnischer Philosoph[3] charakterisiert den Kaiser als einen solchen, der die berühmtesten Tempel umstürzte, um Kirchen auf ihren Trümmern zu errichten und unter welchen die angesehendsten Philosophen gezwungen waren, ein geheimnisvolles Schweigen zu beobachten. In Ägypten sistierte der Kaiser gleichfalls einen unsittlichen Kult.[4] Dagegen wurden in dem phönikischen Heliopolis, offenbar weil die Stadt eine starke und fanatische Einwohnerschaft hatte, nur die unsittlichen Auswüchse des Aphroditekultus beseitigt und, um eine dauernde Gegenwirkung zu schaffen, auf Befehl und unter reicher Beisteuer des Kaisers eine christliche Gemeinde gegründet.[5] Auch der heidnische Kultus, der sich an die heiligen Eiche zu Mambre, wo Gott dem Abraham erschienen war, knüpfte, mußte aufhören. In einem an die palästinensischen Bischöfe gerichteten Schreiben befahl Konstantin die schleunige Beseitigung der Götzenbilder und Altäre und der „unreinen Opfer" und bedrohte jede Wiederholung einer gottlosen Ver-

---

[1] Euseb. V. C. III, 55; D. L. C. 8; V. C. III, 25 ff.

[2] Euseb. V. C. III, 56. Burckhardt (S. 362): „wahrscheinlich hatte der Gott sich auf politische Fragen eingelassen." Näher liegt es, an die unsittlichen Ausschweifungen zu denken, die sich häufig mit den Inkubationen verbanden und schon früher gelegentlich staatliches Einschreiten herbeiführten.

[3] Eunap. Vita Soph. in Aedes. (S. 461 ed. Boissonade).

[4] Euseb. V. C. IV, 25.

[5] Euseb. V. C. III, 58. Noch lange nach Konstantin hing die Mehrzahl der Bewohner dem Götzendienste an (vgl. den Brief des Bischofs Petrus v. Alexandrien bei Theodor. H. E. IV, 22.

richtung an diesem heiligen Orte mit schwerer Strafe. Zugleich wurde der Bau einer christlichen Kirche angeordnet, die
sich auch bald in herrlicher Schönheit dort erhob.¹) Damit
erschöpft sich indes schwerlich die Zahl der zerstörten Heilig-
tümer.²) In den meisten Fällen begnügte sich der Kaiser
allerdings damit, die Tempel schließen zu lassen.³) Diese
Willensäußerungen und Maßnahmen würden freilich in ein
merkwürdiges Licht treten, wenn sich erweisen ließe, daß, wie
angenommen wird, derselbe Kaiser die Errichtung heidnischer
Tempel angeordnet oder wenigstens wissentlich geduldet habe.
Indes die zunächst in diesem Zusammenhange aufgeführte,
im Jahre 331 vorgenommene Restauration des Konkordia-
tempels in Rom verdankt ihre Verwertung in diesem Sinne⁴)
allein der trügerischen Führung einer aus ganz disparaten
Stücken seltsam zusammengeflossenen Inschriftenkopie. Von
Konstantinopel aber versichert Eusebius,⁵) mit aller Bestimmtheit, daß hier Konstantin jeglichem Götzendienste ein Ende
machte; andererseits erweisen sich die entgegengesetzten Mit-

¹) Euseb. V. C. III, 52, 53 (das Schreiben Konstantins);
Sozom. II, 4: Sokrates I, 18. Dazu das zeitgenössische Itin.
Hierosolym.: ibi basilica facta est jussu Constantini mirae
pulcritudinis.
²) Vgl. Euseb. D. L. C. c. 9.
³) Anon. Valesii (ed. Gardthausen ad marg. Amm.
Marc. Lips. 1875, II S. 288) n. 33: edicto si quidem statuit
citra ullam caedem hominum paganorum templa claudi.
⁴) Burckhardt S. 360, irregeleitet durch Gruter S. 100 n. 6
(wogegen S. 1086 n. 5). Doch hat schon i. J. 1828 Orelli (n. 1081)
den Sachverhalt aufgedeckt und neuerdings (1876) Henzen im C. J. L.
VI, 1 n. 89 wieder daran erinnert. M. Untersuchungen a. a. O. VII
S. 359 ff.
⁵) Euseb. H. E. IV, 48. Ein in der Nähe von Konstantinopel
gelegener Heiltempel, Sosthenion genannt, wurde in eine Kirche verwandelt. Vgl. darüber Revue archéol. 1849. S. 144 ff.

teilungen des Zosimus im einzelnen als unrichtig.[1]) Denn
der Tempel der Rhea auf dem großen Forum in Konstan=
tinopel, dessen Erbauung Zosimus auf Konstantin zurückführt,
bestand schon vor Neugründung der Stadt[2]), und die Um=
formung, welcher sich das Erzbild der großen Göttin unter=
ziehen mußte[3]), zeigt zur Genüge, wie weit man davon ent=
fernt war, den heidnisch=religiösen Charakter jenes Heiligtums
zu wahren. Auch die Statuen der Dioskuren, welche das
Hippodrom schmückten, sind nicht als religiöse Standbilder
gedacht, sondern bilden nur einen Teil des reichen Raubes
antiker Bildwerke, durch welche das „neue Rom" den äußern
Glanz von Kunst und Kunstbesitz gewinnen sollte, der für
eine Stadt ersten oder zweiten Ranges damals unerläßlich
war. Das Brüderpaar mußte außerdem, obgleich seit alten
Tagen dieser Bezirk ihm geweiht war, den Raum mit Apollo,
Artemis und mehr als einem halben Hundert anderer mytholo=
gischer oder historischer Figuren des Altertums teilen.[4])

Es ist freilich nicht anzunehmen, daß in der Regierungs=
zeit Konstantins heidnische Tempel und Altäre gar nicht er=
richtet wurden, aber es kann dieses nur in geringem Umfange
geschehen sein und gewiß nicht auf Anregung oder auch nur
unter Billigung des Kaisers.

---

[1]) Vgl. H e s y c h. M i l. VI, 4 (Fragm. hist. Graec. ed. C.
Müller. Parisiis IV S. 149).

[2]) Das Nähere darüber in m. Untersuchungen a. a. O. VII
S. 352 ff.

[3]) Z o s i m. II, 31 mit dem bemerkenswerten Zusatze φασὶ
δὲ ὡς καὶ τοῦτο διὰ τὴν περὶ τὸ θεῖον ἐλωβήσατο ῥα-
θυμίαν.

[4]) A n o n. Band. 41.

Zweifelhaft bleibt es, ob bei der Gründung der neuen
Stadt am Bosporus auch heidnische Weihen gebraucht worden
sind; eine sehr allgemein lautende Mitteilung eines spätern
Schriftstellers darüber [1] kann keinen genügenden Anhaltspunkt
geben. Sollte dies der Fall gewesen sein, so folgt noch nicht,
daß diese Verrichtungen religiöser Natur waren: sie können
sich auf das dunkle Gebiet des volkstümlichen Aberglaubens,
von welchem die Heiden und die Christen ein gutes Stück
gemeinsam besaßen, beschränkt haben. [2] In diese Sphäre gehört jedenfalls die Tychestatue, welche die Bildsäule des
Kaisers auf dem ausgestreckten Arm trug und welcher auch
sonst in der neuen Stadt eine besondere Verehrung erwiesen
wurde. [3] Die zur Erinnerung an die Gründung Konstan-
tinopels geprägte Münze zeigt ihr Bild: eine Frauengestalt
mit einer Mauerkrone auf dem Haupte und einem Füllhorn
in der Hand; neben ihr am Boden ein Teil eines Schiffes [4];
sie war demnach eine neutrale Personifikation.

So bereitete sich langsam der letzte große Schlag vor,
mit welchem Konstantin endlich an der Neige seines Lebens
das Heidentum traf. Drohend wies auf dieses Ende die

[1] Johannes Lydus. de mens. IV. 2. Es ist bemerkenswert, daß Zosimus, trotz seines sichtlichen Interesses für die
Geschichte der Neugründung von Byzanz (II, 30), von heidnischen Ein-
weihungsriten offenbar nichts gewußt hat.

[2] Dahin weist Anon. Band. 3 (auch Codin. 17).

[3] Chron. pasch. (S. 530 ed. Bonn.); vgl. Hesych.
41. Zosim. a. a. O. weiß von der Errichtung eines eigenen Tempels
($\nu\alpha\acute{o}\varsigma$) für die Tyche Romana; aber diese Bezeichnung ist nicht im
Sinne von „religiöser Kultusstätte" zu fassen. Darüber m. Untersuchungen a. a. O. VII, S. 355 f.

[4] Zeitschrift f. Numismatik 1876 S. 125. Ähnlich auf einer
Goldmünze des Konstantius (Numismat. Zeitschr. 1870 Taf. XIV, 5).

Sistierung der Orakel [1]) und noch deutlicher ein an die kaiserlichen Beamten gerichtetes Gebot [2]), in Zukunft aller staatlichen Opfer sich zu enthalten. Damit war die volle Summe
der magistratlichen Kulthandlungen beseitigt. Der Staat
verzichtete auf die Genossenschaft und Mithülfe der alten
Religion. Entschlossen brach er mit einer vielhundertjährigen
Tradition. Aber noch hielt die Besorgnis und Aufregung
darüber die Gemüter in Spannung, da ordnete der Kaiser
in fester Konsequenz diejenige Maßregel an, welche am tiefsten
in das religiöse Gefühl der großen Mehrheit seines Volkes
schneiden mußte und den äußersten Punkt bezeichnet, bis zu
welchem Konstantins Religionspolitik gegangen ist: das allgemeine Opferverbot. Daß ein solches Verbot erfolgte, kann
nach dem, was ihm vorangegangen ist, nicht überraschen. Es
liegt dies durchaus in der Richtung der Politik Konstantins,
wie dieselbe an den Quellen sich ausweist, und kann nur da
unglaubhaft erscheinen, wo diese Politik von falschen Voraussetzungen aus vorgestellt wird. Wenn der Kaiser diesen bedeutungsvollen Schritt gewagt hat, so muß er in der Erfahrung der vergangenen Jahre die Garantieen für die Unge-
fährlichkeit einer solchen Maßregel gefunden haben.

Die Verordnung selbst, in welcher der Kaiser seinen
Willen kund that, ist uns nicht erhalten, aber Eusebius be-
zieht sich sowohl in seinen Denkwürdigkeiten aus dem Leben
Konstantins als in seinem Panegyrikus [3]) mehrmals mit Be-

---

[1]) Euseb. V. C. IV, 25; Zosim. II. 29.

[2]) Euseb. V. C. II. 44. Schon vor 321 waren die häus-
lichen Opfer untersagt worden (Cod. Theod. XVI, 10, 1); vgl. m.
Untersuchungen a. a. O. VIII S. 529.

[3]) Euseb. V. C. II, 45; IV, 23; IV, 25. D. L. C. 2. 8. 9.
Nach V. C. IV, 25 ist jene Verordnung ausgesprochen ἐπαλλήλοις
τε νόμοις καὶ διατάξεσι τοῖς πᾶσι, also mehrmals.

stimmtheit darauf, und auch Konstantins greift in einem scharfen Erlasse[1]) gegen den Opferdienst vom Jahre 341 auf ein entsprechendes Gesetz seines „göttlichen Vaters" zurück. Diese Angaben lassen zugleich keinen Zweifel darüber, daß das Verbot nicht etwa die Privatopfer allein im Auge hatte, sondern alle Opfer.[2])

Das kaiserliche Gesetz berührte den innersten Kern des heidnischen Gottesdienstes. Denn immer und überall stand im Mittelpunkte dieses das Opfer. Der pompöse Kultus schrumpfte auf einen dürftigen Rest zusammen. Man begreift, daß ein rhetorisch angelegter Zeuge dieser Ereignisse im Hinblick hauptsächlich auf diese Thatsache urteilen konnte: „im ganzen römischen Reiche wurden die Thore des Götzendienstes dem Militär- und Bürgerstande verschlossen."[3]) In der That war die Schließung der Tempel die notwendige Folge jenes Gebotes. Ohne jene konnte dieses nicht aufrecht erhalten werden. Denn wenn auch die Opfer nicht im Tempelhause selbst vollzogen wurden, sondern vor demselben, so bildete der Tempel mit seinem Götterbilde doch die Voraus-

---

[1]) Cod. Theod. XVI, 10, 2: Cesset superstitio, sacrificiorum aboleatur insania. Nam quicunque contra legem divi principis parentis nostri et hanc nostrae mansuetudinis ausus fuerit, sacrificia celebrare u. s. w. Burckhardt (S. 361 Anm. 2) nennt dies eine „sehr unbestimmte" Berufung. Kann sie deutlicher sein?

[2]) Vgl. darüber Chastel a. a. O. S. 61 ff. u. m. Unters. a. a. O. VIII S. 530.

[3]) Euseb. V. C. IV, 23. (vgl. Praep. ev. IV, 4). Ganz sachlich Theodor. H. E. V, 21: (Κωνσταντῖνος) τὸ μὲν τοῖς δαίμοσι θύειν παντάπασιν ἀπηγόρευσε, τοὺς δὲ τούτων ναοὺς οὐ κατέλυσεν, ἀλλ᾽ ἀβάτους εἶναι προσέταξεν. Auch Sokrat. H. E. I, 3 und Julian. Orat. VII (S. 228 ed. Spanh.) Der frühere Zustand Euseb. H. E. II, 60.

setzung des Opfers. Die heidnische Gottesverehrung mußte in dieser reduzierten ärmlichen Gestalt den Eindruck hervorrufen, als ob sie am Ende ihrer Lebensregungen sei.

Faßt man alles zusammen, so bewähren die Maßnahmen Konstantins in allen ihren Einzelheiten die Richtigkeit des Satzes, daß seine Religionspolitik von Anfang an auf Beseitigung des Heidentums abzielte. So ist dieselbe auch von Freunden und Gegnern, die darüber etwas wissen konnten, beurteilt worden. Während jene ihn als denjenigen feierten, der im Umfange seiner Herrschaft „den ganzen Schmutz des gottlosen Irrtums" weggethan [1]), schalt ihn Julian aus eben diesem Grunde einen „Neuerer und Verstörer altehrwürdiger Satzungen" [2]) und wies ihm im Jenseits einen Platz neben dem „Sohne" an, nicht neben den alten Imperatoren, den Götterfreunden. [3])

Ein paritätisches Verhältnis beider Religionen hat also diese Politik, die seit dem italischen Feldzuge in immer schärfern Umrissen hervortritt, weder in Wirklichkeit gewollt und geübt noch erheuchelt. In ununterbrochener Folge giebt sie der Kirche und nimmt sie dem Heidentume. So wenig sie die Klugheit und vorsichtige Überlegung ihres Urhebers und Leiters verleugnet, so wenig ist sie eine ziellos hin- und herfahrende. Sie enthüllt auf der einen Seite das bewunderungswürdige Talent Konstantins, rücksichtslos oder schonend zu sein, je nach Beschaffenheit der Umstände, aber sie zeigt auf der

---

[1]) Euseb. D. L. C. 2. Andere Aussagen desselben Inhaltes öfters bei ihm und seinen Fortsetzern.

[2]) Amm. Marcell. XXI, 10: novator turbatorque priscarum legum et moris antiquitus recepti (als Urteil Julians).

[3]) Juliani Caes. a. Ende.

andern Seite nicht minder seinen festen Willen in der Richtung
auf das eine Ziel hin. Die religionspolitischen Anordnungen
des Kaisers bewegen sich dem Christentume und dem Heiden=
tume gegenüber in fortwährender, gleichmäßiger Progression,
dort der Rechtsmehrung, hier der Rechtsminderung.

Ein offener Widerstand des Heidentums gegen die
kaiserlichen Bestimmungen, auch in ihrer höchsten Steigerung,
wird nirgends bemerkbar, und diese willige Unterwerfung
einer Menschenmasse, die über zwei Drittel der Reichsbe=
völkerung ausmacht und in ihrer Mehrzahl in fester inner=
licher Anhänglichkeit zu dem väterlichen Glauben stand, be=
fremdet auf den ersten Blick.

Es scheint nicht denkbar, daß 70—80 Millionen ihre
alten sakralen Rechte und Gewohnheiten gefügig sich weg=
dekretieren ließen. Diese Erwägung führt mit untrüglicher
Gewißheit zu dem Schlusse, daß der Staat in der Durch=
führung seines Willens mit der größten Nachsicht verfuhr
und eine weite Toleranz übte. Das durch den Widerspruch
zwischen Theorie und Praxis charakterisierte Verfahren, welches
vordem der heidnische Staat dem Christentum gegenüber be=
folgte, ist demnach hier in gewisser Weise wieder aufgenommen:
von den gesetzlichen Bestimmungen gegen die alte Religion
wird nicht in allen Fällen Gebrauch gemacht. Im einzelnen
war wohl in erster Linie die Rücksicht auf die öffentliche
Ruhe maßgebend. Heidnischen Minoritäten gegenüber in
Stadt und Land sind die neuen Gesetze gewiß ohne Zaudern
in Anwendung gebracht; auch sonst werden sich die Heiden
in der freien Äußerung ihres religiösen Lebens gewisse Ein=
schränkungen haben gefallen lassen müssen. Trotzdem bleibt
der Satz zu Recht bestehen, daß der Staat einen Teil seiner
gesetzlichen Anordnungen nur lückenhaft und nach Maßgabe

der Verhältnisse zur Ausführung gebracht hat. Wort und
That deckten sich hier nicht in allen Fällen genau; aber ein
solches weitgehendes schonendes Verfahren, welches in der
politischen oder religionspolitischen Geschichte aller Völker
Analogieen hat, ja auch in der sonstigen Politik Konstantins,
in seinem Verfahren gegen die schismatischen Donatisten, erklärt und rechtfertigt sich durch die thatsächliche Lage.

Auch so christeneifrige Kaiser, wie Konstantius und
Gratian, in gewisser Weise auch Theodosius haben sich zu
ähnlichen Zugeständnissen an die Verhältnisse gezwungen gesehen. Wichtig war — und darin liegt vor allem die epoche-
machende Bedeutung der Religionspolitik Konstantins —
daß der Staat öffentlich die Gemeinschaft mit dem Heidentume abwies und die freie Bewegung desselben gesetzlich zu
hindern unternahm. Er zerschnitt das Band, das die alte Religion an den Staat und den Staat an die alte Religion knüpfte,
nicht um ihn religionslos zu machen, sondern um ihn mit einer
neuen Religion und Religionsgemeinschaft in Verbindung zu
bringen. Von hier aus war es nur ein Schritt zu dem Satze,
den einst Trajan den Christen gegenüber aussprach: „ihr
habt kein Recht des Daseins." Denn diese neue Religion
konnte sich zu dem Heidentume nicht duldend stellen, und in
dem Grade als sie Einfluß auf den Staat und die Person
des Herrschers gewann, mußte sie die Regierung zu dem
Letzten drängen, was hier zu thun war, zu dem gesetzlichen
Verbot des Heidentums überhaupt.

Außerhalb jedes Zusammenhangs mit der durch die
Lage dem Kaiser abgerungenen Beschränkung in der Ausführung der gesetzlichen Bestimmungen über die alte Religion
steht die Fortdauer gewisser Titel und Gewohnheiten im
Principate und in der Regierung, in denen sich der frühere

Zustand, der heidnische Charakter des Staates mehr oder minder stark reflektiert, und die aus eben diesem Grunde entweder als Nachgiebigkeit an das Heidentum oder als Zeugnisse einer zwischen Heidentum und Christentum schwankenden Gesinnung angesehen werden. Dazu zählt der Titel Pontifex Maximus, welchen Konstantin beibehielt.

Der Pontifex Maximus ist der Vorsteher des Pontifikalkollegiums. Seit Augustus schon lag diese Vorsteherschaft in den Händen der Kaiser. Die Pontifices waren lange Zeit hindurch keine ausschließlich sakrale Behörde; sie bildeten die letzte Autorität für die ganze Summe göttlicher und menschlicher Rechtssätze und erstreckten ihre Wirkung auch auf die Gestaltung des bürgerlichen Rechts. Obwohl diese letztere Seite ihrer Thätigkeit später zurücktrat, so war doch auch noch in der Kaiserzeit ihr Einfluß ein großer und griff vielfach über den Umkreis des Religiösen hinaus. Andererseits gab die höchste Würde in diesem Kollegium das Recht der Priesterernennung und die Aufsicht über das gesamte Religionswesen. Diese Thatsache mußte es, besonders in dem Übergangsstadium, in welchem sich der Staat unter Konstantin befand, mindestens wünschenswert erscheinen lassen, dieses bedeutungsvolle Machtmittel festzuhalten und damit die Möglichkeit einer unmittelbaren autoritativen Einwirkung des Herrschers auf die religiösen Institutionen und den Kultus des Heidentums in den herkömmlichen Rechtsformen zu sichern. Verpflichtungen zu sakralen Verrichtungen legte sich Konstantin damit nicht auf, da es schon längst Sitte war, die persönlichen Leistungen, welche dem Herrscher als Pontifex Maximus oblagen, durch den Promagister vollziehen zu lassen. Auch der Umstand, daß die christlichen Nachfolger Konstantins bis auf Gratian kein Bedenken darin fanden, den Titel zu

führen, sollte vor raschen Schlüssen von hier aus auf die
Religionspolitik und das persönliche Christentum Konstantins
warnen. [1]

Dieselbe Verwarnung gilt in Beziehung auf die fort=
dauernde staatliche Anerkennung der Priesterschaften, deren
alt verbriefte Rechte gegen Unbill gelegentlich geschützt wurden. [2]
Denn dieser Rechtsschutz bezieht sich nicht sowohl auf die
religiöse und kultische Seite jener Genossenschaften, die sich
vielmehr nach dem Gange der religionspolitischen Gesetz=
gebung gestaltete, als auf ihren bürgerlichen Rechtsbesitz, wie
die kaiserlichen Verordnungen ausweisen. Diesen Standpunkt
hat auch der nachkonstantinische Staat als angemessen er=
achtet und festgehalten. [3]

Noch weniger kann die Fortdauer heidnischer Bildnisse
und Legenden auf den kaiserlichen Münzen, wenn schon
gerade dieser Punkt betont zu werden pflegt, als ein Zeugnis
für den religiösen Synkretismus oder die neutrale Religions=
politik Konstantins angesehen werden. Wie Handel und
Wandel noch lange nachher in den hergebrachten Rechts= und
Gewohnheitsformen des heidnischen Staates und Volkstums
sich bewegten, so auch ganz naturgemäß das in dieses Gebiet
entfallende Münzwesen, welches Konstantin kurz vor seinem

---

[1] Auch Zosimus (II, 36) findet in der Fortführung des Titels
seitens christlicher Kaiser nichts Auffälliges. Sollte Euseb. D.
L. C. 3 ἀρχιερέα μέγαν, von Christus gebraucht, auf den Titel
pontifex maximus anspielen?

[2] Cod. Theod. XII, 1, 21; XII, 5, 2. In beiden Fällen
handelt es sich um sacerdotales und flamines. Darüber m.
Untersuch. VII S. 368 ff.

[3] Z. B. Cod. Theod. IX, 17, 2, wo das Aufsichtsrecht der
Pontifices über die sakralen Institutionen noch i. J. 346 aner=
kannt wird.

Bekenntnis zu dem siegreichen Kreuze von Grund aus refor=
miert hatte. So wenig daran gedacht werden konnte, etwa
die nach Göttern oder Heroen benannten Legionen von diesen
Zusammenhängen zu lösen, so wenig begründet mußte es
erscheinen, die mythologischen und antik symbolischen Gebilde,
die aus den hier und dort verstreuten Münzstätten hervor=
gingen, zu unterdrücken. Als Zugeständnisse oder Beruhi=
gungsmittel konnten diese Äußerlichkeiten des Münzwesens
schon darum nicht gelten wollen, weil eine einzige christliche
Münze, die denselben Weg durch das Reich ging, jenen an=
geblichen Zweck illusorisch machen mußte. Nicht das kann
Verwunderung erregen, daß die heidnischen Münzstempel durch
die ganze Regierungszeit Konstantins hindurch weiter funktio=
nierten, sondern vielmehr, daß ihnen in wachsender Zahl
Münzen mit entschieden christlichem Bekenntnisse zur Seite
traten. Denn darin kommt das Streben zum Ausdruck, den
Staat vollständig zu christianisieren, ein Ziel, das Konstantin
sonst nicht unverhüllt an die Öffentlichkeit zu stellen liebte.
In christlichen Kreisen konnten die heidnischen Embleme kaum
Anstoß erregen, da diese Münzen seit dem Jahre 313 keine
Darstellung tragen, die heidnischer wären als gewisse Erb=
stücke der Antike in der christlichen Kunst des dritten und
vierten Jahrhunderts.[1]) Wenn in der Folgezeit die christ=
lichen Herrscher die heidnischen Bilder und Legenden von den
Münzen ausschieden, so folgten sie der von Konstantin ge=
wiesenen Bahn. Sobald einmal christliche Münzen vorhanden
waren, mußte dem Publikum der Unterschied zum Bewußtsein

---

[1]) M. Katakomb. S. 98 ff. (Eros u. Psyche, Dioskuren, Sirenen);
Garrucci, vetri antichi ornati di figure in oro 2. Aufl. Taf.
23, 3 (Minerva); m. Archäol. Studien S. 99 (Juno Pronuba), S. 111
(Venus), S. 106 (Hymenäus) u. sonst.

kommen, und es ergab sich daraus als selbstverständliche Forderung der nunmehr einflußreichen christlichen Bevölkerung,
das ganze Gebiet zu besitzen. Die Regierung war stark und
das Heidentum schwach genug, so daß diese Bestrebungen
ohne Schwierigkeit bald zum Ziel gelangen konnten.

Mit den Rüstungen zu einem Perserkriege beschäftigt,
wurde Konstantin von einem Unwohlsein ergriffen, das sich
schnell zu gefährlicher Krankheit steigerte. Erfolglos sucht er
in den warmen Bädern von Konstantinopel, dann in Heleno-
polis Heilung. In Ahnung des nahen Todes begehrte er
auf seiner Villa Achyrona bei Nikomedien das sündentilgende
Taufbad. Den um ihn versammelten Bischöfen äußerte er,
daß sein Wunsch gewesen sei, nach dem Beispiele des Herrn
im Jordanflusse die „errettende Versiegelung" zu empfangen;
Gott habe es anders gefügt, und nicht länger wolle er nun
zaudern.

Der Bischof Eusebius von Nikomedien vollzog die heilige
Handlung. In weißem Taufgewande, den Purpur verschmähend, erwartete der Kaiser sein Ende. Den Klagen der
Offiziere, die an sein Lager traten und ihm Verlängerung
seines Lebens erflehten, setzte er eine freudige Todesbereit-
schaft entgegen und traf ruhig die letzten Anordnungen. Am
22. März, dem letzten Pfingsttage, des Jahres 337 um die
Mittagsstunde schied er aus dem Leben.[1]

Das Wehklagen der Armee um den toten Imperator
fand seinen Wiederhall in der gesamten Christenheit. Man
wußte, was das Leben dieses Fürsten für das Christentum

---

[1] Nach Eusebius (V. C. IV, 62 ff.), der ohne Zweifel anwesend war.

und die Kirche bedeutet hatte.[1] Das Unerhörte war durch
ihn geschehen. Den festesten und heiligsten Bund, den die
griechisch-römische Welt kannte, hatte dieser Neuerer mit
klarem Bewußtsein und in überlegter That zerrissen, das
Staatswesen von der alten Religion gelöst. Noch mehr: das
frei gewordene Feld war mit des Kaisers Willen und Thun
den Götterlosen zugefallen. Einem Weingewinde gleich, das
vom stützenden Stamme gelöst wird, sank das Heidentum
langsam zu Boden: es starb nicht, aber der Tod stand jetzt
lauernd in seiner Nähe, und Jeder sah ihn, der sich auf die
Zeichen der Zeit verstand.

Eine Münze Konstantins zeigt eine am Boden liegende
Schlange, die von der Schaftspitze des Christusbanners durch=
stochen wird.[2] Die Sprache dieses Bildes ist deutlich; es
versinnlicht das letzte Ziel, welchem die Religionspolitik des
Herrschers in wechselnder Form, aber in stetiger Richtung
zustrebte. Konstantin hat dieses Ziel nicht erreicht. Aber den
Weg dazu hat er vorgezeichnet. Er der Anfänger, seine Söhne
die Fortsetzer.[3]

Der römische Senat, alter Sitte treu und der Anerkennung
der scharfen Realitäten der Gegenwart ausweichend, reihte
den Kaiser in die Zahl der Götter ein und erkannte ihm das
Prädikat Divus zu.[4] Aus diesem offiziellen Akte entwickelte

---

[1] Ich würde mich hier auf eine von Bengnot (S. 112) aus
Masden (Historia critica de España V S. 94) entnommene Inschrift
beziehen, wenn diese nur ächt wäre. Vgl. C. J. L. II, n. 449 (unter
den falschen Inschr.). Ich bemerke dies ausdrücklich, weil der Inhalt
jener Inscription für den Historiker sehr verlockend ist.

[2] Banduri II S. 213. Dazu Euseb. V. C. III. 3.

[3] Sozom. H. E. III, 17.

[4] Eutrop. X. 8: inter divos meruit referri. Dazu eine
Anzahl heidnischer Inschriften mit dem Prädikate divus für Konstantin

sich für den neuen Gott mit Notwendigkeit ein religiöser
Kultus, der aber schon in seinen Anfängen entweder von
selbst verkümmerte oder durch staatliche Anordnung beseitigt wurde.[1]) Doch ist ein christlich getöntes, schattenhaftes
Abbild dieser Apotheose daneben aufgekommen und hat sich
Jahrhunderte lang in volkstümlichen christlichen Kreisen behauptet.[2]) Ja, ein allerdings nicht unparteiischer christlicher
Historiker meinte, zwischen der Weise religiöser Verehrung,
die in Konstantinopel einem Porphyrstandbilde Konstantins
erwiesen wurde, und heidnischem Götzendienste keinen Unterschied entdecken zu können.[3])

Die Kirche hat in Konstantin den gefeiert und mit
hohem Lob erhoben, der ihr die ersehnte Freiheit gab und
den Götterdienst und Götterglauben zu Boden warf. Das
war der allgemeine Eindruck, den man von diesem gewaltigen
Manne hatte, ein Eindruck, der zwar, an den Einzelheiten
des Lebens und Wirkens Konstantins bemessen, sich nicht bewährt, aber doch wahr ist. Da, wo der Geschichtschreiber

---

(z. B. Orelli n. 602: Maffei, Mus. Veron. S. 521 n. 3;
Marini, Atti I S. 294 u. s. ö.).

[1]) M. Untersuchungen a. a. O. VII S. 367 f.

[2]) Ich zähle dazu die Konsekrationsmünzen, welche auf dem
Revers die Auffahrt Konstantins zum Himmel zeigen in genauem Anschluß an die „Himmelfahrt Eliä" auf altchristlichen Denkmälern und
zuweilen auch durch das Monogramm Christi ausgezeichnet sind (Cohen,
VI n. 568. 569; dazu Eckhel VIII. 2 S. 92. Abbild. Banduri
II S. 217 unten; S. 219 ob.). Was ferner im Chron. Pasch.
Ol. 277, 3 (darnach Malal. XIII. 321) über die dem Konstantinsbilde mit der Tyche dargebrachten Ehrenbezeugungen mitgeteilt wird,
ist nicht als Anordnung des Kaisers, sondern als volkstümliche Sitte
zu betrachten, die höchstens in ihren Anfängen in die Zeit Konstantins
zurückreicht. Vgl. auch d. folg. Anm.

[3]) Philost. II, 18.

Theodoret[1]) von Konstantin spricht, dem „alles Lobes wür=
digen" Kaiser, scheut er sich nicht, in das Urteil hineinzu=
flechten, was der Apostel Paulus einst von sich in Rücksicht
auf sein Apostolat gesagt hatte: „nicht von Menschen, auch
nicht durch Menschen (Gal. 1, 1), sondern vom Himmel hatte
er seinen Beruf". Das war in der That die Meinung der
Christenheit. Als später, nach mehr als einem Vierteljahr=
hundert, der arianische Bischof Eudoxius in Konstantinopel
bei festlicher Gelegenheit von seinem Bischofssitze herab, um
dem arianischen Konstantius etwas Gefälliges zu sagen, auf
Kosten Konstantins, unter dessen Patronat das nicänische
Symbolum zu stande gekommen war, öffentlich die Worte
sprach: „der Vater war gottlos, der Sohn ist gottesfürchtig,"
begann die Versammlung zu tumultuieren.[2]) So hoch hielt
sie das Andenken ihres einstigen Herrn.

---

[1]) Thedor. I, 2.
[2]) Vita seu certamina S. Athan. ed. Bened. I Ξ.
CXXVIII n. 12: ὁ πατὴρ ἀσεβὴς, ὁ υἱὸς εὐσεβής. Der Bischof
half sich darauf mit einem Witz aus der unangenehmen Lage.

# Zweites Kapitel.

## Die Konstantinssöhne.

Mit dem Tode Konstantins zerging die Einheit des Imperiums. Drei Söhne und zwei Neffen, nämlich die Brüder Delmatius und Hannibalian, die schon während seines Lebzeitens unter seiner Oberhoheit größere Gebiete des Reiches verwaltet hatten, glaubten berechtigten Anspruch auf Teile der verlockenden Hinterlassenschaft zu haben. [1] Die Schatten blutiger Bürgerkriege zogen am Himmel auf. Tage, gleich schreckvoll wie die Zeiten nach der Abdankung Diokletians, schienen heranzuschreiten — da griff die Armee mit einem Gewaltakt ein. Indem sie erklärte, nur die Söhne des großen Konstantin als erbberechtigt anerkennen zu wollen, mordete sie, um jenen den Weg frei und die Zukunft sicher zu machen, in rascher, wilder Entschlossenheit die übrigen Anverwandten des flavischen Hauses; nur die Prinzen Gallus und Julianus, die Brudersöhne Konstantins, blieben durch Zufall verschont. [2]

---

[1] Mit Grund bestreitet Ranke, Weltgesch. IV, 2 S. 268 ff., daß schon zu Lebzeiten Konstantins eine Erbteilung stattgefunden, was indes nicht ausschließt, daß der Kaiser die Nachfolge seiner drei Söhne ins Auge gefaßt habe (vgl. Julian. Orat. in Const. S. 45 ed. Spanh.). In seltsamer Verwirrung stellen sich diese Dinge bei Zosimus II, 39 dar.

[2] Ob und wie weit Konstantius an dieser Katastrophe beteiligt war, läßt sich nicht erkennen. Die Anklagen des Athanasius (Hist.

Auf der Basis dieser neugeschaffenen Lage vollzogen die Söhne im Jahre 338 in Sirmium eine neue Reichsteilung. Konstantin II., der älteste der Brüder, erhielt Britannien, Gallien, Spanien und Stücke in Afrika, Konstans Italien, Afrika und Illyrien, Konstantins II., der jüngste, die öst= lichen Länder, nämlich Thrazien, Asien und Ägypten.

Die drei Herrscher, deren ältester noch nicht einund= zwanzig Jahre zählte, waren christlich erzogen, ja Konstantin hatte in ihrer Ausbildung die religiöse Seite besonders her= vortreten lassen und darnach auch die private wie amtliche Umgebung der Prinzen bestimmt. [1]) Mit Genugthuung wurde in christlichen Kreisen die eifrige Kirchlichkeit der Kaisersöhne wahrgenommen; in ihrer Dreiheit samt dem Vater sind sie sogar als ein irdisches Abbild der heiligen Dreifaltigkeit bezeichnet worden. [2])

Konstantin hatte seinen Nachfolgern mit dem politischen Erbe verwickelte innerkirchliche Verhältnisse hinterlassen. Die blühende nordafrikanische Kirche war durch den Donatismus aus ihren Fugen gesprengt; schon seit langem lagen ihre Bischöfe klagend am Ohre des Herrschers. Auch die ägyp= tischen Diözesen hielt das meletianische Schisma noch in

---

Arian. ad Mon. c. 69) sind hier ebenso vorsichtig aufzunehmen, wie die gehässige Berichterstattung des Zosimus (II, 40). Beachtenswert ist der Versuch von Beugnot (I S. 131 ff.), in die Motive der dunkeln Katastrophe einzudringen. Die treue Anhänglichkeit der Armee zu dem Hause Konstantins steht außer Zweifel und wird von Julian selbst in seinem Panegyrikus auf Konstantius mehrfach bezeugt.

[1]) Euseb. V. C. IV, 51. 52. D. L. C. 3. Auch Firm. Matern. De errore prof. rell. c. 28, 9: sacrorum mandatorum ordinem scitis; quid sequi, quid fugere debeatis, veneranda atque immortali voce didicistis. Anders, aber in leicht erkennbarer Tendenz, Julian (De cynica secta or. VII S. 227).

[2]) Euseb. D. L. C. 3.

Zerrissenheit und Verfeindung. Weit bedeutungsvoller war die große christologische Kontroverse, die durch die gesamte Christenheit ging und als der arianische Streit bezeichnet zu werden pflegt. Die Abkehr Konstantins von den Homousianern hatte die dogmatische Einigung, mit welcher die erste allgemeine Synode zu Nicäa abschloß, rasch wieder vernichtet. Schlecht beraten und ohne inneres Verständnis für die Frage, welche die dogmengeschichtliche Entwickelung auf die Tagesordnung gestellt hatte, betrat der Kaiser den Weg der Vermittelung und entfesselte damit einen leidenschaftlichen Kampf, der nicht nur ihn selbst, sondern auch sein ganzes Haus überdauern sollte. Den Nicänern, die in Athanasius von Alexandrien einen klugen und kraftvollen Führer fanden, warf sich eine mannigfach abgestufte Partei entgegen, für welche der Kaiser ungescheut sein Ansehn und seine Macht einsetzte. Durch ein Verbannungsedikt nahm er im Jahre 335 den gefürchteten Führer der Homousianer vom Kampfplatze und verwies ihn nach Trier. Hier verweilte Athanasius bis zum Tode Kon= stantins in freundschaftlichem Verkehr mit dem Cäsar des Westens, Konstantin II. Die Thronbesteigung desselben ver= schaffte ihm bereits 338 die Rückkehr in die Heimat und das Bistum.[1]) Das Schreiben Konstantins an die Alexandriner, welches den Heimkehrenden begleitete[2]), ist ein Zeugnis der hohen Achtung des jungen Herrschers vor dem verbannten Bischofe. Auch dieser hat seinem Gönner ein dankbares Ge=

---

[1]) Selbstverständlich konnte die Rückberufung nur mit Erlaubnis des in Ägypten gebietenden Konstantius erfolgen. Doch war auch Konstans mit ins Einvernehmen gezogen (Athan. Hist. Arian. 8. Epiph. haer. LXVIII, 10).

[2]) Sokrat. II, 3.

dächtnis bewahrt und seine Frömmigkeit gerühmt [1]); dem nach
scheint Konstantin II. auf dem Standpunkte des nicänischen
Symbolum gestanden zu haben. Genaueres über seinen
Charakter und seine Religionspolitik ist nicht bekannt [2]); sein
Verhältnis zu Athanasius erweckt jedenfalls ein günstiges
Vorurteil für ihn, während auf der andern Seite die unter
ihm geprägten Münzen mit heidnischen Bildnissen und Legen=
den [3]) ebensowenig für ihn wie für seinen Vater ein gegen=
teiliges Zeugnis abgeben können. Bereits im Jahre 340
verlor er auf einem raschen Kriegszuge in das Gebiet seines
jüngeren Bruders, mit dem ein Grenzstreit ihn entzweit hatte,
das Leben. Generale des Konstans überwältigten ihn bei
Aquileja, töteten ihn und warfen den Leichnam in die Alsa.
Die freigewordenen Länder schlug Konstans, während Kon=
stantius durch einen gefährlichen Perserkrieg festgehalten
war, ungehindert zu seinem Reiche.

Konstans bekannte das Homousios. Er ist mehrmals
bei seinem arianischen Bruder in ernster, ja drohender Weise
für die Nicäner und ihre Sache vorstellig geworden und
unterhielt persönliche Beziehungen zu Athanasius. Seine
bischöflichen Freunde fanden seine Haltung in den dogmatischen

---

[1]) Athan. Apol. c. Arian. c. 87. Epist. ad episc. Aegypti
et Lib. (t. I S. 280 ed. Maur. Par.).

[2]) Sollte die bei Rivaz (s. Haller, Helvetien unter d. Römern
I S. 285) sich findende Angabe, wonach Konstantin II. eine auf dem
kleinen Sanct Bernhard an der großen Heerstraße errichtete Jupiter=
statue i. J. 339 umstürzen und durch einen Meilenstein ersetzen ließ,
begründet sein, so würde daraus hervorgehen, daß auch dieser Konstantins=
sohn, wie seine Brüder, dem Heidentume gegenüber sich nicht auf ein
passives Verhalten beschränkt hat.

[3]) Cohen, VI n. 10, 52 (Mars): 12. 102. 105—107. 111—116.
159 (Sol): 142—144. 149 (Jupiter): 199 (Isis): 201 (Anubis) u. A.

Zeitfragen korrekt und wußten seine milde Gerechtigkeit und
seine Freigebigkeit der Kirche gegenüber zu rühmen.[1]) In
der That war sein Regiment in den ersten Jahren fest, streng
und gerecht; später haben Krankheit und schlechte Einflüsse
seiner Umgebung seine Energie zerrieben, und seine Herrschaft
ist den Unterthanen drückend geworden.[2]) Doch hat noch
kurz vor dem Tode des Konstans ein heidnischer Redner
seinen unermüdlichen Regierungseifer, dem er nicht selten auch
die Nachtstunden opferte, seine nüchterne, von Ausschweifungen
freie Lebensweise und seine ernsten Absichten in Beziehung
auf das Wohlergehen des ihm untergebenen Landes rückhalt=
los anerkannt bei einer Gelegenheit, wo sich diesem Lobe
leicht ausweichen ließ, wenn der Panegyriker gewollt hätte.[3])

Am schärfsten war der religiöse und theologische Sinn
bei dem jüngsten der Brüder, Konstantius, entwickelt. Dog=
matischen und politischen Gegnern gegenüber erwies sich der
ruhige, milde und gut unterrichtete Fürst gleich maßlos in
seinem Mißtrauen, wie rücksichtslos in seinen Handlungen.[4])

---

[1]) Optat. de schism. III S. 64 (ed. Par. 1631). Darnach
hat er nach Afrika in reicher Fülle Almosen und ornamenta domibus
Dei geschickt. Athan. Apol. ad Const. 4. 7.: Hist. Arian. c.
44 (Schreiben des Hosius). Dazu Sozom. III, 18.

[2]) Eutrop. X, 8; Aur. Vict. 41: per aetatem cautus
parum atque animi vehemens, adhuc ministrorum pravitate
exsecrabilis atque praeceps in avaritiam despectumque mili-
tarium. Übertrieben auch hier Zosim. II, 41.

[3]) Libanius in seinem Βασιλικὸς λόγος (III S. 272 ff. ed.
Reiske), der wahrscheinlich i. J. 348 niedergeschrieben ist und in erster
Linie dem Konstantius gilt, aber auch auf Konstans sich bezieht.

[4]) Die Charakteristik bei Ranke IV, 1 S. 25 f. Ganz ungerecht=
fertigt ist das Urteil Richters, Gesch. d. weström. Reichs S. 103
unten. Auch ein so erbitterter Gegner wie Hilarius von Poitiers ent=

Darum haben ihn die einen einen Saul und Ahab, die andern einen grausamen Tyrannen und Mörder gescholten.[1] Der Kirche und dem Klerus wandte er zahlreiche Vergünstigungen zu[2] und sprach noch kurz vor seinem Tode in einem öffentlichen Schreiben an die Antiochener als seine Überzeugung aus, daß der Staat „vielmehr in Gottesfurcht denn in Ämtern oder in Arbeit und Mühe des Leibes seinen Bestand und Halt habe".[3] Die Aufrichtigkeit seiner christlichen Überzeugung steht über jedem Zweifel. Seine Frömmigkeit war nicht schlechter als die der Mehrzahl seiner Zeitgenossen. Sein Bemühen, mit dem Mittel der List wie der Gewalt seine dogmatischen Gegner zu bekämpfen und seine Freunde zum Siege zu führen, ist hier die Frucht einer lebendig bewußten und auf innerster Überzeugung ruhenden theologischen Anschauung. Das christliche Bekenntnis war ihm nicht eine Formel, sondern das Regulativ seines sittlich-religiösen Handelns, seiner ganzen Persönlichkeit. Von dort her gewann er die strenge Moralität, die auch unfreundliche Beurteiler an ihm anerkannt haben, und die Genügsamkeit, die so scharf von der Genußsucht und Üppigkeit seiner Umgebung sich abhob.

— · —

zieht ihm nicht das Lob angeborener Güte und Frömmigkeit (Ad Const. Aug. I, 1). 3. vgl. auch das günstige Urteil bei Julian, Or. in laud. Const.

[1] Athan. Hist. Arian. 67; 68; 69; 45 (ὁ τῆς ἀσεβείας προστάτης καὶ τῆς αἱρέσεως βασιλεύς); Hilarius, Contra Const. 10. Noch maßloser Lucifer von Cagliari in den Flugschriften Pro Athanasio — De regibus apostaticis — Moriendum esse pro Dei filio (Bibl. Patrum Max. Lugd. IV S. 181 ff.).

[2] Cod. Theod. XVI, 2, 8—16. Dazu Chron. Pasch. S. 544 f. ed. Bonn. u. die Kirchenschriftsteller.

[3] Cod. Theod. XVI, 2, 16.

Von vornherein ließ sich annehmen, daß die Religions=
politik dieser beiden Flavier dem Heidentume gegenüber von der=
jenigen Konstantins wesentlich abweichen werde. Auch hatten
sich die Verhältnisse, mit denen in jedem Falle zu rechnen
war, günstiger gestaltet. Denn wie vorsichtig und eklektisch
auch die Religionspolitik Konstantins d. Gr. in der Praxis
sich entfaltete, so hatte sie dennoch dem Heidentume großen
Abbruch gethan. Der Zug der Zeit kam ihr entgegen. Die
allgemeine Stimmung und Entwickelung ging mit Ungestüm
eine Bahn, die von der alten Religion weiter und weiter
abführte. Schon wenige Jahre nach Konstantins Tode froh=
lockt ein leidenschaftlicher christlicher Schriftsteller, wenngleich
es in seinem Interesse lag, das Gegenteil berichten zu können,
daß, „obwohl noch in einigen Gegenden die sterbenden
Glieder des Götzendienstes zucken, dennoch die völlige Aus=
rottung des verderblichen Übels aus allen christlichen Ländern
in naher Aussicht steht.“ Es fehlt nur noch „ein ganz
weniges“ und die „unheilvolle Ansteckung der ausgelöschten
Idololatrie“ hört ganz auf. Schon ist die Zeit nahe ge=
kommen, die Siegeszeichen aufzurichten und den Triumph
auszurufen. [1]

---

[1] Firm. Matern. de errore prof. rell. c. 20, 5: qui lacus
in terra est, quem non Christi possiderit nomen? qua sol ari-
tur, qua occidit, qua erigitur septemtrion, qua vergit auster,
totum venerandi numinis majestas implevit, et licet adhuc in
quibusdam regionibus idololatriae morientia palpitent mem-
bra, tamen in eo res est, ut e Christianis omnibus terris pesti-
ferum hoc malum funditus amputetur. — § 7: modicum tantum superest, ut legibus vestris funditus prostratus diabolus
jaceat, ut extinctae idololatriae pereat funesta contagio.
Veneni hujus virus evanuit et per dies singulos substantia
profanae cupiditatis exspirat .... Erigite tropaea victoriae
et praeferatur titulus triumphorum. Dazu Sozom. IV, 11.

Noch ehe diese Worte geschrieben waren, nämlich im
Jahre 341 erließ Konstantius mit Berufung auf ein Edikt
seines Vaters ein in schärfster Form abgefaßtes Verbot des
Götzendienstes. „Aufhören soll der Aberglaube, ausgerottet
werden der Wahnsinn der Opfer".[1] Die Verordnung unterscheidet sich inhaltlich nicht von analogen Bestimmungen
Konstantins, nur in der Fassung geht sie über diese hinaus.
Der abrupte Eingang und der scharf gefaßte Inhalt lassen
einen plötzlichen, durch irgendwelche bestimmte Vorgänge
hervorgerufenen Willensentschluß als Ursache des Gesetzes
vermuten. Wie sich Konstans dazu stellte, ist nicht bekannt,
aber wahrscheinlich zustimmend, denn bald darauf treten beide
Brüder, deren Freundschaft gerühmt wird[2], mit einem ge-
meinschaftlichen Erlasse hervor, in welchem, „um den Verlorenen die Möglichkeit des Sündigens zu nehmen", in noch
drohenderer Sprache der Opferdienst untersagt und die
Schließung aller Tempel in Stadt und Land anbefohlen
wird. Die Ungehorsamen soll das „rächende Schwert"
treffen; ihr Vermögen fällt dem Fiskus anheim. Eine et-
waige Nachlässigkeit der Beamten in Ausführung dieser Verordnung soll in derselben Weise geahndet werden.[3]

---

[1] Cod. Theod. XVI, 10, 2: Cesset superstitio, sacrificiorum
aboleatur insania. Nam quicunque contra legem divi principis
parentis nostri et hanc nostrae mansuetudinis jussionem ausus
fuerit sacrificia celebrare, competens in eum vindicta et prae-
sens sententia exseratur. Eine Strafbestimmung fehlt, doch scheint
sich aus Liban. περὶ τῆς ἑαυτοῦ τύχης (I S. 21 ed. Reiske):
(καὶ ἐν ᾧ δίκη τῷ τολμῶντι θάνατος) zu ergeben, daß auf die
Übertretung der Tod gesetzt war.

[2] Julian. Orat. in laud. Const. S. 41.

[3] Cod. Theod. XVI. 10, 4: Placuit omnibus locis atque
urbibus claudi protinus templa et accessu vetitis omnibus

Die neue Lage spiegelt sich bezeichnend wieder in einem
um diese Zeit in Rom angefertigten, ohne Zweifel offiziellen
Kalender. In demselben sind die eigentlichen Opfer und
heidnischen Riten gestrichen und „die ursprünglich dem Kultus
der Götter bestimmten Tage nur als dies feriati ohne
religiöse Bedeutung beibehalten". Ebenso ist „die Bezeichnung
der Tage als fasti nefasti u. s. f. aufgegeben, wofür die
Tage des senatus legitimus eingetreten sind." Christliche
Feste fehlen noch ganz.[1]) Dieses Schriftstück ist das erste
Zeugnis einer auf Reinigung des überlieferten heidnisch=

---

licentiam delinquendi perditis abnegari. Volumus etiam cunctos sacrificiis abstinere. Quod si quis aliquid forte hujus modi
perpetraverit, gladio ultore sternatur. Facultates etiam per-
empti fisco decernimus vindicari et similiter affligi rectores
provinciarum, si facinora vindicare neglexerint. Das genauere
Jahr läßt sich nicht bestimmen. Die jetzige Datierung Constantio IV
et Constante III AA. Coss. ist falsch, da das zweite Consulat des
Konstans nicht dem vierten, sondern dem dritten Konsulate des Kon=
stantius gleichzeitig ist. Am nächsten liegt die Correktur der Bonner
Ausgabe Constante III. woraus sich das Jahr 346 ergeben würde.
Gothofredus, Chastel u. A. gewinnen durch die sehr unwahrscheinliche
Correktur Constantio A VI et Constantio Caes. II (der Cäsar
Constantius Gallus) Coss. das Jahr 353. Adressiert ist der Erlaß an
den Stadtpräfekten Taurus.

[1]) Mommsen, über d. Chronographen vom J. 354 (in d. Abh.
d. Königl. sächs. Gesellsch. d. Wissensch. phil.=hist. Kl. I, 1850 S. 369
f. Der vollständige Kalender ist abgedruckt C. J. L. I S. 334 ff.
Zum Januar sind beispielsweise folgende Tage verzeichnet: Senatus.
legitimus (1. Jan.), dies. Aegyptiacus (2.), ludi votorum. nun-
cupatio (3.), ludi (4.), ludi (5.), dies. Aegyptiacus (6.), Jano.
patri. cm. XXIIII (7.), senatus. legitimus (9.), dies carmentari-
orum (11.), Jovi Statori. cm. XXIIII (13.), carmentalia (15.),
dies. Aegyptiacus (16.), ludi. Palatini (17.). ludi (18.), ludi (19.),
n. Gordiani. cm. XXIIII 20.`, ludi (21.`, ludi (22.`, senatus
legitimus (23.) u. d. Hadriani. cm. XXIIII (24.`, n. chartis 25.).

römischen Kalenders gerichteten Reform, die sich in der Folge=
zeit fortsetzt.

Mit dem obigen Gesetze stellte sich die Regierung dem
Heidentume gegenüber auf einen völlig neuen Standpunkt.
Die Linie der von Konstantin eingeleiteten Politik wird
plötzlich abgebrochen und auf das langsame Mittel allmählicher
Einschränkung der alten Religion Verzicht geleistet. Rück=
sichtslose, gewaltsame Unterdrückung des Heidentums ist das
ausgesprochene Ziel dieser neuen Religionspolitik. Damit
sinkt der christliche Staat auf das Niveau des christenver=
folgenden Staates zurück. Ein Wort des Tadels scheint in
christlichen Kreisen nicht hörbar geworden zu sein. Auch
der große Mann, der gerade damals für sich und seine Partei
den Satz geltend machte, daß auf dem Gebiete religiösen
Glaubens nicht Zwang, sondern Überredung walten dürfe [1]),
Athanasius hat geschwiegen.

Wenn die Regierung die frühern Bahnen verlassen und
diesen Schritt unerschrocken gewagt hat, so liegt darin, daß
sie ihn wagen konnte. Glückliche Kriege hatten beiden
Herrschern eine feste Stellung und die notwendige Auktorität
gegeben, eine solche aufregende Maßregel ihren nach Millionen
zählenden heidnischen Unterthanen dekretieren zu können. Auch
haben Stimmen von größerem oder geringerem Gewichte, die
zu diesem „gottgefälligen" Werke heimlich drängten oder
öffentlich anriefen, nicht gefehlt. Jenem Erlasse geht un=
mittelbar voraus die an die beiden Kaiser gerichtete Flug=
schrift des Firmicus Maternus, in welcher ein wilder christ=
licher Fanatismus die Machthaber drängt, den letzten Axtschlag
zu thun. Dazu hat Gott ihnen die oberste Herrschergewalt

[1]) Athan. Hist. Arian. c. 67 (S. 384.

in die Hand gelegt. Das ist sein Gebot an sie, das fordert
er als Dank für tausendfache Hülfe; darin liegt die Gewähr
einer glücklichen Zukunft.[1] „Weg, ihr allerheiligsten Kaiser,
weg getrost mit dem Tempelschmuck. In die Münze und die
Schmelze mit jenen Göttern, daß sie das Feuer zerkoche!"[2]
Es ist möglich, daß auch die außergewöhnlichen Naturereig=
nisse, welche in den vierziger Jahren die Menschheit er=
schreckten[3], Sonnenfinsternis und Erdbeben — Rom schwankte
drei Tage lang — den alten Vorwurf des Heidentums
wieder aufleben ließen, daß um der Christen willen die Erde
dies leide, und dadurch der Zorn der Herrscher erregt oder
gesteigert wurde.

Der kaiserliche Erlaß, unter dessen Drucke auch der
Altar der Viktoria in der Kurie des römischen Senats
weichen mußte, verletzte das religiöse Gefühl des Heidentums
begreiflicherweise auf das tiefste und schuf eine Verbitterung,
die vereinzelt in gewaltsamem Widerstande oder in erbitterter
Rede zum Ausdruck gekommen sein mag. Dies scheint durch
ein bald darauf erfolgtes Ausschreiben derselben Herrscher
vorausgesetzt zu werden, welches von dem allgemein lautenden
Gebote der Tempelschließung die außerhalb der Stadtmauern
gelegenen Heiligtümer — gemeint ist wohl in erster Linie
Rom — ausnimmt: sie sollen in ihrem frühern Bestande

---

[1] Firm. Matern. De err. prof. rell. 16, 4; 29, 1, 3, 4.

[2] A. a. O. 28, 6: Tollite, tollite securi, sacratissimi imperatores, ornamenta templorum: deos istos aut monetae ignis
aut metallorum coquat flamma, donaria universa ad utilitatem
vestram dominiumque transferte. Post excidia templorum in
majus Dei estis virtute provecti.

[3] Hieron. Chron. a. 2360. 2361 (tribus noctibus ac diebus
Roma nutavit). Dazu die Sonnenfinsternis während des Perser-
krieges am 6. Juni 346.

erhalten bleiben, weil es „unziemlich sei, Tempel zu zer=
stören, an die sich für das römische Volk seit uralter Zeit
die Festfreude der Spiele knüpfe." Indes wird diese Nach=
giebigkeit ausdrücklich als persönliche Gnadenerweisung be=
zeichnet und gleich am Eingange die Erklärung abgegeben,
daß es sein Bewenden dabei habe, daß „jede Superstition
völlig ausgerottet werde." [1] Auch besagt in ihrem Wortlaute
und in ihrer ursprünglichen Absicht diese Milderung wenig;
sie kam nur den wenigen Heiligtümern zu gute, die in un=
mittelbarer Verbindung mit einem Circus oder einer Arena
oder irgend einem andern Festplatze standen. Doch konnte
sie unter Umständen leicht eine Handhabe bieten, auch solche
außerhalb der Mauern gelegenen Tempel unter ihren Schutz
zu bringen, die keinerlei Beziehung zu öffentlichen Spielen
hatten.

Im Jahre 350 trat eine bedeutsame politische Ver=
änderung ein. Der Oberkommandant der Jovianer und
Herkulianer, der Germane Magnentius, nahm in Autun
unerwartet den Purpur. Die rasche Entschlossenheit, welche
der kleine Kreis, aus dem Magnentius vorgeschoben wurde,
bewies, und glückliche Umstände ließen die Usurpation ge=
lingen. Konstans, überrascht und kopflos, suchte in schleu=

---

[1] Cod. Theod. XVI, 10, 3: Quamquam omnis superstitio
penitus eruenda sit, tamen volumus, ut aedes templorum, quae
extra muros sunt positae, intactae incorruptaeque consistant.
Nam cum ex nonnullis vel ludorum vel agonum origo fuerit
exorta, non convenit ea convelli, ex quibus populo Romano
praebeatur priscarum sollemnitas voluptatum. Gerichtet an den
Stadtpräfekten Catulinus. Die Bonner Ausgabe conjiciert als Ab=
fassungszeit 346. Im Cod. Theod. steht der Erlaß vor dem oben
erwähnten, aber mit Unrecht, wie ich glaube. Sein Inhalt setzte Cod.
Theod. XVI, 10, 4 voraus.

niger Flucht die spanische Provinz zu gewinnen, doch in
dem Pyrenäenstädtchen Helena, das Konstantin zu Ehren
seiner frommen Mutter so genannt, ereilten ihn die von
Magnentius ausgesandten Mörder und stießen ihn, das Asyl=
recht mißachtend, in der Kirche nieder. [1])

Die Ursache der Erhebung des germanischen Generals,
dem hervorragende Herrschergaben durchaus abgingen, ver=
schließt sich der Erkenntnis. Die anfangs gleichgültige, später
scharf abweisende Haltung der Bevölkerung verbietet, in
dieser Usurpation die natürliche Frucht des schlechten Regi=
ments des Konstans zu sehen; sie reiht sich vielmehr den
militärischen Überrumpelungen an, welche durch die ganze
römische Kaisergeschichte gehen und in den meisten Fällen in
zufälliger persönlicher Mißstimmung und in dem Wagnis
weniger Personen ihren Grund und Ausgang haben.

Die Herrschaftsgeschichte des Magnentius hat durchaus
ein militärisches Gepräge. [2]) Die Parallele wird dadurch
noch vollständiger, daß auf die Kunde von dem, was geschehen
war, auch die illyrischen Legionen ihren grauen Feldherrn
Vetranio als Augustus ausriefen, der dann alsbald seine
Münzen mit dem Christusmonogramm und der historischen
Inschrift „In diesem Zeichen wirst du siegen" ausgehen ließ.
In jedem Falle lagen diesen Erhebungen religiöse Beweg=
gründe fern. Magnentius war Christ, obwohl mit starker
Neigung zum Abergläubischen [3]), was sich vielleicht aus seiner

---

[1]) Zonar. XIII, 6 (ναός hier „Kirche", nicht „Tempel", wie
Richter S. 112 voraussetzt). Athan. Apol. ad Const. c. 6 nennt
seinen Tod ein μαρτύριον.

[2]) Eine Inschrift (Orelli-Henzen 1106) bezeichnet ihn u. a. als
conservator militum et provincialium.

[3]) Athan. Apol. ad Const. c. 6; Philost. III, 26.

Volksreligion erklärt. Seine Münzen tragen die bekannten Symbole des Christentums, das Menogramm, das Labarum, das Zeichen Alpha und Omega.[1] Bald nach seiner Usurpation ist er zu gallischen Christen — darunter ohne Zweifel auch Bischöfe — in Beziehung getreten, und diese haben sich zu dem Versuche bereit finden lassen, den mit Konstantius verfeindeten einflußreichen Athanasius auf des Gewaltherrschers Seite zu ziehen, freilich vergeblich. Athanasius konnte dem Tyrannen nicht verzeihen, daß durch seine Hand Konstans gefallen war.[2] Trotz seines christlichen Bekenntnisses hielt es Magnentius in Rücksicht auf seine schwierige Lage für geboten, durch gewisse Zugeständnisse das Heidentum des Westreichs an sich zu ziehen. So gab er, wenigstens für die Nachtstunden, die Opfer frei.[3] Es war im Grunde wenig, denn das Heidentum wird auch fernerhin in der Lage einer halbunterdrückten Religion gehalten, doch schien dieses Wenige für den Zweck, zu dem es gegeben wurde, auszureichen, ein Beweis, wie mächtig unter Konstantin auch im Occident das Christentum herangewachsen war. In großer Anzahl drängten sich die Heiden, wohl in Hoffnung, noch mehr zu gewinnen, zu den Fahnen des Magnentius.[4]

---

[1] Cohen, Méd. des Emp. Rom. VI, 1, 6, 10, 17, 29, 31—36, 42, 45, 47, 49, 52, 58 u. sonst.

[2] Athan. a. a. O. c. 6. 7. 8. Weil das christliche Bekenntnis des Magnentius bestritten worden ist, so weise ich noch darauf hin, daß Athanasius (a. a. O. c. 7) gerade das schwer empfand, daß Magnentius einen in der Taufgnade Stehenden getötet habe. Das konnte doch nur einem Christen als besonders schwere Verschuldung angerechnet werden. Daß bei dem Gewaltstreich auch Christen und zwar nahe Freunde des Athanasius das Leben verloren (Athan. a. a. O. c. 6), hat mit der religiösen Frage nichts zu thun.

[3] Cod. Theod. XVI, 10, 5.

[4] Philost. III, 26.

Konstantius erhielt die beiden Unglücksposten in einem
Augenblicke, als der persische Krieg eine günstige Wendung
für ihn genommen hatte. Sofort brach er nach Westen auf.
Das erste Unternehmen war glücklich. Vetranio, von seinen
Truppen im Stich gelassen, nahm die Gnade des Kaisers in
Anspruch und brach seine „Komödie" ab.[1]) Durch die vor=
trefflichen illyrischen Truppen verstärkt, zog dieser weiter zu
dem „heiligen Kriege" gegen den barbarischen Thronräuber.
Auch Magnentius, der eben in Rom einen Prätendenten,
den Nepotianus vernichtet und die Stadt mit Mord und
Schrecken erfüllt hatte, eilte zur Entscheidungsschlacht herbei.
Auf der Ebene bei Mursa in Pannonien stießen beide Heere
am 28. September des Jahres 351 zusammen. Konstantius,
der geschickt den religiösen Enthusiasmus seiner Truppen zu
erregen und zu benutzen verstand[2]), behauptete nach hartem,
blutigem Ringen das leichenbedeckte Feld.[3]) Zwei Jahre nachher
hatte das germanische Kaisertum, gegen das sich nun Jeder=
manns Hand erhob, mit dem Selbstmorde seines Trägers
ausgespielt, und Konstantius ließ sich feiern als „Vernichter

---

[1]) Jul. Imp. Or. II de Const. reb. gest. S. 77.

[2]) Theodor. H. E. III, 3.

[3]) Die Schlacht zählt zu den großen Völkerschlachten (Eutrop.
X. 12: ingentes Romani imperii vires ea dimicatione consump-
tae sunt). In der Armee des Konstantius herrschte die Überzeugung
vor, daß der Kampf nicht nur dem legitimen Fürsten, sondern auch der
wahren Religion gelte. Nach Theodor. III, 3 befahl Konstantius
sogar den Heiden in seinem Heere vor der Schlacht sich taufen zu
lassen oder sich zu entfernen: ἀνοσίοις γὰρ συμπολεμεῖν οὐκ
ἀνέξομαι. Philostorgius (III, 26) faßt den Kampf geradezu als
Religionskampf auf und weiß von einer dem Konstantius zu Teil ge=
wordenen himmlischen Kreuzeserscheinung, während Magnentius und
die Seinen sich auf die Dämonen verließen. Was Sulp. Sev. II
S. 11, 38 steht, ist Legende.

der verderblichen Tyrannei."[1] Das wenige, was das Heiden=
tum gnadenweise von Magnentius erhalten hatte, nahm ihm
der Sieger wieder mit hartem Wort und unter Nennung des
verhaßten Gebers; der römische Stadtpräfekt Cerealis empfing
den kaiserlichen Befehl: „Abgeschafft sollen werden die nächt=
lichen Opfer, die Magnentius gestattet hat, und aufhören die
verruchte Toleranz."[2]

Das Reich hatte jetzt wiederum einen Herrscher. Wenn
unter Konstantin der alten Religion wenigstens noch ein
Schein des Rechtes geblieben war und eine weitgehende that=
sächliche Duldung, die über die Zukunft beruhigen konnte, so
war die religiöse Stellung dieses Autokraten so fest und
klar, und sein Verhalten auch in innerkirchlichen Fragen so rück=
sichtslos und unduldsam, daß eine Schonung des Heidentums
außerhalb des Bereichs der Wahrscheinlichkeit lag. In der
That schien der theologisirende Kaiser sich jeder Rücksichten
gegen den heidnischen Teil seiner Unterthanen entbunden zu
haben. Wie Firmicus Maternus es ihm einst vorgezeichnet,
sah er in der Unterdrückung der alten Religion eine Auf=
gabe, die Gott in seine Hand gelegt als ein heiliges Werk.
Mit der Gewalt verband er den Hohn. Es war eine seiner
Liebhabereien, seinen Maßnahmen gegen den Götterglauben die
Schärfe des Spottes hinzuzufügen und mit absichtlicher
Pietätslosigkeit die Gemüter zu verletzen.

Besonders richtete sich der Unwille des Kaisers gegen
die Tempel, mit denen das Heidentum am bezeichnendsten in

[1] Exstinctor pestiferae tyrannidis nennt ihn eine römische
Inschrift (Orelli-Henzen n. 1101).

[2] Cod. Theod XVI, 10, 5: Aboleantur sacrificia noc-
turna, Magnentio auctore permissa, et nefaria deinceps licentia
repellatur (a. 353).

6*

die Erscheinung trat. Es schien ihm nicht genug, die heiligen
Bauten niederzureißen und den Platz wie das Material an
christliche Gemeinden für Kirchenbauten zu verschenken oder
die Heiligtümer zu öffentlicher Versteigerung zu bringen [1]),
sondern auch an Hofbeamte und Günstlinge wurden durch
kaiserliche Gnade Tempel als Geschenke abgegeben, „wie ein
Pferd oder ein Sklave oder wie ein Hund und eine goldene
Schale". Da sah man, wie die Götterbilder eilfertig aus
den Heiligtümern geworfen und diese zu Speichern umge=
wandelt und mit Holz oder Stroh gefüllt wurden. Andere
— „Edelmütigere" nannte sie das Heidentum — scheuten
sich freilich vor solcher Profanation, rissen das Gebäude
nieder und bauten sich aus den Steinen Häuser [2]), aber
Konstantius selbst, um seine ganze Verachtung des Götter=
glaubens grell hervorleuchten zu lassen, schreckte in furcht=
barer Rücksichtslosigkeit nicht davor zurück, einzelne Tempel
öffentlichen Dirnen als Quartier anzuweisen. [3]) In dem
Grade hatte der Konstantinssohn die Scheu vor der alten
Religion überwunden: sie galt ihm nicht einmal mehr als
dämonisch. Doch begnügte er sich in einzelnen Fällen, gewiß
aus sehr bestimmten Rücksichten, damit, die Schließung an=
zuordnen.

Ohnmächtig mußte das Heidentum sehen, wie fanatische
Christen, der Zustimmung des Kaisers sicher, daran gingen,

--------

[1]) Sozom. III, 17: Cod. Theod. X, 1, 8 (Verordnung des
Valentinianus und Valens v. J. 364): Universa loca vel praedia,
quae nunc in jure templorum sunt, quaeque a diversis Principibus vendita vel donata sunt u. s. w. Die diversi Principes
sind Konstantin und seine Söhne.

[2]) Liban. II S. 22. 185 ff. 564, I S. 248. 529 (ed. Reiske.)

[3]) Liban. Monod. in Jul. (I S. 500 ed. Reiske).

Altäre umzustürzen und die Tempelwände niederzureißen.[1]) Damit ging Hand in Hand die Konfiskation des noch vorhandenen Tempelvermögens, das der Kaiser verschwenderisch seiner Umgebung und der Kirche zuwies. Man zeigte mit Fingern auf die „vom Tempelraub gemästeten" Höflinge, und in der Kirche selbst protestierte eine gewichtige Stimme gegen diese Gnadengaben des „räuberischen Wolfes", welcher der Kirche Häuser aufrichtet und dabei ihren Glauben niederreißt.[2])

So war dem absterbenden Heidentume mit den Kultstätten die Möglichkeit öffentlicher Ausübung seiner Religion genommen. Es zog sich auf den Hausgottesdienst zurück oder suchte sonst verborgene Orte für seine sakrifiziellen Verrichtungen auf. Ein Teil der Götterbilder scheint aus dem Ruin gerettet worden zu sein: die zertrümmerten ließen sich leicht ersetzen. So muß in der Verborgenheit der Opferkultus mit einer gewissen Intensivität wieder aufgenommen worden sein. Der Regierung konnte diese Erscheinung auf die Dauer nicht verborgen bleiben. Daher erfolgte im Jahre 356 eine auch von dem Cäsar Julianus unterzeichnete Verordnung des Herrschers, welche von neuem diejenigen mit Todesstrafe bedrohte, „die erwiesenermaßen opfern oder Götterbilder verehren".[3]) Das Edikt bietet nichts neues, es bringt nur frühere Bestimmungen in drohende Erinnerung.

---

[1]) Chrysost. Hom. in Iuvent. et Max. Mart. c. 1 (t. II, S. 580 ed. Maur.).

[2]) Amm. Marcell. XXII, 4; Hilar. Pict. Contra Const. III, 5: ecclesiae tecta struit, ut fidem destruit; III, 10: auro reipublicae sanctum Dei oneras et vel detracta templis vel publicata edictis vel exacta poenis ingeris. Vgl. auch Sozom. IV, 11.

[3]) Cod. Theod. IX, 16, 6: Poena capitis subjugari praecipimus eos, quos operam sacrificiis dare vel colere simulacra

Aber gerade diese Thatsache bezeugt, daß den ältern
Verordnungen zum Trotz das Heidentum in den verbotenen
Formen fortdauerte. Aus kirchlichen Kreisen heraus wird
dies bestätigt; mit Unwillen ist hier bemerkt worden, daß
sogar bekehrte Christen sich wiederum verleiten lassen, zu den
verkehrten Mitteln der Mantik, ja zum Rauchopfer zurückzukehren, um irgend einen Aufschluß über die Zukunft oder
irgend eine Hülfe zu erlangen. Amulette und Zauberformeln
sind noch im Schwange; mit Illumination werden die Götterfeste begangen, an den Quellen und Flüssen steigt der Dampf
des Opfers auf; die steinernen Götterbilder haben noch ihre
gläubigen Verehrer. Es fehlt auch nicht an übermütiger
Verspottung derjenigen Christen, welche das Taufbad
suchen: „du gehst hinein (in das Taufhaus), um in das
Wasser hinabzusteigen. Hat denn die Stadt keine Bäder?" [1]

Als der Prinz Julian im Jahre 354 oder 355 die
Stätte des alten Ilion besuchte, bot sich ihm der christliche
Bischof des Ortes, Pegasios als Perieget an und gestand
bald dem überraschten Cäsar, daß er ein Götterfreund sei
und heimlich zu Helios bete. Er habe das bischöfliche Amt
nur übernommen, um den alten Heiligtümern der Stadt

constiterit. Durch La Bastie (Mém. de l'acad. des Inscript.
XV S. 98 ff.) und seine eigenen unrichtigen theoretischen Konstruktionen
in Beziehung auf die Religionspolitik der Konstantinssöhne irre geleitet,
hat Beugnot (I S. 141 ff.) die Publikation dieses Gesetzes sowie des
Cod. Theod. XI, 10, 4 registrierten bestritten; beide seien als Ent-
würfe zu betrachten, die erst nachher durch den jüngeren Theodosius
aus dem kaiserlichen Archive hervorgezogen seien. Es mag hier genügen, auf die Gegenbemerkungen von Chastel (S. 82 f.) hinzuweisen.

[1] Cyrill v. Jerus. in seinen um 347 in Jerusalem gehaltenen
Katechesen z. B. XIX, 6. 7. 8; IV, 37; VI, 11; Procatech. 16.

Schutz zu verschaffen. Er führte darauf Julian zu dem
Heiligtum des Hektor, wo die Bildsäule des Helden stand
und ein Altar, auf dem noch Opferbrände glimmten, weiterhin zu dem Tempel der Ilischen Athene, in dem noch sämtliche Götterbilder unversehrt waren. Es geht daraus hervor,
daß hier der alte Kultus noch fortbestand, ja, daß die durch
Homers Dichtung berühmt gewordene Stadt eine Art Wall-
fahrtsort der Altgläubigen war.[1]) Julian gab nach seiner
Thronbesteigung dem seltsamen Bischofe eine priesterliche
Würde, doch scheint der Mann bei seinen neuen Glaubens-
genossen nicht recht Vertrauen gefunden zu haben.[2])

Gestützt auf die gesetzlichen Verordnungen und das
persönliche Wohlwollen des Kaisers, betraten nun christeneifrige Beamte und Geistliche den Weg der Verfolgung der
heidnischen Religion. Der kaiserliche Neffe Gallus setzte
mitten in den berühmten Daphnehain bei Antiochien, dem die
ehrwürdige Sage und eine herrliche Natur die Weihe
der Religion und des Idylls zugleich gaben, eine Kirche
und brachte hier den Leib des Märtyrers Babylas unter,
dem Apollotempel gerade gegenüber. Der Orakelgott verstummte. Statt der Liebespaare, die zu der Leidens- und
Liebesstätte der Daphne zu pilgern pflegten, zogen jetzt
Gläubige mit heiligen Gesängen dorthinaus, um ihre Bitten
und Gelübde am Grabe des Märtyrers niederzulegen.[3]) Im
syrischen Arethusa wagte, einer starken heidnischen Bevölkerung zum Trotz, der Priester Marcus, das alte Heiligtum

[1]) Vgl. darüber den von Henning aufgefundenen, zum erstenmal
Hermes IX S. 258 ff. mitgeteilten Brief Julians.
[2]) Das scheint mir in dem angegebenen Briefe, dessen Adressat
übrigens unbekannt ist, angedeutet zu sein.
[3]) Sozom. V, 19.

dem Boden gleichzumachen; in Heliopolis hatte ein Diakonus
Cyrillus einen Namen als Tempelzerstörer. [1]) Die christliche
Gemeinde im kappadokischen Cäsarea vernichtete das Heilig=
tum des Stadtgottes Zeus und einen Apollotempel und
rüstete sich, auch den dritten, noch übriggebliebenen Tempel
niederzureißen. [2])

In Alexandrien ging der an Stelle des vertriebenen
Athanasius durch die Regierung eingesetzte arianische Bischof
Georgios mit aller Schärfe gegen das Heidentum, seine
Tempel und seinen Kultus vor. Ein höherer Militärbeamter
namens Artemius ließ eine Reihe von Tempeln niederlegen. [3])
Indeß hielt sich in Alexandrien und im Nillande das
Heidentum mit großer Hartnäckigkeit. Es scheint, daß Kon=
stantius öfters zu Spezialmaßregeln gegen den Götterdienst
in Ägypten sich veranlaßt sah. [4]) Aber andrerseits hat ge=
rade hier, in Alexandrien, die kaiserliche Regierung, um den
verhaßten Athanasianern erfolgreicher entgegenwirken zu können,
es nicht verschmäht, den Fanatismus des Heidentums gegen
die orthodoxe Gemeinde auszubeuten. Bei der Vertreibung
des Athanasius in den Jahren 331 und 356 bedienten sich
die kaiserlichen Beamten ungescheut der Hilfe des heidnischen
Pöbels und ließen es geschehen, daß derselbe diese Gelegen=
heit benutzte, um seinem Hasse gegen das Christentum durch
Profanation gottesdienstlicher Gebäude und Mißhandlung
von Klerikern und geweihten Jungfrauen Befriedigung zu ver=
schaffen. Es ist damals sogar gewagt worden, in einer

---

[1]) Gregor v. Naz. Orat. invect. I (S. 88 ff. ed. Colon.
a. 1690); Theodor. H. E. III, 7.

[2]) Sozom. V, 4.

[3]) Theodor. III, 18.

[4] Sozom. IV, 10.

christlichen Kirche Alexandriens den Göttern Hymnen und
Opfer darzubringen und Christum zu verfluchen. Da ferner
sich die Regierung bemühte, für eine Petition gegen Athanasius
heidnische Unterschriften zu gewinnen und als Gegenleistung
Schonung der Heiligtümer in Alexandrien versprach, so konnte
es wohl geschehen, daß das befremdliche Gerücht entstand
und von Mund zu Mund zu ging: „Konstantius ist ein
Heide geworden". [1]

Die auf den Opferdienst gesetzte Todesstrafe ist, wie
drohend sie auch ausgesprochen wurde, wohl in keinem einzigen
Falle zur Anwendung gekommen. Nirgends hört man da=
von. [2] Die Regierung wird sich in der Praxis milder ge=
zeigt haben als in der Gesetzessprache, und auf der andern
Seite scheint das Heidentum im allgemeinen so willensschwach
und zaghaft gewesen zu sein, daß die kaiserlichen Anordnungen
äußerlich wenigstens den Erfolg, auf den sie abzielten, fast
vollständig erreichten. Wohl sind damals und nachher Heiden
in größerer Anzahl hingerichtet worden, doch nicht um ihres
religiösen Bekenntnisses willen, sondern nach Norm einer
Reihe von Verordnungen aus den Jahren 357 und 358,
welche die politisch verdächtig gewordene Divination verboten
und die gewerbsmäßigen Vollzieher derselben, die Magier,
die „Feinde des menschlichen Geschlechts" mit grausamer

---

[1] Ἕλλην γέγονε Κωνστάντιος. Vgl. Athan. Encycl. ad
Episc. epistula c. 3: hist. Arian. c. 54—56 u. sonst.

[2] Die Aussage des gegen Konstantius überhaupt voreinge=
nommenen Ammianus Marcellinus (XIV, 5, 9): nec quisquam
facile meminit, sub Constantio quemquam absolutum bezieht
sich auf politische Prozesse; von einer Religionsverfolgung nach dem
Maßstabe der angeführten Religionsedikte weiß jener Historiker nichts.

Leibesstrafe bedrohten, wie auch Privatpersonen, welche die
Wahrsagung ausübten oder in Anspruch nahmen. [1])

Von der Basis dieser Gesetze aus scheint auch die durch
ein Spezialmandat des Kaisers angeordnete Beseitigung des
wieder aufgelebten Orakels des Gottes Besa zu Abydum in
der Thebais erfolgt zu sein. Die dort im Tempel des
Orakelgottes gefundenen und zur Kenntnis des Kaisers gebrachten Papierzettel mit den Wünschen und Fragen unzu-
friedener, auf eine bessere Zukunft hoffender Leute erschienen
doch in dem Grade staatsgefährlich, daß unter der Führung
des kaiserlichen Notarius Paulus eine eigene Kommission an
Ort und Stelle beordert und eine Reihe peinlicher Exekutionen
vorgenommen wurde. Die Anklagen scheinen indes nur auf
Staatsgefährlichkeit und Ausübung der Divination gestellt
worden zu sein. [2]) Doch ist kaum anzunehmen, daß Konstantius vor der Ausführung des blutigen Gerichtes, das er
mehrmals in so bestimmter Form den Anhängern der alten
Religion angedroht hatte, zurückgeschreckt sei, wenn er nennens-
wertem Widerstande begegnet wäre.

Im Jahre 357 besuchte der Kaiser Rom. Von der
flaminischen Straße her betrat er in einem großen, prächtigen
Aufzuge am 28. April die Stadt. Mit offenbarer Teilnahme
und Freude sah er die glänzenden Profanbauten und Heiligtümer. Er bewunderte den Jupitertempel auf dem Kapitol,
das Pantheon, das Haus der Tyche Romana und ließ sich
über Geschichte und Bestimmung dieser Gebäude genaue Aus-

[1]) Cod. Theod. IX, 16, 4 (sileat omnibus perpetuo divi-
nandi curiositas), IX, 16, 5 (hos [die Wahrsager] quoniam natu-
rae peregrini sunt, feralis pestis absumat); IX, 16, 6 (die
Magier humani generis inimici).

[2]) Amm. Marcell. XIX, 12.

kunst geben. Der fanatische Heidenverfolger zeigte sich bei
dieser Gelegenheit auffallend human und tolerant. Den
Vestalischen Jungfrauen wurden die alten Privilegien neu
bestätigt, der Nobilität Priestertümer zuerkannt und zu den
Festfeiern ein Geldbeitrag gewährt. [1] Die Achtung vor der
großen Geschichte dieser Stadt und Rücksicht auf die hier
noch mächtige und selbstbewußte Aristokratie mögen dem
Kaiser eine gewisse Mäßigung auferlegt haben; doch ist diese
schwerlich über die Linie ausgesuchter Höflichkeit hinausge-
gangen. Wenn einige Jahrzehnte später ein angesehener
Mann des heidnischen Roms dieses Verhalten als religiöse
Duldung gedeutet und in diesem Sinne ausgebeutet hat [2]),
so ist zu beachten, daß derselbe Konstantius bei dieser Gelegenheit mit dem Anblick des wiedererrichteten Altars der
Victoria sich nicht „beflecken" wollte und daher die Entfernung desselben befahl. [3]) Allerdings hat Konstantius in
gleicher Weise wie sein Vater die Rechte der heidnischen
Sacerdotien geschont, aber doch nur insofern diese zivilen
oder sakral-juristischen Inhalts waren. So wurde von ihm
die autoritative Stellung der Pontifices innerhalb des antiken
Sepulcralwesens weiterhin als rechtlich anerkannt, und in
Nordafrika das Verhältnis der Sacerdotien zu dem korpora-

---

[1] Amm. Marcell. XVI, 10. Symmach. Ep. X, 54:
nil ille decerpsit sacrarum virginum privilegiis, decrevit nobilibus sacerdotia, Romanis caeremoniis non negavit impensas
et per omnes vias aeternae urbis laetum secutus senatum vidit
placido ore delubra, percunctatus est templorum origines,
miratus est conditores. Cumque alias religiones ipse sequere-
tur, has servavit imperio.

[2]) Symmach. a. a. O.

[3]) Ambros. Epist. XVIII (t. III S. 886 ed. Maur. 1751).

tiven Organismus der Advocati festgesetzt.[1] Das Leitende
und Entscheidende in seinem Vorgehen gegen das Heidentum
war und blieb in jedem Falle das idololatrische Moment.
Irgend eine Nachgiebigkeit des Kaisers in dieser Richtung ist
nicht nachzuweisen. Die wenigen Münzen mit heidnischen
Typen, die unter seiner Regierung ausgingen[2], kommen an
sich als indifferente Stücke nicht in Rechnung. Aber ihre
geringe Zahl bringt an den Tag, daß die Regierung die
völlige Beseitigung dieser Prägungen ins Auge gefaßt hatte.

Daraus folgt freilich nicht, daß in dem weiten Umfange
des Reiches die Opferfeuer ausgelöscht und die Tempel geschlossen oder zertrümmert worden seien.

Wie einst in den Zeiten der Christenverfolgungen die
Umsetzung der von der Zentralstelle ausgegebenen Edikte in
die Praxis sich im einzelnen nach dem Wollen und dem
Können der Beamten bestimmte, so hat auch unter Konstantius, den schärfsten Verordnungen zuwider, das Heidentum offen oder verdeckt Schutz oder wenigstens Duldung gefunden. Denn wie sehr auch jetzt in der Beamtenschaft das
christliche Element überwog, so ist doch eine Sichtung derselben zu Gunsten des christlichen Bekenntnisses nicht erfolgt[3],
und noch zahlreiche höhere und niedere Posten wurden
von Heiden verwaltet, die mit den kaiserlichen Ausschreiben

---

[1] Cod. Theod. IX, 17, 2 (dagegen ignoriert IX, 17, 1 das
zuständige Pontificalcollegium vollständig, vgl. auch IX, , 17, 3);
XII, 1, 46.

[2] Cohen VI n. 276 (Sol); 277 (Anubis); 259 (eine heidnische
Opferscene) vgl. auch n. 167 (Raub d. Sabinerinnen); 49. 147 sind
zweifelhaft. Sehr stark tritt der auch in die altchristliche Symbolik auf-
genommene Phönix hervor.

[3] Gregor v. Naz. a. a. O. S. 95.

entweder gar nicht oder nur oberflächlich und scheinbar sich abfanden.

Aber auch den christlichen Beamten legte sich an Orten mit starker heidnischer Bevölkerung eine Schonung als ganz natürlich auf. Unter Konstantius hat sogar der erste Beamte des Reichs, der römische Stadtpräfekt Tertullus, als die Kornflotte durch Stürme zurückgehalten wurde, der tumultuierenden Menge dahin nachgeben müssen, daß er im Kastortempel zu Ostia ein feierliches Opfer für die glückliche Einfahrt der Flotte brachte.[1] Als ferner in einem politischen Prozesse in Ägypten dem Philosophen Demetrius nachgewiesen wurde, daß er mehrmals dem Gotte Besa Opfer dargebracht, sich aber politisch nicht kompromittiert habe, erfolgte die Freisprechung, obwohl die Leitung der Untersuchung in der Hand eines durch seine Blutgier und seinen Fanatismus berüchtigten Inquisitors lag.[2]

Schwerlich ist Konstantius über diese thatsächlichen Verhältnisse getäuscht worden. Denn das maßlose Denunziantentum, das er aufkommen ließ, um sich ihm dann zum Sklaven zu machen, hat sich dieses Gebiet der innern Politik kaum entgehen lassen. Doch muß, wie schon bemerkt, die Nachgiebigkeit und Widerstandsunfähigkeit des Heidentums eine so große gewesen sein, daß die Regierung mit Verwarnungen auskommen konnte. Wenn das Heidentum einige Jahre später von einem leidenschaftlichen Schriftsteller[3] apostrophiert worden ist: „Welche Freiheiten haben wir euch genommen? Wo haben wir den Pöbel gegen euch aufgeregt? Wo haben

[1] Amm. Marcell. XIX, 10. 1 ff.
[2] Amm. Marc. XIX, 12.
[3] Gregor v. Naz. a. a. O. S. 95.

unsre Beamten ungesetzlich gegen euch verfahren? Wo hat
man euch in Gefahr des Lebens gebracht?" — so ist das
rhetorische Verwendung thatsächlicher Verhältnisse.

Das Gladiatorenspiel vermochte auch Konstantius nicht
zu beseitigen. In der Leidenschaft für dasselbe begegneten
sich offenbar Christen und Heiden, und der Kaiser stand einer
geschlossenen Masse gegenüber. Doch setzte er wenigstens eine
Einschränkung der Ausgaben durch und gab öffentlich seinem
Widerwillen gegen das „verabscheuungswürdige Wort" Ausdruck.[1]

Auf dem Marsche gegen seinen Neffen Julianus, der in
offener Empörung in Gallien sich erhoben hatte, wurde Konstantius an der Heerstraße, die nach Tarsus führt, am Fuße
des Taurus in der cilicischen Stadt Mopsukrene am 3. November
361 vom Tode ereilt, nachdem er kurz vorher die Taufe
empfangen. „Gleich einer Ceder neigte er sich zu seiner
Zeit, fiel auf sein Lager nieder, entschlief und ruhte in
Frieden".[2] Der Senat gesellte den offenbaren Götterfeind,
alter Gewohnheit folgend, den Göttern zu.

Die Regierung der Kaisersöhne bietet ein eigentümliches
Schauspiel. Das, was die geschichtliche Größe und die Erfolge des Vaters begründete und bedingte, die vordringende
klare Erkenntnis und als Frucht und Stütze derselben ein
festes und zugleich maßvolles Handeln, ist mit dem Toten
zu Grabe gegangen. Die neue Staatskunst gleicht einem
Schiffe ohne Steuer. Ein Gefühl der Unsicherheit hält die

---

[1] Cod. Theod. XV, 12, 2 v. J. 357 (gladiatorium dete-
standum nomen). Der Cäsar Gallus selbst gab in Antiochien blutige
Cirkusspiele (Amm. Marc. XIV. 7).

[2] Ephräm im vierten Liede gegen Julian (deutsch) von Bickell in
d. Zeitschr. f. kath. Theol. 1878 S. 353).

jungen Herrscher in Unruhe und Inkonsequenz gefangen.
Ihre Diplomatie ist ein unsicheres Markten mit den wechseln=
den Verhältnissen, bald mit Gewinn, bald mit Verlust. Das
gilt in besonderem Maße von dem ohne Zweifel tüchtigsten
der Söhne, dem schließlich das Glück die Szepter der Brüder
in den Schoß warf, Konstantius. Seine weltliche und
kirchliche Politik ist rücksichtslos und nachgiebig, klug und
überstürzend, gut und schlecht zugleich gewesen. Es war ein
Unglück, daß gerade da, wo die Aufgabe seines Lebens lag,
in den Staatsgeschäften die Ruhe und Besonnenheit, die ihm
sonst eignete, ihn verließ und an ihre Stelle eine Leidenschaft=
lichkeit trat, deren Ungestüm auch die Freunde erfahren
haben. So bewährte er sich auch dem Heidentume gegen=
über. Seine erste öffentliche Äußerung über und an dasselbe
nennt den Opferdienst „Wahnsinn“, und die höchste Strafe,
über welche die Justiz verfügte, hat er den hartnäckigen An=
hängern der alten Religion zugemessen, als ob sich das von
selbst verstünde. Der innere Widerwille Konstantins gegen
den gemeinen Götzendienst hat sich bei dem Sohne zum Ab=
scheu und zu fanatischem Hasse gesteigert. Wenn die Urteile
und Maßnahmen jenes hinsichtlich des Heidentums als ernste,
dringliche Warnungen empfunden werden mußten, trafen die
Worte und Thaten dieses gleich Blitzschlägen das heilige
Gebiet der alten Religion. Die letzte Scheu vor dem, was
noch Millionen im Reiche das ehrwürdigste und heiligste
war, hatte dieser Nachfolger des „frommen“ Diokletian ab=
gestreift. Den gläubigen Philosophen, die bei dem Vater
noch ein= und ausgehen durften, ist die Thür des kaiserlichen
Palastes verschlossen: mit Ingrimm sahen sie, wie statt ihrer
„barbarische Leute“ den Herrscher umdrängten und die

„Götterfeinde" mit ihrer Scheinweisheit den Ton angaben.[1]
Richtig hat ein hellblickender Heide das Verhältnis der
frühern Religionspolitik zu der gegenwärtigen so bestimmt:
Konstantin entzündete die Funken, Konstantius machte einen
gewaltigen Brand daraus.[2] Und in diesem Brande ist ein
gutes Stück Heidentum für immer zu Grunde gegangen. Die
Frucht der feingesponnenen Politik des großen Konstantin,
der das Heidentum Schritt für Schritt zurückzudrängen gearbeitet hatte, erntete Konstantius, weil die Zeit der Ernte
gekommen war. Seine harten Reden und Maßnahmen sind
mit Nichten nur die rasche Ausdrucksform seines schnell auf-
lodernden Zornes, sondern zugleich das natürliche Erzeugnis
der Lage, die er vorfand. Die Gedanken und Ziele, die
Konstantin noch vorsichtig andeutete, stellte Konstantius rücksichtslos vor aller Augen.

[1] Liban. III S. 437.
[2] Liban. a. a. O.

# Drittes Kapitel.

## Die Mitarbeit der Kirche.

Der Kampf des Staates gegen das Heidentum war von seinen ersten Anfängen an unter Konstantin bis zu seiner vollen Entfaltung unter Konstantins begleitet von dem Beifall und der Mithilfe der Kirche. So wenig diese Thatsache an sich befremden kann, gewährt es doch ein seltsames Schauspiel, daß dieselbe Religionsgemeinschaft, die mehr als zwei Jahrhunderte hindurch in der Zunge des Orients und des Occidents gegen die auf sie gerichteten Gewaltmaßregeln des heidnischen Staates zu protestieren nicht müde geworden war und in leidenschaftlichen Bittschriften Freiheit des Glaubens für sich begehrt hatte, kein Wort des Einspruchs oder des Tadels fand, als sich vor ihren Augen dieselben Ereignisse, nur in umgekehrter Rollenverteilung, wiederholten. Das rasche Anwachsen des Christentums muß das Gefühl der Verachtung, und der Greuel der letzten Verfolgungen die Erbitterung gegen das Heidentum zu einer Höhe getrieben haben, daß die Erinnerung an die eigene schmerzliche Erfahrung darin unterging oder, wo sie noch fortlebte, zu erfolgreicher Gegenwirkung sich nicht mehr stark genug erwies. Bedenken, die etwa aufstiegen, ließen sich willig mit dem Einwurfe beschwichtigen, daß Niemand mit Gewalt zur Taufe gezwungen

werde [1]), oder fanden in den harten Geboten des Alten
Testaments gegen den Götzendienst Beruhigung. [2]) Doch zeigt
sich andererseits die Mitarbeit der Kirche an der Überwin=
dung des Heidentums jetzt noch nur ausnahmsweise auf den
ungerechten Wegen, in die sie später sich treiben ließ. Die
zwiefache Weise, in welche vordem die Christenheit ihr Ver=
hältnis zur alten Religion faßte, auf der einen Seite die
literarische Bekämpfung und die gemeindliche Absonderung,
auf der andern Seite die friedliche Missionsarbeit, wird vor=
läufig weiterhin festgehalten.

Was zunächst die wissenschaftliche Polemik anbetrifft, so
bietet diese inhaltlich wenig Neues. Die Waffen, die in den
Händen der jüngern Generation liegen, sind noch die alten.
Auch die Gefechtsweise hat sich im ganzen nicht verändert;
was die geschichtliche Erfahrung hinzugegeben, hat nur ge=
ringe Bedeutung. Am raschesten und kühnsten hat Laktantius
das Urteil der Geschichte aufgegriffen. In dem Augenblicke,
als die letzten Verfolger der Kirche, von glücklichern Neben=
buhlern überwunden, am Boden lagen, entwarf er in großen
Zügen und grellen Farben, mit viel Wahrheit, aber noch
viel mehr Dichtung sein düsteres Gemälde „Von dem Unter=
gange der Christenverfolger". [3]) „Am Boden liegen sie, die
da Gott widerstrebt — die den heiligen Tempel umstürzten,
sind in noch mächtigere Stürze gefallen — spät, aber tief
und nach Verdienst.    In wilder Freude häuft er Schmä=

[1] Chrysost. H . . de Droside Mart. c. 2.

[2]) Firm. Mat. c. 29.

[3]) Lactant. De mortibus persecutorum. Über Verfasser
und Chronologie Ebert in d. Abhandlung. der Königl. Sächs. Gesellsch.
d. Wiss. Lpz. 1870. XXII. Bd. S. 115 ff.

[4] I, 5 f.

hungen auf die „reißenden Wölfe"; es ist ihm Genuß, ihr böses Regiment und ihr böses Ende zu malen. Seine Worte müssen von tiefer Wirkung gewesen sein, denn das Gewicht der Thatsachen und des Erfolges lag darin.

Der nächste Nachfolger des Laktantius in der Bestrei=
tung des Heidentums ist Eusebius.[1] Er geht in der Bahn der ältern Apologetik. Ernst und fest führt er die Sache des Christentums. Seine Worte sind Angriff und Ver=
teidigung zugleich. Das erheischten die Zeitumstände. Denn obwohl die weltüberwindende Kraft des Kreuzes vor Aller Augen offen liegt, so giebt es doch noch viele Spötter dieses Kreuzes und daneben Solche, welche die alten Anklagen des Heidentums gegen die neue Religion weiterführen und nicht ab=
lassen, über die „Gottlosen" und „verruchten Menschen" zu klagen. Von vornherein hat der wissenschaftliche Beweis mit der Schwierigkeit zu kämpfen, daß Viele die Möglichkeit desselben in dem vorliegenden Falle bestreiten: im Christen=
tum beruhe alles auf vagem Glauben.[2]

Man begreift, daß ernste Männer das Mittel wissen=
schaftlicher Verhandlung zwischen den streitenden Religionen auch da noch versuchten, als die Geschichte bereits mit ihrem Machtwort die Entscheidung gegeben hatte; aber man begreift nicht minder, daß die Maßnahmen des Staates gegen den alten Kult in der Christenheit die Veranlassung zu drohenden Weissagungen auf die Zukunft des Heidentums wurden und in den Dienst der Polemik und Propaganda sich stellten. Daß freilich die Kirche als solche die Geschichte in dieser Weise für sich ausgenützt habe, ist nicht bekannt und würde

---

[1] Euseb. Praeparatio evangelica.
[2] Euseb. a. a. O. I, 2; I, 1.

7*

ihrem sonstigen Verfahren in dieser Zeit widersprechen. Die=
jenige Stimme, welche laut und zudringlich die gewaltsame
Vernichtung des Heidentums dem Staate als eine heilige
Pflicht nahelegte und die Gläubigen der alten Religion mit
Scheltworten anfährt, wie sie bis dahin nicht vernommen
waren, hat keine kirchliche Legitimation besessen: sie ist der
Ausdruck der persönlichen Gesinnung dessen, von dem sie
ausging, des Julius Firmicus Maternus.

Gerade als die Edikte der beiden Konstantinssöhne das
Heidentum erschütterten, legte dieser leidenschaftliche Anwalt
des Christentums seine Flugschrift „Über den Wahn der un=
heiligen Religionen" an den Stufen des Thrones nieder. [1]
Er sieht die Tempel noch ragen und die Opfer noch dampfen;
mit der heiligen Binde schreitet der Priester zum Altar, und
von Munde zu Munde gehen in alter Weise die dunkelen
Geheimformeln, und immer noch finden sich Gläubige, die
die Last des Tauribolium und des Criobolium nicht scheuen.
Aber es sind „unheilige Leute", eine „bejammernswerte
Menschenschar" und müssen sich den Zuruf gefallen lassen:
„Thut ab den elendvollen Irrtum, reißt euch von dem Ver=
derben los, so lange es noch Zeit ist." Gewappnet mit der
heiligen Schrift, macht der Verfasser sich anheischig, die
„Verlorenen" ihres Irrtums zu überführen. [2]

Die Widerlegung ist knapp wie die Schilderung des
Götzendienstes, aber belebt durch Pathos und Ironie und

---

[1] Firm. Matern., De errore profanarum religionum (ed.
Acad. Vindob.), geschrieben um 347 (vgl. Ebert, Lat. Lit. d. M.
A. I S. 124 ff.; Teuffel, Gesch. d. röm. Lit. 3. Aufl. S. 953
Anm. 10.)

[2] A. a. O. 20, 4, 7: 27, 8: 18, 1; 19, 1 u. sonst. — 4,
3. — 8, 4

reich durchflochten mit Äußerungen des Mißfallens und des
Abscheues. Der durchschlagende Erfolg wird indessen nicht
von dieser Bekämpfung, sondern von der thätigen Mithilfe
des Staates erwartet. Diese zu erwirken, ist das Ziel des
Maternus. Er will die Thorheiten und Verruchtheiten des
Irrglaubens vor den Herrschern aufdecken und an den Worten
der heiligen Schrift ihnen ihr Verhalten weisen. Die Sprache
ist deutlich. „Alles das muß, heiligste Kaiser, von Grund
aus zerstört und abgethan werden, damit jener unheilvolle
Aberglaube nicht länger das römische Reich beflecke. Helfet
den Elenden, rettet die Untergehenden. Dazu hat euch der
höchste Gott die Herrschaft gegeben, daß durch euch der Riß
dieser Wunde geheilt werde. Besser ist es, daß ihr sie er-
rettet wider ihren Willen, als sie verloren gehen laßt mit
ihrem Willen."[1] Großes haben die Herrscher vollbracht:
Feinde besiegt, die Grenzen erweitert, den Ozean gebändigt,
den Briten erschreckt — es war der Lohn dafür, daß sie die
Tempel in den Staub gestürzt.[2] Doch es ist noch nicht
genug geschehen. Als unabweisbare Notwendigkeit legt sich
ihnen die Pflicht auf, das Übel ganz auszurotten. Die
Schrift will es, denn sie sagt Deuteronomium 13, 6: „Wenn
dein Bruder oder dein Sohn oder dein Weib, das an deiner
Brust liegt, oder dein Freund, welcher der Geliebte deines
Herzens ist, heimlich zu dir sprechen: laßt uns gehen und
fremden Göttern dienen, den Göttern der Heiden, so sollst
du nicht mit ihm eins sein und nicht sollst du auf ihn hören
und dein Auge soll ihn nicht schonen und nicht sollst du ihn
verbergen, sondern ihn anzeigen, und deine Hand soll die

[1] A. a. O. 16, 4. 5.
[2] A. a. O. 28, 6.

erste sein, ihn zu töten, und zuletzt die Hand des ganzen
Volkes, und sie sollen ihn zu Tode steinigen, darum, weil er
gesucht hat, dich von deinem Herrn abzuwenden." Da liegen
die richtigen Maßstäbe. Sie gebrauchen bringt Gotteslohn.
„Dann wird glücklicher Erfolg euch nicht fehlen, weder Sieg
noch Macht noch Friede noch Reichtum noch Gesundheit und
Triumphe, auf daß ihr, getragen von der göttlichen Wahrheit,
den Erdkreis in glücklicher Herrschaft regiert." [1]

Die Aussichten klangen verlockend und mußten bei den
Herrschern eine um so willigere Aufnahme finden, da diese
bereits auf dem Wege waren, zu welchem der Heidenfeind sich
ihnen als Führer anbot. Gewiß haben sich ähnliche Stimmen
und Prophezeiungen auch sonst an das Ohr der Kaiser
gedrängt.

In ganz anderer Weise arbeitete die Kirche an der
großen Aufgabe der Zeit, an der Beseitigung des Heidentums.
Es läßt sich nirgends erkennen, daß sie schon jetzt, dem Beispiele des Staates folgend, Gewalt versucht habe: vielmehr
erscheint ihr Bemühen darauf gerichtet, das Heidnische aus
den Gemeinden auszuscheiden und diese von der andersgläubigen Umgebung abzusondern, soweit es sich um Verhältnisse handelte, die unmittelbar oder in ihrer letzten Tragweite in das religiöse Gebiet eingriffen. Das war alte, auf
richtiger Erkenntnis ruhende Tradition, deren Notwendigkeit
sich in dem Maße geltend machte, als die Kirche in die Welt
hineinwuchs. Bedeutungsvoll steht in dieser Hinsicht am
Anfange des vierten Jahrhunderts die Synode zu Elvira. [2]
Sie hat eine Reihe scharfer Bestimmungen zum Schutze des

---

[1] A. a. O. 29, 1—4.
[2] Hefele, Konziliengesch. 2. Aufl. I S. 148 ff.; Gams,
Kirchengesch. von Spanien, Regensb. 1864 II, 1 S. 1 ff.

christlichen Bekenntnisses und zur Abwehr des Heidentums
getroffen. Hinfort soll kein Christ mehr mit bunten Teppichen
heidnische Festzüge dekorieren helfen: die Verächter dieser
Verordnung trifft eine dreijährige Ausschließung aus der
kirchlichen Gemeinschaft.[1]) Wenn ferner bisher in christlichen
Häusern in Rücksicht auf die heidnische Sklavenschaft oder
aus sonstigen Gründen Götzenbilder geduldet sind, so soll
diese Schonung nun aufhören: nur in dem Falle ist sie
weiterhin gestattet, daß gewaltsamer Widerstand seitens der
Sklaven zu fürchten wäre. Dann aber wird erwartet, daß
die christliche Herrschaft sich von diesem Götzendienste fern
halte.[2]) Die Vollziehung eines Götzenopfers zerschneidet für
immer das Gemeinschaftsband zwischen der Kirche und dem
Schuldigen; denn dieser begeht damit ein „Kapitalverbrechen“
und die „höchste Missethat“. Auch diejenigen verfallen der
Exkommunikation, die durch Zaubermittel einem Andern das
Leben rauben, „da sie ohne Hilfe der Abgötterei ein solches
Verbrechen nicht vollführen können.“

Wie in diesen Maßnahmen die Synode sich in Einklang
mit der kirchlichen Vergangenheit zeigt, so auch in der Beurtei=
lung gewisser heidnischer Ämter und Gewerbe, die den Christen=
stand gefährden oder geradezu aufheben. Dahin gehört der

---

[1]) Kan. 57: matronae vel earum mariti vestimenta sua ad
ornandam saeculariter pompam non dent; et si fecerint, trien-
nio abstineantur. Unter pompae sind wohl die circensischen Auf=
züge zu verstehen, bei denen die Götterbilder vorangetragen wurden
(vgl. Tertull. De spect. 7).

[2]) Kan. 41: admoneri placuit fideles, ut in quantum
possunt prohibeant, ne idola in domibus suis habeant. Si
vero vim metuunt servorum, vel se ipsos puros conser-
vent; si non fecerint, alieni ab ecclesia habeantur. Der Kanon
bietet noch manches Beachtenswerte.

Flaminat. Diese ursprünglich rein priesterliche Würde, welche im Laufe der Zeit ihren religiösen Charakter bedeutend ab- geschwächt hatte und zu den angesehensten Munizipalehren zählte, war an sich durch die Kirchengesetze den Christen nicht versagt, obwohl sie mancherlei Versuchungen in sich trug. Doch stand auch hier das kirchliche Opferverbot in voller Geltung[1]), ja auch die Veranstaltung öffentlicher Spiele — natürlich nur solcher, die mit Menschentötung verbunden waren — brachte die christlichen Flamines in den Zustand der Pönitenz.[2]) Dadurch wurden allerdings dem Flaminate Schwierigkeiten entgegengeworfen, welche die Übernahme des- selben seitens eines Christen fast zur Unmöglichkeit machten. Denn Opfer und öffentliche Spiele gehörten zu den vor- nehmsten Obliegenheiten dieses Amtes.

In einer schwierigern Lage sah sich die Kirche den Duumvirn und Dekurionen gegenüber; denn diese kostspieligen und damals gern gemiedenen Magistraturen, die auch religiöse Verrichtungen in sich schlossen, wurden durch den Staat auf- gezwungen. Der Wille des Einzelnen erwies sich machtlos. Die Synode mußte in diesen Schwierigkeiten die kluge Ver- mittelung zu finden, daß die Duumvirn während der Dauer ihres Amtes als nicht zur Kirche gehörig angesehen werden sollten.

Auch mit den Wagenlenkern und den Pantomimen be- schäftigte man sich in Elvira. Ihre Aufnahme in die christ- liche Gemeinschaft ist nur dann statthaft, wenn sie ihr Ge- werbe aufgegeben haben. Leisten sie dies Versprechen und

---

[1]) Kan. 1. 6 (vgl. K. 2) 2 (dazu K. 4).

[2]) Kan. 3. Über den nicht ganz durchsichtigen Kanon vgl. Hefele a. a. O. S. 156 f. und Gams a. a. O. S. 55 f.

kehren dennoch zu ihrem frühern Berufe zurück, so verfallen sie der Exkommunikation. [1]

Diese scharfe Verordnung erklärt sich in ihrer Anwen=dung auf die Pantomimen leicht. Die älteren Theologen und Apologeten haben hier schon den Weg gewiesen. Die Pantomimik war thatsächlich ein unmoralisches Gewerbe ge=worden, welches die Kirche im Umfange ihres Einflusses nicht dulden durfte. [2] Bei der Ausschließung der Wagenlenker dagegen scheinen die feierlichen Eröffnungsopfer und die superstitiösen Akte verschiedener Art, welche die circensischen Spiele begleiteten, den Ausschlag gegeben zu haben. [3]

Weiterhin wurde die Versammlung über eine Thatsache schlüssig, die auch sonst in den christlichen Gemeinden der ersten Jahrhunderte hervortritt, die Überzahl heiratsfähiger christlicher Jungfrauen. Die Gründe dieser Erscheinung liegen ohne Zweifel darin, daß die Bedingungen, in denen die Kinderlosigkeit im römischen Heidentume ruhte [4]), in der Christenheit ganz oder zum Teil wegfielen. Die eigenartige Weise, durch welche der römische Bischof Kallistus schon ein Jahrhundert vorher diesem empfindlichen Mißstande abzu=helfen gesucht hatte, indem er Ehen freigeborener Jungfrauen mit Sklaven und Freigelassenen für kirchlich zulässig er=

[1] Kan. 56: magistratum vero uno anno, quo agit duum-viratum, prohibendum placet, ut se ab ecclesia cohibeat. — Kan. 62.

[2] Tertull. De spect. 10: Theatrum proprie sacrarium Veneris est. Einzelheiten Ad nat. 1, 10: De idol. 2: Cyprian. Ad Donat. 8; Min. Fel. 37: Arnob. 7, 33 u. sonst. Vgl. Hefele in d. Tüb. Theol. Quartalschr. 1841 S. 396 ff.

[3] Cyprian. De spect. 4: quis ludus sine sacrificio? quod certamen non consecratum mortuo? u. s. w.

[4] Vgl. Seneca, Consol. ad Marc. 19: Plin. Epist. IV. 15.

flärte[1]), hat ihm schweren Tadel eingebracht und scheint in
der Kirche wenig Anklang gefunden zu haben. Die spanische
Synode stand vor der Thatsache zahlreicher gemischter Ehen.
Sie fand es angezeigt, dieselben zu verbieten, doch ohne eine
Strafbestimmung hinzuzufügen, was offenbar in schonender
Rücksicht auf die Sitte geschah, die in der Notlage ihre festen
Wurzeln hatte. Dagegen wurde die Ehe einer Christin mit
einem Juden oder Ketzer wie auch mit einem heidnischen
Priester unter bestimmte Strafe gestellt[2]); denn diese Fälle
werden nur selten vorgekommen sein und boten größere Ge=
fahren für das christlich=katholische Bekenntnis der Gattin.

In allen diesen Anordnungen offenbart sich das Streben
der Kirche, sich da von dem Heidentume zu isolieren, wo
sittlich=religiöse Gefahren vorhanden waren. Nirgends ist
einem feindlichen Vorgehen gegen das Heidentum in irgend
einer Form das Wort geredet. Im Gegenteil, dem über=
mäßigen Eifer, der durch Zerstörung der Götterbilder die
Andersgläubigen herausforderte, wird ein Zügel durch die
Bestimmung angelegt, daß, wer bei einer solchen That das
Leben verliert, nicht als Märtyrer geachtet werden solle.[3])

Bald nachher änderten sich die politischen Verhält=
nisse schnell zu Gunsten der Christen. Das Edikt von Mai=
land gab ihnen die lang begehrte Religionsfreiheit, das

---

[1]) Hippol. Philos. IX, 11: vielleicht auch Euseb. H. E.
4, 23, 7. Vgl. Döllinger, Hippol. u. Kall. S. 158 ff.

[2]) Kan. 15: propter copiam puellarum gentilibus minime
in matrimonium dandae sunt virgines christianae, ne aetas in
flore tumens in adulterium animae resolvatur. Kan. 16. 17.

[3]) Kan. 60: si quis idola fregerit et ibidem fuerit occisus,
quatenus in evangelio scriptum non est neque invenietur sub
apostolis unquam factum, placuit in numerum eum non recipi
martyrum.

persönliche Wohlwollen Konstantins fügte zahlreiche weitere Privilegien hinzu. So gestaltete sich die Lage der Kirche immer günstiger. Diesen Umschwung spiegelt schon die im Jahre 314 in Arles, hauptsächlich in Angelegenheit des Donatismus, versammelte Synode wieder, die fast als legitimes Organ der abendländischen Christenheit gelten könnte. Dieselbe hat auch mehrere, auf das Verhältnis zum Heidentume bezügliche Weisungen ergehen lassen und sich hierbei an die entsprechenden Kanones der Synode von Elvira angelehnt. So wird den Wagenlenkern und Schauspielern der Verzicht auf ihr Gewerbe in derselben Weise zur Bedingung der Zugehörigkeit zur Kirche gemacht: dagegen ist den mit Heiden ehelich sich verbindenden Christinnen eine bestimmte Strafe gesetzt, nämlich vorübergehende Ausschließung.[1]) Andererseits giebt die Synode die Bekleidung gewisser heidnischer Ämter, die Statthalterschaft und die Magistraturen frei: sie konnte es, weil für die christlichen Beamten ein Zwang zu götzendienerischen Amtshandlungen nicht mehr existierte. Doch wurde die Vorsicht beobachtet, daß diese Beamten von Bischof zu Bischof empfohlen und zugleich gemeldet wurden, auf daß die Bischöfe die Betreffenden unter ihrer Aufsicht behielten.[2])

---

[1]) Die Akten bei Mansi II S. 471 ff. Kan. 4. 5. — Kan. 11: de puellis fidelibus, quae gentilibus junguntur, placuit, ut aliquanto tempore a communione separentur.

[2]) Kan. 7: de praesidibus, qui fideles ad praesidatum prosiliunt, placuit, ut cum promoti fuerint, literas accipiant ecclesiasticas communicatorias ita tamen, ut in quibuscunque locis gesserint, ab episcopo ejusdem loci cura illis agatur et cum coeperint contra disciplinam agere, tum demum a communione excludantur. Similiter de his, qui rempublicam agere volunt.

In demselben Jahre ging im Orient eine kirchliche Ver=
sammlung zu Ancyra mit scharfen Maßregeln gegen die
„Gefallenen" vor und bedrohte diejenigen Christen, welche
die Mantik ausüben oder sonst den abergläubischen Gewohn=
heiten der Heiden folgen, mit fünfjähriger Pönitenz.[1] Einige
Jahre später wird auf dem ersten ökumenischen Konzile zu
Nicäa (325) Beschwerde darüber erhoben, daß Leute, „die
eben aus dem Heidentume kommen", nach kurzem Unterricht
die Taufe empfangen, ja sogar priesterliche Ämter erlangen.
Die Synode fühlt sich gedrungen, hier Ordnung zu schaffen.
In Beziehung auf die Gefallenen, von denen ebenfalls die
Rede war, zeigte sie sich nicht minder entschieden wie die
Synode zu Ancyra. Besondern Unwillen aber erregte die
Thatsache, daß in den letzten Kämpfen zwischen Konstantin
und Licinius Christen, die bereits den „Militärgürtel" ab=
gelegt, die Heereszeichen wieder aufsuchten und zwar die
Heereszeichen dessen, der sich kurz vor seinem Falle zum
Vorkämpfer des Heidentums gemacht hatte. Ein solches Ver=
fahren heißt nichts anders, als „wie ein Hund zum eigenen
Auswurf zurückkehren"; die Synode belegt es mit Strafe.[2]

In derselben Richtung wie diese synodalen Urteile und
Festsetzungen gehen gewisse Bestimmungen der kirchlichen
Rechtsbücher aus der ersten Hälfte des vierten Jahrhunderts,
welche zum großen Teil die Bezeichnung „apostolisch" führten,
weil ihnen ein apostolischer Ursprung zugeschrieben zu werden
pflegte. Sie sind fast sämtlich Erbstücke aus früherer Zeit,
welche die späteren Generationen nach Maßgabe ihrer An=
schauungen und Bedürfnisse umgestalteten. Dahin gehört die

---

[1] Mansi II S. 514 ff. Kan. 1—12; 24.
[2] Mansi II S. 668 ff. Kan. 2. 10. 12.

bald nach dem Jahre 300 entstandene „apostolische Kirchen=
ordnung". In Anknüpfung an einen Satz der älteren
„Apostellehre" verbietet dieselbe von neuem die Vogelschau
und die Zauberei und wiederholt die apostolische Mahnung
(1. Tim. 3, 7), daß bei der Bischofswahl darauf gesehen
werde, daß der zu Wählende auch bei den Heiden einen
guten Namen habe.[1] Ebenso bringen die „apostolischen
Konstitutionen" diese und andere Mahnungen der „Apostel=
lehre" wieder in Erinnerung.[2]

Verhielt sich hier die Kirche abwehrend, so hatte sie
andrerseits den Befehl ihres Meisters, das Evangelium zu

---

[1] Kan. 10 (fast ganz übereinstimmend mit „Apostellehre" III, 4.)
Ἰάκωβος εἶπεν · τέκνον μοι, μὴ γίνου οἰωνοσκόπος, ἐπει-
δὴ ὁδηγεῖ εἰς τὴν εἰδωλολατρίαν μηδὲ ἐπαοιδὸς μηδὲ
μαθηματικὸς μηδὲ περικαθαίρων μηδὲ θέλε αὐτὰ ἰδεῖν
μηδὲ ἀκούειν · ἐκ γὰρ τούτων ἁπάντων εἰδωλολατρία γεν-
νῶνται (Text bei Bickell, Gesch. des Kirchenrechts, Gießen 1843 I
S. 107 ff. Dazu Krawutzky in d. Tüb. Theol. Quartalschr. 1882
III S. 359 ff.) — Kan. 16: — εἴ τις φήμην καλὴν ἔχει ἀπὸ
τῶν ἐθνῶν.

[2] Const. Apost. VII. 3: οὐ μαγεύσεις, οὐ φαρμα-
κεύσεις · φαρμακοὺς γάρ, φησίν, οὐ περιβιώσεται (Ex. 22,
18). —VII, 6: μὴ γίνου οἰωνοσκόπος, ὅτι ὁδηγεῖ πρὸς εἰδω-
λολατρείαν . . . οὐκ ἔσῃ ἐπαοιδὸς ἢ περικαθαίρων τὸν
υἱόν σου, οὐ κληδονεῖς οὐδὲ οἰωνιστήσῃ οὐδὲ ὀρνεο-
σκοπήσεις οὐδὲ μαθήσῃ μάθημα πονηρόν · ταῦτα
γὰρ πάντα ὁ νόμος ἀπεῖπεν. — VII, 21: ἀπὸ δὲ τῶν
εἰδωλοθύτων φεύγετε, ἐπὶ τιμῇ γὰρ δαιμόνων θύεται
αὐτά, ἐφ᾽ ὕβρει δηλαδὴ τοῦ μόνου θεοῦ, ὅπως μὴ γένῃσθε
κοινωνοὶ δαιμόνων (vgl. „Apostell." VI, 3). — Dazu das „kanonische
Gesetz der hl. Apostel" (Bickell a. a. O. I S. 133 ff.) Kan. 17:
εἴ τις δίδει ἀντίψυχα τοῖς μάντεσιν ἢ λαμβάνει γραπτὰ
ἢ δίδει, οὐκέτι πιστοὶ ἀλλ᾽ οὐδὲ Χριστιανοί.

allen Heiden zu bringen. Das Bild des Apostels Paulus
des „Herolds im Morgenlande und im Abendlande", stand ihr
in lebendiger Erinnerung. Dennoch treten uns nur selten
Spuren einer berufsmäßig geübten, organisierten Mission
entgegen. Dafür ist ergänzend eingetreten die stille Arbeit
der Einzelnen in und an ihrer Umgebung, noch mehr aber
die eindrucksvolle Erscheinung des Christenlebens mit seinem
sittlichen Ernst und seiner Bewährung in Verfolgungsleiden.
Zwar haben Erscheinungen moralischer Versunkenheit so
wenig im zweiten, wie im vierten Jahrhundert weder bei den
Hirten noch bei der Herde gefehlt, doch sie waren nicht der-
art, um den sittlichen Gesamteindruck zu erschüttern, den die
christliche Gemeinschaft dem Heidentume bot. Weiterhin ist
diese Kirche bei Beginn des vierten Jahrhunderts durch das
Läuterungsfeuer heftiger Verfolgungen gegangen. Das mußte
ihre Tüchtigkeit steigern und, wo dieselbe verloren gegangen
war, erneuern. Die Herrschaft Konstantins erfüllte sie mit
großen Hoffnungen, und weder jener noch seine Söhne haben
diese Hoffnungen getäuscht. Das Bewußtsein, daß die Welt
dem Christentume gehöre, ist damals am stärksten gewesen.
Die natürliche Wirkung dieser Stimmung mußte die Missionsarbeit sein. Zwar hören wir auch jetzt nur gelegentlich von
solcher, aber überall stößt man auf die Frucht derselben, das
ist der überraschend schnelle Rückgang des Heidentums. Es
drängt sich der Eindruck auf, daß nunmehr die Kirche als
solche, d. h. die Geistlichkeit eine thätige Propaganda sich zur
Aufgabe gemacht habe. Schwierigkeiten boten sich, außer
denen, die im religiösen Bekenntnis lagen, kaum noch. Das
niedergebeugte, fast hoffnungslose, von dem Staate im Stich
gelassene Heidentum war ein günstiger Boden wie nie zuvor,
andrerseits ein Konflikt mit den Gesetzen, welchen im zweiten

und im dritten Jahrhundert öfters Christen zum Opfer fielen, nicht mehr möglich. Der Klerus war mit seinem weitreichenden Einfluß nach oben und nach unten und in seiner festen Geschlossenheit der denkbar geeignetste Stand, hier einzugreifen.

Diese Vermutung findet eine Bestätigung in der That= sache, daß in der julianischen Verfolgung eine Reihe von höhern und niedern Geistlichen namhaft gemacht und zur Ver= antwortung gezogen wird, weil sie Tempel und Götterbilder umgestürzt haben. Denn die Beseitigung der Kultstätten und der Kultgegenstände war in den meisten Fällen der natürliche — oft freilich auch vorweggenommene — Abschluß der Missionsarbeit in einem bestimmten Gebiete.

Das Mittel der Bekehrung war die Verkündigung, ent= weder in der Form öffentlicher Predigt oder in der Gestalt privater Belehrung. Daß vielfach auch irdische Mittel und Wege nicht verschmäht worden sind, muß zugegeben werden, nicht aber das Recht, darnach das Gesamturteil über die Mission jener Zeit überhaupt zu bemessen.

In kurzen Zügen hat in einem seiner Lieder der hl. Ephräm das Wirken eines missionseifrigen Mannes, des ihm befreundeten Bischofs Abraham von Nisibis, gezeichnet.[1] „Er mühte sich ab," heißt es da, „an dem Heidentume, dessen Kinder er unterrichtete, so daß er von den Dornen Früchte der Keuschheit pflückte. Er belehrte die Götzenpriester und machte ihre Söhne zu Priestern, welche statt seiner Gott den heiligen Dienst darbrachten. Sie fluchten ihm und er segnete; sie haßten ihn und er liebte sie. Er harrte aus und erwarb reichen Lohn. Den Heiden gab er sein Leben preis und er=

---

[1] Vgl. Zeitschr. f. kath. Theol. 1880 S. 434 f.

beutete viele, obgleich er ganz allein stand, durch sein lang=
mütiges Dulden. Als sie ihn endlich durch viele Erfahrungen
kennen gelernt hatten, staunten sie über ihn, weil sie merkten,
daß er ein Mann Gottes war. Denn es ward ihnen klar,
daß er ihre Bosheiten erduldet und ihre Lasten getragen
hatte, um ihre Seelen zu gewinnen". Vielleicht in noch
weiterem Kreise war der Bischof Marcus von Arethusa be=
kannt, von dem gerühmt wird, daß er sowohl durch seinen
Wandel wie durch seine Beredsamkeit und Gelehrsamkeit
viele aus dem Heidentum gewonnen habe. Er veranlaßte
auch die Zerstörung eines Göttertempels, wofür er später
unter Julian Schweres zu erdulden hatte.[1]

Auch das Mönchtum wurde in dem Maße, als es an
Ausdehnung gewann, ein einflußreicher Faktor der Mission.
Nicht als ob dasselbe jetzt schon bewußt diese Aufgabe über=
nommen hätte — es ging bekanntlich von ganz andern Er=
wägungen aus — wohl aber weil es in der Form des
Eremitentums sich in Gebieten heimisch machte, die von
dem Christentum und der Kirche abgelegen waren und hier
ganz natürlicher Weise in die Mission hineingezogen wurde.
Ein mit den Verhältnissen seiner Zeit wohlvertrauter Schrift
steller[2] weiß schon um das Jahr 355 von großen Erfolgen
der Einsiedler in dieser Hinsicht zu berichten. „Wie viele
haben sie von den Idolen weggeführt! Wie viele von den
dämonischen Bräuchen durch ihre Predigt befreit! Wie viele
dem Herrn zu Dienern gemacht, so daß die, welche diese
Wunder sahen, darüber staunten! Oder ist es nicht ein

---

[1] Gregor N. S. 88 ff.
[2] Athan. Epist. ad Dracont. c. 7.

großes Wunder, eine Jungfrau oder einen Jüngling zur
Keuschheit und einen Götzendiener zur Erkenntnis Christi zu
leiten?" Von dem Patriarchen des Mönchtums, dem Ägypter
Antonius, berichtet sein Biograph ausdrücklich, daß auch
Heiden, darunter Priester und Philosophen, den gepriesenen
Asketen aufsuchten und durch seine Erscheinung wie durch
seine Worte für das Christentum gewonnen wurden.[1]

Die gesuchten oder ungesuchten Missionserfolge der
Kirche oder einzelner Christen hatten sich zu bewähren im
Katechumenat. Auf die Ausbildung desselben wurde schon
frühzeitig große Sorgfalt verwendet; das Aufkommen der
Häresieen und der immer stärker werdende Zudrang des
Heidentums machte das zur Notwendigkeit. Die Thatsache,
daß diese für die Taufe vorbereitende Unterweisung neben dem
positiven Inhalt der christlichen Heilswahrheit auch eine
negative Seite, nämlich die Widerlegung und Bekämpfung
des Heidentums in sich trug, ist selbstverständlich und kommt
bereits im zweiten Jahrhundert in der Abrenuntiation und
zwar unter dem Titel „Pompa diaboli" zum Vorschein;
denn hierunter ist die Gesamtheit der widerchristlichen oder
auch nur außerchristlichen religiösen Erscheinungen — mit
Ausnahme des Judentums — begriffen. In den katechetischen
Vorträgen, welche der Bischof Cyrill von Jerusalem um 347
in der Auferstehungskirche hielt, bestimmt derselbe den Zweck
dieses Unterrichts in der einleitenden Katechese[2] so: „Waffen
sollst du erhalten gegen feindliche Gewalt, Waffen gegen die
Häresieen, gegen die Juden, die Samariter und die Heiden."
Lernen soll hier der Täufling, „wie er den Hellenen mit

---

[1] Athan. Vita S. Antonii c. 70 ff.
[2] Cyrill. Hieros. Procatech. n. 9.

dem Wurfspeer durchsticht." In Übereinstimmung damit
steht die Ausführung. Umständlich wird das Wesen des
„Teufelsgepränges" erläutert, damit dem Katechumenen kein
Zweifel des Urteils bleibt. Nicht nur der eigentliche Götzen=
dienst in seinen mannigfaltigen Abstufungen vom Amulett
und der Zauberformel bis zum Opfer fällt unter diesen Be=
griff, sondern nicht minder die „Theaterwut" und das Zirkus=
spiel und alle Welteitelkeit. Hier gilt das Gebet des Psalmisten
(Pf. 119, 37): „Wende meine Augen ab, daß sie nicht die
Eitelkeit sehen." Niemand lege die Hand an den alten
Pflug; sondern „fliehe hinauf auf die Höhe zu Jesu Christo".[1]

Das heidnisch Religiöse wird in diesen Katechesen fast
genau mit denselben Grenzen umzogen wie in den oben an=
geführten disziplinarischen Sätzen. Es waltete also darüber
ein allgemeines Einverständnis in der Kirche.

Das Zusammenwirken des Staates und der Kirche in
der Richtung auf dasselbe Ziel hin mit der Vollzahl der
mancherlei Mittel, welche dort und hier zulässig erschienen,
mußte das äußere Wachstum und Gedeihen der Kirche mächtig
fördern. Das freudige Bewußtsein dieser Thatsache klingt bei
den christlichen Schriftstellern dieser Zeit vernehmlich durch.
Zwar nimmt sich im Hinblick auf die weite Völkerwelt die
Zahl der Christen noch klein aus, aber tagtäglich mehren
sich die Bekenner des Kreuzes, und die Menschen wenden sich
weg von den Altären der Dämonen und der Eitelkeit der
Götzen und treten auf den Weg des Heils. Die „unheiligen
Götterfabeln" finden keinen Glauben mehr. Bis an das
Ende der Erde reicht die Christenheit, die Ausbreitung des
jüdischen Volks weit überholend[2].

---

[1] Vgl. Catech. XIX, 6, 7, 8; IV, 37.
[2] Hilarius Pict. Tract. in Psl. LVIII n. 9: pauci ex

Die Erkenntnis, daß in vielen Fällen nicht aufrichtige Bewegung des Herzens, sondern Rücksicht auf äußere Verhältnisse oder wenigstens der allgemeine Zug der Zeit, der vom Heidentume ab zum Christentume führte, das Taufbegehren entstehen ließ, hat in der Christenheit nicht gemangelt. Cyrill von Jerusalem spricht es in seiner einleitenden Katechese offen aus: der Mann kommt zur Taufe, um die Gunst einer Frau zu gewinnen, der Sklave, um seinem Herrn, der Freund um dem Freunde gefällig zu sein.[1] Wo gewissenhafte Geistliche fehlten, war der Zugang um so leichter. Aber auch pflichttreue Männer sahen sich, der Masse der Katechumenen gegenüber, außer Stande, den einzelnen so nahe zu treten, wie es die kirchliche Ordnung forderte. So kam es, daß die Kirche eine große Anzahl von Namenchristen gewann, die kein Bedenken hatten, auch noch in den alten religiösen Formen weiterzuleben oder wenigstens in entscheidungsvollen Lebenslagen dorthin zurückzukehren. Doch erst die julianische Bedrückung machte den Schaden in seinem vollen Umfange offenbar, und aus dieser bittern Erfahrung heraus urteilte hernach der hl. Ephräm von Nisibis[2] mit leichtem Tadel: Die frommen Kaiser hatten so die Erde bestellt, „daß selbst

---

omnibus gentibus sunt fideles: dagegen Tract. in Psl. LXVII n. 20: quotidie autem per populi credentis accessionem benedictionis multiplicatur angeturque confessio, cum gentiles superstitiones impiaeque de diis fabulae, cum arae daemonum, cum idolorum inania relinquuntur et iter omnibus ac profectus dirigitur in salutem. Diese Traktate gehören den letzten Lebensjahren des Hilarius an, sind also in den sechziger Jahren entstanden. — Cyrill. Hieros. Cat. IX, 16.

[1] Cyrill. Hieros. Procat. n. 5.

[2] In seinen Liedern gegen Julian v. J. 363, deutsch von Bickell in d. Zeitschr. f. kath. Theol. 1878 S. 335.

8*

die Dornen den Schein des Weizens annahmen, und die
Saat sogar dem Unkraut ihre Farbe mitteilte."

Das Heidentum geriet in eine schwierige Lage. Nicht
minder gefahrdrohend als die staatlichen Verordnungen erwies sich die wachsende Begehrlichkeit und der zunehmende
Propagandaeifer der Kirche, welcher in den staatlichen Edikten nicht nur volle Freiheit, sondern auch Schutz und Unterstützung suchte. Von dem fast rechtlos gewordenen Gebiete
ging ein Stück nach dem andern verloren. Nicht nur Christen
meinten damals, Zeugen der letzten Todeszuckungen des
Heidentumes zu sein, und wiesen siegesgewiß hin auf die
niedergeworfenen Tempel und die zum Schweigen gebrachten
Priesterschaften[1]), sondern auch den Heiden erschien ihr
Religionswesen beim Abscheiden des Konstantius als ein
wüstes Trümmerfeld: die Heiligtümer und Altäre am Boden,
Opfer und Weihen gehemmt, die Priester verjagt.[2]) In
der That sind an vielen Orten damals die letzten Stützen
des Hellenismus für immer gebrochen worden und große
Massen verloren gegangen, vorab im Orient. Indes mit
derselben Gewißheit läßt sich sagen, daß der Wille der
Regierung wie der Kirche weit hinter dem vorgesteckten Ziel
zurückblieb. Die Macht der Thatsachen erwies sich doch
stärker als der Fanatismus dieses Konstantiners und als
der Bekehrungseifer der Kirche. Die alte Hauptstadt hat die
hastigen Bemühungen des Augustus um Ausrottung des
Götterdienstes stolz ignoriert. Eine im Orient verfaßte und,

---

[1]) Hilar. Pict. Tract. in Psl. CXXXVII (I S. 559):
templa collapsa sunt, simulacra mutata sunt, haruspices inter-
ventu sanctorum silent, augurum fides fallit, unum Dei nomen
in omnibus gentibus sanctum est. Dazu oben S. 74 Firmicus
Maternus.

[2]) Liban. I S. 510. 529.

wie es scheint, vielgelesene geographische Weltumschau[1]) aus
den Jahren 350—353 nennt Rom „geschmückt mit heiligen
Gebäuden" und weiß von der Verehrung der Götter und
der Fortdauer der Haruspicin daselbst.

Auch die mächtigste und volkreichste Stadt des Orients,
Alexandrien, obgleich dem kaiserlichen Zorne näher, barg in
ihren verworrenen Quartieren noch eine solche Zahl von
Altgläubigen, daß der Regierung vor den wilden Wassern
bangte, wenn diese gelegentlich hervorbrachen. Hier werden
noch die Götter „in ganz besonderer Weise" verehrt. Das
gilt überhaupt von dem „göttlichen Ägypten". Da sind noch
Scharen von Tempelhütern, Priestern und Zeichendeutern;
auf den Altären erlöscht die heilige Flamme nicht, das Opfer
feiert nicht, aus dem Turibulum steigt beständig der „himm=
lische Duft" des Weihrauchs auf.[2]) Doch hat andererseits
ein abendländischer Bischof[3]), der einige Jahre nachher längere
Zeit als Verbannter im Morgenlande lebte, geurteilt: „fast
ganz Ägypten ist jetzt gläubig". Beide Aussagen schließen
sich nicht aus. Die Tempel des „heiligen" Damaskus hatten
noch einen berühmten Namen[4]), und daneben wußte noch
manche andere Stadt ihre ehrwürdigen Heiligtümer sich zu
erhalten. Sogar hohe und höchste Beamte haben kein Be=
denken getragen, den Göttern Tempel und Altäre aufzurichten

---

[1]) Descriptio mundi et gentium (ed. Müller: Geographi
graeci minores II S. 513 ff.) c. 55.

[2]) A. a. O. c. 34 (S. 519 ff.).

[3]) Hilar. Pict. Tract. in Psl. LXVII c. 33: Aegyptus
prope universa est jam fidelis. Dazu die Aussage des Athanasius
Apol. ad Constant. c.14 über die Christenmenge in Alexandrien und
die in dessen Schriften erwähnten zahlreichen Episkopate in Ägypten.

[4]) Juliani Imp. Epist. XXIV (S. 35 ed. Heyler).

und von diesem ihren Werk durch die Sprache der Inschriften
öffentlich Kunde zu geben. Trotz aller Verluste wird das Heiden=
tum kaum über die Hälfte der Bevölkerungszahl des Reiches
herabgesunken sein. Aber diese 40 bis 50 Millionen kommen
doch weit niedriger in Anschlag als die ihnen gegenüberstehende
Hälfte, weil ihnen die Kraft und Zuversicht des Glaubens
und die Hoffnung der Zukunft fehlten. Das Heidentum —
alles weist darauf hin — war innerlich im Absterben be=
griffen. Es war nur noch ein halblebiger Organismus und
als Ganzes unfähig und willenlos zum Widerstande.

Ein gegen Ende der Regierungszeit des Konstantius
entstandene, unter dem Namen des Athanasius gehende Streit=
schrift gegen das Heidentum, welche aber zugleich Missions=
zwecke verfolgt[1]), gewährt in größerem Umfange als die
sonstige Literatur dieser Zeit einen Einblick in die Lage der
beiden Religionen in ihrem Verhältnis zu einander.

Schon so weit ist nach der Meinung dieses Christen
die Entwickelung gediehen, daß die göttliche Wahrheit, wenn
sie überhaupt auf menschlichen Beweis angewiesen wäre, jetzt

---

[1]) Ich meine den λόγος καθ' Ἑλλήνων u. den dazuge=
hörigen λόγος περὶ ἐνανθρωπήσεως τοῦ λόγου, die in der Bene=
diktinerausgabe der Opera Athanasii voranstehen und deren Ursprung
in die Jahre 318—323 d. h. vor den arianischen Streit, der nirgends
berührt ist, gesetzt werden. Indes schließt die geschichtliche Lage des
Heidentums, wie sie hier gezeichnet ist, eine so frühe Abfassung jeden=
falls aus. Die beiden Schriften können erst nach der Mitte des 4.
Jahrh. entstanden sein. Damit fällt aber auch meines Erachtens die
Athanasianische Autorschaft. Belehrend ist der Vergleich mit Firmicus
Maternus, den wir sicher datieren können (s. oben S. 100.). In der
ersten Schrift wird die heidnische Götterlehre und die praktische Reli=
gionsübung mit dem herkömmlichen Räsonnement bekämpft, in der
zweiten die positive Lehre, aber auch mit manchen polemischen Ein=
schiebseln gegeben.

darauf verzichten könne, da sie tagtäglich durch die That
mächtig sich als das erweist, was sie ist. Auch die Heiden
können sich der Erkenntnis der Kraft des Kreuzes nicht mehr
verschließen. In der ganzen Welt wird jetzt Christus ver=
kündet und seine Herrschaft und Gottheit anerkannt. Die
Zeit des Götzendienstes ist dahin.[1]) Allerdings lebt und
webt die Idololatrie noch in der Welt; noch hört man in
Ägypten die Klagelieder über das Hinsterben des Osiris, in
Dodona spricht die Stimme der Götter aus dem Klange
des Erzes, die Priester der Kybele feiern ihre orgiastischen
Feste, bei den Ägyptern, den Griechen, den Phöniziern dauert
der alte Kultus fort, und vor den Statuen von Holz und
Stein wirft man sich noch nieder. Ja, auch der alte Celsus=
spott über die christlichen Mysterien, über das Kreuz, die
Menschwerdung, die Auferstehung schweigt noch nicht, und die
Meinung, daß das Christentum der Welt zum Fluche, nicht
zum Segen gereiche, hat noch ihre Gläubigen.[2])

Doch ist das alles schon auf dem Punkte, um bald ganz
zu verschwinden. Unaufhaltsam schreitet der Zerstörungs=
prozeß vorwärts. Die Zeiten, wo der weite Erdkreis und
jeder Ort an den Dienst der Dämonen gebunden war und
die Menschen von keiner andern Gottheit wußten als den
Idolen, ist längst vorüber. Vor dem Kreuze flieht und
schwindet aller Trug der Mantik und jegliche Täuschung der
bösen Geister. Die, welche einst die Götzen anbeteten, treten
sie jetzt mit Füßen und beschimpfen sie; die einst die magische

---

[1]) A. a. O. I, 1. II, 46. 48. 53 u. sonst.
[2]) A. a. O. I, 1. 10. 13. 23. II, 1. 2 u. sonst (vgl. die Deutung
der Trinität als Polytheismus Oratio III contra Arian. c. 15 u.
Vita S. Antonii c. 74).

Kunst bewunderten, verbrennen die Formelbücher derselben. [1)]
Einst war alles angefüllt von dem Betrug der Orakel, Delphi,
Dodona, Böotien, Lykien, Libyen, Ägypten, „jetzt aber, seit=
dem Christus überall gepredigt wird, hat der Wahnsinn der=
selben ein Ende, und kein Wahrsager ist daselbst mehr zu
finden". [2)] Mit dem Götzendienst hat auch die hellenische
Weisheit ihren Kredit verloren und ist als Thorheit und
Eitelkeit erwiesen; daher macht sie nicht nur keine Fortschritte,
sondern geht zurück. Viele, die früher ihr dienten, haben
ihr den Abschied gegeben und legen jetzt das Evangelium
aus. [3)] Mit einem Worte: die Idololatrie nimmt überall ab,
die Lehre Christi überall zu. [4)]

Niemand wird in dieser rhetorischen Schilderung jedes
Wort wägen wollen: Hoffnung und Wirklichkeit schieben sich
in ihr oft ineinander. Doch tritt deutlich die Thatsache
hervor, daß die Christenheit unter dem Gesamteindrucke
stand, als ob das Heidentum sich in voller Auflösung be=

---

[1)] A. a. O. II, 31. 46. 48. 53 u. f. Dazu Oratio I contra
Arian. (geschrieben 356 ff.) c. 43 fast mit denselben Worten.

[2)] A. a. O. II, 47. Hier wird das Orakelwesen in Dodona als
vergangen bezeichnet, während I, 10 dasselbe als noch bestehend vor=
ausgesetzt zu sein scheint. Es ist hier wohl zwischen verborgenem und
öffentlichem Fortbestand zu scheiden. Auch kann die Erwähnung von
Dodona in I, 10 immerhin als geschichtlicher Beweis aufgefaßt werden,
womit der scheinbare Widerspruch seine Lösung fände. — Über die
Abnahme des Orakelwesens auch Vita Antonii c. 33 in ähnlicher
Weise.

[3)] A. a. O. II, 1. 2. 53. 55.

[4)] A. a. O. II, 55: Θεώρει, πῶς ἡ μὲν τοῦ σωτῆρος διδα-
σκαλία πανταχοῦ αὔξει· πᾶσα δὲ εἰδωλολατρία καὶ πάντα
τὰ ἐναντιοῦντα τῇ Χριστοῦ πίστει καθ᾽ ἡμέραν ἐλαττοῦται
καὶ ἐξασθενεῖ καὶ πίπτει.

finde. Die spätere Geschichte zeigt, daß dieser Eindruck richtig
war. Überall stößt man in diesen Zeilen eines durchaus
nicht überschwänglichen Schriftstellers auf das stolze Gefühl
voller Überlegenheit des Christentums über den Hellenismus.
Wie etwas Fremdes steht dieser in der Welt; seine Ohnmacht
ist durch die Geschichte erwiesen, sein Untergang nur noch
eine Frage der Zeit. Daher die souveräne und oft spöttische
Art, in welcher dieser Apologet mit dem Heidentume umgeht;
nirgends läßt sich auch nur die geringste Besorgnis bemerken, daß dasselbe je wieder zu Leben und Macht kommen
könnte. Der Sieg und die Welt gehören für immer dem
Christentume.

Außerhalb der sich bekämpfenden und abstoßenden Gegensätze war unter dem Einflusse der letztjährigen Entwickelung
innerhalb des Heidentums eine Richtung emporgekommen,
deren zahlreiche Vertreter zwar die christliche Religion als
solche abwiesen, aber zu dem christlichen Staat und der
christlichen Gesellschaft freundliche Beziehungen unterhielten.
Die Voraussetzung dieser eigenartigen Haltung war weniger
Indifferentismus als eine durch die damalige Philosophie,
aber auch durch christliche Einflüsse geschaffene religiöse Weitherzigkeit, welche dem Andersgläubigen diejenige Toleranz
entgegentrug, die man für sich selbst forderte. In dieser
Stellung zum Christentum finden wir viele höhere Beamte,
und sie besaßen das Vertrauen des Kaisers. Der edelste
Repräsentant dieser Richtung innerhalb der Beamtenschaft ist
Secundus Sallustius. Auch Philosophen und Rhetoren
fanden sich in dieser Form mit der ungünstigen Zeitlage ab;
am bekanntesten sind darunter Themistius und Libanius.
Letzterer insbesondere hat bei christlichen Kaisern wie bei
Julian Gunst gesucht und gefunden, ohne irgend welche Zu-

mutungen hinsichtlich seines religiösen Bekenntnisses zu erfahren; seine vielbewegte Lebensgeschichte zeigt ihn uns auch
in engem freundschaftlichen Verkehr mit Christen.

Zu diesem Kreise, in dessen Art es lag, das Christentum
abzulehnen, ohne es zu bekämpfen, zählten die besten Vertreter des Götterglaubens. Indem dieselben aber in die
christlich-staatliche und christlich-gesellschaftliche Ordnung in
solcher Weise sich einfügten, konnte das Heidentum keine
Stütze mehr an ihnen haben oder überhaupt Ernstliches von
ihnen hoffen. Es war also nicht einmal in der Lage, über
seine tüchtigsten Kräfte zu verfügen.

# Zweite Abteilung.

## Die heidnische Reaktion unter Julian.

---

Als der letzte Konstantinssohn am Fuße des Taurus unter den Wehklagen seiner Soldaten in Fieberglut verschied, stand der Prätendent Julian mit seiner Armee bereits in Serbien. Von seinen Wahrsagern und seinen Philosophen ermutigt und mit hochfliegenden Hoffnungen erfüllt, war er „wie ein Brandpfeil" in Eilmärschen von Gallien ostwärts gezogen.

Durch Raschheit und Klugheit hatte er die mancherlei Schwierigkeiten, die sich ihm entgegenstellten, zu überwinden verstanden. Nun räumte ihm der Tod des Kaisers das letzte und größte Hindernis weg, an dem sein Wagnis, der zuversichtlichen Sprache der Götter zum Trotz, wohl zerschellt wäre, wie einst der Ansturm des Magnentius. Eine Hand, die nach dem Diadem des toten Augustus griff, war, außer seiner eigenen, nicht zu sehen. Das Feld stand offen.

Es mußte Julian daran gelegen sein, möglichst bald in der östlichen Hauptstadt einzutreffen. Bereits am 11. Dezember hielt er seinen Einzug in Konstantinopel, empfangen von

dem Senat und einer jubelnden Volksmenge. Der Beifall
galt dem sieggekrönten jungen Herrscher[1]), nicht dem zum
Götterglauben abgefallenen Christen, denn von diesem wußten
nur wenige. Bald darauf langte auch der tote Konstantius
in Konstantinopel an. Der Gardeoffizier Jovian, den das
Geschick später an die Spitze des Reiches stellte, führte den
von Soldaten geleiteten Trauerzug, an den bald wunder-
same Sagen sich anlehnten[2]), und das Volk strömte wiederum aus den Thoren, um den alten Kaiser ehrfurchtsvoll zu
begrüßen. Unter großer Prachtentfaltung und nach christlichem Ritus wurde die Totenfeier gehalten. Mit entblößtem
Haupte und das Diadem in der Hand tragend, schritt der
junge Fürst dem Zuge voran.[3]) War es Cäremonie oder
berechnende Politik? Wohl beides, aber in erster Linie kluge
Erwägung. Es wäre unklug gewesen, der mächtigen, ganz
christlichen Stadt, die dem götterfeindlichen Kaiser in ihrer
schönsten Kirche die Grabstätte bereitete, oder — was noch
schwerer wiegen mußte — den Abgesandten der asiatischen
Armee, die unter dem Kreuzesbanner focht und in treuer
Anhänglichkeit zu dem Toten gestanden hatte, irgend eine
Ursache zur Mißstimmung zu geben.[4]) Diese Rücksicht erwies sich mächtiger als der innere Abscheu gegen den „treff-

---

[1]) Amm. Marc. XXII. 2. Zosim. III, 11.

[2]) Greg. Naz. Orat. II invect. vol. I S. 118 ed. Colon.
1690. Nach dieser Ausgabe auch im Folg. citiert.

[3]) Greg. Naz. a. a. O. S. 119. Philostorg. VI, 6 (S.
85 ed. Gothofr.).

[4]) So Greg. Naz. gewiß mit Recht; vgl. dazu Theodoret.
H. E. III, 3 u. Amm. Marc. XXI, 2. An solche Rücksichten auf
die Verhältnisse war Julian schon seit Jahren gewöhnt.

lichen" Konstantius[1]), mächtiger auch als der Widerwille
gegen den christlichen Kultus, der hier sich breit und voll ent=
faltete.

Das neue Kaisertum beanspruchte für sich den Wert
einer auf den ausdrücklichen Willen der Götter fußenden
neuen Ära. Der junge Herrscher, der sich als das auser=
wählte Rüstzeug in diesem Aufgang der geschichtlichen Ent=
wickelung ansah, hat das öfters ausgesprochen, am bezeich=
nendsten in einer Parabel.[2]) Ein reicher Mann (Konstan=
tin), so erzählt er, der große Reichtümer zum Teil von
seinen Vätern ererbt, zum Teil selbst sich erworben hatte,
verteilte diese Güter unter seine Söhne. Um dieses Besitzes
willen entstand bald Streit und Mord unter ihnen; dazu
kam noch, daß die alte Religion zertreten und ihre Heilig=
tümer niedergerissen wurden. Den Zeus und Helios jammerte
dieses Anblicks, und jener befahl den Schicksalsgöttinnen,
einen neuen Lebensfaden zu spinnen — das war der Ur=
sprung Julians. Den Knaben vertraute Zeus dem Helios
und der Jungfrau Athene zur Erziehung an. Als er zum
Jüngling herangewachsen war, wird er in den Kreis der
Götter entrückt, erhält weise Belehrung und wird mit dem
Versprechen der Himmlischen entlassen, daß sie überall um
ihn sein wollen. „Denn wir sind seine Wohlthäter, Freunde
und Heilande." Helios reicht ihm noch eine Fackel, „damit
selbige denen auf Erden als ein großes Licht leuchte"; Athene
giebt ihm Helm und Gorgoneion, Hermes seinen goldenen

---

[1]) Vgl. die scharfen Urteile über Konstantius in Julians Jugend=
geschichte in d. Oratio ad Athen. S. 270 ff. (ed. Spanh.), ebenso
Orat. VII (de secta cynica) u. sonst. Der Panegyrikus auf Konstan=
tius sticht begreiflicherweise scharf davon ab.

[2]) Orat. VII S. 227 ff.

Stab. „Sei eingedenk, daß du eine unsterbliche Seele hast,
die von uns ihren Ursprung hat, und daß du, uns nach=
folgend, ein Gott sein und mit uns unsern Vater (Zeus)
schauen wirst", das waren die Abschiedsworte.

Es scheinen hier alttestamentliche Geschichten aus der
christlichen Jugenderziehung Julians nachzuklingen, die Rettung
Mosis und sein geheimnisvoller Umgang mit Gott oder die
Berufung Davids zum Könige von Israel wider Saul und
sein entartetes Haus. Schon früh hat der Knabe die Stimme
der Götter in seinem Innern zu hören geglaubt[1]), dieser
Götter, die ihn zu derselben Zeit seine christlichen Erzieher
zu verabscheuen lehrten. Wir wissen nicht, wie diese Fäden
sich angeknüpft haben; aber die freudenlose, harte Jugend
und daneben das von vornherein für die Mystik der neu=
platonischen Philosophie veranlagte und allem Wissenswerten
aufgeschlossene Gemüt des Jünglings geben gewisse Anhalts=
punkte.

Nachdem die erste Saat aufgegangen, hat es nicht an
Leuten gefehlt, welche ihr Wachstum zu hüten und zu be=
schleunigen verstanden. Der Preis, um den Julian sich diese
„Erlösung" erkaufen mußte, war die Heuchelei. Er ist jahre=
lang ein Diener der Götter und ein Diener Gottes zugleich
gewesen und hat von den religiösen Rechten und Pflichten
des Taufbades wie der eleusinischen Weihe unterschiedslos
Gebrauch gemacht.[2]) Jetzt konnte er die Maske ablegen.

---

[1]) Amm. Marc. XXII, 5 und eigene Äußerungen Julians.

[2]) Die Thatsächlichkeit der Taufe ergiebt sich einfach aus dem
Umstande, daß Julian als Lektor fungierte (Greg. N. S. 58; dazu
Sokrat. V, 22). Bezeichnend für die Geschichtlichkeit, mit welcher er
seinen Abfall zu verdecken verstand, ist, daß der strenggläubige Bischof

Obwohl in den ersten Wochen seiner Alleinherrschaft noch einige Zurückhaltung geboten war, so wurde doch bald den Unterthanen des weiten Reichs kein Zweifel mehr darüber gelassen, daß der Kaiser sich zu dem Götterglauben bekenne. Dieses Bekenntnis nur als persönliches gelten zu lassen und in die allgemeine Entwickelung der religiösen Verhältnisse im Reich nicht einzugreifen, lag nicht in der Natur des lebhaften, eigenwilligen und selbstbewußten Mannes. Das Drängen der Freunde und mancherlei Aufmunterung aus heidnischen Kreisen, die unerwartet mit neuer Hoffnung sich erfüllt sahen, wird nicht gefehlt haben. So richtete sich denn die religiöse Politik unter der persönlichen Leitung des Kaisers auf Wiederherstellung des Heidentums in vollem Umfange, worin gleich die Vernichtung des Christentums miteingeschlossen war. Man darf sagen, daß diese Religionspolitik von Julian selbst als das wichtigste Stück seiner Regierung und als die Haupt= aufgabe seines Lebens angesehen worden ist.[1] Staatliche Dekrete verkündeten der überraschten Welt, daß der Götter= glaube wieder in seine Rechte eingesetzt sei, und forderten, daß die Tempel aufgeschlossen und Opfertiere zu den Altären geführt würden. Nach Antiochien überbrachte der Philosoph Pythiodorus eilfertig diese Kunde; in Alexandrien wurde das kaiserliche Edikt am 4. Februar 362 bekannt gegeben.[2]

---

Hilarius von Poitiers in einer an Konstantius gerichteten Bittschrift als Zeugen seiner Unschuld anruft dominum meum, religiosum Caesarem tuum Julianum (Ad Const. II, 2).

[1] Gut die Vita et convers. S. Athan. § 25: . . τοῦ βασι-λέως πᾶσαν σπουδὴν καὶ τῆς βασιλείας τὸ κράτος κατὰ τῆς εὐσεβείας ἐπιτείνοντος.

[2] Amm. Marc. XII. 5: Chron. Pasch. S. 546. — Liban. Ep. 606. — Athanasii vita acephala (zuerst herausgeb.

Es war anzunehmen, daß die Vermeidung offener Ge=
walt zu den Grundsätzen dieser Politik gehören werde. Julian
hat sich darüber deutlich genug geäußert. „Meine Anord=
nungen hinsichtlich der Galiläer ohne Ausnahme," schrieb er
einst[1]), „sind so mild und menschenfreundlich, daß Niemand
irgendwie Gewalt zu leiden hat oder zum Tempel geschleppt wird
oder irgend eine andere Kränkung erfährt wider seinen Willen."
Der milde Charakter der Verfolgung wird auch von Kirchenschrift=
stellern anerkannt.[2]) Man darf indes in dieser Selbstbeschränk=
ung nicht den Ausfluß der persönlichen Humanität des Kaisers
sehen. Ein offener Kampf mit allen Mitteln staatlicher Gewalt
mußte jedem vernünftigem Politiker seit den üblen Erfah=
rungen der diokletianischen Zeit nicht nur als ein erfolgloses,
sondern geradezu als ein gefährliches Unterfangen erscheinen.
Man kannte die furchtbare Gewalt des Märtyrerfanatismus.
Julian selbst soll die Möglichkeit gewaltthätigen Vorgehens
mit den Worten abgewiesen haben: „dann werden sie alle,
wie die Bienen zum Bienenkorb, so zum Martyrium sich

---

von Maffei, Osservaz. lett. t. III S. 60 ff.; neuerdings von
Sievers in d. Zeitschr. f. hist. Theol. 1868 S. 148 ff.) § 7: prae-
ceptum propositum est, quo jubebatur reddi idolis et neocho-
ris (= νεωχόροις) et publice rationi, quae praeteritis temporibus illis sublata sunt.

[1]) Julian. Ep. 43 S. 82 ed. Heyler, München 1828 (nach
dieser Ausgabe sind im Folg. die Briefe immer citiert, die
übrigen Schriften Julians nach der Ausgabe von Spanheim). Dazu
Ep. 7 S. 10: ἐγώ, νὴ τοὺς θεούς, οὔτε κτείνεσθαι τοὺς Γαλι-
λαίους οὔτε ἄλλο τι πάσχειν κακὸν βούλομαι.

[2]) Z. B. Hieron. Chron.: blanda persecutio fuit, illiciens
magis quam impellens ad sacrificandum; Rufin. II. E. c. 32.
Dazu Eutrop. X, 16: religionis christianae insectator, perinde
tamen ut cruore abstineret.

drängen."[1] Von derselben Besorgnis gequält, warf sich her=
nach der Freund Julians, Libanius zum Beschützer der ver=
folgten Christen auf. „Hüte dich," schrieb er an den Präfek=
ten von Phönikien[2]), „daß deine Maßnahmen unter uns noch
mehr Märtyrer schaffen nach der Weise des Marcus von
Arethusa, der so viele Qualen erduldet hat und jetzt verehrt
wird wie ein Halbgott."

Das Meiste hat man sich wohl von den auf Verwal=
tungswege zu vollziehenden Maßregeln versprochen, ohne in=
des auf gesetzliche Verordnungen zu verzichten. An ungesetz=
lichen, tumultuarischen Vorgängen hat es freilich hernach
nicht gefehlt, und sie hinterlassen nicht immer den Eindruck,
als ob die Regierung denselben fern gestanden oder sie un=
gern gesehn hätte.

Aus der Erfahrung dieses öffentlich abgeleugneten, aber
in Wirklichkeit mit allerlei List und Bedrückungen ge=
führten Kampfes[3]) erwuchs bei den davon Betroffenen ein
hoher Grad von Erbitterung, die gelegentlich sogar zu der
Forderung einer gewaltsamen, Martyrien schaffenden Ver=
folgung nach der Weise Diokletians sich hat fortreißen lassen.

Der Eifer und Ernst, mit welchem Julian an die große,
schwere Aufgabe seines Lebens ging, findet in seinem per=
sönlichen Verhalten einen bezeichnenden Ausdruck. Er erwies

---

[1]) Chrysost. De Juv. et Max. Martt. t. II S. 519. Dazu
Ep. LXIII S. 132 und Liban. I S. 562 f., wo hierüber einige
bemerkenswerte Mitteilungen gegeben werden.

[2]) Liban. Ep. 730.

[3]) Richtig charakterisiert bei Greg. N. S. 72: μηχανᾶται
αὐτὸς μὲν καὶ βιάζεσθαι καὶ μὴ δοκεῖν. Auch Chrysost.
De Juv. et Max. Martt. II, 579: φανερῶς ϑαλπῖσαι τὸν
πόλεμον οὐκ ἐβούλετο.

sich als ein Muster religiöser Gewissenhaftigkeit. Den regelmäßigen und außergewöhnlichen Ansprüchen der Götter wurde
mit peinlicher Sorgfalt von ihm Genüge geleistet. Gebet,
Opfer, Orakelfragen durchflochten seine Tage: auch die Nachtstunden sind ihm für dieses heilige Thun nicht zu kostbar
erschienen. Auf seinen Reisen versäumte er es nicht, die
wiederaufgeschlossenen Tempel zu betreten und persönlich das
Opfer darzubringen oder wenigstens einer Opferhandlung
beizuwohnen. Auf einer Reise durch Syrien, die ihn auch
nach Berrhöa führte, schrieb er über den Aufenthalt in dieser
Stadt an Libanius[1]): „ich blieb einen Tag dort, besah die
Akropolis, opferte in königlicher Weise dem Zeus einen Stier
und hatte mit dem Senat ein religiöses Gespräch." Und
bei der Erwähnung von Batnä bemerkt er: „ich brachte
gegen Abend und in früher Morgenstunde ein Opfer dar,
wie ich genau an jedem Tage zu thun pflege." Diese Opfer-
akte gestalteten sich nicht selten zu öffentlichen Schaustücken,
wie einmal in Konstantinopel, als Julian zum Altar der
Tyche herantrat[2]), und in Antiochien. Es war dabei auf
Propaganda abgesehen. Die Heiden ferner liebten es, diese
Gelegenheiten zu benutzen, um den Herrscher mit lautem
Beifallsrufen zu begrüßen, was sich Julian in Rücksicht auf
die heilige Würde der kultischen Handlungen ernst verbat.[3])
Andrerseits erschien auch den Heiden der Übereifer des Kaisers
seltsam, wie er die Altäre mit Opferblut „überschüttete" und
zuweilen auf einmal hundert Ochsen hinschlachtete und einen
kostspieligen Import ausländischer seltener Opfertiere ein-

1) Ep. XXVII S. 45.

2) Sokrat. H. E. III. 11.

3) Ep. LXV S. 184.

richtete.¹) Dazu hatte er einen eigentümlichen Drang, die
Opferhandlung mit eigener Hand zu vollziehen, was seinen
leidenschaftlichen Gegnern einen willkommenen Anlaß gab,
das Bild des kaiserlichen „Opferschlächters" und „Stier=
brenners," der das Beil schwingt, selbst das Opferholz herbei=
schleppt oder vor dem Opferfeuer die Backen aufbläht, höhnisch
zu zeichnen.²) Er ist nicht müde geworden, Tempel wieder=
herzustellen und Altäre aufzubauen. „Wer hat je so viele
Götzenaltäre errichtet? Wer hat je alle Dämonen so hoch
geehrt?"³) In dieser Frage spricht sich die Verwunderung
der Christenheit aus über das, was sie vor ihren Augen sah.
Die neuplatonische Mystik und Theurgie führte dabei den
Kaiser weiter über die Sätze und Riten des alten volkstüm=
lichen Götterglaubens hinaus; es war ein Arbeiten mit einer
Masse von Einzelheiten.⁴)

Wie sehr bei dieser fieberhaften und absichtsvollen
religiösen Arbeit das kaiserliche Ansehen verlor, läßt sich
leicht vorstellen. Es wird aber daran ersichtlich, daß Julian
in Bezug auf das einzuschlagende Verfahren im Grunde
doch keine richtige Einsicht hatte. Ein Zeitgenosse charakterisiert
das neue Kaisertum als Vermählung der Philosophie mit
dem Königtum⁵); er hätte hinzufügen können: in der Form

¹) Amm. Marc. XXII, 12. vgl. Eunapius Sard. Fragm.
ed. Bonn. vol. I S. 107.

²) Greg. N. S. 121. Dazu Liban. I S. 394 f.; 81 ff. 508;
14 ff.; II S. 5 ff. u. sonst.

³) Ephräm. Hymn. IV in Jul. (Zeitschr. f. kath. Theol. 1878
S. 352).

⁴) Amm. Marc. XXV, 4: superstitiosus magis quam
sacrorum legitimus observator.

⁵) Greg. N. S. 67.

9*

der Unterordnung des Königtums unter die Philosophie.
Was Julian noch in Gallien scherzhaft mit den Worten eines
Sprichwortes „dem Stier einen Saumsattel auflegen" nannte [1]),
damit die Unverträglichkeit der kriegerischen und der philo=
sophischen Thätigkeit charakterisierend, war ihm jetzt verhängnis=
voll geworden.  Es wird, wenn nicht neue Quellen sich uns er=
schließen, immer rätselhaft bleiben, wie dieser fürstliche Sophist
sich als tüchtigen Krieger hat bewähren können und seine
doktrinäre, für das Geistige interessierte Natur den An=
forderungen des Soldatenlebens sich gewachsen zeigte.  Denn
die gallischen Kriegszüge — anders der Perserkrieg — offen=
baren wenig von dem redseligen, vielschreibenden, abstrakten
und von weichen Stimmungen beherrschten Philosophen.
Aber jetzt, als das ganze Reich in seine Hand gegeben ist,
treten diese Züge scharf hervor, und eine angeborene oder
anerzogene Herrschertüchtigkeit macht sich wohl in einzelnen
Maßnahmen geltend, erscheint aber nirgends als etwas Wesen-
haftes, Fundamentales.  Man denke sich einen eben erst den
Jünglingsjahren entwachsenen Mann mit einem Herzen voll
Ideale, die mächtig nach der Wirklichkeit drängen, mit einem
reichen, aber überschwenglichen Gemüt, beraten von Theore=
tikern, die das Leben nicht kannten und doch wichtige Stel=
lungen ausfüllen sollten [2]) — an der Spitze des Weltreichs

---

[1]) Amm. Marc. XVI, 5: Clitellae bovi impositae sunt;
lane non est nostrum opus.

[2]) Themistius, Modestus, Atacius, Sallustius (vgl. Zeller,
Phil. d. Gr. 3. Aufl. III, 2 S. 734 Anm. 1 u. Mommsen im C. J.
L. III, 1 u. 247) bekleideten ansehnliche Präfekturen, die beiden erstern
sogar in Rom: auch Libanius war im Besitz einflußreicher Ämter.
Andere Sophisten, wie Himerius, Maximus, hatten eine Stimme in
öffentlichen Angelegenheiten.

und vor der Aufgabe, in den Gang der geschichtlichen Ent=
wickelung, die dem Christentume den Sieg in die Hand gegeben
hatte, einzugreifen und diese Entwickelung rückwärts zu wenden.
Das Ende konnte nur ein Ende mit Bankerott sein.

Der wissenschaftlich tüchtige Kaiser, der von seinen
Kenntnissen gern Gebrauch machte, zeigte sich auch darin als
Gelehrten, daß er eine Streitschrift gegen die Christen und
das Christentum in die Welt zu geben für gut fand. Seine
streng christliche Erziehung, die ihn mit der biblischen Ge=
schichte vertraut gemacht hatte, kam ihm dabei in hohem
Grade zu statten. Denn nächst dem Namen des kaiserlichen
Autors ist diesem Buche Κατὰ Χριστιανῶν am meisten die
darin wahrgenommene Schriftkenntnis zu gute gekommen;
auch strenggläubige Leute haben dadurch einen Eindruck
empfangen. Als fünfzig Jahre nachher der Bischof Cyrill
von Alexandrien zur Widerlegung des Angriffs schritt, be=
merkt er, daß das Buch noch viele Leser habe.[1] Wie lange
mag es nachher noch in den verborgenen Kreisen des Heiden=
tums heimlich gelesen und als ein kostbarer Schatz gehütet
und fortgeerbt sein! In der Kirche und in dem christlichen
Staate ist die Schrift vernichtet worden. Die bei Cyrill
und sonst erhaltenen Fragmente[2] offenbaren die tiefe Ab=
neigung Julians gegen die „trügerische Lehre der Galiläer",
die das Gute und Schöne, was die hellenische und jüdische
Religion besitzt, verworfen und dafür sich angeeignet haben

---

[1] Cyrilli Alex. Contra Julianum. Praefatio S. 3 (ed. Spanh.).

[2] Scriptorum Graec. qui christ. impugnaverunt relig. quae supersunt. Fasc. III (Juliani imp. librorum contra christ. quae supers. ed. K. J. Neumann Lips. 1880 (auch deutsch): Kaiser Julians Bücher gegen die Christen. Lpz. 1880).

das Schlechte, was Griechen und Juden als ein „böser
Dämon" sich angeheftet hat. Im einzelnen zeigt sich ihm
überall der Vorzug des Hellenentums. Die biblische Urge-
schichte bleibt weit zurück hinter der Wahrheit und Würde
der platonischen Vorstellungen über diese Dinge; nicht messen
kann sich der jüdische Gottesbegriff mit dem platonischen.
Große Vorzüge hat die von der Götterwelt beherrschte Menschheit, in Wissenschaft und Kunst, in Handel und Wandel.
Hier sind die wahrhaft großen Menschen zu finden, die
großen Feldherrn, die großen Philosophen, die großen Gesetzgeber. Dieser gottgesegneten Menschheit gegenüber stehen
nun da die „Unglücksmenschen", die Überläufer von der
Wahrheit zu dem „toten Juden", welcher „in seinem ganzen
Leben nichts gethan hat, was der Rede wert wäre". Die
heiligen Schriften, auf welche die neue Thorheit sich stützt
und herleitet, sind voller Ungereimtheiten und Widersprüche.
Nichts Edeles ist in ihnen. „Wählet nur einmal aus eurer
Gesamtheit Knaben aus und lasset sie an euren Schriften
sich bilden; wenn diese Knaben im spätern Alter etwas taug-
licher sind als Sklaven, dann will ich ein Schwätzer und
Anschwärzer sein." Die Schrift ist durchzogen und getragen
von einem höhnischen Tone. Julian liebte es überhaupt,
die „Galiläer" in diesem Tone zu behandeln und tiefernster
Fragen mit einem Witzworte sich zu entledigen.[1] Auf eine
wirklich ernste, wissenschaftliche Widerlegung seiner Gegner
ist er selten eingegangen. Diese unwürdige Weise, heilige

---

[1] Außer der obigen Streitschrift z. B. Ep. XLII S. 81: XLIII
S. 82; dazu der Misopogon u. Caesares (am Schluß die Be-
merkungen über Konstantin). Vgl. auch Sokrat. III, 12. 14 u A.
Hierher gehört auch die verächtliche Bezeichnung der Christen als

Glaubensüberzeugungen in das Bereich des Witzes und des
Hohnes herabzuziehen, mußte die Gereiztheit der Christen
aufs höchste steigern und die Neigung hervorrufen, mit
gleicher Münze zurückzuzahlen, wie nachher die Antiochener
auch thaten.

Empfindlicher als dieser geschickte literarische Angriff
traf die Christengemeinden eine Reihe von Maßnahmen und
gesetzlichen Verordnungen, welche auf Hebung des Götzen=
dienstes und Verdrängung des Christentums mittelbar oder
unmittelbar abzielten. Dahin gehört die Rückberufung der
von Konstantius während der arianischen Kämpfe verbannten
oder sonst vertriebenen Bischöfe. Scheinbar ein Akt hoher
Gerechtigkeit, brachte diese Maßregel — und darin liegt ihre
Erklärung [1]) — Verwirrung und Aufruhr in die Gemeinden.

Die durch das Homousios und andere Schlagworte ge=
schiedenen Parteien traten einander wieder schroff gegenüber.
In vielen Gemeinden stand Bischof gegen Bischof. Ausge=
glichene Gegensätze wurden wieder sichtbar, neue Spaltungen
kamen zum Vorschein. Darin lag eine große Schwächung
der Kirche; es bewährte sich an ihr das Wort „Teile und

---

Γαλιλαῖοι, womit dieselben als bäuerisch und barbarisch charakterisiert
werden sollten.

[1]) Amm. Marc. XXII, 5 u. die Kirchenschriftsteller. So ist
auch das Entgegenkommen Julians gegen die Juden, die Erbfeinde des
Christentums, zu beurteilen. Er hat sie mit Privilegien überschüttet
und ihren Staat und ihren Tempel wiederherzustellen versprochen.
(Amm. Marc. XXIII, 1. Greg. N. S. 111 Sokrat. III, 20. Philos.
VII, 9 u. a.). Daher der Enthusiasmus der Juden für den heid=
nischen Kaiser. „Die Beschnittenen stießen in die Posaune und freuten
sich darüber, daß er ein Zauberer war, und jubelten, weil er ein
Götzendiener war" (Ephräm, Hymn. I gegen Julian. Zeitschr. f. kath.
Theol. 1878 S. 339). Vgl. Jul. Ep. XXV S. 42 f.

herrsche." Wie wenig es dem Kaiser hierbei auf ausgleichende
Gerechtigkeit und wirkliche Amnestie ankam, bezeugt die That=
sache, daß der Bischof Athanasius von Alexandrien bereits
im Oktober 362 wieder aus Alexandrien weichen mußte.
Der Präfekt erhielt den gemessenen Befehl, den „Götter=
feind" zu entfernen, weil derselbe sich unterfangen habe, vor=
nehme hellenische Frauen zu taufen.[1]) Also nur weil der
Kaiser in dem Bischof einen erfolgreichen Gegner seiner
Hellenisierungspläne erkannte, entzog er ihm den Bischofs=
sitz wieder.

Ein Bittgesuch der alexandrinischen Christen, den Ver=
bannten der Gemeinde zurückzugeben, wies Julian mit Un=
mut und hartem Tadel des Athanasius ab und fügte die
Aufforderung hinzu, daß die christliche Bevölkerung der
Stadt zu dem alten Glauben, welchem Alexandrien seine
Macht und seinen Wohlstand verdanke, zurückkehre.[2])

Die parteiische Rechtspflege Julians, wo es sich um
religionspolitische Fragen handelte, tritt auch hervor in
seinem Verhalten zu einem blutigen Aufruhr in derselben
Stadt, der noch vor diese Ereignisse fällt. Bereits 357
nämlich hatte Konstantius an Stelle des vertriebenen Atha=
nasius den Arianer Georgios aus Kappadozien auf den
bischöflichen Stuhl von Alexandrien erhoben. Der gewalt=
thätige Kirchenfürst, der sich durch die Gunst des Kaisers
gedeckt wußte, machte sich durch sein rücksichtsloses Benehmen
bei Heiden und Christen verhaßt. Im Stillen sammelte sich
die Erbitterung: es bedurfte nur eines Anlasses, um sie in

---

[1]) Ep. VI S. 9.
[2]) Ep. LI S. 94 ff.

offene That hervorbrechen zu lassen. Diesen Anlaß gab
Georgios, als er, vom kaiserlichen Hoflager zurückkehrend und
mit seinem Gefolge an dem prächtigen Tempel der Stadt=
tyche vorüberziehend, die Äußerung that: „wie lang doch wird
dieses Grabmal noch stehen?" Da erhob sich der heidnische
Pöbel, um sein Heiligtum besorgt, zu einem furchtbaren
Aufstande. Georgios wurde ergriffen, grausam mißhandelt
und zu Tode getreten. Auch zwei angesehene kaiserliche
Beamte, die als Götterfeinde gehaßt waren, fielen der Wut
des Volkes zum Opfer. Die zerfleischten Leiber der Er=
mordeten wurden an der Küste verbrannt und die Asche in
das Meer gestreut. Es kam zu förmlichen Straßenkämpfen
zwischen Heiden und Christen.[1]) Das Schreiben, das der

---

[1]) Amm. Marc. XXII, 11. Ausführlicher und wesentlich von
Amm. Marc. abweichend Sokrates H. E. III, 2; Sozom. V, 7;
Vita et certam. S. Athan. § 12. Demnach gab zum Aufruhr der
Umstand Veranlassung, daß Georgios das unter Konstantius konfis=
cierte Mithräum zu einer Kirche umzubauen unternahm und bei der Auf=
räumung desselben zahlreiche Menschenschädel entdeckt wurden, welche die
Christen öffentlich ausstellten zur Verhöhnung der Heiden. Daraufhin
entstand der Tumult, der nach diesem Historiker viel blutiger war, als
Amm. Marc. voraussetzt. Der Ausgleich ist schwer zu finden. Wahr=
scheinlich sind hier zwei verschiedene Ereignisse kombiniert. Das gleich
zu erwähnende Schreiben Julians spricht eher für Amm. Marc., wie
auch die Athan. vita acephala. Nach letzterer wurde Georgios von
dem Volke ins Gefängnis geworfen und etwa drei Wochen daselbst
gehalten. Dann: pene omnis populus illius civitatis perduxit
de carcere Georgium nec non etiam comitem qui cum ipso
erat insistentem fabricae dominicae, quae dicitur Caesarium,
et occiderunt ambos et eorum corpora circumduxerunt per
mediam civitatem, Georgii quidem super camelum, Dracontii
vero homines funibus trahentes et sic injuria adfectos circum
horam VII diei utriusque corpora combusserunt. Ein merk=
würdig lakonischer Bericht.

Kaiser daraufhin an die Alexandriner richtete[1]), ist ein Meister=
stück der Diplomatie. Es bewegt sich in Anklagen und Ent=
schuldigungen, aber so, daß Julian im Grunde die Rolle eines
Anwalts des alexandrinischen Pöbels führt. „Das Volk hat
es gewagt, wie Hunde einen Menschen zu zerfleischen", aber
Georgios „verdiente noch Schlimmeres und Schwereres"[2]).
Die Frage, was denn die Ursache dieses Wutausbruches ge=
wesen, beantwortet er bereitwilligst selbst, und die Antwort
ist so, daß wenigstens alles erklärlich und begreiflich wird.
Als Schuld bleibt zuletzt nur noch bestehen der Konflikt mit
dem Gesetze. „Denn ihr habt Gesetze, die jeder nach Kräften
ehren und hochhalten soll." Indes will der Kaiser auch hier
auf jegliche juristische Ahndung verzichten: nur eine „linde
Arzenei" will er anwenden, „mahnende Worte". Diesen
werden sie, hofft er, um so eher Gehör schenken, da der
Stempel ihrer edeln hellenischen Herkunft ihrem Geiste und
ihrem Leben noch aufgeprägt sei. Zosimus[3]) fügt hinzu,
daß der Kaiser ursprünglich die Absicht gehabt habe, mit
aller Entschiedenheit einzuschreiten, doch sei es dem Zureden
seiner nächsten Freunde gelungen, ihn milder zu stimmen.
Auch im kappadozischen Cäsarea glaubten die Christen Ursache
zu haben, über Parteilichkeit des Kaisers zu klagen. Hier
war ihnen seitens der Heiden durch Fahrlässigkeit des
Präfekten Schweres zugefügt: sie erhoben Klage vor dem

---

[1]) Ep. X S. 13 ff.

[2]) Übrigens meinte auch Epiphanius (Adv. haer. III, 1, 1), als
er sich die Frage stellte, ob Georgios als Märtyrer zu betrachten sei
und dies verneinte, jener sei wegen seiner schlechten Thaten getötet
worden. So rücken der Haß des Heiden gegen den Christen und des
Ketzerrichters gegen den Arianer nahe zusammen.

[3]) Zosim. XXII, 11.

Richterstuhle des Kaisers, der Beamte wird schuldig befunden, aber Julian läßt „Milde" walten. [1])

Zu keiner Zeit auch hat Julian sich gescheut, seine kaiserliche Macht und Autorität parteilich einzusetzen, wenn er sich davon eine Förderung des Götterglaubens versprach. In Hierapolis steigt er bei Sopatros ab, um ihm öffentlich seine Anerkennung dafür auszusprechen, daß er allen Verlockungen zum Abfall vom Hellenismus standhaft sich erwiesen hatte. [2]) In einem öffentlichen Schreiben an die Alexandriner verhehlt er diesen nicht, wie er ein Gefühl tiefer Beschämung mit sich trage, so lange in der Stadt des „Königs Serapis" auch nur ein einziger zu den Galiläern sich bekenne. [3]) Es war leicht zu bemerken und ist bemerkt worden, daß die kaiserliche Gnade den heidnisch gesinnten Städten zugewandt, den christlichen Ortschaften aber verschlossen war. [4]) Das eben genannte Cäsarea, das schon früher den Zeus- und den Apollotempel in seiner Mitte zerstört hatte und jetzt unter den Augen des Kaisers daranging, das dritte Heiligtum, den Tychetempel zu schleifen, wurde aus der Liste der Städte gestrichen, und die Gemeinde erhielt die Auflage, die Tempel auf ihre Kosten wieder herzustellen. [5]) Der Hilferuf der Stadt Nisibis gegen die Persergefahr wurde mit der Forderung beantwortet, zuerst den Götterdienst wiederherzustellen. [6])

---

[1]) Greg. N. S. 91 ff.
[2]) Ep. XXVII S. 47 ff.
[3]) Ep. LI S. 94.
[4]) Sozom. V. 3.
[5]) Sozom. V. 4.
[6]) Sozom. V. 3. Dazu Ephräm (Zeitschr. f. kath. Theol. 1878 S. 343).

Auch ein Oberhoheitsstreit, der damals zwischen dem
christlichen Konstantia (vergl. S. 44) und dem heidnischen
Gaza geführt wurde, fand nach kaiserlicher Entscheidung in
der Weise seine Erledigung, daß Konstantia der Neben=
buhlerin zugesprochen wurde. Das Urteil galt in christlichen
Kreisen als durch die Religionspolitik Julians bestimmt[1]),
der offen einmal den Satz ausgesprochen: „lieben muß man
die Götter sowie die gottesfürchtigen Leute und Städte."[2])
Andererseits sicherte der Kaiser der von einer Kalamität be=
troffenen Stadt Pessinus Unterstützung unter der Bedingung
zu, daß die Bewohner, deren Eifer für die Göttermutter er=
kaltet war, sich diese wieder versöhnten.[3]) Das christliche
Konstantinopel, welches einst gepriesen worden war, weil es
nicht befleckt sei durch irgend einen Trug des Götzendienstes,
sah nun Tempel und Götter in seiner Mitte und mußte Ein=
schränkung seiner religiösen Rechte sich gefallen lassen, vielleicht
sogar Beschimpfung.[4]) Auch in Nisibis wurde der Hellenismus,
trotz des kräftigen Widerstandes des Bischofs Abraham, ge=
waltsam zur Herrschaft gebracht. In Emesa schafften die
Heiden ein Bild des Bacchus in die Hauptkirche; im syrischen
Epiphania wurde das Idol in lärmender Prozession unter
Flötenspiel und Trommelschlag in das christliche Gotteshaus
geführt; die erschütternde Kunde dieser Entweihung brachte
dem greisen Bischof Eustathius den Tod. An vielen Orten

---

[1]) Sozom. V, 3.

[2]) Ep. VII S. 10: ὅθεν χρὴ τιμᾶν τοὺς θεοὺς καὶ τοὺς
θεοσεβεῖς ἄνδρας τε καὶ πόλεις.

[3]) Ep. XL S. 92.

[4]) Himerius, Orat. VII § 9 (ed. Wernsdorf): Vita seu
certam. S. Ath. § 13: Vita et conversatio S. Ath. S. CXXIV
§ 25. — Theodor. III, 12.

wurden, zum Teil unter Mithilfe der Juden, christliche Ba=
siliken niedergebrannt, in Damaskus, Gaza, Askalon, Berytos,
Alexandrien und sonst. [1] Überall wurden hier unzweifel=
hafte Rechte der christlichen Gemeinden verletzt. Ein un=
parteiisches Tribunal, an das man hätte appellieren können,
war nicht vorhanden. Für die Bekenner des Kreuzes gab
es keine Gunst mehr am kaiserlichen Hofe. Als der Kaiser
einst erklärte, daß er nicht daran denke, gegen die Galiläer
Gewalt anzuwenden, fügte er hinzu: „aber, daß die Götter=
freunde ihnen vorgezogen werden sollen, sage ich ohne Hehl". [2]
Das Wort führten die Sophisten, die „sehr teuern Freunde";
durch sie ging der Weg zum Kaiser. [3] Anhänglichkeit an
den alten Götterglauben diente als Empfehlung; das Wort
„Übertritt" war der Schlüssel zum kaiserlichen Wohlwollen.
Einer seiner vertrautesten Freunde hat von ihm geurteilt,
daß Personen, die über den Götterglauben sich belehren
ließen, ihm mehr galten als seine Verwandten, und „einen
Freund des Zeus achtete er für seinen Freund, und einen
Feind desselben für seinen Feind". [4]

Die christliche Palastdienerschaft wurde verjagt; und
doch hatte nur ein Teil einen solch kurzen Abschied verdient. [5]

---

[1] Ephräm a. a. O. S. 345 (u. Anm. 3); Chron. Pasch.
S. 547; Ambros. Epist. I 40, 15.

[2] Ep. VII S. 10. Daß auch in die persönliche Rechtspflege
solche Motive hineinspielten, sagt Amm. Marcell. XXII, 10.

[3] Sokrat. III, 1. Ein lebendiges Bild von dem Verkehr des
Kaisers mit den Philosophen geben die Vitae Sophistarum des
Eunapius (Ausg. von Boissonade=Dübner, Paris 1849).

[4] Liban. I S. 448 (es handelt sich hier um die Sache des
Aristophanes, die Libanius in dieser Rede führt). — Gregor. N. S.
120. — Liban. I S. 564.

[5] Amm. Marc. XXII, 4.

Schwieriger war die Reinigung der Armee durchzuführen, in welcher das christliche Bekenntnis einen starken Anhang hatte. Julian ließ ihr das heilige Kreuzesbanner nehmen und führte die heidnischen Fahnenzeichen wieder ein.[1] Die „erprobten Männer", die er zu Befehlshabern ernannte[2], waren ohne Zweifel Heiden.

Er hat auch das bedenkliche Mittel nicht verschmäht, die Gelegenheit eines Donativs zu benutzen, um die christlichen Soldaten zum Opfer zu verleiten, woraus sich hernach aufregende Scenen entwickelten.[3] Es läßt sich nicht ermessen, wie weit die Hellenisierung der Armee gelungen ist. Von dem gallischen Heere glaubte Julian schon auf dem Zuge gegen Konstantius urteilen zu können: „die Mehrzahl meiner Soldaten ist altgläubig".[4] In der Leibgarde befanden sich wohl nur Heiden.[5] Besonders hat Julian den Aufenthalt in Antiochien benutzt, um in der Armee für den Götterglauben zu missionieren, zunächst mit dem Mittel der Überredung und des Raisonnements, dann aber auch, wie ein unparteiischer Augenzeuge versichert, „durch Gold und

---

[1] Greg. N. S. 75.

[2] Amm. Marc. XXII, 7.

[3] Greg. N. S. 84 f.

[4] Ep. XXXVIII S. 69: τὸ πλῆθος τοῦ συγκατελθόντος μοι στρατοπέδου θεοσεβές ἐστιν. Dazu bestätigend Liban. I S. 578.

[5] Sokrat. III, 13. — Gregor S. 35 bemerkt, daß es dem Julian gelungen sei, auf seine Seite zu ziehen innerhalb der Armee μέρος οὐκ ἐλάχιστον. Ephräm giebt in seinem 3. Liede gegen Julian (Zeitschr. f. kath. Theologie 1878 S. 349) einen noch größeren Erfolg zu. Ob hier zwischen scheinbarem und thatsächlichem Erfolg geschieden ist?

Silber".[1] Doch haben diese Bemühungen nicht vermocht,
in dem Heere ein bewußtes Heidentum zu schaffen, das den
Mut gehabt hätte, für seine Glaubensüberzeugung einzutreten.
Die militärische Disziplin mußte auch dem Widerstrebenden
den Mund schließen. Überhaupt aber darf auf die religiöse
Stimmung der Armee kein großes Gewicht gelegt werden.
Die kaiserlichen Soldaten waren vorwiegend religiös indifferent,
oder, besser gesagt, ihre Religion war der Erfolg, ihre Gottheit die Tyche.

Von größerer Tragweite waren die auf Verdrängung
der Christen aus dem öffentlichen Leben gerichteten Bestrebungen. Zwar die Maßnahmen und zum Teil peinlichen
Exekutionen, welche Julian gleich nach seiner Thronbesteigung
gegen eine Anzahl angesehener Würdenträger und einflußreicher Beamten veranlaßte, die unter Konstantius eine Rolle
gespielt hatten[2], scheinen fast ausnahmslos nicht in religiösen
oder religionspolitischen Erwägungen ihren Grund gehabt zu
haben, sondern wollen als politische und administrative Akte
aufgefaßt werden, in welchen die neue Regierung ihren voll-
ständigen Bruch mit der bisherigen Politik und Verwaltung
ausdrückte. Indes wird bei der Behandlung einzelner Personen wie des Notars Paulus, der lebendig verbrannt wurde,
und des Oberkämmerers Eusebius, den gleichfalls das Todes-

---

[1] Liban. I S. 578: er bewies den Soldaten, πλῆθος σω-
μάτων καὶ σιδήρου κράτος καὶ ἀσπίδων ἰσχὺν καὶ πανθ'
ἁπλῶς φλυαρίαν εἶναι θεῶν οὐ συμπολεμούντων . . .
οὐκ ἀρκούντων δὲ τῶν λόγων, χρυσὸς καὶ ἄργυρος συνέπρατ-
τεν εἰς πειθώ.

[2] Amm. Marc. XXII, 3, wo auch die Parteilichkeit der in
schlechte Hände gegebenen richterlichen Untersuchung bemerkt wird. Dazu
XXII, 11.

urteil traf, die feindselige Stellung dieser Männer zum
Heidentum als erschwerender Umstand in Rücksicht gezogen
sein.[1]) Auch der frühere Statthalter von Ägypten,
Artemius, ein bekannter Heidenfeind, fiel jetzt. Worin
die von den Alexandrinern gegen ihn erhobenen „gräu=
lichen Anklagen" bestanden, ist nicht bekannt; sie ge=
nügten aber dem Kaiser, den Mann dem Henker zu über=
geben.[2]) Die christliche Überlieferung fand in jener Hin=
richtung wohl nicht ohne Grund die Rache des Heidentums.[3])

Weiterhin wurden aus den höhern und den niedern
Staatsämtern die Christen entfernt.[4]) Manche haben die
Fortführung ihres Amtes durch Übertritt zum Heidentum
erkauft, wie der Comes Orientis Julianus, ein Oheim des
Kaisers, und der Comes Sacrarum Largitionum Felix aus
der Beamtenschaft des Konstantius, der früher in keinem
guten Verhältnisse zu Julian stand, jetzt aber ein „Freund
der Götter" geworden war und dafür den höchsten Finanz=
posten im Reiche erhielt.[5]) Ein anderer Staatsbeamter,
Modestus, empfing als Lohn für seinen Übertritt die Präfek=
tur in Konstantinopel; später ist er zum Christentum zu=
rückgekehrt. Auch der Präfektus Orientis Elpidius, der mit

---

[1]) Über Paulus S. 90; über Eusebius Sozom. V, 5.

[2]) Amm. Marc. XXII, 11.

[3]) Theodor. H. E. III, 18; Chron. Pasch. S. 549, wo
der Eifer des Artemius für die Kirche hervorgehoben und auf den
persönlichen Haß Julians gegen ihn verwiesen wird.

[4]) Greg. N. S. 95; Sokrat. III, 13; Rufin. I. 32.

[5]) Liban. I S. 436. Greg. N. S. 75; Philost. VII, 10.
(vgl. dazu Julian. Ep. ad Athen. S. 273). Liban. Ep. 714.
1074. — Philost. VII, 10; Liban. I S. 436; Ep. 670. 706
(vgl. Sievers, Das Leben des Libanius, Berlin 1868 S. 106). Dazu
Rufin. I, 32: Christianis statuit non·debere committi, utpote
quibus etiam propria lex gladio uti vetuisset.

seiner ganzen Familie einst zu einem Anachoreten wallfahrtete,
fiel ab und empfing mit einem einflußreichen Amte die
Anerkennung seines kaiserlichen Herrn, scheint aber schließlich
zu dem frühern Religionsbekenntnis wieder zurückgekehrt zu
sein.[1]) Bei den städtischen Magistraturen ergaben sich ge=
wisse Rücksichten von selbst; hier konnte der kaiserliche Wille
nicht uneingeschränkt und unmittelbar sich geltend machen,
es kam vielmehr der Bekenntnisstand der Kommune in Frage.[2])

Diese Anordnungen fanden ihre notwendige Ergänzung
in der Neugestaltung des Schulwesens. Sollte die Helleni=
sierung des Staates wirklichen und dauernden Erfolg haben,
so war es geboten, den Jugendunterricht dem Einflusse des
Christentums zu entziehen. In der That schritt die Regie=
rung hierzu vor. Ein Gesetz vom Jahre 362 bestimmte,
daß jeder Bewerber um ein öffentliches Lehramt sich ein
Zeugnis der Behörde verschaffe und dieses dem Kaiser zur
Begutachtung vorgelegt werde, damit der Betreffende „mit
um so größerer Ehre zu den Lehrämtern in den Städten
gelange“.[3]) Damit wird der letzte Entscheid in die Hand des
Kaisers gelegt; in ihm findet das weit ausgedehnte öffent=
liche Schulwesen nunmehr seine Konzentration. Darin liegt
die große politische und administrative Tragweite dieses Ge=
setzes. Schon in der ältern Kaiserzeit waren der Staat und
die Kommunen mit der Einrichtung öffentlicher Schulen vor=
gegangen und hatten für feste Besoldung der Rhetoren und
Grammatiker Sorge getragen. Neben den mittlern Anstalten
erstanden bald auch höhere Schulen, wie das „Athenäum“

---

[1]) Siehe Anmerkung 5 vorige Seite.
[2]) So war es der Fall z. B. in Konstantinopel Ep. XI. S. 16.
[3]) Cod. Theod. XIII, 3, 5.

in Rom, welches Antoninus Pius begründete, und das
„Museum" in Alexandrien, eine Art Akademie mit festem
Einkommen für die daselbst vortragenden Sophisten und
Poeten. Auch Konstantinopel besaß eine ansehnliche Schule;
den größten Ruhm aber hatte Athen mit seiner blühenden
Universität. In vielen Fällen erfolgte die Besetzung durch
den Staat, in andern durch die Magistrate. Unberührt von
diesen Ordnungen waren die Privatschulen und Privatlehrer,
die auf das Honorar ihrer Schüler angewiesen waren.

Das neue Gesetz bedeutete eine tief einschneidende Maßregel. Es trägt in diesen Dingen alles auf die persönliche
Entscheidung des Monarchen zurück. Die Tendenz ist durch-
sichtig: die Regierung verschaffte sich dadurch das Mittel,
ihre Religionspolitik auch auf die Schule auszudehnen d. h.
den Jugendunterricht zu hellenisieren. Allerdings ist in dem
Gesetze selbst dieser Zweck nicht ausgesprochen, aber thatsächlich lag die Sache jetzt so, daß christliche Rhetoren und
Grammatiker in den Staats- und Kommunalschulen keine
Anstellung mehr fanden. Ohne Zweifel sind aber in Verbindung hiermit an die bereits angestellten christlichen Rhetoren und Grammatiker Forderungen in Beziehung auf Form
und Inhalt des Unterrichts gestellt worden, denen Folge zu
geben ihre religiöse Gewissenhaftigkeit ihnen verbot. Abgesehn davon, daß auf diese Weiterung Aussagen der christlichen Schriftsteller weisen[1]), ließen sich nur so die öffentlichen Lehranstalten dem christlichen Einflusse erfolgreich entziehen. Thatsächlich werden also diese neuen Verordnungen
die Wirkung gehabt haben, daß ein großer Teil der christ-

---

[1]) So konnte Chrysostomus (a. a. O. S. 579) von einem ausdrücklichen Befehle sprechen, entweder das Lehramt niederzulegen oder
den christlichen Glauben abzuschwören.

lichen Lehrer ihr Amt niederlegte [1]) und auch diejenigen, welche
die Fortführung desselben mit ihrem Gewissen in Einklang
zu setzen vermochten, in christlichem Sinne auf die Schüler
zu wirken nunmehr behindert waren.

In seiner offenen und redseligen Weise hat Julian diesen
Ausschluß der Christen von den öffentlichen Lehrämtern in
einem Privatschreiben [2]) zum Gegenstand einer höhnischen
Deklamation gemacht, die sich freilich die Aufgabe, eine
wirklich sachliche Motivierung zu geben, erläßt und den
eigentlichen Kern der Frage nicht berührt.

Übrigens hat die neue Schulordnung direkt nur die
christlichen Lehrer betroffen; aber in ihrer weitern Wirkung zog
sie auch ganz natürlich die christlichen Schüler in Mitleidenschaft.
Denn in den neugeordneten Schulen, in welchen über den restau-
rierten Götterglauben vorgetragen, vielleicht sogar die christliche Religion bekämpft wurde, konnte ihres Bleibens nicht
sein. [3])

---

[1]) Nach **August.** Conf. VIII, 5 gab in Rom der gefeierte
Rhetor Victorinus lieber die „geschwätzige Schule" auf als das Wort
Gottes. Auch Prohäresius verzichtete auf sein öffentliches Lehramt,
obwohl Julian ihn zurückzuhalten sich bemühte (**Hieron. Chron.** ad
an. 366). Julian selbst hat es für „thöricht" erklärt, daß diejenigen
die klassischen Schriften auslegen, welche die Götter verachten. In
diesem Falle mögen sie „in die Kirchen der Galiläer gehen und den
Matthäus und Lukas auslegen." (Ep. XLII S. 80 f.)

[2]) Ep. XLII S. 78 ff.

[3]) Ein Ausschluß der christlichen Schüler ist nie erfolgt. Es
scheint, daß die thatsächlichen Folgen jener Neuordnung bei Sokrates
(III, 13, 16), Theodoret (III, 8) und Rufin (I, 32) die irrige Meinung
veranlaßt haben, daß den Christen der Besuch der öffentlichen Schulen
untersagt sei. Das Gegenteil ergiebt sich aus Julians Ep. XLII S.
81, wo jener ausdrücklich für statthaft, ja wünschenswert erklärt, daß
christliche Jünglinge die heidnischen Schulen besuchen.

So war das Gesetz ein hartes: auch Heiden haben es gemißbilligt.[1]) In der Christenheit war die Erbitterung eine große. Man legte hier außerdem die Absicht in das Gesetz, das Christentum überhaupt von den klassischen Studien weg=zudrängen und zur Barbarei zu erniedrigen. Gregor von Nazianz[2]) hat solche Erwägungen, die bei Julian gewiß nicht ganz fehlten, aber doch nur in untergeordneter Weise mitgewirkt haben, so skizziert: „Uns gehört die Wissenschaft und die Beschäftigung mit den Wissenschaften, euch die Thorheit und die Barbarei. Eure Weisheit kommt nicht über das „Glaube nur" hinaus." Jedenfalls wurde das Heidentum jetzt wieder ermutigt, von den „Fabeln der thörichten Galiläer", von den „Jüngern roher Fischer", die „mit alten Weibern zusammen=sitzen und psallieren", laut und öfter zu sprechen. Im übrigen sticht die Empfindlichkeit der christlichen Theologen in diesem Falle sehr ab von dem Ruhm, den die alten Apologeten darin setzten, Inhaber der „barbarischen Philosophie" im Gegensatz zur hellenischen Philosophie zu sein.

Diese Maßregeln trafen auch einen Teil des christlichen Klerus, soweit nämlich derselbe in den genannten Stellungen sich befand. Weitere Verordnungen zielten auf den Klerus in seiner Gesamtheit ab; sie nahmen ihm ein wichtiges Stück der Vorrechte, welche ihm die Gesetzgebung seit Konstantin d. Gr. gewährt hatte.[3]) Auch die Staatszuschüsse kamen

---

[1]) Amm. Marc. XXII, 10: inclemens et obruendum perenni silentio, quod arcebat docere magistros rhetoricos et grammaticos ritus christiani cultores.

[2]) Greg. N. S. 97. Dazu S. 51: ἀπιζίζειν μὲν ἐκώλυσε (scl. τοὺς Χριστ.), τὸ δὲ ἀληθεύειν οὐκ ἔπαυσε.

[3]) Ep. LII S. 100 werden als dem Klerus genommene Rechte aufgezählt: δικάζειν u. γράφειν διαθήκας, und Julian spricht von

nun in Wegfall. Es war kein geringfügiger Verlust, aber
doch verhältnismäßig leicht auszugleichen in einer Zeit, wo
die christliche Liebesthätigkeit noch in voller Blüte stand.
Schwerer mußte die Rückforderung der den Kirchen über=
wiesenen Tempelgüter empfunden werden, da hierauf nicht
nur Gotteshäuser und Gottesdienste fundiert waren, sondern
auch mancherlei Wohlthätigkeitsanstalten. Die Annahme, daß
hierbei in durchgreifender Weise verfahren sei, stößt auf so
große Schwierigkeiten, daß eine Einschränkung der allgemein
lautenden Verordnung auf bestimmte Fälle unbedingt ge=
fordert wird. Das gilt ohne Zweifel auch hinsichtlich der
Tempel. Soweit diese noch vorhanden und brauchbar waren,
sind sie zurückgefordert worden, vorausgesetzt natürlich, daß
eine Gemeinde und Priesterschaft sich fand; es mögen auch
einzelne Tempel, die bereits in Kirchen umgewandelt waren,
vom Heidentume zurückverlangt sein, aber schwerlich ist auch
nur der Versuch gemacht, in dieser Richtung überall gleich=
mäßig vorzugehen. In vielen Fällen mußte die Lage der=
art sein, daß der Staat ganz Verzicht leistete oder mit
einer Kontribution sich begnügte.[1] Wie weit und ob über=

---

ἡ προτέρα δυναστεία desselben, die nun beseitigt sei. Zu den ab=
rogierten Privilegien werden sonst noch gezählt: Aufhebung der geist=
lichen Gerichtsbarkeit (d. h. ihrer civilrechtlichen Geltung) sowie der
Immunität von der Gewerbesteuer und gewissen öffentlichen Zwangs=
ämtern.

[1] So ist wohl zu verstehen, was Sokrat. III, 13 über eine
den Christen auferlegte Steuer mitteilte. Einige Fälle bei Liban.
Ep. 636; 740. 1426 b. Die Vita et conv. S. Ath. § 25: οἱ τῶν
Ἑλλήνων ναοὶ οἱ μὲν ἀνεῴχθησαν, οἱ δὲ ἀνετεοῦντο, ἀλλὰ
μὴν καὶ νέοι ᾠκοδομοῦντο. Damit ist diese Sachlage richtig
bezeichnet.

haupt die Forderung durchgesetzt werden konnte, daß die zerstörten Tempel von den christlichen Gemeinden bezw. den Zerstörern wieder aufgebaut würden[1]), entzieht sich der Erkenntnis. Überhaupt gilt von allen diesen Anordnungen, daß die Ausführung nach den örtlichen Verhältnissen und der zufälligen Gesinnung der Beamten und Magistrate sich bestimmte. Daher kann auch die Zentralleitung nicht für alles einzelne verantwortlich gemacht werden. Daß Kirchenkassen geleert und Kirchenschätze mit Einschluß der heiligen Geräte geraubt wurden[2]), lag gewiß nicht im Willen des Kaisers, obwohl dieser in einem Falle, nämlich in Edessa die Einziehung von Kirchengütern angeordnet hat mit der höhnischen Begründung, er wolle den davon Betroffenen den Weg ins Himmelreich leichter machen.[3]) Es wird auch auf christlicher Seite zugestanden, daß einzelne Beamte, durch Geldgier verleitet, weiter gingen, als ihre Befehle lauteten.[4]) Volkstumulte haben zu blutigen Auftritten geführt. Auf der einen Seite die herausfordernde Haltung des mit Opfer und Festzügen demonstrativ in die Öffentlichkeit tretenden Heidentums[5]), auf der andern Seite der seit langem angesammelte Haß

---

[1]) Sozom. V, 5. Eigentümlich ist der V, 20 berichtete Vorfall in Milet. Dort wurden damals in der Nähe des Orakels des didymäischen Apollo mehrere Kirchen erbaut.. Auf die Nachricht davon gab Julian dem Präfekten von Karien den Befehl, diese Kirchen, wenn sie schon Dach und Altar hätten, niederzubrennen, wenn sie dagegen noch im Bau begriffen wären, die Fundamente zu zerstören. Wahrscheinlich sah Julian in diesen Kirchenbauten eine Verhöhnung des Orakelgottes und seines Heiligtums.

[2]) Greg. N. S. 87: Theod. III, 12.

[3]) Ep. 43 S. 82.

[4]) Sokrat. III, 14.

[5]) Theod. III, 6. Dazu der Augenzeuge Ephräm (a. a. O. S. 341): „die Heiden trugen ihre Götzenbilder und rasten."

wider die Zerstörer der Tempel und die Verächter des Götter=
glaubens haben in manche Gemeinde Aufruhr und Mord ge=
tragen. In Heliopolis am Libanon wurde der Diakonus
Cyrill, der unter Konstantin d. Gr. viele Götzenbilder um=
geworfen hatte, erschlagen.

In Askalon und Gaza sind ebenfalls Geistliche und
christliche Frauen der Wut des Pöbels zum Opfer gefallen,
in Dorostolus in Thrazien brachte der Präfekt selbst einen
Christen namens Ämilianus auf den Scheiterhaufen.[1] Im
syrischen Arethusa hatte der greise Bischof Marcus schwere
Mißhandlungen zu erdulden; es war die Rache für Zer=
störung eines Tempels.[2] Auch sonst sind Christen, darunter
Geistliche und geweihte Jungfrauen, gefoltert und schimpflich
behandelt worden.[3] Die Neigung der Kirchenschriftsteller
und christlichen Zeitgenossen, diese Männer und Frauen als
unschuldige Märtyrer aufzufassen, darf das Urteil nicht
hindern, daß in vielen Fällen das verletzte Recht auf der
Seite des Heidentums war. Es ist vorgekommen, daß
Christen, unter Anreizung des Klerus, sich zu Gewaltthätig=
keiten fortreißen ließen.[4] Gregor von Nazianz weiß von

---

[1] Theodor. III, 7.

[2] Greg. N. S. 88 ff.: 133. Es werden auch noch andere
Martyrien aufgezählt, z. B. Sozom. V, 9. 10. 11. Theodor. III,
15. Chron. Pasch. S. 546. 549. Dazu Chrysost. a. a. O. S. 579.

[3] Greg. N. S. 126.

[4] Ep. LII S. 100; hierselbst das Urteil: τὰ γοῦν ἀληθῆ τὰ
παρὰ τῶν λεγομένων Κληρικῶν ἐξηπατημένα πρόδηλον,
ὅτι ταύτης ἀφαιρεθείσης στασιάζει τῆς ἀδείας. Weiterhin
Warnung an die Gemeinden: μὴ στασιάζειν τοῖς Κληρικοῖς
μηδὲ ἀναπείθεσθαι παρ' αὐτῶν λίθους αἴρειν
μήτε ἀπιστεῖν τοῖς ἄρχουσιν. Vgl. auch Fragm. S. 288 (ed.
Spanh.).

einem Eiferer, der den Altar der Magna Mater niederriß;
in Phrygien vergriffen sich Christen an einem eben wiederher=
gestellten Tempel; sie wurden verbrannt.[1])    Ja es liegt die
Versuchung nahe, aus den Anklagen auf hochverräterische
Pläne, welche den Tribunen der Leibwache Romanus und
Vincentius den Kopf kosteten, auf einen gegen Julian ge=
planten Staatsstreich zu schließen.    Doch sind irgend welche
bestimmte Anhaltspunkte für eine solche Vermutung nicht
gegeben: sollte diese dennoch begründet sein, so darf die
Kirche für ein solches Komplott ebensowenig verantwortlich
gemacht waren wie für die eben erwähnten tumultuarischen
Auftritte.

Andrerseits hat Julian auch nicht immer verstanden,
wohlgesinnte angesehene Persönlichkeiten in der richtigen
Weise zu behandeln.    Das tritt grell hervor in seinem Ver=
halten zu dem ehrwürdigen Bischof Titus von Bostra.
Dieser hatte samt seinem Klerus dem Kaiser schriftlich die
Versicherung gegeben, daß die Christen in Bostra, obwohl
an Zahl den Heiden überlegen, doch, auf seine, des Bischofs
Ermahnungen hin, sich ruhig verhalten würden.    Julian nun
benutzte diese amtliche Äußerung des Bischofs, um die Ge=
meinde gegen ihn aufzuregen, als habe jener dieselbe als zu
Tumulten neigend geschildert, und forderte die Bostrener auf,
sich ihres Bischofs zu entledigen.[2])

Schlimmer ist, daß diese Religionspolitik thatsächlich zu
blutigen Tumulten und zu Hinrichtungen geführt hat, wo=
mit dieselbe von der von Konstantin und seinen Söhnen
eingenommenen Haltung scharf absticht.    Die peinlichen Strafen

---

[1]) Amm. Marc. XXII, 11. Man wird dadurch an Euseb.
H. E. VIII, 6, 8 erinnert.
[2]) Ep. LII S. 101 u. Sozom. V, 15.

welche Konstantius androhte, ohne in die Lage zu kommen,
sie ausführen zu müssen, hat der Neffe seinerseits in seiner
„einschmeichelnden Verfolgung" nicht hindern können, obwohl
er sie verabscheute. Denn, wie schon bemerkt, darf Julian
nicht für alle Vorkommnisse verantwortlich gemacht werden.
Er selbst legte Wert darauf, den Christen gegenüber die
ruhige Selbstbeherrschung und den Gleichmut eines Philo=
sophen zu bewähren, und hat vor ungesetzlichem Vorgehen
gewarnt.[1] Indes gerade diese Zurückhaltung und schein=
bar ängstliche Scheu, von den philosophischen Grund=
sätzen abzuirren, vermochte leicht den Schein der Schwäche zu er=
wecken und in die Versuchung zu führen, nicht nur dem Willen,
sondern auch der Person des Kaisers den geziemenden Respekt
zu entziehen. Das ist in der That öfters geschehen, in be=
sonders hervorstechender Weise während des Aufenthaltes
Julians in Antiochien.

Antiochien war eine der Erstlingsstätten des Christen=
tums. Hier kam für die Bekenner Jesu Christi zuerst die
Bezeichnung „Christen" auf; von hier aus hat der Apostel
Paulus die bedeutungsvollen Missionsreisen ausgeführt, in
denen er die hellenische Welt dem Evangelium aufschloß. In
der ältesten Märtyrergeschichte glänzt der Name des an=
tiochenischen Bischofs Ignatius. Später ist Antiochien be=
kannt geworden als der Mittelpunkt einer eigenartig gestalteten
Theologie, die auch in die arianischen Kämpfe eingriff; da=
mals ist auch die Stadt der Ort wichtiger theologischer Kon=
ferenzen und Vereinbarungen gewesen. Der ausschlaggebende
Teil der Bevölkerung dieser mächtigen, blühenden Stadt be=
kannte sich zum Christentum. Ihre Huldigungsgesandtschaft

---

[1] Ep. LII S. 101 f. Greg. N. S. 74.

traf unter den Gesandtschaften aller Städte am spätesten bei
Julian ein.[1])

Julian beschloß, einen längern Aufenthalt in Antiochien
zu nehmen. Im September 362 verließ er Konstantinopel
und begab sich über Chalcedon nach Nikomedien. Der Anblick dieser, ihm durch Jugenderinnerungen theuren Stadt,
welche Erdbeben und Feuersbrunst zu einem Trümmerhaufen
gemacht hatten, ergriff ihn tief. Über Nicäa und Galatien —
beides kirchengeschichtlich berühmte Namen — reiste er dann
nach Pessinus weiter, um dem gefeierten Götterbilde seine
religiöse Verehrung darzubringen und mit Opfern und Ge-
lübden sich und sein Geschick der Magna Mater zu empfehlen. Zu seinem Leidwesen bemerkte er, daß in der Stadt
selbst, obwohl sie der Göttermutter ihren Ruhm und ihren
Wohlstand verdankte, der religiöse Eifer im Erkalten war.[2])
An der Grenze Kappadoziens und Ciliciens begrüßt der
cilicische Statthalter Celsus, ein Schüler des Libanius, den
Augustus mit einer Rede, während auf dem nebenstehenden
Altar das Opfer rauchte. Julian nahm diese Aufmerksamkeit
seines einstigen Studiengenossen in Athen mit großem Wohlwollen entgegen.[3]) Von Bittenden mancherlei Art arg be-
lästigt, traf er endlich vor Antiochien ein; es war gerade
— wohl nicht zufällig — der Tag der Adonien, als er zur
Stadt heranschritt. Eine Volksmenge begrüßte ihn vor den
Thoren mit enthusiastischem Zuruf: „Ein Stern des Glückes
geht auf über dem Morgenlande!“ Sie mag wohl vorzüglich aus denen bestanden haben, von denen Libanius späterhin

---

[1]) Jul. Misop. S. 367.
[2]) Ep. XXXXIX S. 92.
[3]) Liban. Ep. 648; I S. 575.

dem Julian meldete[1]), daß sie, indem sie von seinem Kämpfen und Siegen in Gallien hörten, nicht abgelassen hätten, heimlich den Göttern Opfer zu bringen, „daß das Land das deinige werde" und der beseitigt werden möchte, „der das Reich zu Grunde richtet." Der Kaiser, der einen solchen Empfang nicht geahnt hatte, war überrascht. Jedoch im Innern der Stadt verändert sich sofort das freundliche Bild. Jammer= geschrei und Klage tönt dem einziehenden Herrscher entgegen und dazwischen die Worte: „Alles ist im Ueberfluß da und doch ist Alles teuer!" Aber ohne Zweifel hat zu den Farben dieses Gegenbildes auch die scharfe Abneigung des antio= chenischen Volkes gegen den Hellenismus und seinen kaiser= lichen Gönner beigetragen, worüber Julian hernach öfters geklagt hat.

Der Kaiser zeigte sich beflissen, den gerechten Beschwerden der Antiochener abzuhelfen und übte strenge Gerechtigkeit: indes schon hier wurde mißfällig aufgenommen, daß er an die Streitenden die Frage zu richten pflegte, zu welcher Re= ligion sie sich bekännten. Man wurde argwöhnisch, obschon noch ohne Grund.[2]) Dazu kamen die eifrigen Tempelbesuche und häufigen Opfer. An jedem Morgen opferte Julian unter den Bäumen des Palastes, wozu sich ein großes Publikum drängte, von dem ein Teil es aber nur darauf abgesehen hatte, von dem kaiserlichen Opferer gesehen zu werden.[3]) „Einmal hat der Cäsar im Tempel des Zeus geopfert," läßt Julian[4]) die Antiochener reden, „dann im Tempel der

---

[1]) Liban. I S. 465 ff. (ed. R.) übrigens übertreibt Liba= nius stark.

[2]) Amm. Marc. XXII, 10.

[3]) Liban. I S. 82; 453.

[4]) Misop. S. 346.

Tyche, darauf ist er dreimal zu dem Heiligtum der Ceres
gegangen (wie oft ich zum Tempel der Daphne gegangen
bin, weiß ich nicht mehr). Es kommen die syrischen Kalenden:
der Cäsar sucht den Tempel des Zeus Philios auf; es ist
ein Staatsfest: der Cäsar geht wieder in den Tychetempel.
An einem unheiligen Tage setzt er aus, dann bringt er
wieder nach überlieferter Sitte im Tempel des Zeus Philios
Gelübde dar. Wer mag es ertragen, daß der Cäsar so
oft zu den Tempeln hin= und hergeht?" Allerdings lag
hier die Quelle des übeln Verhältnisses, welches sich bald
zwischen dem Kaiser und den Antiochenern ausbildete. „Das
ganze Volk haßt mich," hat jener einst ausgesprochen, „weil
es sieht, daß ich an den religiösen Satzungen meiner Vor=
fahren festhalte." [1]) Daneben wirkten andere Dinge äußer=
licher Art mit, die Julian in seinem „Barthasser" berührt
und mit seiner Ironie geißelt.

Zu einem offenen Konflikt gab das Heiligtum des
daphnischen Apollo vor der Stadt Veranlassung. [2]) In dem
herrlichen Haine mit seinem berühmten Orakel hatte Gallus
dem hl. Babylas eine Kapelle gebaut (S. 87), und seitdem
war der Orakelgott stumm. An dem Hauptfeste des Gottes
im Monate Lus begab sich Julian aus dem Tempel des
Zeus Kassios zum Daphnehaine in der Erwartung, eine
festliche Menge zu finden und mit ihr gemeinsam die Feier
zu begehen. „Ich malte mir dabei in Gedanken wie im

---

[1]) Misop. S. 357.

[2]) Darüber Misop. S. 361 ff.; Amm. Marc. XXII, 13; Sozom.
V, 19; Sokrat. III, 18; Theodor. III, 10; Philost. VII, 8 u. A.
Liban. III S. 332 ff.; Ep. 695; Chrysost. de Babyl. II
S. 533.

Traume einen Festzug aus und Opfertiere und Libationen
und Chöre zur Ehre dieses Gottes und Jünglinge, die von
göttlicher Andacht erfüllt sind und in weißer prächtiger
Kleidung im Tempelgebiete stehen." Es war aber nur ein
Priester da, der aus eigenen Mitteln eine Gans für den
Gott herzutrug. Der Kaiser hielt seinen Unmut nicht zurück.
Mit scharfem Wort tadelte er die Nachlässigkeit und Undank=
barkeit des Senats und des Volkes von Antiochien. Eine
an den Gott gerichtete Frage bleibt ohne Antwort, weil die
Stätte mit „Leichen" gefüllt sei. Daraufhin läßt Julian
den Sarg des hl. Babylas ausgraben, den die herbeigeströmte
christliche Bevölkerung in Empfang nimmt und in die Stadt
zurückführt, mit unverhohlenem Scheltwort und unter dem
Gesange von Psalmen, welche die Thorheit der Götzendiener
geißeln. Der erzürnte Kaiser befahl dem Präfekten Salustius,
gegen die Tumultuanten vorzugehen. Noch war die Unter=
suchung nicht abgeschlossen, da brach, am 22. Oktober, im
Daphnetempel Feuer aus und vernichtete das Heiligtum, „ein
entsetzlicher Anblick für die anwesenden Fremden, aber dem
Volke ein liebliches Schaustück."[1] Julian erkannte darin
die rächende Hand eines Christen und ließ — „von nicht
geringerer Glut verzehrt wie das Heiligtum selbst", bemerkt
Libanius — in rasch aufloderndem Zorn die große Kirche
in Antiochien schließen. Die Nachforschungen ergaben nichts
Sicheres. Ein Gerücht schrieb die Ursache des Brandes dem
Philosophen Asklepiades zu, der seiner Gewohnheit gemäß
vor der Bildsäule des Gottes eine kleine silberne Statue der
Kybele aufgestellt und mit brennenden Wachskerzen dekoriert
habe und dann weggegangen sei. Der Apollopriester wurde

---

[1] Misop. S. 361.

einem peinlichen Verhör unterworfen, sagte aber nichts aus.
Die Möglichkeit, daß von heidnischer Seite der Brand heimlich
angelegt sei, um den Kaiser zu schärferem Vorgehen gegen
die Christen zu veranlassen, bleibt immerhin bestehen. Das
Verfahren des Kaisers mußte die schon vorhandene Abneigung
der Bevölkerung steigern; man scheute sich nicht mehr, ihn
in geflügelten Worten und in Pasquillen zu verhöhnen und
sein Thun wie seine äußere Erscheinung zum Gegenstand
von Volkswitzen zu machen. Der religiöse Gegensatz tritt
dabei in entsprechender Weise hervor, wie in Äußerungen:
der Kaiser verfolge das $X$ (= $Χριστός$), und man sehne sich
nach dem $K$ ($Κωνστάντιος$) zurück; $X$ und $K$ hätten der
Stadt nichts geschadet; nur um des Kaisers willen strömen
Beamte und Leute aus dem Volke zu den Tempeln. Eine
christliche Matrone angesehenen Namens, die Mutter des be=
rühmten Johannes Chrysostomus, sammelte um sich einen
Chor von Jungfrauen, mit denen sie, wenn der Kaiser an
ihrem Hause vorüberzog, mit Vorliebe Psalmenverse sang,
wie: „Die Götzen der Heiden sind Silber und Gold, von
Menschenhänden gemacht" (Pf. 115, 4) und: „Es stehe Gott
auf und zerstreuet werden seine Feinde" (Pf. 68, 1). Der
Kaiser, dadurch geärgert, entbot die Frau vor sich und ließ
sie in seiner Gegenwart körperlich züchtigen. Die Bestrafte
rechnete sich indes diese Mißhandlung zur Ehre an und ließ
sich nicht abhalten, ihre alte Weise fortzusetzen.[1] Alle diese
und andere Vorkommnisse waren Nadelstiche, die auch einer
ruhigeren Natur als Julian war, empfindlich werden mußten.
Die Abfassung der gegen die Antiochener gerichteten Spott=
schrift „der Barthasser" war ein eines Kaisers unwürdiger

---

[1] Theodoret. III, 19.

Schritt.[1]) Der Spott, mit welchem die Bevölkerung die von
Antiochien aus angeordneten Rüstungen zu einem Perser=
kriege aufnahm[2]): „wie willst du, heldenmütiger Mann die
Pfeile der Perser aushalten, da du vor unsern Witzen ge=
zittert hast" — zeigt, bis zu welchem Punkte schließlich die
Verhältnisse sich entwickelt hatten.

Ein nüchterner, aber dem Kaiser freundlich gesinnter
Historiker und Augenzeuge seines Lebens tadelt an ihm, daß
er seiner Subjektivität allzusehr Gewalt gebe über die festen
Normen der bestehenden Gesetze.[3]). Die Vorgänge in An=
tiochien bestätigen dieses Urteil. Julian wollte König und
Philosoph sein; zum Könige hatte ihn sein Geschick gemacht,
zum Philosophen seine Neigung; so versuchte er beides zu sein,
aber der König unterstand bei ihm dem Philosophen. Das
Lob, das eine pergamenische Inschrift ihm zu spenden meinte,
indem sie ihn „Meister der Philosophie" nannte, ist in Wirk=
lichkeit ein Tadel. Den Subjektivismus des Philosophen
brachte er in die Ausübung seiner Herrscherpflichten hinein;
seine umfassende wissenschaftliche Bildung und seine persönliche
Beweglichkeit fanden sich in dem kaiserlichen Dekorum nicht
zurecht.[4]) Ihm fehlte die Majestät und Gemessenheit der
Haltung, die seine beiden Vorgänger bei aller Leutseligkeit
in hohem Grade besaßen und die man seit Diokletian an

---

[1]) Das Urteil des Amm. Marc. XXII, 14. Dazu Sokrat. III,
1 über die satirische Schriftstellerei Julians überhaupt: τὸ διασύρειν
ἢ σκώπτειν οὐκέτι φιλοσόφου, ἀλλὰ μὴν οὐδὲ βασιλέως.

[2]) Misop. S. 344.

[3]) Amm. Marc. XXII, 10.

[4]) filosofiae magister (Ephem. epigr. vol. V n. 1388).

[5]) Vgl. das zutreffende Urteil des Sokrat. III, 1. Dazu
Amm. Marc. XXII, 7, und die Charakterzeichnung XXV, 4.

dem Augustus zu sehen gewohnt war. Damit verband sich
der Mangel eines klaren, zielbewußten Handelns. Lust und
Unlust bestimmten vielfach die Anordnungen des Herrschers,
nicht das Bewußtsein ernster Pflicht und unbestechlicher Gerechtigkeit. Daher das Widerspruchsvolle in seinen Regierungs-
handlungen. Darum ist es ihm auch nicht gelungen, bei
seinen religiösen Gegnern diejenige Achtung und ehrerbietige
Zurückhaltung zu erwirken, die seine beiden Verwandten doch
auch von dem Heidentume zu erzwingen verstanden. In der
Christenheit hat in der Folge noch lange eine Reihe von
Erzählungen fortgelebt, welche die Zaghaftigkeit und moralische
Machtlosigkeit des Kaisers festem Bekennermute gegenüber
darthun.[1] Ein Teil davon ist ohne Zweifel geschichtlich
oder hat einen geschichtlichen Kern, aber wie man darüber
auch urteilen mag, die Voraussetzung, auf der jene Anekdoten
ruhen, ist geschichtlich. Den Spott über den „Philhellenen"
und „weisen Gesetzgeber"[2] hat man in der Christenheit
schwerlich aufgespart bis zum Tode des Herrschers. Als er
eines Tages in Konstantinopel im Tychetempel opferte, trat
der Bischof Maris von Chalcedon an ihn heran und schalt
ihn mit lauter Stimme öffentlich einen „unfrommen und
gottlosen Menschen".[3] Mit dem stolzen Mute eines zu
jedem Martyrium bereiten unbeugsamen Christen hat ihn
sein früherer Studiengenosse Basilius von Cäsarea schonungslos zurechtgewiesen und bezüglich einer von Julian ihm zu-
gemuteten Leistung offen seinen Ungehorsam erklärt.[4]

---

[1] Greg. N. S. 85. Sokrat. III, 12: Theodor. III, 22.
23. Sozom. V, 4.

[2] Greg. N. S. 52. 98.

[3] Sozom. V, 4.

[4] Basil. Magn. Ep. XLI (ed. Bened. Paris t. III S. 124).

Die neue Religionspolitik verfolgte neben der eben ge=
schilderten Aufgabe noch eine zweite, die neben jener parallel
lief, ja die Voraussetzung der ersteren bildet: die Erneuerung
des Heidentums. Hierin liegt das größte Interesse, welches
die Person und die Geschichte Julians bietet.

Die Erkenntnis, daß dem niederliegenden Heidentum
nicht damit geholfen sei, wenn die Tempel wieder auf=
geschlossen, die Priestertümer neu geordnet und die Opfer=
feuer angezündet würden, konnte keinem Einsichtigen verborgen
sein; die Geschichte gab zu deutlich Answeis darüber. Auch
Julian wußte das, allerdings nicht sowohl aus Reflexion
über die Geschichte als durch das religionsphilosophische
System, das er mit seinen Freunden teilte, den Neuplatonis=
mus. In dem Dasein des Neuplatonismus ist das Ein=
geständnis der Unzulänglichkeit des Götterglaubens in der
überlieferten Form gegeben. Zwar wird diese Form nicht
etwa als wertlos bei Seite geschoben, aber sie hat nur Be=
deutung im Zusammenhange und im Lichte der eigentümlichen,
nach dem großen Plato genannten mystischen Philosophie, in
die sie hineingefaßt ist. Diese Philosophie unterscheidet sich
von allen andern hellenischen Philosophieen der Vorzeit da=
durch, daß sie das Erkenntnismedium nicht in dem reinen
logischen Denken findet, sondern in der Mystik. Intuition,
Emanation, Ekstase: um diese drei Prinzipien gruppirt sich
das durch Entwickelungsstufen hindurchgegangene mannig=
faltige System. Während bei Plotin der Neuplatonismus
noch auf der Höhe einer Philosophie steht, ist er bei dem
„göttlichen" Jamblichus bereits aus einer philosophischen
Lehre zu einer theologischen Doktrin geworden, die ihr Ziel
in der Restauration des Polytheismus sucht. In dieser
Gestaltung empfing das Zeitalter Julians den Neuplatonis=

mus. Ein günstiges Geschick gab dem athenischen Neu=
platoniker das Szepter des ganzen römischen Reichs. Welche
Empfindungen mußte diese Thatsache in den Reihen der
Sophisten wach rufen, die unter Konstantius trauernd ab=
seits gestanden und kaum noch zu hoffen gewagt hatten. Ein
nicht geahnter Wechsel war eingetreten, und in diesem Wechsel
lag die Forderung, zu handeln.

Julian und sein philosophischer Freundeskreis mußten
jetzt die Zeit für gekommen erachten, die Gedanken des Neu=
platonismus in die Wirklichkeit umzusetzen und so das
aristokratische Besitztum zu einem Gemeingute der Massen zu
machen. Jedoch bei Durchführung dieser Aufgabe mußte
jene Philosophie sich gefallen lassen, daß sich eine ganze
Reihe christlicher Gedanken und Institutionen an sie an=
schloß. Darin liegt das bezeichnende Zugeständnis, daß
die Welt ohne das Christentum nicht mehr auskommen konnte.
Diese Amalgamirung des Neuplatonismus geht auf Julian
zurück; seine Äußerungen stellen das sicher. Er hat persönlich
mit den Oberpriestern und andern hier in Betracht kommen=
den Männern über die neuplatonische Kirche eifrig korrespon=
diert. In einem Schreiben an den galatischen Oberpriester
Arsakios[1]) hat er ausdrücklich auf die „götterlose Religion"
sich bezogen und ein Idealbild des heidnischen Priesters ent=
worfen, zu welchem die neuplatonische Askese, noch mehr
aber die christliche Moral ihm die Farben leihen mußten.
Wie von den Gemeinden ernstlich gefordert wird, die Priester
als „Mittler zwischen uns und den Göttern" zu ehren und

---

[1]) Ep. XLIX S. 89 ff. Im folgenden ist auch Bezug ge=
nommen auf Ep. LXII S. 127; Ep. LXIII S. 130; Fragm. S.
288 ff. sowie auf andere gelegentliche Äußerungen.

ihnen mit Achtung und Frömmigkeit zu begegnen, so hat
auch die Priesterschaft ihrerseits ganz besondere Pflichten.
Wohlanständigkeit kommt dem Priester und seinem Hause zu.
Von Theater und Wirtshaus soll er sich fern halten und
kein entehrendes Gewerbe treiben. Sein Leben soll keusch
und züchtig, sein Benehmen würdevoll, sein Auftreten an=
spruchslos, seine Kleidung einfach sein. Nicht minder lehnte sich
die äußere Ordnung des Priesterstandes an die kirchliche
Organisation an. Der heidnische Oberpriester nahm die
Stellung eines Provinzialbischofs ein; ihm waren die ein=
zelnen Priester und Heiligtümer und gottesdienstlichen Ord=
nungen unterstellt. Ihren Abschluß fand die Hierarchie in
der Person des Kaisers als des Pontifex Maximus. Aller=
dings ist alles dies nur ein Schatten gegenüber dem, was
die feste Geschlossenheit und strenge Abstufung des christlichen
Klerus war; es sind eben nur Anfänge, erst noch Umriß=
linien. Dennoch bietet dieser Versuch, auf dem Boden des
Heidentums eine klerikale Ordnung zu schaffen, das höchste
Interesse. Das gilt nicht minder von den kultischen Reformen,
zu denen der Neuplatonismus, um dem Christentum erfolg=
reich Abbruch zu thun, sich gedrängt sah. Der alte Kultus,
der nur Liturgen, keine Gemeinde brauchte, und der christliche
Gottesdienst, der im eigentlichsten Sinne Gemeindegottesdienst
ist, trafen sich auf einem mittlern Punkte, und es entstand
daraus ein Gebilde, wie es die römische Kirche, nur einige Jahr=
hunderte später, nachdem sie für die Opferidee eine ent=
sprechende Liturgie gefunden hatte, gleichfalls aufweist. Opfer
und Predigt, das sind die beiden Mittelpunkte in der
elliptischen Formation des neuplatonischen Gottesdienstes.
Das Opfer mit seiner rein materiellen, götzendienerischen
Vorstellung, die Predigt mit der Moral einer neuen Philo=

11*

sophie. Wie mögen die Prediger=Sophisten das Kunststück
vollbracht haben, diese Gegensätze zu vermitteln? Der fromme
Plutarch könnte uns vielleicht den Weg zu einer genauern
Vorstellung dieser Dinge weisen.

Nachahmenswert erschien dem Kaiser auch die christliche
Liebesthätigkeit, nicht nur nach ihrer idealen, sondern auch
nach ihrer praktischen Seite. In ihren regelmäßigen und
außergewöhnlichen Funktionen ließ sie den Draußenstehenden
die christliche Gemeinschaft als einen auf thätiger Liebe ge=
gründeten Bruderbund erscheinen, der den Einzelnen der Unbill
und den Wechselfällen des Lebens entnimmt und vor dem
elenden Untergange, dem in dem überfüllten Reiche so viele
Existenzen erlagen, sicher rettet. Manchen mag diese Er=
wägung zu dem christlichen Bekenntnis gelockt haben, obwohl
diese christliche Barmherzigkeit Andersgläubigen sich nicht ent=
zog. Julian hat kein Hehl daraus gemacht, daß, als er
sich entschloß, die christliche Liebesthätigkeit in seine neu=
platonische Kirche zu verpflanzen, dieser praktische Gesichts=
punkt für ihn maßgebend war. Drei Dingen, meinte er, ver=
danke die götterlose Religion ihr Wachstum, nämlich ihrer
Liebesthätigkeit, ihrer Fürsorge für die Toten und ihrem —
allerdings heuchlerischen — heiligen Lebenswandel.[1]) Diese
Stücke sollen auch den Göttergläubigen nicht fehlen. Daher
wünscht der Kaiser, daß mit Armenspeisung und der Ein=
richtung von Hospizen vorgegangen werde; die Mittel dazu

---

[1]) Ep. XLIX S. 89 f.: οὐδὲ ἀναβλέπομεν, ὡς μάλιστα
τὴν ἀθεότητα συνηύξησεν ἡ περὶ τοὺς ξένους φιλαν-
θρωπία καὶ ἡ περὶ τὰς ταφὰς τῶν νεκρῶν προμήθεια
καὶ ἡ πεπλασμένη σεμνότης κατὰ τὸν βίον, ὧν ἕκαστον
οἴομαι χρῆναι παρ᾿ ἡμῶν ἀληθῶς ἐπιτηδεύεσθαι.

bewilligt der Staat, doch soll auch die private Mildthätigkeit
in geeigneter Weise angeregt und organisirt werden. Gleich=
sam um bei sich und Anderen die Empfindung zu unter=
drücken, daß hier die hellenische Weisheit von der Thorheit
der Galiläer sich bestimmen lasse, fügt Julian die Bemerkung
hinzu, daß nach Homer alle Fremde und Bettler unter dem
Schutze des Zeus ständen. Auch die Empfehlung der Feindes=
liebe wird philosophisch begründet, allerdings nicht zum
erstenmale, da wir schon die Stoiker auf diesem Wege fin=
den, aber hier unter dem sichtlichen Eindrucke des
Christentums. Es ist dieselbe Selbsttäuschung, in der sich be=
wußt oder unbewußt der moderne Philanthropismus befindet,
indem er die Ethik des Christentums plündert und mit diesem
Fetzen sich behängt.

Das sind die allerdings dürftigen Grundzüge der religiösen
Restauration; sie geben nur ein unvollkommenes Bild, wesent=
liche Stücke fehlen. Schwerlich ist das nur Schuld unserer
Quellen; es scheint vielmehr, daß der große Restaurationsplan
überhaupt erst noch in ganz allgemeinen Umrissen vorhanden
war. An zahlreichen Punkten läßt sich die Wahrnehmung
machen, daß das, was die negative Seite dieser Religions=
politik darstellt, die Bekämpfung des Christentums, klar ge=
faßt ist und, von einzelnen bedeutungslosen Schwankungen
abgesehen, konsequent durchgeführt wird, daß dagegen die
wichtigere positive Seite aus dem Stadium schattenhafter
Umrisse kaum herausgewachsen ist. Offenbar hat weder in
der Seele des Kaisers, der einer so weltgeschichtlichen Auf=
gabe nicht im entferntesten gewachsen war, noch im Kreise
seiner philosophischen Berater Klarheit darüber bestanden.
Das allgemeine Schema war gewiß vorhanden — man ist
wohl schnell damit fertig gewesen und hat rasch das Wort

bereit gehabt: hier sei die Arzenei, die alternde Welt und
ihre ermattende Seele zu neuer Gesundheit zu bringen[1]), —
aber nun kam das schwierigere Unternehmen, die Theorie auf
die realen Verhältnisse anzuwenden, Idee und Wirklichkeit in
Einklang zu bringen. Da wird sich bald die Erkenntnis auf=
gedrängt haben, daß die Macht des Lebens und der That=
sachen, mit der man zu rechnen hatte, stärker war als die
Gedankenlinien einer Theorie. Dieser Gegensatz drängte ganz
natürlich zu dem zusammenhangslosen Experimentiren, welches
diese Restaurationspolitik kennzeichnet. War es überhaupt mög=
lich, auf diesem Wege etwas zu erreichen? Gregor von Na=
zianz hat einmal spottend sein Bedauern darüber ausge=
sprochen, daß das Werk nicht vollendet worden sei; man hätte
sonst daran den Unterschied können lernen zwischen einem
Menschen und dem Affen, der jenen nachahmt. Gegen dieses
Bild dürfte sich nichts Wesentliches einwenden lassen. Es
erhebt sich nun die Frage, wie weit diese Maßregeln ihr Ziel
erreicht haben, wie weit es gelungen ist, das Christentum aus
dem von ihm eingenommenen Gebiete zurückzudrängen und
dem Heidentum neues Leben zuzuführen.

Mit großen Hoffnungen ist Julian an das Werk seines
Lebens und seiner höchsten Wünsche gegangen. Sein Idealis=
mus ließ ihn die Schwierigkeiten übersehen. Als er den Ab=
fall von seinem kaiserlichen Herrn und von dem Christengotte
unter dem zustimmenden Winke der Götter vollzog und ge=
stützt durch eine starke, ihm treu ergebene Armee die ersten
Befehle zur Befreiung des Heidentums gab, schien ihm der
unmittelbare Erfolg ein überraschend großer, und er glaubte,

---

[1]) Liban. I S. 529; 617.

daß die Götter seiner Mühe reiche Frucht geben würden,
„wenn wir nur nicht nachlassen."[1] Indes er vergaß, daß
seine ersten Anordnungen sich an halbbarbarische Länder, an
Gallien und die Donaugebiete wandten, wo die Kirche, von
einzelnen Landschaften abgesehen, sich noch nicht völlig einge-
richtet hatte. Als nachher die kaiserlichen Maßregeln sich
auf alte und festerworbene Sitze des Christentums richteten,
stießen sie auf starken Widerstand. Zwar ein gewisser Erfolg konnte auch hier nicht fehlen; das war vorauszusehen.
Denn die vorige Regierung hatte die Begünstigung der
Christen und die Zurücksetzung der Heiden so offen betrieben,
daß sie notwendigerweise zahlreiche Heuchler und Namens-
christen schaffen mußte. Unter diesen konnten die Einladungen
und Bemühungen des Kaisers ihre Wirkung nicht verfehlen.
Es wird auch auf christlicher Seite zugestanden, daß dem ersten
Anprall Viele erlagen und „die Religion wie ihr Gewand
gewechselt haben."[2] Der hl. Ephräm bekennt[3]: „ich erstaunte
über die Vielen, welche den Allbeleber verleugnet hatten, um
einer sterblichen Krone zu gefallen," und erklärt richtig diese
Thatsache so: „Die Spätsaat geriet gleichsam in Angst und
Schrecken; denn die letzten Generationen, welche auf Erden
aufgesproßt waren, waren nicht sorgfältig ausgesäet und ge-
pflanzt worden. Was keine tiefe Wurzel hatte, wurde schnell
ausgerottet: aber die gutgepflanzte Saat, welche festgewurzelt
war, brachte hundertfältige, sechszigfältige und dreißigfältige

---

[1] Ep. XXXVIII S. 69.

[2] Greg. N. S. 53 ff. — Asterius v. Amasea, Homil. III
(t. 40 S. 208 ed. Migne).

[3] In seinem ersten Liede gegen Julian, deutsch von Bickell in
der Zeitschr. f. kath. Theol. 1878 S. 338.

Frucht".[1] Ein tragisches Beispiel hierfür gab der Sophist
Ekebolios in Konstantinopel. Unter Konstantius trug er die
Maske des Christentums und gab sich als einen Streng=
gläubigen; unter Julian kehrte er zu dem nutzbar gewordenen
Hellenismus zurück. Nach dem Tode Julians begehrte er
wieder Aufnahme in die christliche Gemeinde, warf sich vor
der Kirchthür zu Boden und rief die Gläubigen an: „Zer=
tretet mich, das dumm gewordene Salz!"[2] In welchen
Schichten der Bevölkerung vorzüglich der Abfall sich voll=
zog, wissen wir nicht. Die höhere und niedere Beamten=
schaft, die Aristokratie und das Volk haben daran Teil gehabt.[3]
Auch von den christlichen Rhetoren und Sophisten wird
mancher zu dem Glauben des Philosophenfreundes sich ge=
wandt haben, der die Philosophie „auf den kaiserlichen Thron
gesetzt"[4] und bei dem Gunst und Brod leichter zu finden
war als in der Kirche. Auch ein ägyptischer Bischof Heron
und ein Presbyter Theoteknos erlagen beide in Antiochien den
verlockenden Aussichten, welche die neue Regierung eröffnete.[5]
Es wäre wertvoll, die nähere Geschichte dieser Apostasieen zu
wissen; indes die Quellen schweigen. Aber andererseits er=
hielt der Glaube der standhaft gebliebenen Christen in dieser
Bewährung eine größere Kraft und offenbarte sich in herr=

---

[1] A. a. D. S. 338. 348.
[2] Sokrat. III, 13.
[3] Greg. N. S. 75: πολλοὶ ἐν δυναστείαις καὶ ὕψεσιν,
πολλοὶ δὲ τῶν κάτω. Philost. VII, 10. Aster. a. a. O. Dazu
Rufin. I. 32 übertrieben.
[4] Claud. Mamert. Grat. actio (Paneg. lat. ed. Teubn.
Lips. 1874 S. 244 ff.) c. 23: tu philosophiam . . . amictam
purpura, auro gemmisque redimitam in regali solio collocasti.
Ähnliche Aussagen auch bei Libanius u. A.
[5] Philost. VII, 13. Chron. Pasch. 548.

lichen Beispielen ruhmvollen Bekennermutes. Mit der Ver=
achtung gegen die Abtrünnigen hat man nicht zurückgehalten.
Mit Fingern wies man öffentlich auf sie und brandmarkte
sie mit der Bezeichnung „Verräter".[1]) Es ist nicht bekannt,
daß unter den sich befehdenden Parteien innerhalb der Kirche
eine einzige auch nur dem „Abtrünnigen" sich willfährig ge=
zeigt habe. Die wohlwollende Behandlung, welcher der arianische
Bischof Aetius seitens des Kaisers sich zu erfreuen hatte,
ruht auf früheren nahen Beziehungen und findet ihr Wider=
spiel in der harten Bestrafung der Arianer in Edessa.
Groß sind jedenfalls die Erfolge dieser Religionspolitik
nicht gewesen. In die freudige Genugthuung über
den „großen Umschwung in so kurzer Spanne Zeit"[2]) mischte
sich doch auch bei dem Kaiser die wehmütige Erfahrung, daß
„einige widerwillig und nur wenige willig zwar, aber ein=
sichtslos zum Opfer schreiten"[3]), und er hat sich des Ge=
dankens nicht erwehren können, daß manche nur zum Schein
den Göttern dienen, heimlich aber ihre Verbindung mit dem
Christentum festhalten.[4]) Der Beifall seiner Freunde, die
mit lauter Stimme rühmten, daß nun die „Finsternis ver=
scheucht, und es wieder gestattet sei, die Hände zu Helios

---

[1]) Aster. a. a. O.: Στιγματίαι δὲ περινοστοῦσι κατὰ
τὰς πόλεις μισούμενοι · δακτυλοδεικτούμενοι προδόται καὶ
οὗτοι τοῦ Χριστοῦ δὶ ὀλίγον ἀργύριον ... ἀπὸ τῆς προσ-
ηγορίας τοῦ παραβάτου γνωριζόμενοι ὡς ἀπὸ τῶν σημάν-
τρων οἱ ἵπποι.

[2]) Ep. XLIX S. 89.

[3]) Ep. IV S. 8. In gleicher Weise spricht sich Liban. Ep.
1057 aus.

[4]) Ep. LXII S. 128.

aufzuheben"[1]), konnte ihn, wie sehr er auch solchem Lob zu-
gänglich war, auf die Dauer nicht täuschen.

Diese Erfolglosigkeit kann nicht überraschen, wenn man
beachtet, daß eine Regierung von fast fünfundzwanzigjähriger
Dauer vorhergegangen war, die, unterstützt von der eifrigen
Missionsarbeit einer hoffnungsfreudigen Kirche, mit klarem
Bewußtsein und im Großen und Ganzen energischen Mitteln
das Heidentum bekämpft und auf der andern Seite der Kirche
Gelegenheit gegeben hatte, ihren Besitz sicher zu stellen. Bereits vor mehr als zehn Jahren hatte Firmicus Maternus
das Heidentum am Boden liegen gesehen, hilflos und sterbend,
und diese zehn Jahre — dahin weisen viele Anzeichen —
hatten die Lage des Hellenismus um ein bedeutendes ver-
schlimmert. Es wird erzählt[2]), daß der Kaiser seinem Leib-
arzte Oribasius den Auftrag gab, das verstummte Orakel
zu Delphi wieder reden zu machen, daß dieser aber die Antwort erhielt: „Melde dem Kaiser, schon lange sei die kunst-
reiche Halle in den Staub gesunken; Phöbos hat keine Hütte
mehr, keinen weissagenden Lorbeer, keine redende Quelle,
denn verstummt ist auch das redende Wasser." Diese Erzählung individualisiert, was von dem griechisch-römischen
Heidentum überhaupt gilt. Gab es noch eine Kunst, die es
vermochte, diesem zergangenen Organismus wieder zu Leben
und Kraft zu verhelfen? Wenn überhaupt, dann besaß jedenfalls Julian diese Kunst nicht. Dieser Glaube stand der
christlichen Kirche damals fest, und darum haben die Bemühungen des Augustus um Wiederherstellung des Götterglaubens keine sonderliche Beunruhigung geschaffen. Vor

---

[1]) Himer. a. a. O.
[2]) Cedren. I S. 532.

allem im Westen scheint man wenig oder gar nicht davon
berührt gewesen zu sein. Gewiß wird es allenthalben in der
Christenheit Verwunderung erregt haben, auf dem Throne
Konstantins einen Mann zu sehen, der bei den heidnischen
Göttern zu beteuern pflegte, Münzen mit heidnischen Em-
blemen in Umlauf brachte, die stummen Orakel wieder reden
ließ und Land und Stadt in der Begleitung von anrüchigen
Männern und Frauen — den Priestern und Priesterinnen
des neugeweckten Kultus — durchzog [1]), aber die Kirche kannte
ihre Stärke allzugut, als daß sie um ihre Zukunft hätte besorgt sein sollen. Möglich, daß der weitere Fortgang dieser
Religionspolitik den Gegensatz noch mehr geschärft und die
beunruhigenden Auftritte und blutigen Zusammenstöße gemehrt
hätte und infolge davon die Stimmung eine gedrücktere
geworden wäre. Bei Beginn seines letzten Kriegszuges soll
Julian einschneidendere Maßregeln in Aussicht gestellt haben.
Jedoch er kam nicht in die Lage, die volle Widerstandskraft
des Christentums zu erproben. Als er den Athanasius aus
Alexandrien verwies und die Gemeinde klagend und weinend
den Scheidenden umringte, tröstete sie dieser, auf den Kaiser
anspielend, mit den Worten: „seid getrost, meine Lieben; es
ist nur ein Wölflein, das bald vorüberzieht, laßt uns ein
wenig bei Seite treten.' [2]) Das erfüllte sich.

Ein Kriegsunternehmen riß den Kaiser aus seinen inner-
politischen Plänen und Arbeiten. Die römischen Herrscher

---

[1]) Darüber berichtet Chrysost. de S. Bab. (ed. Ven. II
S. 559 f.) nach Mitteilungen von Augenzeugen; ebenso Amm. Marc
XXII, 14 (doch vgl. XXV, 4).

[2]) Sozom. V, 15; Theodor. III, 9; Rufin. I, 34. Ein
ähnliches Urteil Basil. Magn. Ep. XVII S. 96 a. a. O. (Vergleich
mit dem raschen Hinsterben der Giftpflanzen).

hatten aus republikanischer Zeit die lästige Erbschaft der
Perserkriege überkommen. Von einem Perserkriege hatte den
Konstantius die Nachricht der Empörung Julians ge=
rufen. In das entblößte Gebiet waren dann die eroberungs=
lustigen Feinde nachgerückt; das ganze Euphrat= und Tigris=
land bis zu den Grenzen Ciliciens fiel in ihre Hand. Ein
neuer Feldzug drängte sich unabweisbar auf. Im März 363
reiste Julian von Antiochien zur Armee ab, die bald in voller
Aktion war. Die Hoffnungen und Wünsche seiner Freunde
folgten ihm; die Phantasie malte ihnen jetzt schon die Zeit,
wo die erbeuteten Schätze des Ostens den Tempeln neuen
Schmuck geben und die persischen Jünglinge in Ekbatana und
Susa dem Wort hellenischer Rhetoren lauschen würden. Die
Siege des großen Alexander sollten wiederkehren. Der Kaiser
hat diese frohen Erwartungen geteilt. Als er am 1. Januar
363 zugleich mit Sallustius das Konsulat übernahm und
der bestellte Redner die erhöhte Machtfülle des Reiches auf
die Erneuerung des Götzendienstes und auf die thätige Reli=
giosität des Kaisers zurückführte, der seinen Palast zu einem
Tempel macht, und den Wunsch ausjprach, daß in Susa die
Perser den römischen Kriegern den Wein kredenzen möchten,
hat Julian diese Worte mit Befriedigung aufgenommen.[1] Der
Kampf war wechselvoll, aber siegreich. Immer mehr machte
sich indes an dem kaiserlichen Feldherrn eine Unsicherheit
bemerklich, welche die Erfolge wieder in Frage stellte. Doch
sollte Julian das Ende der mit viel Gepränge unternommenen,
aber bald von mancherlei übeln Vorbedeutungen begleiteten
Expedition nicht sehen. Bei einem von persischen Panzer=

---

[1] Liban. I S. 484 ff. Dazu I S. 85.

reitern eingeleiteten Vorpostengefechte in der Nähe des Tigris
traf ihn, der diesmal den Panzer verschmäht hatte, ein
tödlicher Lanzenstoß, von unbekannter Hand geführt.[1] In
das Zelt gebracht, starb er unter philosophischen Gesprächen
mit seinen Freunden in der Mitternachtsstunde desselben Tages
am 26. Juni 363 im zweiunddreißigsten Jahre seines Lebens.
Er hatte sich einst ein „Lebensende ohne Leid und mit
Ruhm" gewünscht.[2] War ihm das geworden? Schwerlich
ist er mit dem Gefühl, dieses Wunsches teilhaftig geworden
zu sein, gestorben, und richtiger ohne Zweifel hat die christliche
Überlieferung die letzten Gedanken des Kaisers getroffen, wenn
sie ihn die Todeswunde empfangen läßt mit dem Ausrufe:
„Galiläer, du hast gesiegt!" Ein schimpflicher Friedensver-
trag war die zweite böse Erfahrung dieses Feldzuges.

Derselbe Jovian, der einst die Leiche des Konstantius
nach Konstantinopel geleitet hatte, führte auch den toten
Julian aus dem unsichern Lande nach Cilicien. Als der
Zug die Stadt Nisibis passierte, die von Julian Hartes erduldet hatte und nun dem Feinde preisgegeben war, ja gerade
an jenem Tage das Banner des siegreichen persischen
Satrapen zugesandt erhielt, trat der hl. Ephräm an den
Sarg heran und sprach, wie er selbst erzählt[3]), über den
stummen Toten die Worte: „Dieser ist es also, welcher sich

---

[1] Wer die tödliche Lanze geschleudert, darüber sind schon damals
verschiedene Meinungen gewesen, deren keine für sich absolute Glaubwürdigkeit beanspruchen kann. Uns sind darüber nicht einmal Ver-
mutungen gestattet. Vgl. Amm. Marc. XXV, 3; Greg. N. S.
116 ff. Theodor. III, 25.

[2] Jul. Orat. ad reg. Sol. S. 180.

[3] Drittes Lied gegen Julian a. a. O. S. 347.

gegen den lebendigen Namen erhoben und vergessen hat, daß
er nur Staub ist. Deshalb hat ihn Gott wieder zu Staub
werden lassen, damit er erkenne, daß er Staub sei." Die
Heiden aber geleiteten ihn trauernd nach Tarsus, der Heimat=
stadt des Apostels Paulus, und begruben ihn hier und
nannten ihn den „großen Julianus." [1])

Der dumpfen Trauer und ratlosen Niedergeschlagenheit,
welche die Todesnachricht unter den Heiden hervorrief, entsprach
die Freude über dieses Ereignis innerhalb der Christenheit.
Von der Stadt Antiochien wird dieses insbesondere bemerkt.
Sie hat den Fall ihres Kaisers in den Kirchen und im Theater
dankend und jubelnd gefeiert. [2]) Der hl. Ephräm in Nisibis
stand auf und dichtete im freudigen Gefühle des Dankes und
in heiligem Zorne zugleich seine fünf Lieder gegen den
Christenverfolger, der „in einer Nacht aufsproßte und in
einer Nacht wieder verdorrte." Und in Kappadozien hielt sich
der angesehene Bischof und Dogmatiker Gregor von Nazianz
nicht für zu gut, in alttestamentlichem Feuereifer wider den Toten
zu entbrennen und zur Schande des Kaisers und nicht zur Ehre
des Christenglaubens in zwei Streitreden diese Verfolgung zu
skizzieren. Noch viele Andere haben in Wort und Schrift den Toten
bedroht und gescholten. Die Erregtheit und Heftigkeit, die dabei
zu Tage kommt, beweist den festgewurzelten Anspruch der Kirche
auf Alleinherrschaft im Reiche. Nur eine arianische Bittschrift, [3])
welche die Gunst Jovians suchte, hat den Mut gehabt, von
dem Christenverfolger als dem „gottgeliebtesten und aller=

—

[1]) Zosim. V, 2. Die Grabschrift III, 34.

[2]) Theodor. III, 28. Vgl. Liban. Ep. 1186. 1489 (gemeint
sind doch wohl Konstantinopel und Antiochien).

[3]) Athan. Opera t. II, 1 S. 783.

seligsten" zu sprechen; doch war dies wohl nur Anbequemung
an die offizielle Ausdrucksweise. Aber auch in heidnischen
Kreisen wurde die Unruhe der Lage und die Beängstigung
der Gemüter, welche dieselbe Person „bald beim Opfer, bald
in der Kirche, bald vor den Götzenbildern, bald am Tische
des Herrn" sehen ließ, tadelnd bemerkt.[1])

---

[1]) Themistius Orat. V S. 80 ed. Dindorf.

# Dritte Abteilung.

Die Wiederaufnahme und Fortführung des Kampfes.

## Erstes Kapitel.

## Die Restaurationsbestrebungen der Kaiser Jovian, Valens, Valentinian.

Das Ende Julians war das Ende seines Werkes. So rasch wie der Götterkult mit seinen bunten Formen lebendig geworden war vor den Augen der Christenheit, ebenso rasch verschwand er wieder. Die Priester flüchteten sich in die Verborgenheit zurück, die Orakel wurden stumm, die Sophisten legten klagend den Philosophenmantel ab [1]); der ungeheure Apparat von kultischen Verrichtungen und divinatorischen Veranstaltungen, den dieser eine Mann über das weite Reich hingebreitet hatte, löste sich auf, die Opferer und Zeichendeuter verloren sich hierhin und dorthin, die Mantik wurde wieder eine verächtliche Kunst. „Wo sind nun deine Wahrsagersprüche, thörichter Maximus?" rief in Antiochien die Volksmenge dem berühmten Neuplatoniker zu. „Gesiegt hat Gott und sein Christus!"

---

[1]) Sokrat. III. 24. Liban. Orat. in Jul. S. 327.

Wie ein Traum ging alles vorüber. Es wird dadurch begreiflich, daß man bald nachher das Unternehmen Julians ein „komisches Drama" genannt hat.[1] Wo sind die Grammatiker und Ratgeber? Wo sind die Opfer? Wo sind die Mysterien? Wo die Haruspices? fragte man schon kurze Zeit darauf und konnte die Antwort geben: „Alles ist dahin." Ein Zeitgenosse meint, es sei der Wahrheit zu „verächtlich" erschienen, „die Zauberer und Wahrsager einzeln zu besiegen; deshalb flocht sie dieselben alle mit dem einen Kaiser zusammen und gab ihnen Gelegenheit, Helm und Waffen anzulegen, um sie dann Alle in dem Einen zu besiegen."[2] Die Niedergeschlagenheit der Heiden und die Ungeduld der Christen waren so groß, daß die Entscheidung nicht hinausgeschoben ist bis auf den Zeitpunkt, wo über die kaiserliche Nachfolge die Würfel gefallen waren. In Massen kehrten die Abgefallenen zur Kirche zurück.

Julian hat in seiner letzten feierlichen Anrede, mit der er aus dem Leben schied, ausdrücklich abgelehnt, einen Nachfolger zu nennen. Die in Form einer eigentümlichen Reflexion gehaltene Begründung dieser Zurückhaltung, wie sie Ammianus Marcellinus dem Sterbenden in den Mund legt[3]), bringt, ihre Geschichtlichkeit vorausgesetzt, schwerlich die innersten Gedanken Julians zum Ausdruck. Jene Antwort verdeckt nur die Resignation auf die Zukunft des hoffnungsfreudig

---

[1] Theodor. III. 22. — Aster. a. a. O.: τὸ δρᾶμα τὸ κωμικόν.

[2] Greg. N. S. 123. — Ephräm a. a. O. S. 342.

[3] Amm. Marc. XXV, 3: super imperatore vero creando caute reticeo, ne per imprudentiam dignum praeteream aut nominatum, quem habilem reor, anteposito forsitan alio, in discrimen ultimum trudam. Ut alumnus autem rei publicae frugi, opto bonum post me reperiri rectorem.

begonnenen Werkes. Unter seinen Generalen und hohen
Beamten fand Julian offenbar Niemanden, der den in
weite Dimensionen wachsenden Schwierigkeiten seiner Restau=
rationspolitik gewachsen schien.

Die asiatische Armee übernahm in kritischer Lage, einem
siegesmutigen Feinde gegenüber, die verantwortungsvolle
Aufgabe, dem Reiche einen Augustus zu geben. Am Morgen
des 27. Juni traten die höhern Offiziere zusammen, um über
diese Frage zu entscheiden. Es offenbarten sich Meinungs=
verschiedenheiten, doch einigte man sich endlich auf die Person
des Präfekten Sallustius. Derselbe war ein Anhänger und
thätiger Mitarbeiter der Pläne Julians, aber von milder
Gesinnung und ein entschiedener Gegner jedweden gewaltsamen
Vorgehens gegen die Christen.[1] Darum wird er auch denen
unter den Befehlshabern genehm gewesen sein, die mit dem
Hellenismus sich nicht befreunden konnten. Doch Sallustius
lehnte in Rücksicht auf seine Kränklichkeit und sein Alter ab.
Ob hinter dieser Entschuldigung nicht noch andere Beweg=
gründe lagen, die vielleicht die eigentlich entscheidenden waren,
wissen wir nicht. Den Augenblick der Ratlosigkeit, den diese
Weigerung schuf, benutzten einige Wenige, um den Befehlshaber
der Palasttruppen Flavius Claudius Jovianus zum Vorschlag
zu bringen und, noch ehe es zu einer Beratung darüber kam,
ihn als Augustus auszurufen. Der überraschte Offizier
wurde sofort mit dem kaiserlichen Purpur bekleidet und durch
das Lager geführt. Die vollendete Thatsache zwang auch

---

[1] Derselbe ist wohl identisch mit dem Verf. der neuplat. Schrift
„Von den Göttern und von der Welt" (vgl. Ausgabe v. Orelli S.
191 f.). Über sein mildes Verfahren in der julianischen Religions=
bedrückung Ambros. Epist. 40, 15: Sozom. V, 9. 10. Theodor.
III, 7: IV, 22. Philost. VII, 4 u. A.

die mit diesem Ausgange Unzufriedenen, sich ohne Widerrede
zu fügen. Der Gewählte, der noch jugendliche Sprößling
einer wohlbekannten militärischen Familie germanischer Herkunft,
war Christ und zwar nicänischen Glaubens. Als er einst
vor die Wahl gestellt war, zu opfern oder den Dienst auf=
zugeben, war er bereit, das Cingulum abzulegen; doch wußte
Julian, der die militärische Tüchtigkeit des jungen Offiziers
schätzte, ihn der Armee zu erhalten.[1] Ob das christliche
Bekenntnis bei seiner Erhebung mitgewirkt hat, läßt sich aus
den Worten des Ammianus Marcellinus nicht unmittelbar
entnehmen; indes scheint der Umstand darauf hinzuweisen,
daß einige wenige „stürmische Köpfe", wie jener mit der Er=
hebung Jovians nicht zufriedene Geschichtsschreiber sich aus=
drückt, diese Wahl plötzlich auf die Tagesordnung stellten
und durch rasches Vorgehen fertig machten.[2] Nach christlicher
Quelle soll Jovian anfangs den Purpur mit dem Hinweis
darauf zurückgewiesen haben, daß er als Christ keine Neigung
empfinde, einer heidnischen Armee zu gebieten; erst der Zuruf
der Soldaten, sie seien auch Christen, habe seine Weigerung
gebrochen.[3] Es liegt kein Grund vor, diese bestimmt auf=
tretende Überlieferung gänzlich zu verwerfen, wenn sich auch
der geschichtliche Kern nicht mehr herausschälen läßt.

---

[1] Sozom. VI, 3; Sokrat. III, 22; Theodor. IV, 1;
Rufin II, 1 (er nennt ihn Confessor); Vita seu cert.
Athan. § 13.

[2] Amm. Marc. XXV, 5.

[3] Rufin. II, 1; Sozom. VI, 3; Sokrat. III, 22; Theodor.
IV, (hier berufen sich die alten Soldaten auf die „Unterweisungen"
[διδασκαλίας] Konstantins d. Gr.); etwas abweichend Chron.
Pasch. S. 552.

Mit Unrecht iſt das chriſtliche Bekenntnis Jovians in
Frage geſtellt worden.[1] Als Chriſten kennt ihn die ein=
ſtimmige Überlieferung der Kirchenſchriftſteller, chriſtliche
Biſchöfe haben mit ihm als einem chriſtlichen Kaiſer ver=
handelt, und wieder erſchien das heilige Kreuzeszeichen auf
den kaiſerlichen Münzen.[2] Seinen nicäniſchen Glauben
bewies er dadurch, daß er den von Julian zurückgerufenen,
aber noch nicht reſtituierten orthodoxen Biſchöfen zu ihren
Sitzen verhalf; der Wortführer der Nicäner, Athanaſius
beſaß ſeine Gunſt.[3] In dem Rückberufungsſchreiben aus
dem Exil nennt der Kaiſer den von Julian gehaßten Biſchof
„gottgeliebt‟ und „Freund Gottes‟ und belobt ihn, daß kein
Leiden, keine Wut der Verfolgung ihn erſchüttert habe.[4]
Als die kirchlichen Parteien ihn um Entſcheidungen zu ihren
Gunſten angingen, hat er den Homouſianern ſein kaiſerliches
Wohlwollen zugewandt, ohne indes den Sekten die Duldung
zu entziehen.

Es war ſelbſtverſtändlich, daß Jovian den großen
Verluſt an Rechten und Freiheiten, welchen die julianiſche
Bedrückung der Kirche gebracht hatte, ausglich. Es ſcheint
in vollem Umfange geſchehen zu ſein. Hohe Beamte, welche

---

[1] Mit Beziehung auf Amm. Marcell. XXV, 6: hostiis pro
Joviano extisque inspectis pronuntiatum est eum omnia per-
diturum, si u. ſ. w. Indes wird die Opferſchau von dem Heere
vorgenommen, und Ammianus Marcellinus ſelbſt bezeichnet bald nachher den Kaiſer als Chriſten (XXV, 10: christianae legis idem
studiosus et nonnunquam honorificus).

[2] Cohen, Méd. VI S. 384 ff. n. 3. 15. 17. 21 (Labarum);
aber vereinzelt auch ägyptiſche Gottheiten, wie Iſis (n. 22. 24. 25. 26),
Anubis (n. 27), Harpokrates (n. 28), ganz wie unter den Kon=
ſtantinsſöhnen.

[3] Sozom. VI 5: Sokrat. III, 24: Theodor. IV, 2. 3.

[4] Athan. Op. t. I. 1 S. 779: dazu die Antwort auf eine
nicäniſche Petition S. 783.

sich an der Zerstörung von Kirchen beteiligt hatten, wurden
zur Verantwortung gezogen. Der Comes Magnus, der das
christliche Gotteshaus in Berytos mit Feuer zerstört und,
wie es scheint, sich auch anderer schwerer Vergehungen gegen
die Christen schuldig gemacht hatte, entging kaum der Todesstrafe und wurde gehalten, die zerstörte Kirche auf seine
Kosten wiederherzustellen.[1]) Dagegen ist der Kaiser in seinem
Verhalten zu dem Heidentume vorläufig nicht zu der Rechts-
lage desselben beim Ableben des Konstantius zurückgegangen.
Es ist diesem rechtgläubigen Augustus auch von Heiden nach-
gerühmt worden, daß er die Freiheit der religiösen Überzeugung nicht beschränkt habe. Einer der Männer, die dem
Götterfreunde Julian nahe standen, der Rhetor Themistius
hat in hohen Worten die weise Einsicht des neuen Herrschers
vor dem Angesichte desselben gepriesen, da er die Religion
„dem Befinden eines Jeden" überlasse, und hat sogar das
Urteil gewagt, daß diese Toleranz nicht minder dem Reiche
zu gute komme, wie der persische Friede, da dieser den aus-
wärtigen Kriegen, jene den inneren Zwistigkeiten ein Ziel

---

[1]) Nach Philost. VIII, 1 stellte Jovian der Kirche τὸν ἀρχαῖον
κόσμον wieder her und befreite sie von den Lasten, die Julian auf sie
gelegt. Einzelheiten bei Sozom. VI, 4: Jov. erklärte das Christentum für die Staatsreligion, gab den Klerikern und Jungfrauen die
Immunitäten zurück und stellte alles wieder her, was Julian der
Kirche genommen hatte: an den Präfekten Secundus schrieb er, daß,
wer mit einer geweihten Jungfrau sich verehliche, dem Tode verfalle.
(Cod. Theod. IX, 25, 2). — Sokrat. III, 24: Restituierung der
Bischöfe. — Theodor. IV, 4: Wiedereinführung der Getreide-
lieferungen an die Kirche. — Athan. vit. aceph. § 18: am 15. September trafen Briefe des Jovianus an den Präfekten Olympus ein
mit dem Befehle, ut tantum deus excelsus colatur et Christus
et ut in ecclesiis colligentes se populi celebrent religionem. —
Über den Comes Magnus Theodor. IV, 22.

setze.[1]) Was hier in der Sprache der Rhetorik ausgedrückt
ist, bedeutet freilich nicht die Fortdauer der Rechte und staat=
lichen Zuwendungen, die Julian in so reicher Fülle dem
alten Kultus zuströmen ließ, sondern nur wenig mehr als
eine schonende Behandlung der Göttergläubigen. Wie weit
diese gegangen und besonders wie sich im Einzelnen die Be=
ziehungen zwischen den heidnischen und christlichen Elementen
der Kommunen nunmehr gestaltet haben, entzieht sich der Er=
kenntnis. Da, wo der Hellenismus künstlich in die Höhe
gebracht war, sank er von selbst wieder zusammen, so
daß er der Linie, auf welcher er unter Konstantius
sich befand, wieder sehr nahe kam. In den meisten
Fällen machte der Druck der geänderten Verhältnisse beson=
dere Maßregeln überflüssig. Wo aber die Regierung eingriff,
verfuhr sie mit großer Nachsicht. Die allgemein lautende
Angabe des Sokrates[2]), wonach alle heidnischen Tempel ge=
schlossen und jedes öffentliche Opfer untersagt sei, bewährt
sich nicht an den Thatsachen. Auch das ist nicht zutreffend,
daß Jovian die höheren Regierungsämter an Christen über=
wies[3]), da unter ihm und nach ihm zahlreiche Personen hohe
Posten bekleiden, welche von Julian dorthin gestellt waren
oder wenigstens zur alten Religion sich bekannten. Doch
schließt diese Thatsache die Möglichkeit, ja Wahrscheinlichkeit
nicht aus, daß der christliche Kaiser bei Bestellung seiner
Beamten auch das religiöse Bekenntnis in Rechnung zog.
Dieses schonende Verfahren entsprach ohne Zweifel auch der

---

[1]) Themistius Orat. V ad Jovianum S. 80 ed. Dindorf.
Die Rede wurde Anfang 363 in Dadastana vor Jovian und dessen
unmündigem Sohne Varronianus gehalten und bald darauf nach dem
plötzlichen Tode Jovians in Konstantinopel vor dem Volke wiederholt.
[2]) Sokrat. III, 24.
[3]) Chron. Pasch. S. 554.

allgemeinen Stimmung in den leitenden Kreisen der Kirche.
Wenn es freilich vorgekommen ist, daß das christliche Volk
die heidnischen Präfekten bedrohte und im Theater, auf dem
Forum und in den Versammlungen mit lautem Geschrei
sich gegen die Göttergläubigen wandte[1]), so hat doch
der heftigste Feind Julians und des Hellenismus, Gregor von
Nazianz, eindringlich ermahnt, die frühern Beleidigungen zu
vergessen und nicht Gleiches mit Gleichem zu vergelten.
„Laßt uns zeigen, was jene von den Dämonen und was
wir von Christo gelernt haben.“[2]) Diese humane Gesinnung
erklärt sich nicht allein aus christlich-religiöser Empfindung,
sondern ruht nicht minder in der Überzeugung, daß in dem
mißlungenen Restaurationswerk die letzte Kraftanstrengung
und die letzte Hoffnung des Heidentums untergegangen sei,
und dieses daher nicht mehr Gegenstand der Befürchtung,
sondern vielmehr des Mitleids sei. „Wer wird,“ so äußerte
damals Jemand[3]), „jetzt noch an das Fatum und an das
Horoskop glauben? Wer wird jetzt noch den Orakeln und
wahrsagenden Dämonen Vertrauen schenken?“

Das nachsichtige Verhalten der Regierung schloß indes
nicht aus, daß sie jeden Rechtsübergriff des Heidentums in
das Gebiet der Kirche und ihrer Angelegenheit abwies. Als
einst ein heidnischer Lehrer Ursache zu haben glaubte, bei
dem Kaiser über Athanasius Klage zu erheben, wies ihn jener
mit den Worten ab: „was hast du, der du doch ein Hellene
bist, mit Christen zu schaffen?“[4])

---

[1]) Liban. Ep. 1489; Gregor. N. S. 131.
[2]) Greg. N. S. 131.
[3]) Ephräm a. a. O. S. 356.
[4]) Athan. Op. t. I, 1 S. 779.

Darin liegt also das Wesen und der Erfolg der Re=
ligionspolitik, welche der Nachfolger Julians zu der seinigen
machte, daß sie dem Christentum und der Kirche ihren frühern
Besitz ohne irgendwelchen Abzug zurückgab, das Heidentum
andererseits aus seiner bevorzugten Stellung verdrängte, ohne
ihm die staatliche Duldung zu entziehen. In Wahrheit be=
deutete diese Duldung wenig; sie war nicht mehr als ein
ruhiges Hinsterbenlassen. Denn wie kurz auch die Herrschaft
Julians war, so hatte sie doch offenbar gemacht, daß dem
Götterglauben auch nicht mehr durch staatliche Mittel auf=
zuhelfen sei. Nun wurden ihm diese entzogen und an ihre
Stelle ein nicht ungünstiger, aber doch rechtloser Zustand
gesetzt. Denn die Duldung ist dem Heidentume nicht gesetz=
lich gegeben worden, sondern ist nur Ausfluß des zufälligen
persönlichen Wohlwollens der Regierung, und es bleibt frag=
lich, ob der Kaiser, der die Dinge noch in Unruhe und Be=
wegung vorfand, wenn er länger gelebt hätte, auf diesem
Standpunkte verharrt wäre.

Obwohl also Jovian zu den harten Gesetzen und harten
Maßregeln des Konstantius nicht zurückgekehrt ist, hat doch
die Kirche in ihm freudig den Träger einer neuen Religions=
politik begrüßt. Sie hat ihn „den Gefährten der Heiligen" ge=
nannt und seine Person und sein Werk in dankbarer Erinnerung
bewahrt[1]), obschon ihr nicht unbekannt war, daß er die Leiche
des „Christusfeindes" feierlich in Tarsus neben dem Christen=
verfolger Maximian beigesetzt hatte und den Freunden desselben
sein Wohlwollen nicht entzog.[2]) Sein wenig ehrenvoller
Friedensschluß mit den Persern ist von kirchlichen Schrift=

---

[1]) Ephräm. a. a. O. S. 348; Greg. Naz. I S. 117 f.
[2]) Eunapius, Vita Max. a. a. O. S. 478.

stellern aus der thatsächlichen Lage heraus gerechtfertigt wor=
den.[1])   Das Regiment Jovians würde sich vielleicht im
Laufe der Zeit, durch die Umstände dahin gedrängt, zu einer
schärferen Reaktion gegen den Hellenismus entwickelt haben.
Doch schon nach achtmonatlicher Herrschaft entriß auf dem
Wege nach Konstantinopel in dem Städtchen Dadastana in
Bithynien der Tod am 17. Februar 364 den erst dreiund=
dreißigjährigen Kaiser einem Wirkungskreise, in welchem er
sich kaum noch zurecht gefunden hatte.[2])   Er wurde in Kon=
stantinopel in der Apostelkirche von den Christen bestattet.[3])
Sein leutseliges Wesen, seine ungeheuchelte Frömmigkeit und
sein gerechter Sinn lassen den Mangel eigentlicher Herrscher=
tugenden, wie die unruhvolle Zeit sie verlangte, nicht so
scharf hervortreten und stehen gewichtig neben den Fehlern,
die ein Zeitgenosse in seiner Charakterschilderung aufführt.[4])
Wäre ihm ein längeres Leben beschieden gewesen, so hätte
er vielleicht, wonach er strebte, erreicht, ein zweiter Konstan=
tius — nach der guten Seite — zu werden.

Während die Leiche Jovians nach Konstantinopel ge=

---

[1]) Z. B. Gregor. N. S. 117: „nicht dem darf man die Feuers=
brunst zuschieben, der sie nicht zu löschen vermag, sondern dem, der sie
entzündet hat."

[2]) Rufin. II. 1: haec tam pia et tam beata principia mors
immatura corrupit.

[3]) Auffallend Eutrop. X. 18: benignitate principum, qui ei
successerunt, inter Divos relatus est.   Darnach würden Valens und
Valentinian die Veranlassung dazu gewesen sein, was durch das christ=
liche Bekenntnis dieser Beiden ausgeschlossen ist.   Oder sollte die Apo=
theose im Laufe der Zeit zu einem bloßen Ceremoniell geworden sein?

[4]) Amm. Marc. XXV, 10: dazu Eutrop. X, 18: Et
civilitati propior et natura admodum liberalis fuit. — Aurel.
Victor . . . . Hic fuit insignis corpore, laetus ingenio, litera=
rum studiosus.

leitet wurde, rückte die Armee von Dadastana nach Nicäa
vor, der Stadt des ersten ökumenischen Konzils, um daselbst
die Neuwahl zu vollziehen. Die Ausübung dieses wichtigen
Aktes erschien ihr als ein selbstverständliches Recht. Wer
sollte sonst dieses Recht ausüben? Es wurden in Nicäa
mehrere Namen genannt und in Beratung gezogen, schließlich
einigten sich die Stimmen auf den Befehlshaber der zweiten
Kompagnie der Schildträger, Valentinians, der sich damals
in Ancyra befand. Wenige Tage nachher traf dieser in
Nicäa ein und wurde von den Truppen unter lauten Bei-
fallsäußerungen zum Augustus ausgerufen.

Valentinian war ein Landsmann und Vertrauter
Jovians und bekannte sich wie dieser zum Christentume.
Er hatte bereits unter Konstantius und Julian gedient,
doch kassierte ihn jener auf eine verläumderische Anklage hin
von seinem Tribunenrange in Gallien, und Julian sah sich
durch einen peinlichen Vorfall in Antiochien veranlaßt, gegen
ihn disciplinarisch zu verfahren. Als Valentinian nämlich
bei einer feierlichen Prozession zum Tempel der Stadttyche
der militärischen Ordnung gemäß vor dem Kaiser herschritt,
besprengte der am Eingange des Heiligtums stehende Priester
wie die Gewänder der übrigen, so auch sein Gewand mit
Weihwasser. In seinem Gewissen verletzt, traf ihn in rascher
Aufwallung Valentinian mit einem Faustschlag, erklärte laut,
das sei kein Reinigungswasser, sondern Schmutzwasser, und
trennte das Stück, auf welches die Tropfen gefallen waren,
von seinem Gewande und warf es verächtlich von sich. Der
erzürnte Kaiser verbannte ihn daraufhin in ein entlegenes
Kastell.[1]) Diese Standhaftigkeit hat die Christenheit dem

---

[1]) Am ausführlichsten Theodor. III, 16; Sozom. VI, 6
(mit einigen unwesentlichen Abweichungen); eine andere Überlieferung

Tribunen nicht vergessen; in seiner Erhebung zur Imperatoren=
würde sah sie den göttlichen Lohn dafür.[1]

Neben dieser festen Treue zu seinem Glauben und einer
auf diese gegründeten untadelhaftigen Sittlichkeit[2] zeichneten
den neuen Herrscher ein ernster gerechter Sinn, Erfahrung
und Gewandtheit in den Geschäften und eine würdevolle
Haltung aus. Das volle Bewußtsein seines fürstlichen Be=
rufs hat ihn wohl zu Strenge und Härte verleitet, doch
kannten ihn die Unterthanen mehr als leutseligen und
milden Regenten. Obwohl redegewandt, sprach er wenig.
Ein Meister in der Diplomatie, war er zugleich ein mili=
tärisches Genie, trotzdem aber nicht immer glücklich in der
Wahl seiner Beamten und Offiziere. Sparsam bis zum
Geiz, hat er doch die Steuerlast des Volkes erleichtert.
Auch in den schönen Künsten war er bewandert; er verstand
sich auf die Malerei und die Modelliertunst. Seine Er=
scheinung war königlich.[3]

---

hat offenbar Sokrat. IV, 1 in seinen übrigens ganz kurzen Mit=
teilungen; Ambros. Ep. I. 21 (III S. 910 ed. Bened.) ganz all=
gemein: cujus et fides confessionis constantia comprobata est;
bestimmter. De obitu Valent. c. 55: qui militiam sub Juliano et
tribunatus honores fidei amore contempsit. — Rufin II, 2;
Vita seu cert. S. Athan. § 13 genannt τῆς εἰσεβείας ὑπέρ-
μαχος). Auch Zosim. IV, 2 weiß von einer Denunciation Valen=
tinians bei Julian durch den Philosophen Maximus.

[1] Rufin. II, 2: qui militiam pro Christo reliquerat,
recepit imperium.

[2] Amm. Marc. XXX, 9: omni pudicitiae cultu domi
castus et foris, nullo contagio conscientiae violatus obscenae,
nihil incestum. Auch Aurel. Victor: infestus vitiis.

[3] Zu den Urteilen heidnischer Schriftsteller, unter denen Ammia=
nus Marcellinus und Zosimus ihm von vornherein abgeneigt sind,
sind die Aussagen der Kirchenhistoriker Sokrat. IV, 1; Sozom.
VI, 3; Theodor. IV, 6 u. A. hinzuzunehmen.

Bald nach vollzogener Wahl begab sich Valentinian nach Konstantinopel, um hier einen wichtigen Regierungsakt vorzunehmen; er erhob nämlich seinen jüngeren Bruder Valens, nachdem er ihn kurz vorher mit einer angesehenen militärischen Würde bekleidet hatte, zum Mitaugustus und überwies ihm die Präfektura Orientis, also Asien, Ägypten und Thrazien. Valens war gleichfalls Christ und hatte wie sein Bruder unter Julian Gelegenheit gefunden, seine christliche Überzeugung zu bewähren. Die hervorragenden militärischen und staatsmännischen Gaben seines älteren Bruders besaß er gleichsam nur in geringerer Qualität, er war ein tüchtiger Durchschnittsregent, doch mit guten sittlichen Eigenschaften und dem Bruder in unwandelbarer Treue zugethan. Thatsächlich stand er zu ihm im Verhältnis der Unterordnung.

Nachdem in Sirmium die Herrschaftsgebiete genau abgegrenzt waren, reiste Valentinian im Sommer 364 nach Mailand und Valens nach Konstantinopel. Sturmvoll waren für beide Kaiser Anfang und Verlauf ihrer Regierung. Valentinian wurde bald nach seiner Ankunft in Italien in einen Krieg mit den Alamannen hineingerissen; auch die Burgunden traten drohend mit Forderungen vor den Kaiser, Sachsenschwärme warfen sich auf die nordgallische Küste, durch Britannien und Gallien ging eine tiefe Gährung. Dazu kam endlich noch ein Einfall der Quaden; gereizt, weil der Kaiser in ihren Grenzgebieten Befestigungen aufführte, brachen sie plötzlich in das römische Gebiet ein und brachten binnen kurzem ganz Pannonien in ihre Gewalt. In diesen drangvollen Zeiten und Ereignissen, welche das Reich erschütterten, zeigte sich Valentinian als umsichtigen Regenten.

Es gelang ihm, die drohenden Gefahren, wenn auch nicht zu beseitigen, so doch zurückzudrängen.

In noch größere Schwierigkeiten sah sich Valens im Ostreiche verwickelt. Lauernd standen die Goten an der Donau und warteten auf den günstigen Augenblick, um den Strom zu überschreiten. Valens beeilte sich, ihnen unüberwindliche Grenzwälle entgegenzuwerfen, da griff plötzlich im Reiche selbst eine Hand nach seinem Diadem. Der Feldherr Prokopius, ein Blutsverwandter Julians, erhob sich im September 365 wider Valens, auf die gefährliche Bahn des Prätendententums gedrängt durch seinen Ehrgeiz und noch mehr durch die verzweifelte Lage, in welche das Mißtrauen der Machthaber seit Jovian diesen letzten Konstantiner mit seinem Schatten von Erbrecht getrieben hatte. Des Konstantius zweite Gemahlin Faustina schmückte ihn selbst mit dem Purpur und legte ihr fünfjähriges Töchterlein in seine Arme. In Konstantinopel trat das konstantinische Kaisertum in die Öffentlichkeit; der Erfolg des Wagnisses war ein überraschend großer. Die von dem Usurpator künstlich wiederbelebten konstantinischen Erinnerungen, manche Härten der Verwaltung und nicht zum mindesten die allgemeine Unzufriedenheit, die schon vor Valens da war, aber von einem Regierungswechsel hoffte, trieben dem abenteuerlichen, geheimnisvoll verschlossenen Manne Haufen von Anhängern zu und machten die Krone des morgenländischen Augustus eine Zeitlang wanken. Religiöse Momente treten bei dieser Erhebung nirgends hervor. Prokopius war allerdings Heide und gehörte zu dem vertrauten Freundeskreise Julians; ein Gerücht wußte davon, daß Julian auf dem Perserzuge in der Stadt Karrhä, von bösen Ahnungen gequält, seinem Verwandten vor dem rauchenden Opferaltar ohne Zeugen den Purpurmantel übergeben habe, damit jener, sobald er von dem Tod des Kaisers höre, sogleich die Herrschaft ergreife.[1] Doch trug Jovian kein Bedenken, gleich nach seiner Thronbesteigung den Prokopius — es war freilich die erste und letzte Vertrauensbezeugung — mit einem wichtigen Geschäfte zu betrauen[2]), was ihn jedenfalls nicht als fanatischen Hellenisten erscheinen läßt. Bedeutsamer ist, daß der Usurpator auf seine Münzen mit dem Labarum in der Hand sich abbilden ließ und auch das Monogramm Christi und das Kreuz auf demselben Geldstück öffentlich zeigte, das sein Antlitz trug.[3]) Sollte das kluge Berechnung gewesen sein? Oder hat der unglückliche, ernstgesinnte Mann in seiner schweren Leidenszeit, die ihn Elend und Entbehrung in reichem Maße kosten ließ, in dem Evangelium Trost gefunden? Wir haben keine bestimmte Antwort auf diese Fragen. Doch läßt sich die zweite eher bejahen als die erste. Denn Prokopius hat kurz vor seiner Schilderhebung auf dem Landgute des angesehenen arianischen Theologen Eunomius bei Chalcedon in Verborgenheit geweilt, und ein anderer arianischer Führer, Aetius hat bei ihm ein wichtiges Amt bekleidet.[4]) Auch auf die freundschaftlichen Beziehungen zu der Witwe des Konstantius darf hingewiesen werden, wie auf die Thatsache, daß in christlichen Gebieten und Städten Prokopius seinen großen Anhang hatte. Bemerkenswert ist auch, daß der Heide Libanius den neu ernannten Prokonsul Klearchus, der an der Niederwerfung des Prokopius

---

[1]) Amm. Marc. XXIII, 3.
[2]) Zosim. III, 35.
[3]) Cohen a. a. O. Bd. IV S. 424 n. 7. 9. 12. 13. 16. 17.
[4]) Philost. IX, 5. 6.

großen Anteil hatte, deswegen belobt.[1]  Damit streitet nicht,
daß einige Männer, die das Vertrauen Julians besaßen,
von Profopius hohe Ämter erhielten, wie Araxius, der Prä=
fettus Prätorio wurde, und Andronifus, ein Schüler des
Libanius, der zur Würde eines Vicarius von Thrazien auf=
stieg. Die Not zwang den Usurpator, die Persönlichkeiten
zu nehmen, wie sie zu finden waren. Fast ausnahmslos
haben diese Männer vorher oder nachher auch im Dienste
des christlichen Kaisertums gestanden.

Der Prätendent erlag endlich derselben Macht, die er
für sich angerufen hatte, die aber Valens geschickter für sich
auszuspielen verstand, der konstantinischen Tradition. Der
ruhmbedeckte ergraute konstantinische Feldherr Arbetio, dessen
Name die Armee an unvergängliche Siegesthaten erinnerte
und der ihr als ein lebendiges Denkmal des vollen Glanzes
der konstantinischen Herrschaft galt, erstickte durch List und
Thatkraft die Empörung und brachte den Urheber lebendig
in die Hände des Valens, der ihn hinrichten ließ und das
Haupt nach Gallien zu Valentinian sandte.

Als Profopius gegen Valens aufstand, war der Cynifer
Heraflius vor ihn getreten und hatte ihn angeredet: „sei starfen
Mutes, damit die Nachwelt Gutes von dir reden fann.“ Jetzt
nachdem er tot war, nannte ihn ein heidnischer Rhetor spottend
den „Winterfönig“.[2]  „Er begrub mit seinem Tod die auf=
steigenden Stürme bürgerlicher Unruhen und Kriege wie einst
der alte Perperna.“[3]  Die beleidigte Majestät bedurfte indes

---

[1]  Liban. Ep. 1118.

[2]  Eunap. fragm. n. 28 (ed. Bonn. S. 73. — Themist.
Orat. VIII.

[3]  Amm. Marc. XXVI, 9.

noch längerer Zeit, bis sie an den Anhängern des Toten ihrer
Rache volle Genüge geleistet hatte.

Kaum war Valens von dieser Gefahr befreit, da kam
im Jahre 367 wirklich der längst gefürchtete Gotenkrieg, an
welchem der Kaiser schließlich zu Grunde ging.

Der gefahrvollen politischen Lage gesellten sich in beiden
Reichen kirchliche Verwickelungen zu. Der nicänische Glaube,
den Konstantius gewaltsam niedergeschlagen oder in zwei-
deutige Formeln eingezwängt hatte, richtete sich unter
Julian und Jovian wieder auf und forderte sein Recht. Im
Abendlande hatte er überhaupt nur geringe Verluste gehabt, ja der orthodoxe Orient suchte und fand in seinen
Nöten hier stets eine kräftige Stütze. Jetzt gewannen indes
auch im Morgenlande die Nicäner wieder den Mut, den Kampf
offen aufzunehmen, und bedrohten die Arianer und die ver-
mittelnden Richtungen in ihrem Besitzstande. Die Leiden-
schaften flammten wieder auf.

Valentinian zählte zu den Homousianern und ist in
dieser Stellung zu keiner Zeit wankend geworden. Doch
wußte er auch den Gegnern im allgemeinen gerecht zu
werden und ihnen, soweit es statthaft erschien, Duldung zu
gewähren. Außerdem war sein Grundsatz, kirchliche Fragen
von den zuständigen kirchlichen Organen beraten und er-
ledigen zu lassen. Als auf seiner Reise nach dem Abendlande nach vollzogener Reichsteilung der Bischof Hypatianus
von Heraklea in Thrazien als Abgeordneter nicänischer Bischöfe
mit der Bitte an ihn herantrat, daß ihnen die Berufung
einer Synode zur Festigung des rechten Glaubens gestattet
werde, antwortete der Kaiser: „mir als Laien kommt es
nicht zu, mich in fremde Angelegenheiten zu mischen. Die
Priester, denen es zusteht, mögen sich versammeln, wo sie

wollen."[1] Ambrosius[2] kennt den Ausspruch von ihm: „es ist nicht meine Sache, Richter zwischen Bischöfen zu sein." In einer Ansprache[3] forderte er einst zur Wahl eines Bischofs auf mit der Begründung, „daß auch wir, die wir die weltliche Regierung führen, aufrichtig unser Haupt vor ihm beugen und seinen Tadel — denn wir sind Menschen und darum Sünder — wie eine heilsame Arzenei entgegen= nehmen können." Es war nicht am allerwenigsten das Verdienst dieser vorsichtigen Zurückhaltung Valentinians, aus der er nur vereinzelt heraustrat[4], daß unter seiner Re= gierung im Abendlande die kirchliche Entwicklung in ruhigern Bahnen ging als im Orient.

Ganz andere Wege ging Valens. Auch er stand an= fangs, wie sein Bruder, im nicänischen Bekenntnis. Doch hatte er bei Übernahme der Regierung noch nicht die Taufe erhalten. Als er nun zum Gotenkriege sich rüstete, hielt er in Anbetracht der ernsten Lage es für angezeigt, vorher das heilige Taufbad zu empfangen. Er wandte sich daher an den angesehenen, einst unter Konstantius einflußreichen Bischof Eudoxius von Konstantinopel, einen hervorragenden

---

[1] Sozom. VI, 7.

[2] Ambros. a. a. O.: non est meum judicare inter epi-scopos.

[3] Theodor. IV, 6. Es handelte sich um die Wahl eines Nach= folgers für den verstorbenen arianischen Bischof Auxentius in Mailand.

[4] Z. B. Cod. Theod. XVI, 5, 3 (woselbst Befehl an den Stadtpräfekten Ampelius zu strengem Einschreiten gegen die Manichäer a. 372) u. XVI, 16, 1 (wo die nordafrikanischen Bischöfe mit Ab= setzung bedroht werden, falls sie die Taufe wiederholen a. 373). In= struktiv sind auch die in Sachen des Ursinus und Damasus ergangenen kaiserlichen Rescripte bei Baron. Annal. ann. 368 n. 2. 3. 4; ann. 369 n. 4; ann. 371 n. 1. 3.

Führer der Arianer, und dieser entsprach seinem Verlangen.
Daß er einen Arianer aufsuchte und nicht einen Nicäner,
war das Werk seiner Gattin, die sich schon seit längerer
Zeit bemüht hatte, den Kaiser zu den Arianern hinüberzu=
ziehen.[1]) Ob es wahr ist, was weiter erzählt wird, daß der
Bischof bei der Sakramentsspendung den kaiserlichen Täuf=
ling verpflichtet habe, nicht nur in Treue bei dem arianischen
Dogma zu verharren, sondern auch die Gegner desselben zu
bekämpfen[2]), mag dahingestellt bleiben; jedenfalls vollzog Valens
mit der Taufe seinen offenen Übertritt zum Arianismus,
benahm sich als ein fanatischer Parteigänger dieser Christo=
logie und hat auch die gewaltsamsten Mittel nicht gescheut,
seine Genossen zu fördern und den Nicänern Abbruch zu
thun. Er machte sich zum willenlosen Handlanger der aria=
nischen Wortführer. Auch wenn die leidenschaftlichen Über=
treibungen seiner Ankläger billig in Anschlag und Abzug ge=
bracht werden, bleibt noch genug, um ihn als einen maß=
losen, mit List und Gewalt kämpfenden Verfolger der Nicäner
bezeichnen zu können. Vieles erinnert lebhaft an ähnliche
Vorgänge unter Julian, nur daß dieser Eiferer vor gewalt=
thätigen Maßregeln eine weit geringere Scheu hatte als der
durch seine Humanitätsphilosophie gezügelte Neuplatoniker.
Man meinte innerhalb der rechtgläubigen Christenheit, seit
der ersten Predigt des Evangeliums habe die Kirche noch
keine solche Bedrückung erfahren.[3]) Abgesehen von diesem
Punkte waren beide Herrscher eins in den Äußerungen ihres

---

[1]) Theodor. IV, 12. Dazu Sokrat. IV. 1: Sozom.
VI, 6.

[2]) Theodor. a. a. O.

[3]) Basil. Magn. Ep. 242 (III. 371).

Wohlwollens gegen die Kirche. Sie haben es an Vergünsti=
gungen und mancherlei Zuwendungen nicht fehlen lassen. Wo
indes das staatliche Interesse mit dem kaiserlichen in Konflikt
kam oder aus mißbräuchlichen Verhältnissen sich Zustände
ergaben, welche der staatlichen Ordnung nachteilig schienen,
haben sie kein Bedenken getragen, für den Staat zu fordern,
was nach ihrem Ermessen dem Staate zukam. Ein christ=
licher Presbyter in Epirus, der einem politisch verdächtigen
hohen Beamten ein Versteck gewährt hatte, büßte dieses Ver=
gehen mit seinem Kopfe.[1]) Es wurde überall offenbar, daß
das Reich wiederum eine christliche Regierung hatte. Die
kaiserlichen Münzen zeigten das Labarum, das Monogramm
Christi und das Kreuz.[2])

Die Stimmung des Heidentums war seit dem jähen
Untergange Julians eine gedrückte. Ein kräftiger Despot
hätte mit Leichtigkeit dem Hellenismus schwere Wunden
schlagen und sein Ende beschleunigen können. Aber ebenso=
wenig wie Jovian waren Valentinian und Valens in der
Lage, über einen solchen Machtaufwand zu verfügen. Poli=
tische und kirchliche Unruhen zogen ihre Kraft anderswohin
ab. Zwar haben auch unter Konstantius mancherlei innere
und äußere Verwickelungen und Kämpfe nicht gefehlt, indes
war er eine weit tüchtigere Herrschernatur, und im Reiche

---

[1]) Z. B. Cod. Theod. XVI, 2, 19. 20. 21. 22; XIV, 3,
11; XII, 1, 63. — Amm. Marc. XXIX, 3 (vgl. XXVII. 7):
Hieron. Chron. a. 375 (?): Presbyter Sirmii iniquissime de-
collatur, quod Octavianum ex Proconsule apud se latitantem
prodere noluisset.

[2]) Cohen a. a. O. S. 396 n. 4. 6. 11. 19. 26. 28. 29. 23.
24. 56 u. i. (Valentinian); S. 410 n. 9. 11. 14. 27. 5. 24. 25 u. i.
(Valens). Daneben auf den Münzen beider einigemal auch ägyptische
Gottheiten, Isis, Anubis, Harpokrates (59. 60. 61. 62. — 76. 77. 78.
79. 80), wie auch unter Jovian (s. S. 180 Anm. 2.)

lebten noch die Erinnerungen an den glorreichen Namen seines Vaters. So konnte die Religionspolitik der beiden Kaiser keine andere sein, als welche Jovian eingeschlagen hatte. In der That tritt diese Gleichheit deutlich hervor.

Valentinian wollte volle Freiheit der Kirche dem Heidentum gegenüber. Als es zur Kenntnis des Kaisers kam, daß Christen von heidnischen Richtern und Verwaltungsbeamten zur Bewachung der Tempel gezwungen würden, schritt er mit einem Verbot dagegen ein.[1]) Ebenso wünschte er da das christliche Gewissen geschützt, wo Christen und Heiden gemeinsam zu beraten und zu handeln pflichtmäßig verbunden waren, wie in den städtischen Kollegien und im Senate.[2]) Auch darin lag eine weitgehende Rücksicht auf die Kirche und das christliche Bekenntnis, daß, offenbar in Gemäßheit oft vorgetragener Wünsche der Bischöfe, die Schauspieler und Schauspielerinnen, wenn sie in Todesnot das Sakrament der Taufe begehrten und erhielten, im Falle der Genesung von der Verpflichtung befreit wurden, zur Bühne zurückkehren zu müssen. Die elende Existenz der sonst unauflöslich an die verachtete Kaste gebundenen Schauspieler mußte dieses aus dem Abscheu der Kirche gegen das verkommene Bühnenwesen

---

[1]) Cod. Theod. XVI, 1, 1: Quisquis judex seu apparitor ad custodiam templorum homines christianae religionis apposuerit, sciat, non saluti suae, non fortunis esse parcendum (a. 365).

[2]) Ambros. in einem Schreiben an den jüngern Valentinian (a. a. O. S. 870 f.): quid respondebis etiam patri qui te majore dolore conveniet dicens: de me, fili, pessime judicasti, qui putasti, quod ego gentilibus conniventiam praestissem; nemo ad me detulit, aram esse in illa romana curia. Gemeint ist der Altar der Victoria.

entsprungene Gesetz freudig begrüßen. Doch traf die vor=
sichtige Regierung zugleich Spezialmaßregeln, durch welche
einem Mißbrauch dieser Vergünstigung vorgebeugt wurde.[1])
Andererseits hat Valentinian bald nach seinem Regierungs=
antritt in mehreren Edikten den Heiden die freie Ausübung
ihres Kultus gewährleistet.[2]) Ammianus Marcellinus[3]) rechnet
es ihm zum höchsten Lobe an, daß er „zu den verschiedenen
Religionen sich unparteiisch verhielt, niemanden beunruhigte
und nicht forderte, daß diese oder jene Gottheit verehrt werde."
Diese Selbstbeherrschung dem Heidentum gegenüber ist um
so höher anzuschlagen, als beide Brüder bald nach Über=
nahme des Reichs unter Erscheinungen, die auf Vergiftung
wiesen, heftig erkrankt waren und in dem Freundeskreise
Julians den Urheber des Mordversuches suchten.[4]) Doch hat
weder Valentinian noch Valens diese That dem Heidentum
als solchem entgelten lassen. Den heidnischen Priestertümern
wurde die Fortdauer ihrer alten Rechte feierlich versichert und
eine von Beamten versuchte Schmälerung derselben in mehre=
ren Fällen zurückgewiesen.[5]) Das war freilich nicht mehr
und nicht weniger als was der Heidenfeind Konstantius
gewährt und geduldet hatte. Man darf nicht vergessen, daß
die Sacerdotien auch staatliche und kommunale Lasten und

---

[1]) Cod. Theod. XV, 7, 1.

[2]) Cod. Theod. IX, 16, 9: . . . testes sunt leges a me
in exordio imperii mei datae, quibus unicuique, quod animo
imbibisset, colendi libera facultas tributa est.

[3]) Amm. Marc. XXX, 9: inclaruit, quod inter religionum
diversitates medius stetit nec quemquam inquietavit neque ut
hoc coleretur imperavit aut illud nec interdictis minacibus
subjectorum cervicem ad id quod ipse coluit inclinabat, sed
intemeratas reliquit has partes ut reperit.

[4]) Amm. Marc. XXVI, 4; Zos. IV, 1.

[5]) Cod. Theod. XII, 1, 60 (a. 364); XII, 1, 75 (a. 371) u. f.

Rechte trugen, die auf den Staat und die Gemeinden über=
zuleiten mit großen Schwierigkeiten verbunden war. Noch
in einer späteren Zeit seiner Regierung erklärte er in einer
Verordnung vom Jahr 371: gegen die Ausübung der Haru=
spicin habe er nichts einzuwenden; weder sie noch „irgend eine
andere von den Vorfahren gebilligte religiöse Handlung" er=
achte er für ein Kriminalvergehen.[1] So hatte einst auch
Konstantin die Haruspicin an sich für nicht verwerflich er=
klärt, aber doch im Tone der Mißachtung derjenigen, welche
davon Gebrauch machen wollen. Mit Konstantius weiterhin
teilte Valentinian die tiefe Abneigung gegen die politisch ver=
dächtig gewordene Mantik. Die unheimlichen nächtlichen
Veranstaltungen, durch welche den Göttern das Geheimnis
der Zukunft entlockt zu werden pflegte, die Gebete, die Cäre=
monieen, die Opfer wurden durch ein gemeinschaftliches Gesetz
beider Kaiser bereits im September d. J. 364 unter Todes=
strafe gestellt.[2] Doch erlangte der Prokonsul von Achaja,
Prätextatus, durch seine persönliche Fürsprache, daß die
eleusinischen Mysterien nicht unter die Wirkung dieses Gesetzes
gebracht wurden: vielmehr gestattete Valentinian ihre Fort=
dauer, allerdings unter der Bedingung, „daß alles sich voll=

---

[1] Cod. Theod. IX, 16, 9: Haruspicinam ego nullum
cum maleficiorum causis habere consortium judico neque
ipsam aut aliquam praeterea concessam a majoribus religionem
genus esse arbitror criminis . . . . nec haruspicinam repre-
hendimus, sed nocenter exerceri vetamus.

[2] Cod. Theod. IX, 16, 7: Ne quis deinceps nocturnis
temporibus aut nefarias preces aut magicos apparatus aut
sacrificia funesta celebrare conetur. Detectum atque convic-
tum competenti animadversione mactari, perenni auctoritate
censemus. Die Interpretatio bestimmt die Ahndung näher als
Todesstrafe.

ziehe in Gemäßheit der althergebrachten Überlieferung."[1] Überhaupt sind die Sacra, wenn sie in kanonischer Weise, nach den alten Ordnungen vollzogen wurden, nirgends be= hindert worden, so lange nicht die Rücksicht auf bestimmte Verhältnisse das Gegenteil gebot. Als der athenische Ober= priester Nestorius gegen Ende der Regierung Valentinians, durch einen Traum dazu veranlaßt, bei dem Magistrat der Stadt Athen den Antrag stellte, dem alten Heros Achilleus einen öffentlichen Kultus einzurichten, um dadurch Athen und Attika vor den verwüstenden Erdbeben zu schützen, welche damals das Morgenland erschreckten, wies der Magistrat den Bittsteller als einen kindischen Alten ab, offenbar in Rück= sicht auf diesen bestimmten Willen des Kaisers, der keine neue Superstition wollte. Der Bittsteller half sich indes damit, daß er eine kleine Statue des Achilleus unter das Athenebild im Parthenon stellte, und indem er der Athene die gewohnten Opfer brachte, dabei auch geziemender Weise seines Heroen gedachte.[2] In der Folgezeit haben sich die Herrscher noch mehrmals gegen den „Irrwahn" der Mathe= matiker, dem politische Unzufriedenheit und politischer Ehr= geiz bis in die Reihen der Senatoren hinein gläubige Jünger

---

[1] Zosim. IV. 3. Die Begründung: τοῦτον ἔφη τὸν νόμον ἀβίωτον τοῖς Ἕλλησι καταστήσειν τὸν βίον, εἰ μέλλοιεν κω-λύεσθαι τὰ συνέχοντα τὸ ἀνθρώπειον γένος ἁγιώτατα μυστήρια κατὰ θεσμὸν ἐκτελεῖν. Daraus darf man auf den großen Anhang des Hellenismus in Griechenland zurückschließen. Die kaiserliche Einschränkung: πράττεσθαι πάντα κατὰ ἐξ ἀρχῆς πάτρια entspricht ganz dem Sinne von Cod. Theod. IX, 16, 9

[2] Zosim. IV, 18.

verschafft hatten, mit großer Schärfe ausgesprochen.[1]) Ob=
schon von diesen Bestimmungen nur die Heiden betroffen
wurden und wohl hauptsächlich solche, die durch den Tod
Julians in ihren hochfliegenden Hoffnungen sich getäuscht
sahen, so lag ihnen jegliche religiöse Tendenz fern; vielmehr
bezweckten sie, die durch eine immer maßloser in die Politik
sich verstrickende Divination hervorgerufene Aufregung, die
leicht zu bedenklichen inneren Unruhen führen konnte, abzu=
schneiden.

Rein staatlicher Natur scheint auch eine von den Herrschern
im ersten Jahre ihrer Regierung getroffene Maßregel aufge=
faßt werden zu müssen, welche die Konfiskation sämtlichen
Tempelgutes zu Nutzen des kaiserlichen Privatvermögens
anordnete, soweit jenes früher einmal von der Regierung
eingezogen und verkauft oder verschenkt war.[2]) Damit wurde
also die Vermögenslage der heidnischen Heiligtümer, wie sie
beim Ableben des Konstantius gewesen war, wiederhergestellt,
also sämtliche Maßnahmen Julians zu Gunsten des Privat=
besitzes der Tempel rückgängig gemacht. Es war ein rück=
sichtsloses Verfahren, und es traf nicht sowohl die heidnischen
Priesterschaften, die sich jenes Besitzes schon entwöhnt hatten,
als diejenigen, welche durch Schenkung oder Kauf unter
Konstantin und Konstantius Eigentümer des Tempelgutes
geworden waren, das heißt Christen. Diese Thatsache drängt
dazu, das Vorgehen der Kaiser als eine Finanzoperation

---

[1]) Cod. Theod. IX, 16. 8. 9. 10.

[2]) Cod. Theod. X, 1, 8: Universa loca vel praedia, quae
nunc in jure templorum sunt, quaeque a diversis principibus
vendita vel donata sunt, retracta ei patrimonio, quod priva-
tum nostrum est, placuit aggregari. Das Jahr 364 steht fest,
das jetzige Datum prid. Non. Febr. ist falsch, da es vor den Regie=
rungsantritt der beiden Herrscher fällt; vgl. darüber Gothofr. zu d. St.

aufzufassen, die aus der religionspolitischen Lage Gewinn zieht. Der übertriebene haushälterische Sinn der Herrscher, der nicht selten in maßlose Habsucht ausartete[1]), kommt dieser Beurteilung entgegen.

Das Verhalten des Valens im Ostreiche entspricht genau demjenigen Valentinians, und ohne Zweifel ist diese Übereinstimmung das Ergebnis vorhergegangener gemeinsamer Besprechung der wichtigen Frage. Themistius[2]) hat den Augustus des Orients in derselben Weise dafür belobt, wie Valentinian bei Ammianus Marcellinus Anerkennung gefunden hat. Katholischen Christen, welche unter dem Drucke der vollen Abneigung des Kaisers standen, ist im Lichte ihrer eigenen harten Lage diese Duldung des Heidentums als unverantwortlich weitgehend erschienen und Gegenstand bitterer Beurteilung geworden. Theodoret[3]) verleiht dieser Stimmung mit den Worten Ausdruck: „während seines längern Aufenthaltes in Antiochien — es war im Winter 373—374 — gab er allen Freiheit des Kultus, Heiden wie Juden und auch denen, die sich zwar Christen nennen, aber das gerade Gegenteil der evangelischen Wahrheit lehren. Die hellenischen Mysterien wurden wiederum von den im Irrwahn Befangenen gefeiert, und er gestattete, daß die nach dem Tode Julians von Jovian ausgelöschte Gaukelei wieder aufblühte." Voll Staunen sahen die Bewohner von Antiochien die ausgelassenen Festzüge zu Ehren des Zeus, des Dionysos und der Demeter über ihren Markt und ihre Straßen öffentlich dahinrasen.

---

[1]) Amm. Marc. XXX, 8; XXXI, 14.
[2]) Themist. Orat. XII (ihre Ächtheit vorausgesetzt).
[3]) Theodor. IV, 24.

Was von der Toleranz des Valens dem Heidentum
gegenüber hier und sonst berichtet wird, entspricht schwerlich
in vollem Umfange den wirklichen Verhältnissen; immerhin
bleibt bestehen, daß der Augustus in seinen leidenschaftlichen,
bewegten Kämpfen gegen die Orthodoxie und in den vielen
andern Wirrnissen seiner Regierung die einzelnen Lebens=
äußerungen und Bewegungen des Hellenismus übersah. Nicht
selten auch hat der Arianismus den Fanatismus der
Göttergläubigen aufgerufen, um desto wirksamer seine Gegner
zu bekämpfen. Nur wo das Heidentum sich und seine
Superstition in den Dienst politischer Träumereien und Um=
triebe stellte, ist ihm Valens ein rücksichtsloser Feind und
Verfolger geworden. Davon steht in seiner Geschichte in
blutigen Zügen geschrieben. Ein Jahrhundert, wo der Zufall
diesem oder jenem das Szepter in den Schoß warf, mußte
in den Menschen den Reiz wecken, sich selbst das Horoskop
zu stellen oder den Namen überhaupt des nächsten Glücks=
kindes zu erfragen. Die Mittel dazu bot in großer Auswahl
die Divination mit ihrem Reichtum an volkstümlichen Zu=
sätzen. In hellenischen Kreisen insonderheit regte die trost=
lose, hoffnungsarme Gegenwart das Verlangen, von den
Göttern zu erfahren, ob noch eine zuverlässige Hoffnung sei
und noch ein Name, an den diese sich binden könne. Die
Übung dieser Befragung war eine alte; sie hatte den ganzen
Zorn des Konstantius erregt. Aber sie war nicht zu unter=
drücken. Hoffnung und Befürchtung trieben immer wieder
Leute auf die gefährliche Bahn.

Im Jahre 371 oder 372 gestand ein des Giftmordes
angeklagter verkommener Mensch namens Palladius auf der
Folter, von einer solchen Befragung der Götter betreffend
den Nachfolger des Kaisers zu wissen und nannte mehrere

Namen. Begierig wurden diese Mitteilungen aufgenommen, und die schleunigst angestellte Untersuchung ergab, daß in der That mehrere Personen einem aus Lorbeerzweigen geflochtenen Dreifuß durch magische Verrichtungen den Namen des zukünftigen Herrschers entlockt hatten. Der über dem Dreifuß schwebende, mit geheimnisvoller Formel geweihte Ring schlug an die Buchstaben ΘΕΟᴸ an, und sofort ergänzten die Zeugen ΘΕΟᴸΩΡΟΣ und richteten den Orakelspruch auf einen angesehenen kaiserlichen Beamten Theodorus, der mit dem Ruhme eines alten Geschlechtes und seiner Bildung persönliche Beliebtheit und Tüchtigkeit in den Geschäften verband. Er erhielt Kunde von dem Spruche und verschloß ihn heimlich in seine Brust. Um so beflissener zeigten sich die Unternehmer der Divination, in heidnischen Kreisen, die auf eine bessere Zukunft warteten, das Orakel zu verbreiten und freudige Erwartungen wach zu rufen. Hohe und niedere kaiserliche Beamte wie Private, vor Allen aber die Philosophen und Rhetoren, die seit Julians Tode ungeehrt und unbeachtet abseits standen, knüpften ihre Hoffnungen an dieses Ereignis. Fast in alle Winkel dieser stillen Gemeinschaft drang mit Hülfe einer maßlosen Denunciation und eines unbarmherzigen Folterverhörs die richterliche Untersuchung. Bald waren die Henker in furchtbarer Thätigkeit. Scharen von Verurteilten wurden dem Tode überliefert. Mit Schauern sah man diese unersättliche Blutarbeit, die nicht Opfer genug haben zu können schien. Auch der Philosoph Maximus, hochgeehrt in seiner Zeit und ein naher Freund Julians, wurde in das Verderben hineingezogen. In Ephesus wurde dem schwererkrankten Manne, der unmittelbar vor seinem Lebensende stand, das Haupt abgeschlagen. Ein gleiches Geschick traf mehrere andere Neuplatoniker. Die böswillige Denunciation wollte

nicht aufhören. Ein Schrecken war über das ganze Reich
gekommen. Es wurde als ein Unglück verwünscht, einen
Namen zu haben, der mit ΘΕΟΔ anfing. In großer Anzahl
sind damals Träger der Namen Theodorus, Theodotus, Theo=
dulus, Theodosius hingerichtet worden. In dem fanatischen
Arianer schien eine dunkele Angst lebendig geworden zu sein,
ob nicht das Orakel vielleicht doch Recht haben könnte.[1]

Diese grausame Justiz hat, obwohl von politischen Be=
weggründen ausgehend und bestimmt, thatsächlich das Heiden=
tum schwer erschüttert. Denn dieses war ja das Ziel der
entfesselten Spionage und schrankenlosen Denunciation, und
die zahllosen Opfer gehörten ihm an. Auch läßt sich ver=
muten, daß einzelne richterliche Beamte über die Grenzlinie
des Politischen hinausgingen, um den Götterglauben als
solchen zu treffen. In andern Fällen ergab sich eine
Scheidung zwischen Politischem und Religiösem überhaupt
als unmöglich; fast überall stieß die Untersuchung zuletzt auf
die Anhängerschaft Julians, welche politisch verdächtig war
und zugleich die religiösen Reformgedanken desselben bewußt
festhielt. Dadurch sah sich die Regierung veranlaßt, für den
höhern Beamtenstand auch das religiöse Bekenntnis in An=
schlag zu bringen, und entfernte eine Anzahl heidnischer
Würdenträger von ihrem Posten.[2] Indifferente Beamte
oder solche, welche bestimmte Garantieen ihrer Treue boten,
sind indes in ihrer Stellung verblieben; sie begegnen hernach

---

[1] Amm. Marc. XXIX, 1. 2; Zosim. IV, 13. 14. 15.
Philost. IX, 15; Sokrat. IV, 19; Sozom. VI, 35.

[2] Zosim. IV, 2 weiß, daß noch vor diesen Ereignissen die
beiden Kaiser die Verwaltung der Provinzen und anderer wichtiger
Ämter den von Julian dazu berufenen Personen, zwei ausgenommen,
entzogen und in andere Hände gelegt hätten. Es scheint mir richtiger,
diese Maßregeln später zu setzen.

noch öfters in der Geschichte beider Kaiser. Auch das ist
nicht gering zu veranschlagen, daß die grausame Form, in
der sich die rächende Strafe auswirkte, in heidnischen Kreisen
Furcht und Schrecken verbreitete und das Heidentum, wenn
auch nur vorübergehend und nicht überall, von der Öffent=
lichkeit zurückdrängte. Die safranfarbenen Mäntel der heid=
nischen Philosophen verschwanden; ihre Hörsäle wurden leer,
die Mantik ruhte, weil Jeder besorgte, in den Verdacht hoch=
verräterischer Orakelbefragung zu kommen. [1]).

In den großen Städten freilich, wo das Heidentum sich
noch als eine starke Macht und im Besitz der Volksmassen
wußte, konnte natürlich der Eindruck dieser Geschehenisse nur
ein geringer sein. Ein Vorfall in Alexandrien offenbart, daß
auch nach solchen Erfahrungen in den heidnischen Schichten
der großen Städte ein wilder Haß sich erhielt, der auch vor
offenem Angriff auf die christliche Bevölkerung und ihre
heiligen Rechte nicht zurückschreckte. Im Mai des Jahres 373
nämlich war in dieser Stadt Athanasius, der unbeugsame
Kämpfer und Dulder des nicänischen Glaubens, im ruhigen
Besitz seines Bistums gestorben; denn Valens hatte den an=
gesehenen Mann, der eine gewaltige Macht in seiner Hand
trug, nicht zu verdrängen gewagt, obwohl die Augen der
Arianer immer auf den alexandrinischen einflußreichen Bischofs=
stuhl gerichtet waren. Doch um seine Nachfolge entbrannte
ein heftiger Kampf. Die Freunde und Gesinnungsgenossen
des Toten traten rasch zusammen und erhoben, einen Wunsch
des Heimgegangenen erfüllend, den Presbyter Petrus, den

---

[1]) Sozom. VI, 35: Ambros. De fide I, 13, 84: non quaero,
quid loquantur philosophi, requiro quid faciant. Soli in suis
gymnasiis remanserunt. Vide quam fides argumentis prae=
ponderet: illi quotidie a suis consortibus deseruntur.

Genoſſen ſeiner Leiden und Gefahren, auf den biſchöflichen
Thron. Der heidniſche Statthalter Palladius, der ſeinem
arianiſchen Herrn gefällig ſein wollte, vielleicht auch beſtimmte
Inſtruktionen hatte, vertrieb den Petrus mit Gewalt aus
der Stadt. Bei dieſer Gelegenheit ließ ſich der heidniſche
Pöbel, deſſen Leidenſchaft der Statthalter aufgeregt und
deſſen Mitwirkung er gebraucht hatte, um ſeinen Zweck deſto
ſicherer zu erreichen, zu ſchändlicher Profanation der Theonas=
tirche hinreißen. Unter Hymnen auf die Götter drang die
Menge in das Gotteshaus, welches Petrus eben verlaſſen
hatte, und erfüllte den heiligen Raum mit wüſtem Lärm. Die
in der Kirche anweſenden geweihten Jungfrauen wurden er=
griffen, entkleidet und ſo durch die Stadt geführt und dem
Hohne der Heiden und der Arianer preisgegeben  Auch der
Altar wurde entweiht, und von der biſchöflichen Kathedra
herab hielt ein Wüſtling eine Predigt, in welcher Unzucht,
Raub, Freſſen und Saufen als heilſame Dinge erbaulich
empfohlen wurden. Erſt die Ankunft des Comes Magnus,
der inzwiſchen, wie es ſcheint, mit dem arianiſchen Chriſten=
tum paktiert hatte und unter ſtarker militäriſcher Bedeckung
den von Euzoius in Antiochien beſorgten arianiſchen Bistums=
tandidaten Lucius herbeiführte, machte den Ausſchreitungen
ein Ende. [1])

Es konnte nicht ausbleiben, daß ſolche Erfahrungen die
Mäßigung der Herrſcher auf eine harte Probe ſtellten. Auch
der Einfluß der Kirche, vor allem der Biſchöfe, ſowohl im
Orient wie im Occident machte ſich immer entſchiedener
geltend und ſuchte die weltliche Regierung, für welche das

---

[1]) Vgl. das Schreiben des Petrus bei Theodor. IV. 22; auch
Basil. Ep. 139 S. 230.

Wohlwollen der Bischöfe großen Wert hatte, von der Bahn
der Toleranz wegzudrängen.   Doch wie immer auch die letzten
Gründe bestimmt werden mögen, schließlich verstanden sich
die beiden Kaiser dazu, die früher verheißene Religionsfreiheit
einzuschränken.   Sie untersagten jegliches Opfer mit Ausnahme der Rauchopfer.[1]   Damit war dem Opfer der öffentliche Pomp genommen; der feierliche Aufzug mit den be-
kränzten Tieren hörte auf, die Funktion des Opferschlächters
hatte ein Ende.   Es gab nun keine sakrifizielle Divination
mehr, kein fröhliches Opfermahl.   Das heidnische Opfer war
jetzt nur wenig mehr als was der christliche Priester that,
wenn er die Weihrauchkörner auf die glühenden Kohlen des
Rauchfasses warf.   Der dürftige Rest, der jetzt vom Opfer
noch blieb, mußte als ein Almosen erscheinen, das nur noch
für einige Zeit gereicht wurde, um dann auch zu verschwinden.

Diese neueste und wichtigste religiöse Verordnung der
kaiserlichen Brüder hat selbstverständlich ebensowenig allgemeine Anwendung gefunden wie ähnliche Bestimmungen des
Konstantius.   Doch war wichtig, daß sie überhaupt vorhanden
war, so daß vorkommenden Falls auf sie Bezug genommen
werden konnte.

Demnach weist sich die Religionspolitik dieser Herrscher
als eine solche aus, welche die Bahn, die Konstantin und
seine Söhne bereits durchmessen hatten, wiederum durchläuft,
ohne indes bis an denselben Punkt zu kommen.   Ihr Ziel
ist jedenfalls dasselbe gewesen; aber die Aktion ist matt und
nachlässig.   Das Heidentum mußte daraus den Eindruck gewinnen, daß es in der Absicht dieser Regierung liege, neben

---

[1] Liban. I S. 163 in der Rede für die Tempel: (τὸ θύειν)
ἐκωλύθη παρὰ τῶν ἀδελφῶν, ἀλλ᾽ οὐ τὸ λιβανωτόν.

der Herrschaft des Christentums und der Kirche dem Götter=
glauben, obschon in beschränktem Umfange, Duldung zu ge=
währen.   Diese Auffassung läßt sich in der That nachweisen.

Die Gründe dieser stark zum Indifferentismus neigenden
Religionspolitik sind schwerlich im Heidentum selbst zu suchen.
Vielmehr wird in den unruhigen politischen und kirchlichen
Verhältnissen und in der Überzeugung, daß die alte Religion
von selbst dahinsterbe, die Erklärung dieser Erscheinung
zu suchen sein, die, an der Politik der Konstantiner gemessen,
allerdings sich auffallend ausnimmt.

# Zweites Kapitel.

## Steigerung des Kampfes durch Gratian und Valentinian II.

In der Unruhe eines Quadenkrieges wurde Valentinian in einer Zornesaufregung am 17. November 375 im Lager zu Bregetio unerwartet hingerafft. Die armselige Erscheinung einer Gesandtschaft der Feinde, mit welcher der stolze Imperator des mächtigen Reiches unterhandeln sollte, brachte ihn in eine leidenschaftliche Bewegung: „wie von einem Blitzstrahl getroffen", sank er zu Boden.

Irgendwelche Besorgnisse hinsichtlich der Nachfolge schienen grundlos, da ein legitimer Thronerbe vorhanden war, der siebzehnjährige Sohn des Kaisers, Gratianus, der längst mit Zustimmung des Heeres den Augustustitel trug. Dennoch erhoben sich in der Armee Bedenken gegen diese Erbfolge; die Stimmung eines großen Teils der Armee war dem Comes Sebastianus zugewandt, und nur die rasche und geschickte Entschlossenheit des Generals Merobandes verhütete den Ausbruch unberechenbarer Wirren. Da die Umstände eine schnelle Entscheidung forderten, Gratian aber in dem fernen Trier abwesend war, so wurde der leichter zu erreichende jüngere Valentinianus, der erst vierjährige Sohn des Kaisers aus seiner Ehe mit der Arianerin Aviana Justina,

nach Bregetio geführt, den Soldaten vorgestellt und als
Augustus ausgerufen. Damit war dem valentinianischen
Hause die Erbfolge und dem Reiche die Ruhe gesichert.
Gratian fügte sich in die Umstände und nahm den Genossen
seines Throns freundlich auf. Thatsächlich blieb in der
Folgezeit die Regierung in seiner Hand, obwohl für den
Mitaugustus bestimmte Gebiete — Italien, Afrika und
Illyrien — abgetrennt worden waren.

Der junge Herrscher war wohl geeignet, die Herzen
seiner Unterthanen sich geneigt zu machen. Seine schöne,
männliche Erscheinung, sein einnehmendes Wesen und reiche
Gaben des Geistes wie des Gemüts gewannen ihm mühelos
Zuneigung, ja schwärmerische Begeisterung, und man schlug
es gering an, daß die Zerstreuungen der Jagd ihn allzuleicht
von ernsten Geschäften abziehen konnten. Das begeisterte
Lob seines Lehrers, des Dichters Ausonius, der für die
Konsulswürde dankend in dem Kaiser die königliche Würde
des Menelaus, die Klugheit des Ulysses und die Alters-
erfahrung Nestors in höherem Maße entdeckte[1]), war nicht
bloße Rhetorik: auch der Heide Symmachus hat die segens-
volle Wirkung dieser Regierung anerkannt[2]), und selbst die
strenge Geschichtsschreibung des Ammianus Marcellinus giebt
dem jungen Augustus den Ruhm, den besten Fürsten würdig
nachgeeifert zu haben.[3]) In Gratian tritt in der Reihe der

[1]) Auson. Grat. actio (bei. S. 532. 540. 547 ed. Paris.
1730).

[2]) Symm. Epist. X, 2 (a. 376). Die Citate hier wie im Folg.
nach der vorzüglichen Ausgabe von Seeck in d. Monum. Germ. hist.
Auctores antiquiss. t. VI, p. 1. Berol. 1883.

[3]) Amm. Marcell. XXXI, 10: praeclarae indolis adu-
lescens, facundus et moderatus et bellicosus et clemens; ad
aemulationem lectorum progrediens principum.

christlichen Herrscher Roms zum erstenmal eine edle christ=
liche Persönlichkeit von tiefer innerlicher Empfindung uns
entgegen. In heimlichem Zwiegespräch mit Gott liebte er,
seine Entschlüsse vorzubereiten. Die Kirche hatte seine
Achtung und Zuneigung, nicht weil sie für das politische
Staatswesen eine bedeutsame erhaltende Kraft war, sondern
weil er in ihr das Gefäß der himmlischen Gnadengaben und
die legitime Inhaberin der göttlichen Gewalt und Majestät
auf Erden sah. Aus seiner aufrichtigen Frömmigkeit, die von
zuchtloser Schwärmerei ebenso frei war wie von düsterer
Askese, entsprang die schöne Harmonie seines Wesens und in
ihr eine strenge Sittlichkeit, welche, in jenem Jahrhundert in
den Höhen der Gesellschaft selten, von den Zeitgenossen um
so rühmender hervorgehoben wurde.[1] Auch für theologische
Fragen hatte er, wie überhaupt für die Wissenschaft, Ver=
ständnis und Trieb[2]), ohne des Konstantius fanatisches
Dogmatisieren zu teilen. Eine enge Freundschaft verband ihn
mit dem auch in weltlichen Dingen erfahrenen Bischof Am=
brosius von Mailand. Noch nicht ein Jahr war vergangen,
als der Wille des Volkes den Präses von Liguria und
Ämilia wider alles Erwarten auf den bischöflichen Stuhl er=
hob, und schon ragte die Gestalt dieses Mannes unter allen
Bischöfen der weiten Kirche hervor. Der junge Herrscher
stellte sich zu dem Bischof in das Verhältnis eines Kindes

---

[1] Aur. Victor: parcus sibi somnique et vini ac libi-
dinis victor.

[2]) Das schöne Schreiben an Ambrosius (Ambr. Op. t. III S.
778) und der Prologus zu de fide (t. III S. 563 f.). Über die
Religiosität des Kaisers überhaupt bei. Ennarratio in Ps. LXI t.
II S. 306 ff.): de obitu Valentiniani und sonst öfters; ferner
Auson. a. a. O.; Rufin. H. E. II, 13. 14; Theodor. V. 2 u. A.

zu seinem Vater, und es ist nicht bekannt, daß Ambrosius
seinen irdischen Herrn zu Unbilligem verleitet habe, obwohl
die Stunden ihres vertraulichen Verkehrs nicht nur religiöse
und theologische Gespräche ausgefüllt haben. Wie ganz
anders ist doch dieses Bild als der Anblick des von eifer-
süchtigen Hoftheologen umworbenen Konstantins.

Es war zu erwarten, daß die Kirche das Wohlwollen
Gratians in reichem Maße erfahren werde. In der That
ging er ihr wirksam zur Hand im Kampfe gegen die Häretiker und mehrte ihre Privilegien. Besonders darin leistete
er ihr einen wichtigen Dienst, daß er ihrem Anspruch auf
Ausschließlichkeit und Einzigkeit mit staatlichen Mitteln zu
Hilfe kam. So wenig die geläufige Behauptung wahr ist,
daß Gratian die orthodoxe Staatskirche den heterodoxen
Parteien gegenüber begründet habe, so verdankt die Kirche
ihm doch die Möglichkeit, ihre Rechts- und Machtsphäre in
kürzerer Zeit, als es ihr etwa unter Jovian und Valentinian
verstattet gewesen wäre, von der Häresie abzusondern und
damit die Gewalt über diese zu gewinnen. Aus dieser
Richtung auf Stärkung der Kirche ergab sich ein entsprechender Gegensatz gegen das Heidentum. Zudem waren die
Nachwehen der julianischen Reaktion überwunden und damit
gewisse Rücksichten hinfällig geworden, mit denen die beiden
Vorgänger Gratians noch zu rechnen hatten. Was Ambrosius
einmal in die Worte gefaßt hat: „Das Gemeinwohl kann
nur dann festen Bestand haben, wenn Jeder den wahren
Gott, das ist den Christengott, der die ganze Welt regiert,
wahrhaftig verehrt" [1] — bildete auch den Inhalt der Über-

---

[1] Ambros. Ep. I. 17 in einem Schreiben an Valentinian II.
u. III S. 866.

zeugung und des festen Willens des Kaisers. Sein Handeln
beweist es. Allerdings tritt ein eigentlicher Gegensatz zu
dem Verfahren seines Vaters nicht hervor, wohl aber nimmt
in mehreren Einzelheiten die neue Religionspolitik eine Form
an, die eine Steigerung und Verschärfung bedeutete.

Gleich nach seiner Thronbesteigung gab er seiner Stimmung
in entschiedener Weise Ausdruck. Als nämlich Abgeordnete
des Pontifikalcollegiums vor ihm erschienen, um ihm das
Gewand des Pontifex Maximus, die alte Toga prätexta zu
überreichen, wies er diese zurück: unziemlich sei eine solche
Gewandung für einen Christen. Die Priester mußten un=
verrichteter Sache heimkehren; mit einer unheilverkündenden
Prophezeiung soll der Leiter der Deputation der Stadt und
dem kaiserlichen Palaste den Rücken gekehrt haben.[1]) Die
Enttäuschung mußte um so größer sein, da auch die christ=
lichen Vorgänger Gratians anstandslos das Pontifikalkleid
entgegengenommen hatten. Zugleich verschwindet jetzt der
ehrwürdige Titel Pontifex Maximus, der seit Augustus unter
den kaiserlichen Titeln voranstand und die Verschmelzung
der höchsten sakralen und der höchsten staatlichen Gewalt in
der Person des Princeps aussprach.[2]) Freilich liegt in

---

[1]) Zosim. IV, 36: $\varepsilon\iota \ \mu\eta \ \beta\omicron\upsilon\lambda\varepsilon\tau\alpha\iota \ \pi\omicron\nu\tau\iota\phi\iota\xi \ \omicron \ \beta\alpha\sigma\iota\lambda\varepsilon\upsilon\varsigma$
$\omicron\nu\omicron\mu\alpha\zeta\varepsilon\sigma\vartheta\alpha\iota, \ \tau\alpha\chi\iota\sigma\tau\alpha \ \gamma\varepsilon\nu\eta\sigma\varepsilon\tau\alpha\iota \ \pi\omicron\nu\tau\iota\phi\iota\xi \ \mu\alpha\xi\iota\mu\omicron\varsigma$ (An=
spielung auf den Usurpator Maximus). Ich setze diesen Vorgang in
den Anfang der Regierung Gratians; man begreift sonst nicht die
Überreichung der Toga prätexta in einer späteren Zeit.

[2]) Da die spanische Inschrift C. J. L. II Anhang p. 44 n.
452 eine Fälschung ist, so bezeichnet nach unserer jetzigen Kenntnis nur
einmal eine Inschrift den Kaiser als Pontifex Maximus, nämlich C
J. L. VI n. 1175 v. J. 368 (oder 370?). Doch entfällt diese in die
Knabenjahre Gratians und nennt in erster Linie Valentinian I und
Valens als Pontifices Maximi. Wenn Ausonius (Gratiar. actio)

jenem Verzicht Gratians auf Titel und Gewandung des
Pontifex Maximus keineswegs die Hingabe der Rechte dieser
Würde eingeschlossen: diese Rechte waren doch noch zu be=
deutungsvoll, als daß sie einem religiösen Sentiment zu
Gefallen ohne Schädigung des Staatsinteresses hätten hin=
gegeben werden können.

Es vergeht einige Zeit, bis wir von unmittelbaren
Verordnungen Gratians gegen den Hellenismus etwas hören.
Ganz andere Fragen standen bedrohlich im Vordergrunde
und nahmen die Aufmerksamkeit und Thätigkeit der Regierung
in Anspruch. Immer näher rückte im Ostreiche die Goten=
gefahr. Im Jahre 377 brach in Thrazien der Aufstand in
vollen Flammen aus. Erschreckt eilte Valens von Antiochien
herbei, und auch Gratian ordnete schleunigst Truppen ab,
denn an dem Schicksal des Ostreichs hing die Zukunft des
Westreichs. Mit trüben Aussichten begann der Feldzug;
Mißerfolge bezeichneten seinen ersten Fortgang. Da, um
das Unglück voll zu machen, zwang ein rascher Einfall der
lentiensischen Alamannen in das Elsaß den Augustus des
Westens, seine Hilfstruppen zurückzurufen. In gefährlicher
Schlacht vernichtete er, durch persönliche Tapferkeit Allen
voranleuchtend, „sich verlassend auf Christi Macht" bei
Argentaria im Mai 378 die Eindringlinge und kehrte dann
in Eilmärschen nach dem Osten zurück. Er kam zu spät.
Valens hatte, von seiner Eifersucht und seinen Generalen
schlecht beraten, voreilig bei Hadrianopel eine große Schlacht
gewagt, und Gratian fand bei seiner Ankunft auf dem

---

den Kaiser mehrmals als P. M. bezeichnet, so ist das, wie der Zu=
sammenhang zeigt, rhetorisches Spielen mit den Kaisertiteln über=
haupt, wie schon Vosius (bei Grävius, Thes. ant. Rom. V S. 293
f.) richtig erkannte.

Kriegstheater eine furchtbare Niederlage der Römer vor;
sein Oheim selbst lag unter den zahllosen Erschlagenen. Das
Reich schien am Rande des Verderbens. War die Kraft des
zwanzigjährigen Augustus, den dieses zweite Cannä zum
Alleinherrscher gemacht hatte, ausreichend, diesen Gefahren
zu begegnen? Gratian verneinte selbstlos sich diese Frage
und erhob an Stelle des Valens den eben erst aus der
Verbannung zurückgerufenen General Theodosius zum Mitaugustus. Zwei Jahre vorher erst war das Haupt seines
Vaters, des Comes Theodosius. unmittelbar nach einem
glücklichen Kriege auf den ungegründeten Verdacht der Ver-
räterei hin in Karthago gefallen, jetzt wurde der Sohn ohne
sein Zuthun das, was der Vater eigenmächtig angeblich
werden wollte. Es war ein bedeutungsvoller Moment, als
Gratian am 19. Januar 379 zu Sirmium den tapferen
Spanier mit dem Purpur bekleidete, denn die nächstfolgende
Geschichte beider Reiche hat von diesem Manne ihr eigentümliches Gepräge: er ist wieder der erste wahrhaft große
Herrscher seit Konstantin. Was die Kirche und was das
Heidentum von ihm zu erhoffen hatten, zeigte sich bald deut-
lich genug an.

Kaum hatte nämlich Theodosius durch geschickte Ver-
handlungen die Goten beruhigt und die Sicherheit des
Reiches wieder hergestellt, erfolgte am 28. Februar 380, von
Thessalonich aus datiert und an die Bevölkerung von Kon-
stantinopel gerichtet, das berühmte Gesetz, welches in einer
bisher unerhörten Schärfe das ausschließliche Recht der
Kirche nicänischen Bekenntnisses ausprach, allein ihren
Gliedern das Recht auf den Namen „katholische Christen"
zuerkannte, alle andern aber unter Strafandrohungen als
„Thoren und Wahnsinnige" und ihr Dogma als „schändlich"

brandmarkte. Die katholische Kirche ist nach dieser kaiserlichen Willensäußerung die wahre Religion, „welche, so ist unser Befehl, alle Völker annehmen sollen, die unser mildes Scepter regiert."[1] Besondere Ereignisse waren diesem Gesetz vorausgegangen. Kurz vorher nämlich verfiel Theodosius in Thessalonich in eine lebensgefährliche Krankheit. Wie einst sein Vater, ehe er sein Haupt dem Henker darreichte, das heilige Sakrament der Taufe begehrte, um dann „des ewigen Heils gewiß" willig zu sterben[2], so begehrte jetzt auch der Kaiser in Erwartung seines nahen Endes von dem dortigen Bischofe Ascholios, nachdem er sich der Rechtgläubigkeit desselben vergewissert hatte, das sündentilgende Wasserbad.[3] Er genas jedoch, und es scheint, daß in diesen Erfahrungen sein streng kirchlicher Sinn, den er bereits als Erbstück seiner Familie besaß, noch mehr erstarkte. Auch sein geistlicher Vater, der mit der Weltflucht eines Asketen den Feuereifer eines streng nicänischen Theologen und die Klugheit eines welterfahrenen Bischofs verband, wird diese Stunden nicht ungenützt haben vorübergehen lassen.[4] Nicht zufällig richtete sich die drohende Sprache dieses Erlasses an das Volk zu Konstantinopel.

[1] Cod. Theod. XVI. 1. 2. Der Eingang: Cunctos populos, quos clementiae nostrae regit temperamentum, in tali volumus religione versari, quam divinum Petrum Apostolum tradidisse Romanis religio usque ad nunc ab ipso insinuata declarat, quamque pontificem Damasum sequi claret et Petrum Alexandriae episcopum, virum apostolicae sanctitatis: hoc est, ut secundum apostolicam disciplinam evangelicamque doctrinam patris et filii et spiritus sancti unam deitatem sub parili majestate et sub pia trinitate credamus. Die zweite Hälfte bedroht die Ketzer.
[2] Oros. VII. 33.
[3] Sokrat. V. 6; Sozom. VII. 4.
[4] Über Ascholios vgl. Ambros. Epist. I. 15 u. 16.

Denn hier, in der Hauptstadt des Ostens, hatte sich der
Arianismus seit den Tagen des Konstantius eine feste Burg
geschaffen, und auch andere Sekten, die in oder außer Zusammenhang mit der großen christologischen Streitfrage sich
von der Kirche gelöst hatten, fanden daselbst leichtlich Unterschlupf und Duldung. Noch in demselben Jahre zog Theodosius in Konstantinopel ein. Unter dem jubelnden Volke
jubelte ihm am lautesten die kleine nicänische Gemeinde und
ihr Bischof Gregor von Nazianz entgegen. Und in der That
entschied das Erscheinen des Kaisers über das Geschick des
Arianismus in der Hauptstadt. Der arianische Bischof
Demophilos wurde vor die Wahl gestellt, die Homousie zu
bekennen oder abzudanken. Er wählte letzteres. Dieselbe
rücksichtslose Entschlossenheit erfuhr der übrige Klerus.
Über Nacht wurde Konstantinopel eine nicänisch orthodoxe
Stadt und der verfolgte, verhöhnte Bischof Gregor ihr geistliches
Haupt. Neben der imposanten Figur des Augustus schritt
am 26. November der Kappadozier freudig und doch zaghaft
zur Hagia Sophia, um vor der Geistlichkeit und dem Volke
die neue Würde feierlich zu ergreifen. Bald darauf erfolgte
von Thessalonich aus eine dem älteren Edikt entsprechende
neue Verordnung des Kaisers[1]), die zum Teil jenes noch an
Strenge übertrifft. Der Satz, der hier gleich am Eingange
steht: „Der Name des Einen und höchsten Gottes soll
überall verehrt werden", erstreckt seine Tragweite auch auf
das Heidentum. Wie in der Bekämpfung der Häresie, so
begegneten sich in der Niederwerfung des Hellenismus der
Wille und die That der beiden Augusti. Ja, es hat den
Anschein, daß der kräftigere und entschlossenere Regent des

[1]) Cod. Theod. XVI, 5, 6.

Ostens nach der einen und der anderen Seite hin die Politik
des milden und rücksichtsvollen Gratian, der außerdem ein
viel selbstbewußteres und lebendigeres Heidentum vor sich
fand, angeregt und bestimmt habe. Jedenfalls sind die im
Namen der drei Augusti erlassenen, auf die Götterverehrung
sich beziehenden Gesetze des Codex Theodosianus von Theodosius
ausgegangen.

Zunächst freilich ließen es die Herrscher bei den vor=
handenen Verordnungen bewenden, sei es, daß die Umstände
jetzt noch vor neuen Bahnen warnten, sei es, daß andere
Geschäfte drängten. Auch der erste hierher entfallende kaiser=
liche Erlaß vom Jahre 381 beschränkt sich darauf, das schon
längst bestehende Verbot der Tag= und Nachtopfer neu ein=
zuschärfen, und wendet sich im Übrigen gegen die immer noch
bedrohliche politische Divination.[1]) Doch schon wenige
Monate nachher übermittelte Theodosius von Konstantinopel
aus dem Präfektus Prätorio Eutropius einen kaiserlichen
Beschluß, laut dessen in Zukunft alle diejenigen Personen
christlichen Bekenntnisses, die den Rückfall in das Heidentum
vollziehen, des Rechtes verlustig gehen sollen, testamentarisch
über ihre Hinterlassenschaft zu verfügen[2]), eine Bestimmung,

---

[1]) Cod. Theod. XVI, 10, 7: Si quis vetitis sacrificiis diur-
nis nocturnisque velut vesanus ac sacrilegus incertorum con-
sultorum immerserit fanumque sibi aut templum ad hujusce
modi sceleris excusationem assumendum crediderit vel puta-
verit adeundum, proscriptioni se noverit subjugandum, cum
nos justa institutione moneamus, castis :Deum precibus ex-
colendum, non diris carminibus profanandum.

[2]) Cod. Theod. XVI, 7, 1: Eis, qui ex Christianis pagani
facti sunt, eripiatur facultas jusque testandi, et omne defuncti,
si quod est, testamentum summota conditione rescindatur.

die später weiter spezialisiert worden ist.[1]) Es wird also die
Thatsache wiederholter Übertritte von der christlichen zur
heidnischen Religion vorausgesetzt. Auch die Kirche beschäf-
tigte sich um diese Zeit damit.[2]) Möglich, daß nur einige wenige
Fälle die Grundlage jener Gesetze abgegeben haben, doch
bleibt daneben auch die Vermutung bestehen, daß die Erfahrungen dieser Art umfassender waren. Da die Maßregeln
von Konstantinopel ausgingen, so ist anzunehmen, daß auch
im Orient die Veranlassung dazu gegeben war. Es läßt
sich wohl vorstellen, daß Valens, indem er in seiner erbitterten
Bekämpfung der Nicäner gelegentlich heidnische Volksmassen
als Bundesgenossen brauchte und dadurch gewisse Verpflichtungen der Rücksicht übernahm, den Anschein erregte, als ob die Regierung den Standpunkt voller Neu-
tralität vertrete. In dieser Voraussetzung aber lag für
manchen eine Nötigung, die heuchlerische und lästige Maske
eines Scheinchristentums von sich zu werfen. Die Bischöfe
des Ostens werden nicht ermangelt haben, diese Apostasieen
dem neuen Augustus zur Kenntnis zu bringen und geeignete
Schritte des Staates zu veranlassen. Jetzt also erhalten
die Verordnungen Konstantins und des Konstantins gegen
den Rückfall in das Judentum eine Ergänzung nach dem
Heidentum hin.

---

[1]) Cod. Theod. XVI, 7, 2 (a. 383), gleichfalls von Konstantinopel aus datiert, und XVI, 7, 3 (a. 383) aus Padua. Der Inhalt mildert und schärft zugleich den Erlaß von 380.

[2]) Vgl. Basil. Epist. can. III, c. 73 u. die Synode gallischer
Bischöfe in Valence 374 (c. 3: circa eorum personas, qui se post
unum et sanctum lavacrum vel profanis sacrificiis daemonum
vel incesta lavatione polluerint, eam censurae poenam duxi-
mus esse servandam, ut u. s. w. Mansi t. III S. 493).

Schwer mochten die Betroffenen unter dem Drucke
dieser Bestimmungen leiden, dennoch stehen diese an Wirkung
hinter dem heftigen Verstoß zurück, den Gratian gegen das
Bollwerk des Heidentums in Rom selbst im Jahre 382
ausführte. Das stolze überlegene Auftreten der Altgläubigen
in der Welthauptstadt, ihr Einfluß in den höchsten Gesell=
schaftskreisen, der volle glänzende Pomp der Kultushand=
lungen, die sich noch vollzogen, als ob es kein Christentum
in der Welt und keine christlichen Augusti im Reiche gäbe,
erregten unter der anwachsenden christlichen Bevölkerung und
ihrem selbstbewußten Klerus in steigendem Maße Abneigung
und Unwillen, und aus dieser Empfindung mußten bald be=
stimmte Wünsche erwachsen. Seit 366 saß auf dem Stuhle
Petri ein in allen Künsten des Intriguenspieles erfahrener
Priester, der Spanier Damasus. Sein Weg zu der heiligen
Kathedra war über Leichen und durch böse Gerüchte gegangen,
und mit kluger Vorsicht, bald gewaltthätig, bald zurückhaltend,
verstand er, die Zeitverhältnisse auszukaufen. Durch manche
Widerwärtigkeiten hindurch gewann er die Gunst Gratians,
dem die Freundschaft des gewandten Bischofs nicht gleich=
giltig sein konnte. Der bigotte Kirchenfürst, der die Kata=
tomben zu Ehren der Heiligen ausschmückte und in monotonen
Liedern die Märtyrer besang, konnte seiner ganzen Natur
nach nichts anders denn ein fanatischer Gegner des Heiden=
tums sein, vielleicht hat Spott seine Gefühle noch mehr auf=
gestachelt; wenigstens erzählt der ihm eng befreundete Hiero=
nymus [1]), daß der hochangesehene Präfekt Prätextatus, der

---

[1]) Hieron. Contra Joh. Hieros. c. 7 (t. II S. 415): Mise-
rabilis Praetextatus, qui designatus consul est mortuus, homo
sacrilegus et idolorum cultor, solebat ludens beato Papae

zu den Führern der heidnischen Partei zählte, scherzend zu
sagen pflegte: „macht mich zum Bischof der Stadt Rom und
ich werde sogleich Christ." Der Zorn des Hieronymus über
den „gottlosen Menschen", den „elenden Prätextatus", der
bei dieser Gelegenheit zum Vorschein kommt, mag der
Stimmung des Damasus entsprechen. Es ist kaum denkbar,
daß der römische Bischof seine guten Beziehungen zu Gratian
und Ambrosius nicht benutzt habe, um den Greuel der Abgötterei in seiner Diözese abzuthun und die „tollen Hunde" [1])
niederzuzwingen. Gerade damals war das Verhältnis zu
Ambrosius ein sehr nahes.

Entschlossenen Mutes unternahm Gratian, was sogar
die Leidenschaftlichkeit des Konstantius nicht gewagt hatte:
er sistierte die staatlichen Zuschüsse für die kultischen Verrichtungen und überwies sie dem Fiskus oder der Kasse des
Präfektus Prätorio, bestimmte die Einkünfte der Vestalischen
Jungfrauen sowie der Tempeldiener an die Verwaltung des
öffentlichen Verkehrs, zog die den Priesterschaften gehörigen
Grundstücke an sich und verkürzte jenen außerdem die Immunitäten. [2]) Das war in Wahrheit eine Verstörung alter

---

Damaso dicere: facite me Romanae urbis episcopum et ero
protinus Christianus.

[1]) Damas. Hymn. XVIII de S. Tarsicio (Migne XIII
S. 392).

[2]) Symm. Rel. III (S. 281, 30), wo im Gegensatz zu Gratian
Konstantius belobt wird: nihil ille decerpsit sacrarum virginum privilegiis, replevit nobilibus sacerdotia, Romanis
caerimoniis non negavit impensas. S. 283, 3: hono-
raverat lex parentum vestales virgines ac ministros deorum
victu modico justisque privilegiis. Stetit muneris
hujus integritas usque ad degeneres trapezitas, qui ad mer-
cedem vilium bajulorum sacra castitatis alimenta
verterunt. S. 282, 27: agros etiam virginibus et ministris

geheiligter Ordnungen. Denn in den fernliegenden Zeiten,
als der Staat die Volksreligion an sich band und sie zu
einem Stück des Staatswesens machte, übernahm er die
finanzielle Fundirung der Kulte und der Priestertümer, so
weit diese letztern nicht Ehrenämter waren; vorzüglich die
Tempeldienerschaft bezog aus den staatlich verwalteten Tempel=
kassen ihre Besoldung. Für gewisse Feste und bestimmte
sakrale Verrichtungen kam das Ärarium unmittelbar für die
Kosten auf. Diese Ordnung, welche zu den Eigentümlich=
keiten des römischen Religionswesen im Unterschiede von dem
griechischen zählt, sollte nunmehr aufhören. Der Staat zog
seine Hand zurück. Die antike Religion sah sich plötzlich in
eine Lage geschoben, die um so verdrießlicher war, da sie über=
raschend und als etwas vollkommen Neues kam, für das jede
Gewöhnung fehlte. Eine Fülle schwieriger praktischer Fragen
stellte sich mit einmal ein. In den Worten des Symmachus
klingt der tiefe Eindruck wieder, den diese Befehle hervor=
riefen. Ob Opferfreudigkeit genug vorhanden war, diesen
großen materiellen Ausfall allerorten zu decken? Wir wissen
es nicht, doch ist es wenig wahrscheinlich. Gerade damals
ist in Rom über Vernachlässigung der Priester und der
Götteraltäre geklagt worden, und der Senat vermochte bei
einer bestimmten Veranlassung nicht, für einen sakralen Akt
die Geldmittel aufzubringen [1]. Gewiß kann der Druck eine
untergehende Religion vorübergehend beleben, indes doch nur

deficientium voluntate legatos fiscus retentat. Dazu er
gänzend Ambros. Epist. I, 17, 3; 18, 11; 57, 2; 18, 3, 12, 13, 16;
weiter Cod. Theod. XVI, 10, 20, wo eine Verordnung vom Jahre
415 auf diese Verfügung Gratians zurückgreift.

[1] Symmach. Ep. I, 51; vielleicht auch II, 57.

dann, wenn noch wirkliches Leben in ihr vorhanden ist. Wohl war dieses hier noch in Vielen vorhanden, aber nicht in der Masse, und das entscheidet.

Es ist aber echt römisch, wenn diese Schmälerungen geringer veranschlagt wurden als eine bald darauf erfolgende neue Rechtsverletzung, an die ein mehrjähriges leidenschaft= liches Petitionieren sich knüpft, die Beseitigung des Altars der Victoria in der römischen Curie. Seit Augustus stand diese Victoria, ein kostbares Beutestück aus der tarentinischen Er= oberung, in dem Sitzungssaale des Senats als ein heiliges Symbol der römischen Weltherrschaft. [1]) Vor Beginn der Sitzung pflegten die Versammelten Weihrauchkörner auf die Kohlen des vor der Statue errichteten Altars zu werfen. Den christlichen Senatoren gereichte dieser idololatrische Akt zum Ärgernis; denn nicht nur verletzte derselbe ihr religiöses Gefühl, sondern auch kirchliche Verordnungen, welche die Anwesenheit bei einem heidnischen Opfer strengstens unter= sagten [2]), standen ihnen drohend entgegen. Daher bewirkten sie bei der Anwesenheit des Konstantius in Rom (S. 91) die Entfernung des Altars und der Statue. Doch unter Julian kamen beide Stücke wieder zurück, und sie verblieben in der Curie auch unter Valentinian I. Es ist nicht be= kannt, daß Beschwerden der christlichen Senatoren an ihn gekommen sind. Vielleicht wußte man, daß in dieser Sache von Valentinian nichts zu gewinnen sei, und schwieg. [3]) Da= gegen hatten bei Gratian die Bemühungen den gewünschten Erfolg. Das Heiligtum wurde auf kaiserlichem Befehl ent=

---

[1]) Anth. Graeca IV. 20, 2.

[2]) Syn. v. Elvira Kan. 59.

[3]) Abweichende Urteile darüber bei Symmachus S. 283, 20 und Ambrosius Epist. I. 17, 16.

fernt. In Rom herrschte darüber große Aufregung. Die
heidnische Bevölkerung fühlte sich nicht minder in ihrem
nationalen Stolze als in ihren religiösen Empfindungen
verletzt. Doch es schien Hoffnung, den Willen des jungen
Herrschers, der dem Senate schon öfters Zeichen seines besondern Wohlwollens gegeben hatte, umzustimmen. Eine
Deputation begiebt sich nach Mailand. Ihr Führer war
Symmachus.

Zum erstenmal tritt hier diese in ihrer Zeit bedeutsame
Persönlichkeit in unserer Geschichte hervor. Einer begüterten
Familie entstammend, genährt an der klassischen Literatur,
ein glänzender Stilist und Redner, gelangte Aurelius Symmachus schnell dazu, mit der Würde einflußreicher Staats-
ämter den Ruhm eines gefeierten Literaten zu verbinden.[1]
Die Tradition seiner Familie — der Vater hatte angesehene
Priestertümer[2] — wies ihn in die Reihen des Heidentums.
Wie Libanius im Morgenlande, hat er in Rom und Italien
die ganze Gewalt seiner Rhetorik und die Fülle seines Pathos
in den Dienst der absterbenden Religion gestellt. Er war
keineswegs ein orthodoxer Altgläubiger und verschmähte es
nicht, mit Christen ein Verhältnis persönlicher Freundschaft

---

[1] In der Inschrift, mit welcher der Sohn die Statue des Vaters
auszeichnete (C. J. L. VI n. 1699): Q. Aur(elio) Symmacho v(iro)
c(larissimo), quaest(ori), praet(ori), pontifici majori, correctori
Lucaniae et Brittiorum, comiti ordinis tertii, procons(uli) Africae,
praef(ecto) urb(i), co(n)s(uli) ordinario, oratori disertissimo.
Seine Geburt fällt wahrscheinlich in die ersten Jahre nach dem Tode
Konstantins, das Proconsulat i. d. J. 373. Die weitern Daten in der
vortrefflichen Vita Symmachi von Seeck in den Prolegomena der
von ihm besorgten Ausgabe (Monum. Germ. hist. Auctores antiquiss. VI, 1 Berlin 1883).

[2] Vgl. C. J. L. VI n. 1698: Lucio Aur(elio) Avianio Symmacho . . . . pontifici majori, quindecimviro s(acris) f(aciundis).

und literarischen Verkehrs zu unterhalten; auf seiner Religiosität ruht ein romantischer Schimmer, und sein Glaube
erscheint oft in der Gestalt patriotischer Schwärmerei für die
große Geschichte des alten Rom.    Daher seine Begeisterung
für die Sache des Victoriabildnisses, in welchem vaterländische
und religiöse Gedanken ineinander schmolzen.

Noch ehe Symmachus und die senatorische Deputation
in Mailand anlangten, war eine andere Botschaft dort eingetroffen.    Die christlichen Senatoren waren nicht gewillt,
unthätig den Verlauf der Sache abzuwarten, um so weniger,
da sie in der Curie die Majorität bildeten.    Ohne Grund
ist diese letztere Thatsache, für welche ein ausdrückliches
Zeugnis des Ambrosius vorliegt [1]), bezweifelt worden.    Man
hat dabei übersehen, daß die Institution des Senats unter
Diokletian und Konstantin sich in der Weise weiter entwickelt
hat, daß die neugeschaffene Bureaukratie in ihren höheren
Abstufungen, ferner die obern Offiziere der kaiserlichen Garden,
angesehene Rhetoren und Juristen, die ausgedienten Curialen
und noch andere Ämter und Stände Zutritt zu dem Senat
gewannen.    In welchem Maße diese Verhältnisse ausgenutzt
werden konnten, geht aus der einen Mitteilung des Themistius
hervor, daß unter seiner Mitwirkung der Senat in Konstantinopel
von 300 auf 2000 Mitglieder gebracht sei. [2])    Da nun in
der Beamtenschaft jedenfalls das christliche Element überwog [3])

---

[1]) Ambros. Epist. 1, 17. 9, 10: cum majore jam curia christianorum numero sit referta . . . . pauci gentiles communi
utuntur nomine: ebendas. a. einer anderen Stelle: christiani sena-
tores . . . et quidem innumeri.

[2]) Themist. Orat. XXXIV (S. 456 ed. Dindorf).

[3]) Es kommen hier vorzüglich die officia palatina und überhaupt die zahlreichen neugeschaffenen Hofämter in Betracht, die selbstverständlich damals vorwiegend mit Christen besetzt waren.

und auch in Rom unter den aristokratischen Familien die
Abkehr von dem Götterglauben mehr und mehr sich vollzog[1]),
so wird die Existenz einer christlichen Majorität im Senate
zwanzig Jahre nach dem Tode Julians wohl begreiflich.
Eine Behauptung des Gegenteils findet sich auch nirgends
bei gleichzeitigen Schriftstellern; auch Symmachus redet nicht
von einer Überzahl heidnischer Senatoren, obwohl es ihm
nahe liegen mußte, sich darauf zu beziehen.

Die christlichen Mitglieder des Senats setzten sich mit
dem Bischofe Damasus in Verbindung und dieser, wohl
wissend, wie das Ohr des Kaisers am sichersten zu erreichen
sei, übermittelte ein von zahlreichen Namen unterzeichnetes
Memorandum derselben an Ambrosius. Darin erklärten sie,
daß sie an jener Deputation in keiner Weise beteiligt seien
und das Unternehmen mißbilligten, und baten den Kaiser, den
Wünschen der heidnischen Senatoren nicht statt zu geben;
sonst sei es ihnen nicht möglich, an den Sitzungen teil zu
nehmen. Ambrosius brachte das Blatt in die Hand Gratians;
seine Worte thaten das Übrige. Die feierliche Gesandtschaft
der ehrwürdigen Körperschaft wurde nicht einmal zu einer
Audienz zugelassen. Voll Unmut über die „argen Menschen",
die ihr den Zutritt zum Kaiser verwehrten, kehrte sie unver=

---

[1]) Hieronymus spricht in dieser Zeit vom Übertritt vornehmer
Geschlechter (Zöckler, Hieronym. S. 109 ff.).

    Auch **Prudent.** Contra Symm. (um 404) I. 566 ff.:
Sexcentas numerare domos de sanguine prisco
Nobilium licet ad Christi signacula versas,
Turpis ab idolii vasto emersisse profundo.
Er nennt insbes. (v. 544 ff.) die Annii, Probi, Anicii, Olybrii, Paulini,
Basii, die Nachkommen der Gracchen. Diese Notizen sind wichtig.

richteter Sache nach Rom zurück: Symmachus fand keine
Gelegenheit, seine glänzende Rednergabe zu zeigen.[1]) Die
traurige Thatsache blieb bestehen; für das alte Wahrzeichen
römischen Glaubens und römischer Größe war in der Curie
kein Platz mehr. Werden die Götter auch diesem Unbill
unthätig zusehen? So wird Mancher damals gefragt haben,
es war eine alte Frage, doch die Antwort hatte stets ver=
zogen. Diesmal schien es anders.

Im Spätsommer nämlich des folgenden Jahres kam die
erschütternde Nachricht, daß Gratian in Lyon verräterisch er=
mordet sei. Ein Offizier der britischen Truppen namens
Maximus, ein Spanier von niederer Herkunft, dem brennen=
der Ehrgeiz das langsame Fortkommen in der militärischen
Laufbahn unerträglich gemacht hatte, ließ sich, in geschick=
ter Ausnutzung einer bereits tief gewurzelten Verbitterung
der römischen Legionen gegen den germanenfreundlichen
Gratian, zum Imperator ausrufen, landete in der Rhein=

------

[1]) Symm. a. a. O. S. 280, 22: senatus . . . . iterum me
quaerellarum suarum jussit esse legatum, cui ideo divi principis denegata est ab improbis audientia, quia non erat justi-
tia defutura. S. 283, 32: praestate etiam divo fratri vestro
alieni consilii correctionem, tegite factum, quod senatui displi-
cuisse nescivit, siquidem constat ideo exclusam legationem,
ne ad eum judicium publicum perveniret. — Ambros. Epist.
I, 17, 10: nam et ante biennium ferme, cum hoc petere temp-
tarent, misit ad me sanctus Damasus, Romanae ecclesiae
sacerdos judicio Dei electus, libellum, quem christiani sena-
tores dederunt et quidem innumeri, postulantes, nihil se tale
mandasse, non congruere gentilium istiusmodi petitionibus,
non praebere consensum: questi etiam publice privatimque,
se non conventuros ad curiam, si tale aliquid decerneretur
. . . . Hunc libellum ego fratri clementiae vestrae direxi.

mündung und riß die Truppen in Belgien und Germanien
in den Aufstand hinein. Mit überraschender Schnelle vollzogen
sich diese Ereignisse. Auf die Kunde davon brach Gratian
sofort von Mailand nach Gallien auf und stieß bei Paris
auf den Usurpator. Klug wählte dieser den sicherern und
ihm vertrauten Weg der Bestechung und der Überredung.
Von seiner Armee im Stich gelassen, eilte der Kaiser in
atemloser Flucht nach Süden, um in Italien neue Streit=
kräfte zu sammeln. In der Angst und Aufregung seiner
gefahrvollen Lage suchte und fand er Trost in den Trost=
worten der heiligen Schrift. Der Spruch: „Fürchtet euch
nicht vor denen, die den Leib töten und die Seele nicht
mögen töten", trat vor seine Seele, und manches Psalmen
wort und noch mehr die Gestalt des leidenden und sterbenden
Erlösers gaben ihm Mut und Zuversicht. Auch des fernen
Ambrosius gedachte er und rief seinen Namen. Doch das
Antlitz des väterlichen Freundes sollte er nicht wiedersehen.
In Lyon wurde er, trotz eidlicher Zusicherung der Treue,
von dem verräterischen Statthalter preisgegeben und nach
einer Mahlzeit niedergestoßen; „ohne Helfer, ohne Genosse,
ohne Begleiter" kam er um.[1] Ein durch schweren Frevel
herbeigeführtes Ende. Die Zeitgenossen gedachten des Wortes
Christi an die Seinen nach der Fußwaschung: „der mein
Brot isset, der tritt mich mit Füßen."[2] Tief erschüttert
wob Ambrosius den blutigen Ausgang dieses edeln Lebens
in seine Erklärung des zweiundsechzigsten Psalms. Ja ihm

---

[1] Rufin. II, 14: suorum magis proditione quam vi hostium peremptus est.

[2] Vgl. Ambros. Ps. LXI (t. II S. 306 ff. ed. Venet.); dazu die nicht ganz übereinstimmenden Berichte von Sokrat. V, 11 Sozom. VII, 13.

selbst wurde bald darauf die schwere Pflicht, mit dem Mörder zu unterhandeln. Er fand, daß jener „wie Pilatus seine Hände in Unschuld wusch", aber „schlimmer als Pilatus" die Auslieferung des Leichnams verweigerte.

Man wird an das Ende des Konstans erinnert. Auch damals erwuchs aus einem unscheinbaren Anfang eine gewaltige, drohende Bewegung und wie Magnentius, so war auch Maximus Christ. Er knüpfte sofort Beziehungen zu den gallischen Bischöfen an und vermochte sie, in ihm nicht einen Mörder, den Mörder des frommen, rechtgläubigen Gratian zu sehen, sondern einen rechtlichen, wohlmeinenden Mann, dem eine Militärrevolte den Purpur aufgezwungen habe.[1] Daher umringte den siegreichen Imperator bald die „schmutzige Schmeichelei" der Bischöfe.[2]

So vorzüglich verstand sich der Tyrann darauf, Personen und Umständen sich anzuschmiegen; in die Tiefe seines Herzens sah Niemand. Er benahm sich als orthodoxen Nicäner und ließ Münzen mit christlichen Zeichen prägen.[3] In der Kirche hat ihn der Prozeß gegen die Priscillianisten berühmt gemacht: doch darf zur richtigen Würdigung desselben nicht übersehen werden, daß die Verurteilung und Hinrichtung

---

[1] Die Thatsachen sind bezeichnend. Oros. VII, 34: Maximus, vir quidem strenuus et probus atque Augusto dignus .... in Britannia invitus propemodum ab exercitu imperator creatus u. s. w. Die Versicherung des Tyrannen dem hl. Martin gegenüber: se non sponte sumpsisse imperium, sed impositam sibi a militibus divino nutu regni necessitatem armis defendisse, fand bei diesem und auch sonst Glauben (Sulp. Sev. Vita Mart. c. 20). Ferner Sulp. Sev. Dial II, 6: III, 11.

[2] Sulp. Sev. Vita Mart. c. 20: foeda adulatio.

[3] Cohen. Méd. VI S. 467 n. 13: S. 468 n. 17.

Priscillians und seiner Genossen sich nicht auf die Anklage
der Ketzerei, sondern der Zauberei gründete.[1]

Für die Geschichte des Hellenismus hat die Regierungszeit
des Usurpators keine Bedeutung. Im Kampfe um andere
Dinge fand Maximus nicht Gelegenheit, durch Unterdrückung
des Heidentums sich in der Liebe der gallischen Bischöfe noch
zu steigern. Zudem ging seine Herrschaft rasch zu Ende.
Von Theodosius besiegt und in Aquileja gefangen genommen,
wurde er im Sommer 388 von den erbitterten Soldaten
umgebracht; sein Feldherr Andragathius, der in Lyon den
tötlichen Streich gegen Gratian führte, ertränkte sich, an
Allem verzweifelnd, und auch der Sohn des Tyrannen wurde
von den Siegern getötet. Das war das Ende der an Unheil
reichen Usurpation. Ambrosius gedachte dabei an das Wort
des Psalmisten (Pf. 37,35): „ich sah den Gottlosen über=
mütig und hochaufgerichtet wie die Cedern des Libanon. Und
dann ging ich vorüber, und er war nicht mehr." [2]

Gleichzeitig mit diesen letzten Ereignissen entfaltete in
Rom die heidnische Partei eine rührige Thätigkeit, um das
unter Gratian verlorene Gebiet wieder zu gewinnen. Der
plötzliche Tod des Kaisers galt ihr als ein Gottesgericht [3]
und erfüllte sie mit neuen Hoffnungen auf die Zukunft.
Außerdem brachte dasselbe Schreckensjahr, welches den Tyran=

---

[1] Die Anklage lautete auf maleficium, da Priscillian zugab,
magische Bücher, darunter die sog. zoroastrischen Schriften studiert zu
haben. Schon Walch (Historie d. Ketz. III S. 479) hat eine Ahnung
des wahren Sachverhalts, den klar gelegt zu haben das Verdienst
Jacob Bernays' (über d. Chronik d. Sulp. Sev. 1861 S. 12 ff.) ist.

[2] Ambros. De obitu Theod. c. 39.

[3] Andeutungen bei Symm. Rel. III S. 283, 29: Ambros.
Epist. I, 18, 34.

nen heraufführte, Mißernte und Hungersnot in den südlichen
Gebieten des Westens, in Italien, Spanien und Afrika. Darin
erkannten die Götterfreunde ein zweites warnendes Zeichen
der Himmlischen. „Das ist nicht," so urteilte Symmachus
im Sinne seiner Partei[1]), „die Schuld des Ackers, und nicht
dürfen wir die Ursache dem Südwind zuschreiben; auch der
Brand ist dem Getreide nicht schädlich geworden, nein, um
des Tempelraubes willen ist alles verdorrt. Es sollte alles,
was man der Religion genommen hatte, zu Grunde gehen."
Die Zuversicht wuchs, als inmitten dieser schmerzlichen und
zugleich hoffnungsreichen Erfahrungen zwei hohe Würden
angesehenen Göttergläubigen zufielen: Symmachus wurde
Stadtpräfekt und Agorius Prätextatus Präfektus Prä=
torio. Prätextatus gehörte gleichfalls zu den Häuptern der
heidnischen Partei. Julian hatte ihn zum Prokonsul von
Achaja gemacht und als solcher erwirkte er, wie früher er=
wähnt, unter Valentinian die Fortdauer der eleusinischen
Mysterien. Später erhielt er die städtische Präfektur. Ein
Beamter von altrömischer Tüchtigkeit und Zuverlässigkeit,
erinnerte er auch in seiner Religiosität an die Zeiten des
bessern Römertums. Mit dichterischer Freiheit führt Macro=
bius in seinen saturnalicischen Gesprächen seine Persönlichkeit
uns vor; er wird hier genannt „Haupt der Frommen" und
„Vorsteher aller Sacra[2])." Wie auch Symmachus, hatte er
neben seinen Staatsämtern einflußreiche Priestertümer. Wie
hoch seine sakralen Verdienste geschätzt wurden, geht daraus

---

[1]) Symm. a. a. O. S. 283, 6. Über die Hungersnot und die
daran sich knüpfenden Gedanken auch Ambros.. Epist. I, 18, 19,
20, 21.

[2]) Macrob. Saturnal. I, 11: princeps religiosorum: I, 17:
sacrorum omnium praesas: I. 7: sacrorum unice conscius.

hervor, daß die Vestalischen Jungfrauen den in der Geschichte
des römischen Religionswesens unerhörten Beschluß faßten,
ihm eine Statue zu errichten.[1]) Er starb 387, im Begriff,
das Konsulat anzutreten. Hieronymus versäumte nicht, in einem
Briefe seine Genugthuung über den Tod des „Götzendieners"
zu äußern, und fand seine Freude daran, ihn sich „verlassen
und nackt in der tiefsten Finsternis des Tartarus" zu denken.[2])

Die Stimmen dieser beiden kaisertreuen Männer mußten
besonders ins Gewicht fallen in einem Augenblick, wo Maxi=
mus mit seinen Heeresmassen sich zum Einfall in Italien
rüstete, und der Hof in Mailand in wohlgegründeter Besorg=
nis schwebte. Wie wertvoll war es, in dieser Lage, wo die
nächste Stunde Unberechenbares bringen konnte, der Haupt=
stadt sicher zu sein. Denn Theodosius zögerte noch mit
seiner Hilfleistung, und der Tyrann beliebte, mit den Frie=
densvorschlägen Valentinians II vorläufig zu spielen. In=
mitten dieser Umstände that die heidnische Partei in Rom
den ersten Schritt zur Wiedergewinnung der verlorenen sakra=
len Rechte. Prätextatus selbst nahm die Angelegenheit in
die Hand und erlangte auch, daß die den öffentlichen Gebäu=
den in Rom entzogenen Kunst= und Wertgegenstände restituiert
wurden.[3]) Die Forderung ist ohne Zweifel in dieser allge=
meinen Fassung vorgetragen worden, aber in ihrer Konsequenz
liegt doch ebenso die Wiedererstattung der den Tempeln ent=
zogenen Gegenstände, weil dieselben unter den Begriff öffent=

[1]) Symm. Ep. II, 36 (a. 385). Symmachus sprach sich gegen
die Ausführung dieses Beschlusses aus, ne res justo orta principio
brevi ad indignos per ambitum perveniret.

[2]) Hier. Ep. I, 23 (t. I S. 127). Dazu Contra Joh. Hierosol
c. 7 (t. II S. 415).

[3]) Seeck in d. Proleg.

liche Gebäude fielen. Der Gewinn dürfte übrigens kaum ein
großer gewesen sein, da von einer Ausplünderung römischer
Heiligtümer nichts bekannt ist und eine solche schwerlich statt=
gefunden hat: es kann sich höchstens um einige wenig Fälle
gehandelt haben.

Dennoch vermochte der kleine Gewinn große Hoffnungen
zu erwecken, und aus diesen Hoffnungen erwuchsen kühne
Ansprüche. Der Gedanke schien nicht zu gewagt, für den
alten Kultus die volle Freiheit zurückzufordern. Außerdem
müssen bestimmte Erwägungen dabei mitgewirkt haben. Man
kannte in Rom den tiefen Gegensatz, der zwischen der streng
arianischen Justina, der Mutter des jugendlichen Augustus,
und Ambrosius bestand. Allen Wünschen und Bitten der
Arianer hatte sich dieser unbeweglich gezeigt; auch nicht das
geringste Zugeständnis war ihm zu entwinden; er kannte nur
das eine und ausschließliche Recht des nicänischen Glaubens.
In der jüngsten Katastrophe freilich, welche das Westreich
erschütterte, stand der Bischof in fester Treue an der Seite
des wankenden Thrones und der tief gebeugten kaiserlichen
Frau, die selbst ihren Sohn in seine Hände legte[1]), und die
Gegensätze entschwanden einen Augenblick vor dem einen
Gedanken, Reich und Thron zu retten. Indeß im Frühjahr
384 trat die Gefahr zurück: der Tyrann verstand sich endlich
zu einem Frieden, und am Hofe zu Mailand atmete man
auf. Sofort aber drängte sich die religiöse Frage wieder
hervor, denn Eiferer gab es auf beiden Seiten, und daraus
mußten dem Einflusse des Ambrosius auf den von seiner
Mutter geleiteten und von Arianern umgebenen Valentinian II

---

[1]) Ambr. De obitu Valent. c. 28: ego te suscepi parvulum
— ego Justinae maternis traditum manibus amplexus sum.

Hemmnisse erwachsen. Auch der Bischof Damasus, der sich als ein glühender Feind der Arianer bewiesen hatte, besaß keinen Einfluß am Hofe. Überhaupt mußte die vordringende Macht der Nicäner, die jede Verständigung ausschloß, naturgemäß die schwache arianische Partei dazu drängen, zu dem von jenen gleichfalls bekämpften Heidentum irgendeine Beziehung zu gewinnen, wenn auch nicht in der weitgehenden Weise des Valens. Derselbe Feind zückte auf beide die Waffen. Dennoch konnten alle Erwartungen fehlschlagen. Niemand war in der Lage, mit Bestimmtheit vorauszusagen, daß sich diesmal das heilige Gemach vor einer Deputation des Senats aufthun werde. Man kam nicht darüber hinaus, mit Wahrscheinlichkeiten zu rechnen. Die gewaltige Persönlichkeit des Ambrosius stand drohend da. Und einer zweiten Zurückweisung sich auszusetzen, verbot die Würde des Senats. Daher erhielt der neue Stadtpräfekt Symmachus nur den Auftrag, im Namen des Senats und der alten Religion eine Bittschrift abzufassen und darin die Wünsche der heidnischen Partei niederzulegen. Dieses Schriftstück — die sogenannte dritte Relation [1]) — wurde nach Mailand abgeschickt.

Der Redner versetzt sich vor das Antlitz der Augusti. In zwiefacher Eigenschaft und mit zwiefacher Pflicht rede er: als Stadtpräfekt im Interesse des Staatswesens, und als Gesandter des Senats im besonderen Auftrage dieser Körperschaft. Gleich an den Eingang stellt er warnend den Satz: „Liebe und Achtung zu genießen, ist mehr wert als Herrschermacht", und faßt entschlossen seine Wünsche in die wenigen

---

[1]) Symm. Rel. III (a. a. O. S. 280 ff.). Veröffentlicht von Ambrosius mit der Widerlegung und von Symmachus selbst. Seeck a. a. O. S. XVI f.

Worte zusammen: „Wir begehren den Zustand der Religion
zurück, welcher dem Staat so lange zum Segen gereicht hat."

Es ist nicht anzunehmen, daß der Redner diese Forde=
rung in ihrer ganzen Tragweite gedacht hat; denn dann hätte
er sich sagen müssen, daß er Unmögliches begehre. Er hätte
nicht weniger verlangt als die Aufhebung alles dessen, was
seit dem Patent von Mailand von dem Recht und dem that=
sächlichen Besitz der alten Religion abgebrochen war. So
etwas lag aber nicht mehr im Bereich der Möglichkeit.
Auch zeigen die weiteren Worte und besonders der Schluß
der Rede, daß Symmachus von solchen Selbsttäuschungen
frei war.

Der erste Einzelgegenstand, den die Bittschrift berührt,
ist der Altar der Victoria. Die Göttin hat mehr als eine
bloß religiöse Bedeutung: sie symbolisiert und versiegelt das
Glück und die Größe des römischen Reiches. Das Ge=
schick des Staates, die Siege der Herrscher sind an sie ge=
bunden. Man kann sie ihrer göttlichen Würde entkleiden,
dennoch bleibt sie der schützende Genius dieses Reiches. Daher
„gestattet, daß wir dasjenige, was wir als Knaben ererbten,
als Greise unseren Kindern hinterlassen." Auch der Ernst
und die Heiligkeit des Eides heischen die Fortdauer des Bild=
nisses. Wo sollen die Senatoren in Zukunft den Eid des
Gehorsams schwören? „Zwar ist die Gottheit überall, und
keine Ruhe noch Sicherheit giebt es für die Meineidigen;
aber die sichtbare Gegenwart der Gottheit steigert die Furcht,
sich zu versündigen."

Dann folgen einige allgemeine Reflexionen. Es giebt
kein ausschließliches Recht einer Religion. Die Verschieden=
heit der Kulte ist eine göttliche Veranstaltung. „Wenn es
wahr ist, daß die Autorität einer Religion sich nach deren

Alter bestimmt, so laßt uns doch so vielen Jahrhunderten
Treue und Glaube bewahren und dem Beispiel unserer Vor=
fahren folgen, die ihrerseits glücklich dem Beispiel ihrer Vor=
fahren gefolgt sind."

Diese religionsphilosophische Erörterung leitet schon zu
dem Folgenden über, dem ergreifenden Appell der ewigen
Roma selbst an die Unterdrücker ihrer Religion. Hier gipfelt
die rhetorische Leistung dieses Schriftstückes. Rom tritt vor
die Herrscher hin und redet sie an: „Edele Fürsten, Väter
des Vaterlandes, habt Ehrfurcht vor meinem Alter, auf dessen
Höhe diese heilige Religion mich geführt hat. Laßt mich
fürder verharren in meinem väterlichen Glauben, denn ich
habe mein Genügen darin. Laßt mich leben nach meiner
Weise, denn ich bin eine Freie. Diese Religion hat mir den
Erdkreis zu Füßen gelegt, hat den Hannibal von meinen
Mauern, die Gallier vom Kapitol zurückgeschlagen. Sollte
ich deshalb am Leben erhalten worden sein, um noch im
hohen Alter angefochten zu werden? Was immer für ein
Begehren ihr an mich stellen werdet, es würde zu spät und
würde schimpflich sein, noch an dem Greisenalter Neuerungen
zu versuchen."

„Also," so fährt Symmachus, diesen Appell bekräftigend,
fort, „bitten wir um Frieden für die väterlichen Götter, um
Frieden für die heimischen Götter." Es ist kein Grund vor=
handen, sich zu hassen; „zu denselben Sternen blicken wir
empor, ein Himmel überspannt uns, eine Erde trägt uns."
Andererseits „führt mehr als ein Weg zu dem großen Ge=
heimnis"; das mahnt zur Duldung. Doch „nicht um zu
disputieren, sondern um zu bitten, kommen wir."

Mit bewegten Worten wird darauf die Unbill geschildert,
welche die Anordnungen Gratians den heiligen Jungfrauen

und den Tempeldienern zugefügt haben. Die Hungersnot war die Strafe des Himmels dafür. Noch Schlimmeres kann kommen. Daher müssen jene Gesetze eiligst aufgehoben werden. „Um den Zustand der Religion bitten wir, welcher Eurem abgeschiedenen göttlichen Vater die Herrschaft erhalten und dem glücklichen Fürsten legitime Erben gegeben hat. Es sieht jener göttliche Greis von den himmlischen Höhen die Thränen der Priester und empfindet Kränkung, weil man die Bahn verlassen hat, die er selbst gern innehielt. Macht wieder gut, was Euer göttlicher Bruder verhängt hat; löschet die Thatsache aus, womit er unwissend den Senat verletzte, wenn es wahr ist, daß die Gesandtschaft nicht zu ihm gelassen wurde, damit er die öffentliche Meinung nicht erfahre."

Eine glänzende Rede, reich an bewegenden Momenten, demütig und stolz, bittend und fordernd, aber doch mehr auf das Gefühl als auf den Verstand berechnet. Auch entbehrt sie der Einheitlichkeit und der Konsequenz. Denn die Forderung voller Religionsfreiheit verträgt sich nicht mit der andern, die auf Wiederherstellung der Lage unter Valentinian abzielt. Die Religionspolitik dieses Kaisers war weit davon entfernt, allen Kulten dieselbe Freiheit der Bewegung zu geben, nur zeigte sie sich thatsächlich duldsamer. Ja, der Redner erweckt sogar den Anschein, daß seine und seiner Partei Wünsche in Wirklichkeit schon durch die Aufhebung der Verordnungen Gratians befriedigt sein würden. Denn nur auf diese kommt er zu sprechen, wo er concrete Forderungen stellt. Für die geschlossenen oder zerstörten Heiligtümer außerhalb Roms, die gehemmten Gottesdienste und die aufgelösten Priesterschaften im übrigen Abendlande hat er kein Wort übrig: nur was in der Hauptstadt in seiner Nähe und unter seinen Augen geschah, nimmt sein Interesse in

Anspruch) und bewegt ihm das Herz. Darnach ist die ge=
schichtliche Bedeutung dieser Bittschrift geringer zu veran=
anschlagen als üblich. Viel höher steht in dieser Beziehung
des Libanius Rede für die Tempel. Es war auch mehr die
rhetorische Gewalt, welche diese Rede berühmt und bewundert
machte, als die überzeugende Kraft der Gründe. Mit Recht
erkannte Ambrosius jene an, diese bestritt er.[1]).

Mit Behutsamkeit, wie es scheint[2]), wurde das Schrift=
stück in die Hand des Kaisers gebracht. Dieser selbst, ein
dreizehnjähriger Knabe, war natürlich in seiner Entschließung
an seine Umgebung gebunden. In dieser herrschten die
Arianer vor[3]); auch germanische Generale, die ihren heimischen
Glauben oder gar keine bestimmte Religion bekannten, be=
fanden sich darin.[4]). Indes die letzte Entschließung dürfte
von der Kaiserin abhängig gewesen sein. Das Consistorium
nun, in welchem die Bittschrift zur Verlesung und Besprechung
kam, sprach sich einstimmig für dieselbe aus.[5]). Es war eine

---

[1]) Ambros. Epist. I, 18, 2.

[2]) Ich entnehme das aus Ambr. Epist. I, 17, 10: . . . nisi
incredibile hoc et repentinum ad aures pervenisset hominum,
quod tale aliquid esset vel in consistorio suggestum tuo vel
a senatu petitum.

[3]) Die mit dem Jahre 385 anhebenden Kämpfe zwischen Ambro=
sius und dem Hofe zeigen das. Darüber Förster, Ambrosius, Halle
1884 S. 39 ff.

[4]) Ambrosius nennt Epist. I, 57, 3 die beiden Namen Bauto
und Rumorid.

[5]) Ambr. Epist. I, 17, 6: deferendum meritis clarorum
virorum et ego suadeo, sed Deum certum est omnibus prae-
ferendum. I. 17, 8: quodsi aliqui nomine christiani tale aliquid decernendum putant u. s. w. Dagegen de obitu Valent. c.
19 cum universi, qui in consistorio aderant, christiani pariter
atque gentiles, dicerent esse reddenda, solus (scl. Valentini-

in ihren Wirkungen unberechenbare Entscheidung. Die
römische Christengemeinde und mit ihr die ganze Christenheit
mußte sich dadurch überrascht und tief verletzt fühlen.
Damasus hätte nicht geschwiegen, noch weniger Ambrosius.
Ohne Zweifel würden die Bischöfe jenen Beschluß, wenn er
die kaiserliche Genehmigung erhalten hätte, zum Gegenstand
einer synodalen Verhandlung gemacht haben. Und würde
Theodosius unthätig einer Politik zugesehen haben, die im
schärfsten Gegensatz zu der seinen stand und im Namen eines
unmündigen Knaben dekretirt wurde? Kurzum, die Folgen
waren nicht abzusehen.

Es ist unaufgeklärt, wie nicht nur die Kunde von der
Existenz der Bittschrift, sondern auch ein Referat ihres In=
haltes in die Hand gerade des Mannes kam, vor dem diese
Angelegenheit am ehesten hätte verborgen gehalten werden
sollen, des Ambrosius. Möglich, daß der Bischof auf in=
direktem Wege diese Nachrichten erhielt, jedenfalls privatim
und ohne Wissen der Regierung. Sofort richtete er ein
Schreiben an den Kaiser.[1]) Der Anfang überrascht. Die
Thatsache, welche das Schreiben veranlaßte, bleibt zunächst
unerwähnt. Vielmehr stellt der Bischof zuerst in kurzen,
scharfen Sätzen die religiöse Pflicht eine christlichen Herrschers
fest. Alle Bewohner des römischen Reiches dienen den
Kaisern, die Kaiser aber Gott. Dieser Gott ist der Christen=
gott, denn der Heiden Götter sind Dämonen, wie die Schrift
sagt (Pf. 96, 5). „Da du nun, allerchristlicher Kaiser, zur
Treue gegen Gott verpflichtet bist, wundere ich mich, wie

---

anus) velut Daniel excitato in se Dei spiritu arguebat perfi-
diae christianos, gentilibus obviabat) bezieht sich erst auf eine
spätere Beratung; sonst wäre Epist. I, 17 unverständlich.

[1]) Epist. I. 17.

Etliche auf den Gedanken kommen können, daß es deine Pflicht sei, den heidnischen Göttern die Altäre wiederaufzubauen und zu den Kosten der unheiligen Opfer beizutragen." Wohl sei es billig, daß man auf die Verdienste ansehnlicher Männer Rücksicht nehme, aber Gott und seine Sache muß allem voranstehen. Wenn es sich um eine militärische Frage handelt, darf die Meinung kriegsgeübter Leute nicht umgangen werden, „doch in religiösen Dingen denke an Gott."

In malerischer Schilderung wird darauf die Situation gezeichnet, falls die Wünsche der Heiden Erhörung fänden. Wenn heute ein Heide, was ferne sei, den Götzenbildern einen Altar aufrichtete und die Christen zwänge, sich davor zu versammeln und ihren Atem und ihr Antlitz von der Asche des Altars, den Funken des Götzenopfers und dem Rauch des Holzstoßes beschmutzen zu lassen und an dem Altar zu schwören — der Christ, der solches erlitte, würde das eine Verfolgung nennen. Denn schwören heißt nichts anderes als die göttliche Macht dessen anerkennen, den man als Zeugen seiner Wahrheit anruft. „Von dir aber, o Kaiser, wird gefordert, daß du den Altar aufrichten lassest und zu den abgöttischen Opfern beisteuerst." Doch so etwas kann nur mit Verletzung göttlichen Rechtes geschehen. „Daher bitte ich dich, daß du einen solchen Beschluß nicht fassest noch unterschreibst." Wenn der Kaiser des Bischofs Worte nicht hören wolle, möge er wenigstens die Angelegenheit an Theodosius bringen, mit dem er ja „in fast allen wichtigern Fragen" sich zu beraten pflege. „Nichts aber ist wichtiger als die Religion, nichts erhabener als der Glaube."

Der kluge Kirchenfürst wußte, was die Nennung des Namens Theodosius bedeutete. So lange Maximus noch lebte, hing das Geschick des westlichen Kaisertums an dem Willen des Theodosius. Was wäre damals der abendländische Augustus ohne Theodosius gewesen? Über die streng heidenfeindliche Gesinnung aber dieses Kaisers war man in Mailand wohl unterrichtet.

Gleichsam als ob dieser Name ihm selbst den Mut und die Zuversicht gesteigert habe, wird die Rede des Bischofs kühner. „Man gebe mir," fordert er kurz, „eine Abschrift der Relation, damit ich sie ausführlicher beantworten kann." Er erklärt: wenn etwas im Sinne der Bittschrift beschlossen wird, so können wir Bischöfe es nicht mit Gleichmut hinnehmen. Deutlich ist damit ein gemeinsames Vorgehen des Episkopats in Aussicht gestellt. Der Kaiser selbst darf dann nicht auf Rücksichten hoffen. „Es wird dir frei stehen, dich zur Kirche zu begeben, aber entweder wirst du gar keinen Priester dort finden oder einen, der dir widersteht."

Und nun malt Ambrosius das Bild eines Priesters — es ist sein eigenes Bild —, der vor den Kaiser hingetreten ist und ihn anredet: „Deine Gaben begehrt die Kirche nicht, da du die Tempel der Heiden mit Gaben ausgestattet hast. Der Altar Christi weist von sich deine Geschenke, da du Götzenbildern einen Altar errichtet hast. Denn es ist deine Stimme, deine Hand, deine Unterschrift, dein Werk. Der Herr Jesus verschmäht und verachtet deinen Gehorsam, weil du den Götzen gehorsam gewesen bist; er hat dir doch gesagt: Niemand kann zweien Herren dienen. Die gottgeweihten Jungfrauen haben keine Vorrechte von dir, wohl aber genießen solche die Jungfrauen der Vesta. Warum verlangst du nach den Priestern Gottes, da du das unheilige Begehren der Heiden ihnen vorgezogen hast? Wir können keine Gemeinschaft haben mit dem Fehltritt eines andern."

Es mußte Valentinian oder seiner Umgebung leicht fallen, in diesen Worten die Excommunication, den Ausschluß vom Tisch des Herrn angedroht zu finden. Es würde das erste Beispiel der Anwendung einer kirchlichen Censur auf einen christlichen Kaiser gewesen sein.

„Was wirst du hierauf antworten?" fährt Ambrosius fort. „Vielleicht: ich war ein Knabe, als ich fiel?" Eine nichtige Entschuldigung, denn „jedes Alter ist gereift in Christo." Und „auch Knaben haben wider die Verfolger unerschrocken Zeugnis abgelegt." Mit einem lebhaften, schwungvollen Appell an die verwandtschaftlichen Gefühle des jungen Kaisers gegen seinen Bruder und seinen Vater schließt das Schreiben. Die letzten Worte sind: „Ich bitte dich, so zu handeln, wie du meinst, daß es deinem Heile bei Gott dienlich sein werde."

Das Schriftstück zeugt ebenso von dem stolzen Bewußt= sein wie von der Klugheit seines Verfassers. Es fordert laut und kühn, ohne zu demütigen. In der Sprache zittert innere Erregung nach, und doch fehlt jedes verletzende Wort. Alle wirksamen Momente sind gesammelt und in dem Tone unbeugsamer Festigkeit vor den Kaiser hingestellt. Es ist gleichsam die ganze christliche Kirche, die, in diesem einen Mann verkörpert, ihren Mund aufthut und Protest erhebt gegen einen Schritt, durch welchen dem Götterglauben irgend ein Recht zuerkannt würde. Recht hatte das Heidentum überhaupt nicht in der Kirche und konnte es nicht haben. Erschwerend trat hier hinzu, daß getaufte Leute — die christ= lichen Senatoren — unmittelbar in Mitleidenschaft gezogen worden wären. Die Kirche konnte wohl ertragen, daß das Heidentum vom Staate nicht auf einmal, sondern allmählich rechtlos gemacht wurde, nicht aber, daß ein christlicher

Herrscher sakrale Rechte, nachdem sie aufgehoben waren, zurückgab. Das wäre mehr als Religionsfreiheit gewesen, und nicht einmal mehr Religionsfreiheit wollte die Kirche in jener Zeit. Recht hatte sie nur selbst, sonst keine religiöse Genossenschaft. Man kann diese Anschauung tadeln, aber sie war da, und es gehört mit zu den Ruhmesthaten des Ambrosius, daß er in einem entscheidungsvollen Augenblicke, jeden Kompromiß abweisend, das ganze Gewicht seiner Persönlichkeit furchtlos eingesetzt hat, um seine und der Kirche Anschauung aufrecht zu erhalten. Er hat vielleicht Schlimmeres verhütet.

Der Brief entschied das Schicksal der Relation. Valentinian beugte sich den stärkeren Thatsachen. Ambrosius erhielt die erbetene Abschrift und zugleich den Auftrag, eine ausführlichere Beantwortung abzufassen. Dieselbe war nicht so sehr für Symmachus und seine Mandatare als für die nachgiebigen Ratgeber im Consistorium selbst bestimmt.[1] Die in Form eines Briefes an den Kaiser gefaßte Widerlegungsschrift[2] zeigt, daß es sich jetzt nicht mehr darum handelt, eine Entschließung herbeizuführen, sondern eine bereits vorliegende zu rechtfertigen.[3]

---

[1] Dies ergiebt sich aus dem Inhalte mit voller Deutlichkeit. Ambrosius redet in erster Linie zu Christen, daher die überaus scharfen Urteile über das Heidentum.

[2] Ambros. Ep. I, 18. Die Beweisführung hat sich hernach im J. 404 Prudentius in seinen „zwei Büchern gegen Symmachus" angeeignet, nur ist alles poetisch gefaßt und reicher umsponnen.

[3] Gleich die einleitenden Worte (18, 1, 2) verraten dies; auf der einen Seite die Belobung des Kaisers (licet adhuc in minoris aevi tirocinio florentibus novus annis, fidei tamen virtute veteranus) und auf der andern die zuversichtliche Stimmung des Ambrosius (non fidei tuae ambiguus, sed providus cautionis et pii certus examinis hoc sermone relationis adsertioni respondeo); vgl. auch 18, 10.

Daher der sachlich ruhige Eingang. Nicht schönen Wort-
schmuck, erklärt der Bischof mit abfälligem Seitenblick auf die
Relation, werde man bei ihm finden, wohl aber „die Gewalt
der Thatsachen". Jener sei nur äußerer Glanz, der die
Augen blendet. Die Schale goldschimmernd, der Kern un-
edeles Metall — das gelte vom Heidentum überhaupt:
prächtig und großartig in der Erscheinung, in Wirklichkeit
unwahr. „Den Namen Gott führen sie im Munde und
Götzenbilder beten sie an." [1]

Ambrosius schickt sich nun an, die drei Gründe, auf
welche die Relation sich stützt, zu prüfen und zwar zuerst
den Satz, daß Rom durch seine Religion siegreich gewesen
und groß geworden sei, wofür sich der heidnische Redner
auf Hannibal und die Errettung des Kapitols bezogen hatte.
Aber Hannibal, wird ihm erwidert, drang doch der römischen
Frömmigkeit zum Trotz bis zu den Mauern der Stadt vor.
Und die Gallier? Eine Gans hat sie mit ihrem Angstschrei
verraten. „Sehet, was für Patrone die römischen Tempel
haben. Wo war denn damals Jupiter? Redete er vielleicht durch die Gans?"

„Weg also mit jener neidischen Klagerede des römischen
Volkes. Rom hat dazu keinen Auftrag gegeben." Es redet
in ganz anderen Worten, nämlich: „Warum befleckt ihr mich
tagtäglich nutzlos mit dem Blute der unschuldigen Herde?
Nicht in den zuckenden Fibern der Opfertiere, sondern in
der Kraft kriegerischer Männer liegen die Trophäen meiner
Siege. Auf andere Weise habe ich den Erdkreis bezwungen.
Ein Soldat war Camillus. Seine Tapferkeit warf die
Feinde nieder, welche die Religion nicht abzuwehren ver-

---

[1] Mit Beziehung offenbar auf Symm. Rel. S. 281, 20

mochte. Was soll ich von Attilius (Regulus) sagen, der
willig den Soldatentod auf sich nahm? Der Africanus hat
nicht zwischen den Altären des Kapitols, sondern in den
Schlachtreihen Hannibals seine Triumphe davongetragen."
Andererseits ist Rom auch von schweren Niederlagen und
Erschütterungen heimgesucht worden, als die alte Religion
und der Altar der Victoria noch unberührt standen.

Symmachus hatte Rom das Bekenntnis ablegen lassen,
daß es zu alt sei, um noch in Neues sich hineinzufinden.
Anders das Rom des Ambrosius. „Ich schäme mich nicht,
daß ich in hohem Alter mit dem ganzen Erdkreis mich noch
wandeln muß. In keinem Alter ist es zu spät, irgend et=
was besser zu lernen. Vor Scham erröten sollte das Alter,
welches nicht mehr versteht, sich zu vervollkommenen."

So stellt sich dem alten heidnischen Rom, das sich stolz
in sich selbst verschließt und sich selbst genug ist mit seinen
großen Erinnerungen, das junge christliche Rom entgegen,
offen der neuen Zeit, pietätslos gegen seine Vergangenheit.

„Auf einem einzigen Wege," sagt er (Symmachus), „kann
man nicht zu einem so großen Geheimnis gelangen." Diese
neuplatonische religiöse Weitherzigkeit konnte dem Bischof
nicht behagen. Kurz erwidert er: „Was ihr nicht wißt,
haben wir durch Gottes Stimme selbst erfahren. Was ihr
mit Mutmaßungen sucht, das haben wir aus der untrüg=
lichen Weisheit Gottes selbst als feste Gewißheit."

Was die Wiederaufrichtung des Altars der Victoria
anlangt, [1]) „so etwas mögt ihr von einem Genossen eures

---

[1]) Übertreibend giebt Ambrosius diese Forderung mit den Worten
wieder (18, 10): Sed vetera, inquit, reddenda sunt altaria simu-
lacris, ornamenta delubris.

Götzendienstes fordern; ein christlicher Kaiser hat keinen
andern als Christi Altar zu ehren gelernt." So weiß auch
„unser Kaiser" nur von Christus zu sagen. „Oder hat
irgendwo ein heidnischer Kaiser Christo einen Altar aufge=
baut?" Bei dieser Gelegenheit versäumt Ambrosius nicht,
dem jungen Herrscher in geschickter Weise zu verstehen zu
geben, daß ein entschiedeneres und praktischeres Wohlwollen
seinerseits gegen die Kirche erwünscht wäre.[1]

Der zweite Punkt, den die Widerlegung beleuchten will,
ist die Einschränkung der priesterlichen Einkünfte und
Immunitäten. Die, welche für die Vestalinnen die Vollzahl
der Privilegien zurückfordern, wissen nicht, daß die Keuschheit
eine freiwillige sein muß, unabhängig von irdischem Gewinn.
Auch kommen ja nur sieben Personen in Frage.[2] „Sehet,
das ist die ganze Zahl, welche der heilige Kopfschmuck, die
Purpurgewandung, der glänzende Aufzug der von Sklaven
umdrängten Sänfte, die großen Privilegien und die reichen
Einkünfte „und dazu die zeitlich begrenzte Enthaltsamkeit zu=
sammengebracht haben." Die Kirche hat etwas ganz anderes
zu bieten. „Sie mögen nur die Augen ihres Geistes und
ihres Leibes aufthun und sehen die keusche Schar, die reine

---

[1] I, 18, 10: dum ea, quae fuerunt, reposcunt, exemplo
suo admonent, quantum christiani imperatores religioni, quam
sequuntur, debeant deferre reverentiae, quando gentiles super-
stitionibus suis omnia detulerunt.

[2] Die Zahl der Vestalinnen betrug anfangs 4, später 6. Ein
Übergang zur Siebenzahl wird nirgends ausdrücklich erwähnt, sondern
erscheint vorausgesetzt. Möglich, daß an Stelle des Pontifex Maximus,
welcher Vorsteher dieses Collegiums war, unter den christlichen Kaisern
eine siebente Vestalin getreten ist. Schon die Descriptio orbis (a. a.
O. S. 525) kennt die Siebenzahl. Damit wird die Vermutung hinfällig,
daß Gratian Veranlassung dazu gegeben.

Gemeinschaft, den jungfräulichen Chor." Schmucklos ist hier
die äußere Erscheinung, entbehrungsreich die Lebensweise.
„Das ist keine Jungfräulichkeit, die erst um Geld erkauft
wird."[1]) Wollte man einmal den Jungfrauen einen Anspruch auf staatliche Geldspenden zugestehen, welche Summen
müßten dann den christlichen Jungfrauen zufließen! Welcher
Staatsschatz würde für solche Ausgaben ausreichen?

Wenn Ambrosius hier den Gedanken religiöser Gleichberechtigung berührt, so war ihm das nur ein advokatisches
Spiel, nicht Ernst. Es lag ihm fern, um einen solchen
Preis in diesem Punkte inkonsequent zu werden. Ernst aber
war ihm der tadelnde Hinweis auf die bevorzugte, glänzende
Lage der Vestalinnen, mit der sich die bescheidene Existenz
der gottgeweihten Jungfrauen in der Kirche nicht vergleichen
lasse. Ein ähnliches Bild ergiebt sich ihm aus einem Vergleich der heidnischen Priesterschaft mit der christlichen Geistlichkeit. Abschätzig wird ein Gesetz Valentinians I erwähnt,
welches den Klerikern verbot, sich Vermächtnisse zu verschaffen.[2])
„Für die Tempeldiener dagegen können Testamente geschrieben
werden; kein Frevler, kein Armer, kein Schamloser ist
ausgenommen, nur dem Kleriker unter Allen wird das gemeine Recht verschlossen." Darin liege eine Verletzung des
christlichen Priesterstandes. „Was eine christliche Witwe den
Priestern eines Heiligtums vermacht, hat Gültigkeit, was sie
den Dienern Gottes testamentarisch hinterläßt, hat keine
Gültigkeit." Doch er sagt das nicht, um zu klagen. „Denn

---

[1]) 18, 12: Non est virginitas, quae pretio emitur. Die
Vestalinnen erhielten bei ihrem Eintritt vom Staate ein Kapital zuge-
wiesen. Liv. I, 20, 3: Tacit. Ann. IV, 16.

[2]) Cod. Theod. XVI. 2, 20 (a. 370).

ich will lieber, daß wir an Geld als an Gnade arm sind."
Diese Ungleichheit empfängt noch eine besondere Beleuchtung
dadurch, daß die heidnische Priesterschaft von ihren Reich=
tümern keinen würdigen Gebrauch macht. „Die Tempel
mögen einmal aufzählen, wie viele Gefangene sie freigekauft
haben, wie oft sie den Armen Speise und Trank gegeben
und wie vielen Verbannten sie Lebensunterhalt gereicht haben."
Der Bischof hatte ein Recht, diese Frage zu stellen. „Die
heiligen Collegien der Pontifices, der Auguren, der Vesta=
linnen, der Epulonen und wie sie weiter hießen, genossen
in Glanz und Gemächlichkeit die Einkünfte der ungeheuern
Güter, welche ihnen mit der Zeit zugeflossen waren, und er=
freuten sich der reichen Staatsgehalte, welche sie obenein
empfingen.  Die Pracht und Auserlesenheit ihrer Tafel war
sprüchwörtlich; nur etwa der Kaiser oder ein großer christ=
licher Metropolit konnte es ihnen darin gleich thun, doch
erreichte er wohl kaum ihre zärtliche Feinschmeckerei. Kurz,
die hauptsächlichste Thätigkeit dieser Götterpriester war, in
einem bequemen Prunk zu leben." [1])  Die Kirche aber konnte
in ihrer Vergangenheit und in ihrer Gegenwart auf eine
private und eine öffentliche Liebesthätigkeit hinweisen, welche,
ungeachtet aller Mängel ihrer Organisation und ihrer Motive,
auch dem Widerstrebenden Anerkennung abzwingen mußte.
Das bischöfliche Wirken des Ambrosius selbst ist durchwoben
von glänzenden Beweisen christlicher erbarmender Liebe. Der
Satz, der bei ihm sich findet: „Die Besitztümer der Kirche
sind das Vermögen der Armen" bezeichnet nicht nur seine,
sondern die allgemeine Auffassung der Christenheit.

---

[1]) Richter, Gesch. d. weström. Reiches u. s. w. S. 547 f.

Wir sahen, daß die Relation die Mißernte des vorher=
gehenden Jahres in Zusammenhang bringt mit den Ver=
ordnungen Gratians. Solche Kombinationen haben öfters
die christlichen Apologeten beschäftigt, scheinen aber dennoch
immer einen gewissen Erfolg gehabt zu haben. Indem
Ambrosius diesen dritten Hauptpunkt bespricht, mischt er
häufiger Ironie und Spott in seine Darlegung. Eine selt=
same Gerechtigkeit, meint er, die um weniger Priester willen
Alle schlägt. Auch sind doch schon vor Jahren die Rechte
der Tempel aufgehoben. „Sollte es jetzt erst den Göttern
der Heiden in den Sinn gekommen sein, ihre Beleidigung zu
rächen?" Auch das ist zu erwägen, daß dieses Jahr ein
fruchtbares ist, obwohl die Rechte noch nicht wiederherge=
stellt sind. „Wer ist überhaupt ein solcher Neuling in den
Verhältnissen der Natur, daß ein Wechsel des Jahresertrages
ihn in Staunen setzt?"

Damit sind die drei Hauptpunkte, auf die einzugehen
Ambrosius sich vorgenommen hatte, erledigt. Jetzt berührt
er noch einige Einzelheiten.

Symmachus hatte Schonung und Erhaltung der alt=
väterlichen religiösen Sitte gefordert. Indes alles ist dem
Wechsel unterworfen. Aus dem Chaos ist die Erde erwachsen,
und immer noch geht in der Natur, am Himmel und auf
der Erde, eine beständige Veränderung vor sich. Die Sonne
steigt empor und entfaltet sich strahlender, der Mond wandelt
seine Gestalt. Rom selbst hat nicht daran gedacht, den
Glauben der Vorfahren unberührt zu erhalten; denn zahlreiche
fremde Götter hat es aufgenommen. Die Vorstellungen
wechseln. Aus der Victoria, die in Wahrheit nur eine Gabe
ist, wird eine Göttin. Sie ist nicht ein religiöses Wesen,

sondern die Legionen verleihen sie.[1]) Der Altar dieser
„großen Göttin" wird für die Curie zurückgefordert. Das
ist nichts anderes als eine Beschimpfung des Glaubens. Ein
unerträglicher Gedanke, daß ein Heide opfert und ein Christ
dabei zuschaut. „Mögen sie," denken jene, „mögen sie immer=
hin, obwohl widerwillig, mit ihren Augen den Rauch, mit
ihren Ohren die heilige Musik, mit ihrer Kehle die Asche,
mit ihrer Nase den Weihrauch auffangen und mögen sie von
dem Staub des Opferfeuers, obwohl widerstrebend, ihr Ge=
sicht sich beschmutzen lassen." So etwas darf nicht geschehen.
Konstantius, trotzdem er noch nicht getauft war, hielt es für
einen Schimpf, jenen Altar auch nur anzusehen. „Aber viel=
leicht fühlt sich Jemand beunruhigt durch den unglücklichen
Ausgang des frommen Fürsten (Gratian)." Indes wer auch
nur etwas versteht von den Dingen dieser Welt, weiß, wie
das Glück bald hierhin, bald dorthin sich neigt. „Der glück=
liche Pompejus fand ein unrühmliches Ende, Cyrus fiel durch
Weiberhände; auch der fromme Hamilkar und der den Göttern
ergebene Julianus kamen elend um."

Damit ist die Widerlegung zu Ende. Den Schluß
bildet ein kräftiger Appell an die Gewissenhaftigkeit des
Kaisers, mit Hinweis wiederum auf das Beispiel des Bruders.

Ruhiger ist der Ton in diesem Schreiben als in dem
ersten. Die leidenschaftliche Entrüstung hat einer Beweis=
führung Platz gemacht, die allerdings zuweilen einer erregten
Sprache sich bedient, aber doch auch einen solchen Grad fester
Zuversicht voraussetzt, um auch mit dem Gefühle ihrer Ge=

---

[1]) Die schöne Stelle (c. 30) lautet: Donatur, non dominatur,
legionum gratia, non religionum potentia.

ringschätzung des Gegners und mit scharfem Hohn nicht zurückzuhalten.

Die Gewandtheit und rhetorische Kunst Tertullians erscheint in diesem Schriftstück mit der Klarheit und Ruhe
des Minucius Felix geeint. Mit der Relation des Symmachus
verglichen, entbehrt die Widerlegung der romantischen Begeisterung und der tiefen Empfindung, ja man darf auch
sagen der idealen Unbefangenheit; es ist doch die Sprache
eines, der weiß, daß er die Macht hat, und der gesonnen
ist, von dieser Macht rückhaltlos Gebrauch zu machen, weil
er diese Macht auf ein göttliches Recht gründet.

Die Zuversicht, welche Ambrosius in seinem zweiten
Briefe zur Schau trägt, täuschte nicht; sie hatte guten Grund.[1]
Beide Schreiben wurden in dem Consistorium verlesen. Doch
die kaiserlichen Räte beharrten auf ihrer Meinung. Um so
fester zeigte sich Valentinian, so daß Ambrosius dadurch
an Daniel unter den Löwen erinnert wurde. „Den Geist
Gottes auf sich herabrufend,“ sprach der Bischof in der
Leichenrede, die er hernach dem toten Kaiser hielt, „schalt er
die Christen wegen ihrer Untreue gegen Gott und trat den
Heiden entgegen.“ Seine Worte waren: „Wie könnt ihr
denken, daß ich das zurückerstatte, was mein frommer Bruder
genommen hat? Es wäre eine Beleidigung gegen die Religion
und meinen Bruder, von dem ich an Frömmigkeit mich nicht
übertreffen lassen will.“ Auch die Berufung auf das Beispiel
seines Vaters erzielte keine Wirkung; Valentinian erklärte,
hier dem Beispiele des Bruders folgen zu wollen. „Möge

---

[1] Fein Ennodius carm. 142:
   Dicendi palmam Victoria tollit amico.
   Transit ad Ambrosium: plus favet ira deae.

meine Mutter Rom," schloß er, „mir andere Wünsche vor=
tragen. Ich schulde ihr als meiner Mutter Liebe, aber zu
größerem Gehorsam bin ich dem Urheber meines Heils ver=
pflichtet." [1] Ambrosius war zufrieden mit der Haltung des
jungen Fürsten. „Er hat," so äußerte er später einmal,
„nichts anderes gethan, als was die Rücksicht auf unsern
Glauben forderte." Es war allerdings nicht sein, sondern
des unerschrockenen Kirchenfürsten Verdienst, daß „er sich nicht
fürchtete, Menschen zu mißfallen." [2] Doch darauf kam es
nicht an. Die Thatsache, daß die klagende Roma von einem
Knaben und dazu noch im Widerspruch mit dem heiligen
Consistorium abgewiesen war, stand fest. Ihre Wirkung muß
erschütternd gewesen sein. Zum zweitenmal hatte der Senat
umsonst sein Ansehn eingesetzt. Jetzt schien keine Hoffnung
mehr.

Für das folgende Jahr wurde Prätextatus zum Consul
designirt. Offenbar sollte damit der heidnischen Partei eine
Genugthuung gegeben werden. Im Übrigen bewahrte die
Regierung dieser gegenüber eine feste Haltung, wie aus einem
Vorfall hervorgeht, der eine Zeitlang die Führer der heid=
nischen Partei in ernste Gefahr brachte. An den Kaiser
kam nämlich die Denunciation, daß das oben erwähnte
Gesetz, betreffend die Ausplünderung öffentlicher Gebäude, in
bewußter Schädigung der Christen ausgeführt werde; man
habe sich unter dem Vorwande jener Verordnung nicht ge=

---

[1] Ambros. I, 17, 13: Lecti sunt libelli mei in consistorio
. . . Valentinianus tunc temporis audivit suggestionem meam
nec fecit aliud, nisi quod fidei nostrae ratio poscebat. — De
obitu Val. (t. IV S. 247 ff.) c. 19. 20, woselbst über den Inhalt
der Erklärungen Valentinians berichtet ist.

[2] Ambros. De obitu Valent. c. 52.

scheut, Christen aus dem innern Heiligtum der Kirchen heraus=
zureißen und zu verhaften; sogar Bischöfe entfernter Städte
seien gefänglich eingezogen worden. Der uns unbekannte
Gewährsmann fand Glauben, und es erfolgte ein scharfes
kaiserliches Edikt, welches das Verfahren des Stadtpräfekten
schonungslos tadelte und die sofortige Freilassung der ge=
fangen gehaltenen Christen befahl. Zugleich wurde die frühere
Verordnung widerrufen Symmachus war über diese Kund=
gebung, die der Bevölkerung zur öffentlichen Kenntnis ge=
bracht wurde, tief bewegt.[1] Er verschaffte sich ein Zeugnis
des römischen Bischofs Damasus, durch welches alle jene
Anklagen für ungegründet erklärt wurden, und sandte dasselbe
mit einem Verteidigungsschreiben an Valentinian.[2] Es ge=
lang ihm, sich vollständig zu rechtfertigen, und er erhielt ein
Zeichen des kaiserlichen Wohlwollens.[3] Doch bald kamen
neue schmerzliche Erfahrungen, der plötzliche Tod seines
Freundes und Mitkämpfers Prätextatus Ende 384 und
mancherlei Verdrießlichkeiten seines Amtes, die zum Teil mit
den religiösen Gegensätzen zusammenhingen.[4] Mißmutig
kehrte er daher im Oktober des folgenden Jahres dem öffent=
lichen Leben den Rücken und zog sich zunächst nach Cam=
panien zurück. So verlor die heidnische Partei in Rom
innerhalb eines Jahres ihre beiden bedeutendsten und ein=
flußreichsten Führer.

In Mailand war es unterdes zwischen Ambrosius und
dem arianisch gesinnten Hofe zu einem heftigen Zerwürfnis

---

[1] Rel. 21 (S. 295, 20) wird jener Erlaß bezeichnet als injuria praefecturae et conscientiae meae.
[2] Rel. 21 (S. 295).
[3] Cod. Theod. I, 6, 9.
[4] Vgl. insbesondere Rel. 17; 34; 23.

gekommen. Vielleicht in der Überzeugung, daß der Bischof durch die Entschließung Valentinians dem Hofe, insbesondere der dabei beteiligten Kaiserin zu Danke verpflichtet sei, traten die Arianer kurz vor der Osterzeit 385 mit der Bitte um Überlassung eines Gotteshauses hervor. In weitgehender Weise setzten Valentinian und Justina ihr persönliches Ansehen dafür ein, doch Ambrosius war unbeugsam. Der Konflikt, der mehrmals eine gefährliche Wendung nehmen zu wollen schien, endete mit einem glänzenden Siege des Ambrosius. Die Gemeinde hat sich für die Kirche und gegen das weltliche Imperium entschieden. Es war nicht das erstemal und sollte nicht das letztemal sein. Erfreulicher ist die Wahrnehmung, daß in diesen heftigen Kämpfen bei Justina ebensowenig wie bei dem Kaiser das Vertrauen auf die Ehrlichkeit und den Patriotismus des Ambrosius erschüttert worden ist. Bald nachher nahmen beide wiederum seinen Dienst in Staatssachen in Anspruch.

Je seltener es möglich ist, an bestimmten Fällen die Thatsache oder gar die Art und Weise des Rückganges des Heidentums anzuzeigen, um so wertvoller ist für diese Zeit eine bei der Aufräumung des Amphitheaters in Kapua entdeckte Inschrift, ein mit ausdrücklicher Genehmigung der Kaiser am 22. November 387, das ist am Tage der Thronbesteigung des abendländischen Augustus, publiziertes heidnisches Festverzeichnis mit Gültigkeit für die Provinz Kampanien.[1] In diesem Verzeichnis ist kein einziges idololatrisches

---

[1] C. J. L. X, 1 n. 3792: Administrante Romano jun. sacerdote | feriale domnorum sic | III. nonas Jan. vota | III idus Febr. genialia | Kal. Mais. lustratio ad flumen | Casili no | III idus. Mai rosaria Ampiteatri | VIII. Kal. Aug lustratio ad flumen | ad iter Dianae | VI Kai (sic) Aug. profectio ad

Feſt angemerkt. „Entweder ſind es Naturfeſte — das Saat=
feſt am 1., das Roſenfeſt am 13. Mai, das Erntefeſt am
25. Juli, das Weinfeſt am 15. Oktober — oder auf Geburt
und Tod bezügliche — die Genialia am 11. Februar, die
Inferiä am 27. Juli — oder endlich politiſche, wie Gelübde
für den Kaiſer am 3. Januar. Nicht ein einziges darunter
hat einen ſpezifiſch heidniſchen Charakter; ſie konnten ſämt=
lich gefeiert werden, ohne daß man einen Tempel betrat und
einem Gott opferte" [1] Offenbar konnte nur unter dieſen
Bedingungen die ſtaatliche Genehmigung erlangt werden.
Allerdings liegt hier ein gewiſſes Zugeſtändnis an das Heiden=
tum vor, denn die in dem Feriale angeführten, in Caſilinum
und an der Dianaſtraße zu vollziehenden Luſtrationen ſowie
die Feier des Allerſeelentages am Avernerſee (profectio ad
inferias Averni) ſind eigentlich heidniſche Akte, wenn auch
ohne Opfer und Tempelkult; daher haben ſchwerlich „ſämt=
liche konfeſſionel indifferenten Bewohner Kampaniens, ſowohl
die zum Heidentum als die zum Chriſtentum ſich hielten [2],"
gerade an dieſen Feſten teilgenommen. Die Regierung verfährt
hier übrigens genau nach Maßgabe ihrer bisherigen religions=

---

iter Averni | Idus Oct vendemia Acerusae | jussione domno-
rum felix votum | sollicite solvit X Kal. Decembr | Valenti-
niano III et Eutropio. Dazu die Erläuterungen von Avellino
(Opuscoli diversi, vol. III Napoli 1836 S. 215 ff.) und beſonders
Mommſen (in d. Berichten üb. d. Verhandl. d. Königl. ſächſ. Geſellſch.
d. Wiſſenſch. Philol.=hiſt. Klaſſe 2. Bd. 1850 S. 62 ff.).

[1] Mommſen a. a. O. S. 69.

[2] Mommſen S. 70; dazu S. 71: „ſehr intereſſant iſt das
Beſtreben der Staatsregierung, wovon unſere Inſchrift Zeugnis ablegt,
außerhalb des konfeſſionellen Gebiets für die Feſte und Ferien des
Staats einen neutralen Boden zu gewinnen, auf dem die Bürger
aller Kulte ſich begegnen könnten."

politischen Gesetzgebung, welche zwar das Opferwesen und den Tempelbesuch ausschloß, aber die heidnische Religion als solche noch nicht proscribiert hatte. Vergleicht man dieses Feriale mit andern römischen Kalendarien aus der Zeit der ungebrochenen Herrschaft des Götterglaubens, so tritt der Unterschied scharf hervor. Darin besteht der Wert dieser kampanischen Inschrift, daß sie zeigt, welche Rücksichten die heidnische Religion in ihren öffentlichen Akten sich auferlegen mußte. Selbstverständlich ist das, was hier geschah, nicht vereinzelt geblieben.

Andererseits ist ihr der Staat mit Forderungen, die in derselben Richtung sich bewegen, entgegengetreten. Nämlich zwei Jahre nachher erfolgte eine Verordnung[1]), die mit den Worten anhob: „wir bestimmen, daß sämtliche Tage Ge=richtstage seien." Ausgenommen werden nur das Saatfest und das Fest der Weinlese (zusammen 60 Tage), ferner die Kalenden des Januar, die Gründungstage von Rom und Konstantinopel, die Osterzeit, der Sonntag, die Geburtsfeste der Kaiser. Kein einziges der als feriae publicae bezeich=neten Feste trägt einen spezifisch heidnischen Charakter; sie konnten sämtlich auch von Christen begangen werden. Da=gegen sind die Götterfeste und andere heidnisch=religiösen Kulttage mit Stillschweigen übergangen. So wenig die Regierung sie gehindert hat, so wenig fühlte sie sich veranlaßt, öffentlich damit zu rechnen. Insofern sind diese beiden Ur=kunden bezeichnende Zeugnisse für das Bestreben des Staates, die Gesetzgebung mehr und mehr in christliche Bahnen über=zuleiten und als Objekt derselben ausschließlich die christliche Bevölkerung zu fassen.

---

[1]) Cod. Theod. II, 8, 19.

# Drittes Kapitel.

## Theodosius der Große.

Von den religionspolitischen Kämpfen, die sich im Abendlande abspielten, hielt sich der Augustus des Ostens vorläufig noch zurück. Er hatte um so weniger Ursache, hier
mit dem Gewichte seines Ansehns einzutreten, da der Verlauf der Ereignisse seinen Wünschen entsprach. Aber auch
in seinen eigenen Ländern beobachtete Theodosius in den
ersten Regierungsjahren dem Götterglauben gegenüber eine
abwartende Haltung. Zwar das Gesetz hinsichtlich der
Apostaten (S. 218) war er der Kirche und die Verordnung
gegen die politische Divination dem Staate ohne Aufschub
schuldig. Daneben gewann er es doch über sich, die bereits
beschlossene Sperrung eines durch seine Kunstwerke berühmten
Tempels in der Landschaft Osrhoëne [1]) — wahrscheinlich in
Edessa — rückgängig zu machen und das Heiligtum für

---

[1]) Wenn sich darauf Liban. (pro templ. S. 490 ed. Gothofr.)
bezieht, wie vielleicht anzunehmen ist, so wurde dieses Heiligtum schon
bald darauf dennoch zerstört.

bestimmte Festlichkeiten zur Verfügung zu stellen, voraus=
gesetzt, daß keine verbotenen Opfer daselbst vollzogen würden.[1]
Die Rücksicht auf die starke heidnische Bevölkerung in diesem
an der Grenze gelegenen und darum politisch wichtigem Ge=
biete mag dieses Zugeständnis gewährt haben. Theodosius
verfuhr genau so, wie einst Konstantin der Große an die
Hispellaten verfügt hatte. Wie weit der Kaiser im übrigen
davon entfernt war, die Richtung der von Gratian einge=
schlagenen Religionspolitik zu ändern, zeigt ein im Jahre 385
von Konstantinopel aus an den prätorischen Präfekten
Cynegius gerichtetes erneuertes scharfes Verbot der politischen
Divination[2] und eine Verfügung des folgenden Jahres,
welche die Christen von dem Vorsitz bei den in irgend einer
Weise an die Tempel geknüpften Festlichkeiten und den damit
verbundenen Unkosten ablöste, wobei das Christentum nach=
drücklich als die wahre Religion bezeichnet wird.[3]

---

[1] Cod. Theod. XVI, 10, 8 (a. 382). Die Verordnung ist wegen
ihres verderbten Textes zwar nicht in ihren Grundgedanken, wohl aber
in manchen Einzelheiten unklar. Vgl. das Nähere bei Gothofr. Ein
bestimmter Ort ist nicht genannt, doch weist der Inhalt des Edikts auf
eine größere Stadt.

[2] Cod. Theod. XVI, 10, 9.

[3] Cod. Theod. XII, 1, 112: In consequenda archierosyne
ille sit potior, qui patriae plura praestiterit nec tamen a templorum cultu observatione christianitatis abscesserit. Quippe
indecorum est, imo ut verius dicamus, illicitum, ad eorum
curam templa et templorum solemnia pertinere, quorum con-
scientiam verae ratio divinae religionis imbuerit et quos ipsos
decebat tale munus, etiamsi non prohiberentur, effugere. Zur
ἀρχιερωσύνη waren u. A. die Curialen verpflichtet, und von da aus
wurden auch Christen in dieses kostspielige und nicht ganz von Idololatrie frei zu haltende Munus hineingezogen. Näheres darüber bei
Gothofr. de interdicta Christianor. cum gentil. communione
(S. 568 ff. der Opera jurid. min.).

Doch dieses bedeutete wenig im Vergleich zu derjenigen Maßregel, welche um dieselbe Zeit, wie es scheint [1]), ange= ordnet wurde. Der eben genannte Cynegius nämlich erhielt den Befehl, sich nach Ägypten und in die kleinasiatischen Länder zu begeben, um daselbst, neben der Ausführung be= stimmter politischer Akte, die sich an die Erhebung des Maximus knüpften, den Hellenismus niederzuwerfen. Schwerlich war es dabei auf gänzliche Ausrottung des Heidentums abgesehn [2]) — eine solche lag überhaupt nicht im Bereich der Möglichkeit — sondern es wird eine in be= stimmten Maßnahmen zum Ausdruck gelangende Einschränkung und Einschüchterung des gerade in Ägypten und Syrien fest= gewurzelten und selbstbewußten Hellenismus beabsichtigt ge= wesen sein. Was nachher geschah, legt die Vermutung nahe, daß die ägyptischen und syrischen Bischöfe, vor allen der Patriarch Theophilus von Alexandrien, dem Kaiser mit bringenden Vorstellungen nahe getreten sind. [3])

Es war zu erwarten, daß der energische Beamte, der zu der ihm verliehenen Machtvollkommenheit noch eine persönliche scharfe Abneigung gegen die alte Religion mit=

---

[1]) Die genauere Datierung ist schwierig. Zosimus (IV, 37 u. IV, 45) schließt einen inneren Widerspruch in sich. Wenn die Sendung mit dem Vertrag zwischen Theodosius und Maximus zusammenhängt, muß sie 384 stattgefunden haben. Cynegius starb im März 388 in Konstantinopel. Näheres über diese Frage bei Tillemant, Hist. des Emp. in den Notes sur l'Emp. Theod. I n. XV.

[2]) So Zosim. IV. 37.

[3]) Vgl. Sokrat. V, 16. Zu Alexandrien errichteten die Notabeln, die also wohl in der Mehrzahl Christen gewesen sein müssen, dem Cynegius — omnium virtutum viro et ad insignem laudem gloriamque progenito — eine Statue — loco celeberrimo — (Orelli-Henzen n. 1130).

brachte, rücksichtslos eingreifen werde. Zwar das Urteil,
daß er „den Zugang zu den Tempeln im Morgenlande und
in ganz Ägypten und sogar in Alexandrien verschloß" [1]),
entspricht nicht der Wahrheit, dennoch muß sein Auftreten
tiefgreifende Folgen gehabt haben. Sein Verfahren im
Einzelnen wird leider nur durch einen Fall beleuchtet, sein
Benehmen in Apamea. Er erschien in dieser reichen, stark
bevölkerten Hauptstadt der Syria Secunda plötzlich in Begleitung zweier Tribunen und einer Anzahl Soldaten und
ließ zuerst den prächtigen Jupitertempel zerstören; dann
kamen die übrigen Heiligtümer an die Reihe. Der Bischof
Marcellus leistete dabei hilfreiche Hand. [2]) Besondere
Schwierigkeiten scheinen sich nicht ergeben zu haben.

In der Religionspolitik der christlichen Kaiser war es
bis dahin beispiellos, daß ein hoher Staatsbeamter in besonderem kaiserlichen Auftrage Provinzen des Reichs durch-
zieht, um nach seinem persönlichen Ermessen heidnische Heiligtümer abzusperren oder zu beseitigen. In der schroffsten
Weise wird damit die Rechtlosigkeit des alten Glaubens auf-
gezeigt. Auf die christliche Bevölkerung mußte ein solches
Vorgehen ermutigend und aufreizend wirken, und ohne Zweifel
steht es in einem Zusammenhange mit der Mission des
Cynegius, daß bald darauf Kleriker, Mönche und Laien

---

[1]) Zosim. a. a. O. Auch Chron. Idat. a. 388: hic (scl.
Cynegius) universas provincias longi temporis tabe deceptas
in statum pristinum revocavit et usque ad Aegyptum pene-
travit et simulacra gentium evertit.

[2]) Theodor. V, 21. Die Äußerungen des Liban. (pro templ.
S. 490 ed. Gothofr.) beziehen sich nicht auf Cynegius, wie vermutet
wird: eine solche Sprache konnte der Redner in Beziehung auf einen
dem Kaiser nahestehenden angesehenen Beamten unmöglich führen.

selbständig den Kampf gegen den verhaßten Götterglauben und seine Kultstätten in die Hand nahmen.

Besonders in Alexandrien spielten sich aufregende Scenen ab.[1]) Seit 385 saß hier auf dem angesehenen Patriarchen- stuhle Theophilus, ein Mann, in dessen Brust Fanatismus, Klugheit und Herrschsucht gleicherweise wohnten. Unwillig sah er in der Hauptstadt die Tempel noch aufrecht stehen. Auf seine Bitte gewährte ihm Theodosius die Umwandlung eines wohl vereinsamten Dionysostempels in eine Kirche.[2]) Nicht zufrieden hiermit, ließ der Bischof die Götterstatuen und andere Gegenstände, die bei der Aufräumung des Abyton zum Vorschein kamen, darunter auch Phalli, öffentlich zum Hohne ausstellen. Jetzt hielt die Erbitterung der Heiden nicht mehr zurück. Bald stand die Stadt in vollem Auf- ruhr; in wütenden Straßenkämpfen wurde die religiöse Frage ausgefochten. Mitten unter dem Pöbel sah man Rhetoren und Philosophen die Waffen schwingen. Der Lexikograph Helladius, zugleich Zeuspriester, der hernach in Konstantinopel lehrte, rühmte sich, wie sein Hörer, der Kirchengeschichtschreiber Sokrates erzählt, neun Christen mit eigener Hand nieder- geschlagen zu haben. Ein gleicher Eifer beseelte seinen Kollegen Ammonius.

Obwohl die Heiden mindere Verluste als die Christen

---

[1]) Sozom. VII, 15; Sokrat. V, 16; Rufin. II, 22 ff. Dazu Theodor. V, 22. Das Jahr nach Marcell. Comes 389, dagegen Ammian. Marc., welcher 390 schrieb (XXII, 16, 12): Eminet Serapeum etc. Daher wird 390 oder 391 das richtige Jahr sein.

[2]) Nach Rufin. II, 22 eine basilica publici operis, die bereits Konstantius den Arianern überwiesen hatte. Die griechischen Historiker verdienen hier größeren Glauben. Rufin schildert die Ereignisse mehr malerisch als genau.

hatten[1]), wurden sie doch von der Übermacht allmählich zurückgedrängt und zogen sich in das Serapeion zurück. Dieses
berühmte Bauwerk, an Größe und Pracht allein dem Kapitol
nachstehend[2]), lag auf einem erhöhten Terrain im Westen
der Stadt und bot einen günstigen Verteidigungspunkt. Die
beiden einzigen Zugänge, ein abschüssiger Fahrweg und eine
steile Treppe, waren leicht abzusperren, und die weitläufigen
Gebäude der großen Bibliothek und des Serapistempels ge-
währten hinreichend Raum und Schutz für größere Massen.
In der That wandelte die aufrührerische Menge den Platz
in eine Festung um, und so wenig war ihr der Mut gesunken, daß sie von dem gesicherten Orte aus Ausfälle in
die Stadt unternahm und die Christen, die dabei in ihre
Gewalt gerieten, zum Opfern zwang oder im Weigerungs-
falle grausam mordete.

Es bietet sich hier ein einzigartiges Schauspiel dar.
Man mag daran erwägen, zu welchen Erschütterungen es
hätte führen können, wenn Konstantin die Religionspolitik
Theodosius des Großen vorausgenommen hätte. Sowenig
das Heidentum sonst Neigung zum Martyrium offenbart, so
zeigt doch dieses eine Vorkommnis, welche Flammen ein bestimmter Gang der Dinge aus der glimmenden Asche hervor-
treiben konnte.

Der militärische Oberkommandant von Ägypten Romanus
und der alexandrinische Präfekt Euagrius versuchten zuerst
mit gütlichen Mitteln auf die Empörer zu wirken; indes

---

[1]) Eine naive Erklärung dafür bei Rufin. a. a. O.: nostri
numero et potentia multo plures, sed modestia religionis minus
feroces erant.

[2]) Amm. Marc. XXII, 16, 12.

stärker als ihre Ermahnungen und Drohungen erwies sich
vorläufig noch das Ansehn eines Mannes, des Olympius,
der im Philosophengewande unter ihnen hin- und herging
und ihnen zuredete, die vaterländische Religion nicht zu verlassen; um ihretwillen auch in den Tod zu gehen, dürfe man
nicht scheuen. Niemand möge sich dadurch entmutigen lassen,
daß die Bilder der Götter zertrümmert seien, denn nur irdisch
sind solche und der Vergänglichkeit unterworfen. Die Kraft
aber, die in jenen Bildsäulen wohne, habe sich zum Himmel
aufgeschwungen.

Die beiden Beamten, unschlüssig, was zu thun sei, berichteten an den Kaiser. Die Antwort lautete überraschend:
es solle den Empörern Verzeihung bewilligt werden, wenn
sie die Waffen niederlegten. Der Kaiser hoffe — so wurde
dieser Beschluß den ohne Zweifel damit wenig einverstandenen
Christen gegenüber begründet — daß jene dadurch um so
eher veranlaßt würden, die christliche Religion anzunehmen.
Im übrigen sollten alle Tempel als die Ursache dieser Unruhen zerstört werden.

Daß Theodosius die heidnische Bevölkerung zu derselben
Zeit in Schutz nimmt, wo er ihre Tempel niederzureißen
befiehlt, ist eine Vermittelung, welche offenbar die Verhältnisse erheischten. Die Bewegung muß einen gefährlichen
Charakter angenommen haben, der schonendes Vorgehen
forderte; andererseits konnte die Zerstörung der Tempel und
die gleich Eingangs des kaiserlichen Schreibens gegebene Versicherung, daß die Schuld auf Seiten der Heiden liege, den
Christen, die eine Anzahl von Toten beklagten, als Genugthuung dienen.

Die Aufrührer nahmen den kaiserlichen Pardon an und

übergaben das Serapeion.[1] Olympius entwich am Tage
vorher heimlich und bestieg ein nach Italien segelndes Schiff.
Auch andere an der Empörung Beteiligte verließen die Stadt
und suchten in den Provinzen Schutz. Die alten Heilig=
tümer aber in Alexandrien sanken unter Axt und Brecheisen.
Theophilus setzte seinen Ruhm darin, den Willen des Kaisers
buchstäblich zu vollstrecken. Er stieg selbst zu dem Serapeion
hinauf und trat vor das Bild des Gottes hin, dessen Nähe
für todbringend galt. Darauf ließ er, inmitten einer er=
wartungsvollen Menge, durch einen seiner Leute die Statue
mit einem Beil zerschlagen, wobei aus dem hohlen Innern
viele Mäuse hervorsprangen. Die Stücke wurden verbrannt,
mit Ausnahme des Hauptes, welches öffentlich durch die
Stadt getragen und dann erst im Amphitheater mit Feuer
vernichtet wurde.[2] „Das war das Ende des thörichten
Aberglaubens und der Serapislüge." Der Untergang der
Welt in das Chaos und der Einsturz des Himmels, welche
der Volksglaube mit der Zerstörung des Serapistempels ver=
knüpfte, blieben aus. Auch die übrigen Tempel in der Stadt
samt den Götterbildern fielen, wobei nicht versäumt wurde,
die sakralen Kunstgriffe der Priester und manches andere,
was der alten Religion etwa zur Schmähung gereichen könnte,
vor Aller Augen zu stellen. Die wertvollen Statuen kamen
in die Schmelze und der Erlös an die Armen, denn das
hatte der Kaiser angeordnet.[3] Nur ein seltsames Anubis=
bild mit affenartigem Antlitz wurde zu höhnender Erinnerung
an die alte Religion aufbewahrt. Der Nilmesser, der bis

---

[1] Was Sozom. a. a. O. von einer Überrumpelung der Heiden
erzählt, ist schwerlich geschichtlich.
[2] Theodor. V, 22: Rufin. II, 23.
[3] Sokrat. V, 16.

dahin im Serapistempel seinen Ort hatte, fand nun seinen
Platz in einer Kirche.

Dieser plötzliche und vollständige Sieg der Götterfeinde
konnte nicht verfehlen, eine tiefe Entmutigung unter den
Heiden hervorzurufen, vorzüglich die Zerstörung des Serapis=
tempels, „der wie eine Säule den zusammenbrechenden Götzen=
dienst noch stützte“. [1] Die Altäre, die Götterbilder lagen
am Boden, und doch war von einer Rache der erzürnten
Götter nichts zu verspüren, im Gegenteil, die Nilüber=
schwemmung gestaltete sich günstiger als je. An den Stätten
der Tempel stiegen die Mauern christlicher Gotteshäuser
empor; an dem Orte, wo einst das Heiligtum stand, zu dem
aus der ganzen Welt die Frommen wallfahrteten, erhob sich
eine Kirche, und Hieronymus [2] konnte spotten: „Der egyp=
tische Serapis ist Christ geworden.“

Es wird nicht an Christen gefehlt haben, welche den
niederbeugenden Eindruck dieser Wahrnehmungen klug aus=
nutzten, und so klingt es begreiflich, daß damals viele Heiden
in Alexandrien das Taufbad begehrt hätten, darunter zahl=
reiche Priester, die jetzt auf einmal in einer Hieroglyphe das
Kreuz Christi und die Erlösung der Menschheit prophetisch
vorausverkündigt fanden. [3]

---

[1] Prosp. Chron. ad ann. VIII Theod. Auch Ruf. II
24 nennt das Serapeion caput ipsum idololatriae. — Die befremd=
liche Notiz des Malalas (Chron. XIII S. 349), daß der Kaiser
Honorius den Tempel des Serapis=Helios in Alexandrien zerstören
ließ, steht ohne Zweifel mit diesem Fall des Serapeions in ursprüng=
lichem Zusammenhange.

[2] Hieron. Epist. 107, 2.

[3] So übereinstimmend Sozom., Sokrat., Theodor. a. a. O.;
auch Rufin. II, 29, aber in einem andern Zusammenhange. That=
sächliches liegt jedenfalls zu Grunde.

Der Kaiser Theodosius soll bei der Kunde von dem Gelingen des Werkes die Hände gen Himmel erhoben und Christo dafür gedankt haben, daß von dieser Stadt die „alte Lüge" gewichen sei.[1]) In Wahrheit war mit dieser Über= windung des Heidentums in Alexandrien ein bedeutsamer Schritt vorwärts gethan. Nun konnte man doch von den drei größten Städten des Ostens, von Konstantinopel, An= tiochien, Alexandrien rühmen, daß daselbst kein Tempel und kein Altar mehr stand. Wie hoch man besonders die Zer= störung des Serapistempels anschlug, geht daraus hervor, daß ein christlicher Gelehrter namens Sophronius eine eigene Schrift darüber abfaßte.[2]) Theophilus aber erhielt den Ruhm, nach welchem er geizte, nämlich als der Befreier der Stadt Alexandrien von dem Trug der Götzenbilder zu gelten.[3]) Sein Vorgänger, der Bischof Georgios war einst an diesem Wagnis zu Grunde gegangen; er stand jetzt im Glanze seines Sieges. So waren Zeiten und Menschen anders geworden.

Doch hat sich Theophilus nicht auf Alexandrien be= schränkt. Der Erfolg riß ihn weiter. Zunächst scheint die benachbarte reiche Handels= und Industriestadt Kanopos die Blicke des heidenfeindlichen Mannes auf sich gezogen zu haben. Nicht nur standen dort angesehene Heiligtümer, sondern es blühte auch noch daselbst, berufsmäßig gelehrt, die alte ägyptische Priesterweisheit samt neuerer und älterer Magie.

---

[1]) Rufin. II, 30.
[2]) Hieron. De viris illustr. c. 134.
[3]) Theodor. V, 22. Auch Zosim. V, 23: Θεόφιλος, ὁ πρῶτος ἀρξάμενος τῆς κατὰ τῶν ἱερῶν καὶ τῶν ἐξ αἰῶνος πατρίων ἐπιβουλῆς.

über die mancherlei übele Nachrede ging. [1] Vor nicht langer
Zeit hatte hier der Philosoph und Mantiker Antonius, eine
asketische Erscheinung, vor einer dichtgedrängten Schar von
Jünglingen die Geheimnisse des Himmels und der Erde aufgeschlossen, schwerlich mit großer Zuversicht, wenn es wahr
ist, daß er seinen vertrauten Genossen einst mitteilte, nach
seinem Tode würden keine Göttertempel mehr erstehen; auch
die Heiligtümer des Serapis würden der Verwüstung anheimfallen und das Chaos wiederkehren. [2]

Dazu kam, daß mehrere an dem Aufruhr beteiligte
Philosophen und Priester, aus Alexandrien flüchtig, nach
Kanopos sich gewendet hatten. Theophilus gewann hier einen
mühelosen Sieg. „Alles wurde verwüstet und dem Boden
gleich gemacht," berichtet lakonisch und doch vielsagend ein
Schriftsteller, der etwas darüber wissen konnte. Nur ein
mächtiger Altar, aus gewaltigen Steinen aufgerichtet, spottete
allen Anstrengungen der Zerstörer. Mit den reichen Tempelschätzen wurde übrigens nicht streng nach dem Wunsche des
Kaisers verfahren; die Soldaten, die bei der Demolierung mit-
halfen, brachten manches auf die Seite. [3]

Wahrscheinlich waren in Alexandrien und Kanopos dem
Theophilus Mönche zur Hand; jedenfalls erscheinen sie sonst
um diese Zeit als die allzubereiten Gehilfen der Bischöfe in
der Ausrottung des Heidentums. Ihr roher Fanatismus
machte sie zum Gegenstand besondern Hasses der Götterfreunde, deren einer über sie urteilt, daß sie wie Menschen

[1] Rufin. II, 26: jam vero Canopi quis enumeret super-
stitiosa flagitia?
[2] Eunap. Vita Aedes.
[3] Rufin. u. Eunap. a. a. O.

aussehen, aber wie Schweine leben.[1]) Und doch bemerkt ebenderselbe, daß Jemand nur ein schwarzes Gewand umzuhängen braucht, um sofort das höchste Ansehen bei der Menge zu gewinnen. In Kanopos richteten sie im Auftrage des Bischofs den neuen Kult ein; sie wandten dabei ihr hauptsächlichstes Augenmerk auf die Errichtung von Kapellen und Altären zu Ehren der Märtyrer, deren Reliquien sie in die Stadt brachten. Die Heiden spotteten darüber, daß „solche Leute, welche die Obrigkeit wegen vieler Vergehen zum Tode geführt habe, öffentlich als Götter ausgegeben würden und man die Kniee vor ihnen beuge," und meinten, auch hier die Erfüllung einer Weissagung des Antonius zu finden, daß nämlich die Tempel in Gräber verwandelt werden würden.[2])

Die Vorgänge in Alexandrien und Kanopos blieben keine vereinzelte Erscheinung. Auch anderswo, wie in den arabischen Städten Petra und Areopolis, ferner in den palästinensischen Küstenorten Raphia und Gaza, „der Heidenstadt"[3]), ebenso in dem phönitischen Heliopolis kam es zu heftigen Kämpfen, aus welchen die beiderseitige Erbitterung neue Nahrung gewann.[4]) Ein Vorfall in Syrien beleuchtet diese Verhältnisse in eigentümlicher Weise. Der obengenannte Bischof Marcellus begann, nachdem er in Apamea selbst die

---

[1]) Eunap. a. a. O. Diese Worte gehen nicht etwa auf das sittliche Leben der Mönche, sondern sollen sie nur in ihrer Roheit und barbarischen Askese charakterisieren. Ähnlich Liban. Pro templ. c. 3 ed. Gothofr. Man wird auch an Namatianus De reditu suo 1, 439 ff. erinnert.

[2]) Eunap. a. a. O. Die Stelle ist für die Geschichte des Märtyrer- und Reliquienkultus lehrreich.

[3]) So nennt sie Hieron. Vita Hilar. c. 14. Hier war Tempel und Orakel des Marnas berühmt.

[4]) Sozom. VII, 15.

Tempel niedergerissen hatte, auch in der Umgegend das Zer=
störungswerk. Besonders reizte ihn ein großer Tempel in
dem benachbarten Gebiete von Aulon. In Begleitung von
Gladiatoren und Soldaten brach er dahin auf; denn der
Umstand, daß zum Schutze der Tempel waghalsige Galiläer
und Bauern vom Libanon aufgeboten waren, mahnte zur
Vorsicht. Während nun die Leute des Bischofs das von
den Heiden tapfer verteidigte Heiligtum stürmten, stand dieser,
durch ein gichtisches Fußleiden an der persönlichen Mitwirkung
behindert, in einiger Entfernung allein, ganz ohne Schutz.
Die Heiden bemerkten es, bemächtigten sich des Bischofs,
schleppten ihn fort und verbrannten ihn lebendig. Erst später
wurden die Thäter festgestellt, aber als die Söhne des
Bischofs dieselben zur Strafe ziehen wollten, verbot es ihnen
eine Provinzialsynode, „da es nicht billig sei, einen Totschlag
zu rächen, für welchen Gott zu danken sowohl der Tote wie
seine Söhne und seine Freunde Ursache hätten.“ [1] Man
möchte vermuten, daß diese befremdliche Begründung nicht
der Synode, sondern der Reflexion des Bericht erstattenden
Schriftstellers angehöre, wenn nicht in der That Marcellus
im Heiligenkalender der griechischen und der lateinischen
Kirche einen Platz gefunden hätte. Wie sich die Vorstellungen
änderten! Die Synode zu Elvira hatte einst bestimmt,
solche, welche mit Gewalt sich zum Martyrium drängen,
als Märtyrer nicht anzuerkennen [2]), und es ist in der ältesten
Kirche stets getadelt worden, durch Zerstörung der Götter=
bilder das Heidentum herauszufordern. Jetzt, wo die
Martyrien so gut wie aufgehört hatten, scheint man in der
Wahl eines Ersatzes dafür nicht ängstlich gewesen zu sein.

[1]) Sozom. a. a. O.
[2]) Kan. 60 (s. oben S. 106 Anm. 3).

Beachtenswert ist, daß auch hier, wie in Ägypten, die
Heidenverfolger über Militärmacht verfügen; möglicher=
weise geht dies auf bestimmte Anordnungen des Cynegius
zurück.

Ein wildes, ordnungsloses Zerstörungswerk, wo Willkür
und Zufall entschieden, beginnt jetzt, um erst wieder aufzu=
hören, nachdem der Götterdienst aus der Öffentlichkeit ver=
schwunden war. Allen voran die Mönche. „Sie stürmen,"
so schildert ein Zeitgenosse ihr Treiben [1]), „zu den Tempeln,
mit Holz beladen oder mit Steinen und Schwertern be=
waffnet, Einzelne auch ohne diese Dinge, bloß mit Händen
und Füßen. Dann, als ob es herrenloses Gut wäre, reißen
sie die Dächer nieder, stürzen die Mauern um, zerschlagen
die Götterbilder, zertrümmern die Altäre. Den Priestern
aber bleibt nur die Wahl zwischen Schweigen und Tod. Ist
der erste Tempel zerstört, so eilen sie zu dem zweiten und
dem dritten und häufen Trophäen auf Trophäen, dem Gesetz
zum Spott. Auch in den Städten wagen sie dies, noch mehr
aber auf dem Lande, und viele Feinde hat da jedes Gebiet.
Hier sammeln sie sich nach ihren Schandthaten und legen
einander Rechenschaft ab; es gilt für schimpflich, nicht mög=
lichst viel Übeles gethan zu haben. Wie Bergströme über=
schwemmen sie das Land und ruinieren mit den Tempeln
das Land."

Gewiß redet in diesen Worten auch der Haß des Christen=
feindes, aber ebenso gewiß sind unter den Händen fanatisierter
Mönche damals schon zahlreiche Heiligtümer gefallen. Ganz
naturgemäß machten diese Zerstörer das platte Land zum
Schauplatz ihrer Thätigkeit; dort befanden sich ihre eigenen

---

[1]) Liban. Pro templis c. 3.

Niederlassungen, und sie konnten leicht größere Massen zu=
sammenbringen. Auch waren sie hier nicht unter unmittel=
barer Aufsicht der kaiserlichen Beamten, die im allgemeinen
schwerlich diese blinde Zerstörungswut gebilligt haben
werden.

Daß daneben der Episkopat nicht feierte, zeigt im
Morgenlande das oben erwähnte Verhalten der Bischöfe von
Alexandrien und von Apamea; im Abendlande erscheint um
eben diese Zeit als der rücksichtsloseste Verfolger des Heiden=
tums Martin von Tours. Dieser einstige Soldat, in dessen
Wesen die Kindlichkeit eines Franz von Assisi mit dem Eifer
des Elias sich paart, saß seit 375 auf dem Bischofsstuhle
von Cäsarodunum im Gebiet der gallischen Turonen. Es
charakterisiert seine Stimmung, daß er den Teufel in der
Gestalt Jupiters und Merkurs oder auch der Venus und der
Minerva zu sehen geglaubt hat.[1] In seiner Diözese riß er
sämtliche Tempel nieder, trotz des heftigen Widerstandes, den
ihm vereinzelt die Bauernschaft entgegensetzte.[2] Er kannte
keine Schonung. Der Geist des Firmicus Maternus war in
ihm lebendig. „Mit den Füßen zertrat er die Altäre und
die Götterbilder." Wo er nicht selbst eingreifen konnte,
hatten die Priester seinen strengen Befehl, die Heiligtümer
zu vernichten; Mönche standen ihnen als Gehilfen zur Seite.[3]
Sobald die Heidentempel gefallen waren, stiegen an ihrer
Stelle die Mauern von Kirchen und Klöstern empor. Dadurch
eroberte der kluge Bischof das Land so vollständig, daß in
seinem Sprengel fast nur Getaufte zu finden waren. Doch

---

[1] Sulpic. Sever. De vita Mart. c. 22.
[2] Sulp. Sev. a. a. O. c. 13. 14. 15: Dial. III, 8. 9.
[3] Sulp. Sev. Dial. III, 8.

griff er mit seiner Bekehrungsarbeit gelegentlich auch über
die Marken der Turonensis hinaus. [1]

Nicht in allen Fällen sind übrigens die Tempel nieder=
gerissen worden; wo es zweckmäßig erschien, begnügte man
sich damit, sie in Kirchen umzuwandeln, wie den gewaltigen
Baaltempel zu Heliopolis und ein Heiligtum in Damaskus. [2]
Das war im Grunde kein Akt der Schonung, es bedeutete
vielmehr eine noch rücksichtslosere Verletzung der religiösen
Gefühle, wenn die christlichen Priester mit Weihwasser und
Beschwörungsformeln die heiligen Räume für den neuen
Kultus herrichteten, und nun die Götterfeinde dort ein=
und ausgingen.

Ein tief mitfühlender Zeuge dieser Ereignisse war der
Rhetor Libanius in Antiochien. Von Konstantius an hatte
er das Auf= und Abwogen des großen Kampfes zwischen
Heidentum und Christentum miterlebt. Mit Christen in
freundschaftlichem Verkehr [3] und auch von den christlichen
Herrschern geehrt und diese Ehren gern entgegennehmend,
blieb er doch in allem Wechsel dem idealen Götterglauben
treu, den er aus dem Neuplatonismus geschöpft hatte. Be=
geistert begrüßte er einst die neue Ära, welche Julian ein=
leitete, und der plötzliche Tod des ihm befreundeten Kaisers
hat nicht alle Hoffnungen der Zukunft ihm nehmen können.
Ja, noch mehr setzte er jetzt seine Aufgabe darin, ein An=
walt des bedrängten, mehr und mehr rechtlos gewordenen
Heidentums zu sein. Seine Reden beweisen es, wie ernst

---

[1] Sulp. Sev. De vita M. c. 13; Gregor. Turon. Hist.
Franc. X, 31.

[2] Chron. Pasch. S. 561.

[3] Über seinen Briefwechsel mit christlichen Bischöfen f. Sievers,
Leben des Liban. S. 290 f.

er diesen Beruf faßte. Doch betonte er gern seine Loyalität und als Theodosius im Kampfe mit dem Usurpator Maximus lag, begleiteten seine Gebete die Unternehmungen des recht= mäßigen Kaisers.[1]) Aber unter demselben Kaiser begann die Zerstörungswut fanatischer Christen, auf die Tempel sich zu werfen. Da wollte und konnte er, der mehr als Siebenzig= jährige, nicht schweigen. In einer „Schutzschrift für die Tempel" wandte er sich an Theodosius.[2]) Manches klingt in dieser Rede an die Bittschrift des Symmachus an, aber es geht ihr die rhetorische Gewalt ab, welche diese aus= zeichnet und die Darlegung wird nicht von großen ge= schichtlichen Gesichtspunkten aus, sondern in juristischer Weise geführt.

Ein einleitender kurzer historischer Überblick über die Religionspolitik der Kaiser, wobei Julian besondere Aner= kennung erfährt, mündet in eine Klage über die Zerstörung der Tempel in der Gegenwart. Damit wird gegen den Willen des Kaisers gehandelt. „Denn Du hast weder die Tempel schließen lassen, noch den Zutritt zu denselben verhindert, noch hast Du von den Tempeln und den Altären das Feuer, den Weihrauch und andere Gewürzopfer entfernt." Es blieb den im Essen und Trinken maßlosen Mönchen vorbehalten, die Heiligtümer zu zerstören, mit Verachtung des kaiserlichen Gesetzes. Zwar haben die Christen eine Reihe von Gründen,

---

[1]) Liban. Epist. 765.

[2]) Liban. Ὑπὲρ ἱερῶν (Reiske III S. 155 ff.: Gothofredus, Opera juridica minora S. 470 ff.) Die Rede ist abgefaßt zwischen 385 und 391, wahrscheinlich aber erst gegen 390, als die Tempelzerstörung einen größeren Umfang angenommen hatte. (Vgl. Sievers, Das Leben des Libanius, S. 192 Anm. 26.)

mit denen sie ihr Verfahren rechtfertigen, als: mit den
Tempeln hören auch die verbotenen Opfer auf, die Zerstörung der Heiligtümer führt viele Heiden zum Christentume, es sei im Interesse der Wohlfahrt des Reiches,
wenn die Tempel und damit auch der Götzendienst beseitigt
würde; doch Libanius weiß mit Gewandtheit und häufig
mit seiner Ironie diese Gründe zu widerlegen. Zum Schlusse
apostrophiert er den Kaiser, weist auf dessen freundliche Gesinnung gegen die Götterfreunde in seinem Verkehr mit solchen
hin und zieht daraus den Schluß, daß derselbe die An-
schauungen, von welchen die Zerstörer der Tempel sich leiten
lassen, unmöglich billigen könne.

Die Rede hatte keinen Erfolg. Auch wenn sie glänzender und ergreifender gewesen wäre, hätte sie den Tempeln
eine Gnadenfrist nicht erwirkt. Libanius wußte nicht oder
wollte nicht wissen, daß keine andere Religionspolitik der
christlichen Herrscher mehr möglich war als eine solche, die
auf Vernichtung des Heidentums abzielte. Nur über den
Modus des Vorgehens, aber nicht mehr über das Endziel
konnte eine Verschiedenheit der Auffassung und der Praxis
sein. Wie unrichtig Libanius die Sachlage auffaßte, offenbart schon die nächste Folgezeit.

Während der geschilderten Vorgänge im Morgenlande
verweilte Theodosius in Italien, wohin ihn der letzte
Kampf gegen Maximus gerufen hatte. Der Ausgang des
entscheidenden Ringens zwischen dem Usurpator und dem
legitimen Herrscher bestätigte dem Augustus des Ostens die
thatsächliche Oberhoheit über das Gesamtreich und kräftigte
sie zugleich. Zwar begnügte er sich auch weiterhin mit den
Gebieten, die ihm einst zugestanden waren, „aber er war

durch seine Handlungen Herr und Meister der Situation ge=
worden; er war der große Mann der Epoche." [1])

Im Sommer 389 kam er auch nach Rom, wo seit 384
Siricius, ein kluger und anspruchsvoller Priester, den bischöf=
lichen Stuhl inne hatte. Gewiß ist zwischen beiden auch
die Religionsfrage zur Sprache gekommen. Länger ver=
weilte der Kaiser in Mailand und genoß hier eines vertrau=
lichen Verkehrs mit Ambrosius. Der ihm eigene Respekt vor
der geistlichen Gewalt mußte in der Nähe dieses Bischofs
zu einer Höhe sich steigern, die einen fast unbegrenzten Ein=
fluß bedeutete. Dann aber bleibt es rätselhaft, daß eine
neue römische Gesandtschaft, die wiederum im Namen des
Senats redete, den Kaiser in Mailand selbst, dem Schau=
platze wiederholter Niederlagen, um Wiedergewährung des
Victoriaaltars anging. Dennoch scheint Theodosius unter
dem Eindruck der bewegten Worte der Bittenden einen Augen=
blick unschlüssig gewesen zu sein; gegen den Fortbestand der
Götterbilder im Tempel zu Edessa ließ sich nicht mehr sagen
als gegen den Altar der Victoria in der Kurie, wenn von
diesem das Opfer ferngehalten wurde. Denn ohne Zweifel
ist bei den Verhandlungen diese letztere Bedingung gestellt
und von der Gesandtschaft angenommen worden. Aber auch
so war Ambrosius nicht zu gewinnen; er erkannte richtig,
daß es sich hier um mehr handele als um einen vom Opfer
entblößten Altar, nämlich um eine grundsätzliche Frage, deren
Entscheidung von weittragender Kraft war. Der Kaiser
mußte harte Worte des Tadels von ihm vernehmen, „aber,"
bekennt der Bischof, „er nahm mir das nicht übel, da ich
nicht einen persönlichen Vorteil damit suchte." Und da der

---

[1]) Ranke, Weltgesch. IV, 1 S. 193.

18*

Erfolg nicht sofort eintrat, hielt er sich drei Tage von dem
Kaiser fern. Das Ende war die Abweisung der heidnischen
Deputation.[1]) Um so fester war jetzt Theodosius in seinem
Entschlusse, daß er, als nachher Symmachus einen feierlichen
Panegyricus vor dem kaiserlichen Consistorium dazu benützte,
um die Bitte des römischen Senats von neuem zu empfehlen,
den angesehenen Mann sofort zwangsweise auf einem ge=
wöhnlichen Wagen aus Mailand entfernen ließ.[2]) Wiederum
hatte Ambrosius einen glänzenden Sieg davongetragen.

Man hört auch die Stimme des Ambrosius in den
scharfen Ketzerediften, die in Mailand gegeben wurden, noch
mehr in der peremptorischen Verfügung, welche am 24. Februar
391 an den prätorischen Präfekten Albinus erging.[3]) In
kurzen drohenden Sätzen stellt dieser Erlaß das Gebiet des
alten Götterglaubens unter Strafe: „Niemand soll sich mit
Opfern beflecken, Niemand ein unschuldiges Opfertier
schlachten, Niemand ein Heiligtum betreten, Niemand einen
Tempel aufsuchen, Niemand zu einem von Menschenhänden
gemachten Götterbilde aufblicken." Die Richter sollen darauf
achten, daß Jeder, der irgendwo auf der Reise oder in der
Stadt in einen Tempel eingeht, um daselbst zu beten, mit
einer Strafe von fünfzehn Pfund Gold beschwert werde;
auch die in der Ausführung dieses Mandats etwa säumigen
Beamten werden mit Geldstrafen bedroht.

Einige Monate später erhielten die beiden früher ge=
nannten kaiserlichen Beamten in Ägypten, der Präfekt

---

[1]) Ambros. Ep. I. 57. 4.

[2]) Prosp. De prom. Dei III. 38: quem Symm.) statim a
suis aspectibus pulsum in centesimo lapide raedae non stratae
impositum ea die manere praecepit.

[3]) Cod. Theod. XVI. 10. 10.

Euagrius und der Comes Romanus, von Aquileja aus ein ähnlich lautendes Edikt.[1]) Es muß demnach der Fortgang des Kampfes gegen den Götterdienst in Ägypten nicht in der Weise sich gestaltet haben, wie die Anordnungen des Cynegius und der Eifer des Patriarchen erwarten ließen. Indes bezeichnen nicht diese beiden Gesetze den Höhepunkt der heidenfeindlichen Religionspolitik des Theodosius, sondern ein nach der Rückkehr vom Abendlande in Konstantinopel gegebenes Edikt[2]) vom 10. November 392. Dasselbe bedeutet überhaupt die äußerste Linie, zu welcher die Regierung bis dahin in dieser Richtung vorgeschritten ist.

Niemand, heißt es hier, welchen Standes und welchen Berufes er auch sein mag, darf an irgend einem Orte oder in irgend einer Stadt den sinnlosen Götterbildern ein unschuldiges Opfertier schlachten oder durch geheimeres Vergehen etwa seinen Lar durch ein Feuer, seinen Genius durch Wein, seine Penaten durch Wohlgerüche verehren oder Lichter anzünden, Weihrauch streuen und Kränze aufhängen." Dann folgen ausführlichere Einzelbestimmungen. 1) Wenn Jemand ein Tier opfert oder die dampfenden Eingeweide befragt, soll er wie ein des Majestätsverbrechens Schuldiger angesehen werden, auch wenn seine Zukunftfragen sich nicht auf die Fürsten beziehen. „Denn es genügt zum Vollmaß des Verbrechens, wenn man die Gesetze der Natur selbst zerreißt, Unerlaubtes erforscht, das Verschlossene aufthut, Untersagtes wagt, das Ende eines fremden Lebens sucht und die Hoffnung auf den Untergang eines Andern weckt." 2) Wenn Jemand die von Menschenhand gemachten, vergänglichen Götterbilder mit Weihrauch oder auch einen mit Binden ge-

---

[1]) Cod. Theod. XVI, 10. 11.
[2]) Cod. Theod. XVI, 10. 12.

schmückten Baum oder auch einen aus Rasen gebauten Altar
verehrt, der soll „als ein der Religionsverletzung Schuldiger",
mit dem Verlust des Hauses oder des Besitztums, in welchem
er den Göttern gedient hat, bestraft werden. „Denn alle
Orte, welche wirklich von Weihrauch gedampft haben, bestimmen wir, wenn sie Eigentum der Räuchernden sind, als
unserm Fiskus verfallen." 3) Wenn aber Jemand in öffentlichen Tempeln und Heiligtümern oder in fremden Häusern
und auf fremden Äckern eine solche Art Opfer auszuführen
wagen sollte, so verfällt der Besitzer, wenn es ohne sein
Wissen geschehen ist, einer Strafe von fünfundzwanzig Pfund
Gold; wenn er dagegen Mitwisser des Verbrechens ist, trifft
ihn dieselbe Strafe, wie den Opferer."

In einem Schlußabschnitt wird die Erwartung ausgesprochen, daß die Richter und sonstige Beamte auf genaue
Durchführung dieser Bestimmungen sehen, widrigenfalls straf-
fällig werden.

Diese Worte bedürfen keiner nähern Erläuterung. Ein-
gehender hat bis dahin kein Edikt dieser Art geredet. Zwar
sind die Strafandrohungen nicht so hoch bemessen wie unter
Konstantins, indes gerade darum wurden sie ernst genommen
und konnten andererseits ohne großes Aufsehen durchgeführt
werden. Grundsätzlich Neues liegt nicht in den Bestimmungen,
neu ist nur das Eingehen auf Einzelheiten und in gewisser
Weise auch die kühle Behandlung, mit welcher der von vornherein als rechtlos vorgestellten heidnischen Religion begegnet
wird. Man könnte das unter andern Umständen gering anschlagen, aber in diesem Zusammenhange ruht eine Bedeutung
darin, welche, von den Verordnungen Konstantins d. Gr.
abgesehen, dieses Gesetz als das einschneidendste aller heidenfeindlichen Gesetze erscheinen läßt. Das Heidentum befand

sich, von allen Seiten eingeengt und bedroht, in einer trost-
losen Lage. Die Tempel umgestürzt oder von den Christen
in Besitz genommen oder verschlossen, die Opfer in ihrem
ganzen Umfange unter Strafe gestellt, die Götter stumm
und thatenlos — der Eindruck muß ein tiefer gewesen sein.
Eine dumpfe Stimmung mag damals über Hunderte, ja
Tausende gekommen sein, die sich in ein Dasein ohne Hoffnung hineingestoßen sahen. Sie konnten ihren bittern Tadel
über diese Vergewaltigung an ihrem religiösen Gewissen nicht
zurückhalten, und es mußte wie Hohn klingen, wenn man
ihnen nahelegte, dafür noch dankbar zu sein, weil sie auf
diese Weise zur Erkenntnis des „lebendigen und wahren
Gottes" gelangt seien. [1]) Mancher Tempel zwar hat in der
Einsamkeit noch Besucher gesehen und mancher Altar noch
das Opferfeuer getragen, doch das hatte nur Wert für Wenige.
Denn der durch diese Gesetze angefachte Eifer der Christen,
vorab der Mönche, wird gute Spionierdienste geleistet haben.
Andererseits scheint auch die Regierung mit Nachdruck für
ihre Verordnungen eingetreten zu sein. Auskunft darüber
giebt ein Fall in Ägypten. Als nämlich hier unter dem
allgemeinen Opferverbote auch das Nilopfer aufhörte und
in demselben Jahre die Nilüberschwemmung unzureichend
blieb, nahm das Volk eine drohende Haltung an und forderte
das altübliche Opfer. Der Präfekt berichtete an den Kaiser,
der aber dieses Ansinnen mit Entschiedenheit zurückwies.
Bald darauf trat eine reichliche Überschwemmung ein. Der

---

[1]) August. Epist. 93, 26 (t II S. 183): pagani nos blas-
phemare possunt de legibus, quas contra idolorum cultores
christiani imperatores tulerunt; et tamen ex eis multi correcti
et ad deum vivum verumque conversi sunt et quotidie con-
vertuntur.

Schlußfolgerung, welche die Christen hieran knüpften, ent=
zogen sich die alexandrinischen Heiden mit einem Witzworte.[1]
Daß aber viele dem alten Glauben den Rücken wandten[2], ist
allzubegreiflich.

Überraschende politische Ereignisse riefen den Kaiser
bald wieder nach dem Westen.

Bei seiner Abreise aus dem Abendlande hatte nämlich
Theodosius den Franken Arbogast, einen in kaiserlichen
Diensten bewährten, tüchtigen General, als Helfer und Be=
rater dem jungen Valentinian zugesellt. Dieser, ein Heide
und von rücksichtslosem Wesen, glaubte, den Augustus in
einer untergeordneten Stellung halten zu sollen. Besonders
in dem fernen Vienna, wohin Valentinian sein Hoflager
übertragen hatte, geriet derselbe in eine von ihm schwer em=
pfundene Abhängigkeit von dem mächtigen Franken. Dieser
Umstand und die Thatsache, daß im Konsistorium zahlreiche
Heiden sich befanden, veranlaßten den römischen Senat im
Jahre 392 zu einem erneuerten Versuche, die Wiederherstellung
des Altars der Victoria zu erlangen. Es war auch diesmal
umsonst, „obwohl,“ fügt Ambrosius dieser Meldung stolz
hinzu, „ich nicht anwesend war und ihm auch nicht darüber
geschrieben hatte.“ Aber in Wahrheit war diese Entschließung
des jungen Fürsten doch die Frucht der frühern Unter=
weisungen des Bischofs, und es gereicht jenem zum Ruhme,
daß er gegen den Willen des Konsistoriums und des ge=
fürchteten Franken entschied.[3] Es ist möglich, daß in einem

---

1) Sozom. VII, 20.
2) Sozom. a. a. O.
3) Ambros. Epist. I, 57, 5: iterum Valentiniano, augustae
memoriae principi, legatio a senatu missa intra Gallias, nihil

innern Zusammenhang damit das erschütternde Ereignis steht, welches bald darauf, noch in demselben Jahre, das Reich in neue Unruhen stürzte, die Ermordung Valentinians.[1]) Die Lage war für den wie ein Gefangener behandelten Augustus unerträglich geworden; es kam zu aufgeregten Auseinander= setzungen zwischen ihm und Arbogast. Valentinian entbot in einem geheimen Schreiben den Ambrosius, den Mann seines Vertrauens, zu sich nach Vienna, um an ihm einen Halt gegen den fränkischen General zu gewinnen, und rüstete sich, unter dem Vorwande, Italien gegen einen drohenden Einfall der Barbaren zu schützen, zur Abreise nach dem Osten. Da wurde er in der Nähe von Vienna am 15. Mai 392 er= hängt gefunden. So hatte Arbogast die Verwickelung gelöst. Allerdings suchten die Mörder den Anschein zu erregen, als ob der Tote selbst Hand an sich gelegt habe, und es hat nicht an solchen gefehlt, die sich dadurch täuschen ließen: doch giebt ihnen, abgesehn von allem andern, das Verhalten Arbogasts nach dieser That Unrecht.[2])

Die Leiche des unglücklichen Fürsten, den das Schicksal seines ältern Bruders erreicht hatte, wurde unter dem Ge= leite seiner beiden Schwestern nach Mailand geführt. Theo=

---

extorquere potuit; et certe aberam nec aliquid tunc ad eum scripseram.

[1]) Schon Baronius vermutete dies, neuestens Ranke S. 197 mit Berufung auf Ambros. De obitu Valent. c. 52: — qui ante diem mortis templorum privilegia denegavit, his urgentibus, quos revereri posset. Adstabat virorum caterva gentilium, supplicabat senatus: non metuebat hominibus dis= plicere, ut tibi soli placeret in Christo.

[2]) Am bezeichnendsten Rufin. II, 31. Die öffentliche Meinung bezeichnete Arbogast als Mörder. Die Quellen zusammengestellt bei Gothofred. in der Abhandlung De Valentiniani junioris caede (in der Ausgabe des Philostorg).

dosius wünschte, daß der Tote, falls er ungetauft gestorben
sei, in Mailand, nicht in Konstantinopel beigesetzt werde,
was auch geschah. Er fand seine Ruhestätte neben Gratian.
Ambrosius hielt ihm die Leichenrede[1]).

Nicht Einzelne, so führt er aus, betrauern den Toten,
der mit jungen Jahren das reife Alter verband; auch die
Kirche weint um den, „der durch seinen Glauben und seine
Frömmigkeit ihren Glanz herrlicher gemacht hat." Neben
den bürgerlichen Tugenden, die den Menschen und Regenten
zierten, steht als wertvollerer Schmuck seine Frömmigkeit und
sein Gebetsleben. „Der Herr Jesus pflegte zu beten; auch
Valentinianus, ihm nachahmend, liebte das Gebet." Wohl
war es ihm nicht vergönnt, die Taufe zu empfangen. Doch
darüber möge sich Niemand betrüben. Er hatte die Sehn-
sucht darnach und was er sehnsüchtig begehrte, hat er, wenn
auch in anderer Weise, gewiß empfangen, und es gilt von
ihm das Wort heiliger Schrift: „welcher Tod auch den Gerechten dahinrafft, seine Seele wird in Frieden ruhen." Gott
möge ihm das geben, wonach er verlangte. „Gewähre das
Geschenk Deines Sakraments Deinem Diener, der an der
Schwelle seines Todes die für die Tempel erbetenen Vorrechte weigerte, denen trotzend, auf die er hätte Rücksicht
nehmen sollen. Da stand die Schaar heidnischer Männer,
der Senat flehte, aber er fürchtete sich nicht, Menschen zu
mißfallen, um Dir allein in Christo zu gefallen!" Sein
Leben und Glauben schließt ihn mit dem Bruder und dem
Vater zusammen: an ihrer Seite ist sein Platz. „Gieb dem
Vater den Sohn, dem Bruder den Bruder", wendet sich
Ambrosius im Gebet zu Gott. Denn ihnen gehört er zu.

---

[1]) Ambros. De obitu Valentiniani (t. IV S. 247 ff.).

„Was dem Vater noch fehlte, hat er voll gemacht, was der
Bruder anordnete, hat er aufrecht erhalten."

Die Erwähnung Gratians erinnert den Bischof an die
Ähnlichkeit des Geschickes beider. „Wie sind beide an jenem
Babelflusse dahingesunken. Wie war doch der Lauf ihres
Lebens schneller als die Wasser des Rhodanus. O, Gratian
und Valentinian, mir lieb und gar teuer, wie habt ihr in
kurzer Spanne euer Leben beschlossen. Wie nahe zusammen
waren eure Todesstätten, wie nahe sind eure Gräber. Im
Leben ungetrennt, seid ihr auch im Tode nicht getrennt!"

In ergreifender Weise, in den Tönen tiefster Wehmut
schließt die Rede. „Ich traure über dich, mein Sohn Gratian,
mein Herzgeliebter. Viele Beweise deiner Frömmigkeit hast
du mir gegeben. Mitten in deinen Gefahren verlangtest du
nach mir, in deiner letzten Not riefest du meinen Namen,
mein Leid um dich betrübte dich. Auch über dich traure ich,
mein Sohn Valentinian, mir gar sehr teuer. Deine Liebe
ruhte in mir wie ein Unterpfand der Liebe. Du meintest,
durch mich der Gefahr entrissen zu werden, du liebtest mich
nicht nur wie einen Vater, sondern hofftest auch auf mich
als deinen Erretter und Befreier. Wehe mir, welche Kinder
habe ich verloren! Wie sind die Helden gefallen und die
Streitbaren umgekommen." (2. Sam. 1,27.)

Die Trauer des Bischofs ist verständlich. In den Fragen,
welche für ihn allen andern voranstanden, der Freiheit der
Kirche und der Niederwerfung des Heidentums war sein Wille
auch der Wille dieser beiden jungen Fürsten gewesen. An
die Stelle des klugen, berechnenden Verhältnisses, in welches
Konstantin d. Gr. zu den Bischöfen sich stellte, war hier eine
aufrichtige persönliche Hingabe der Herrscher an den Mann
getreten, dessen Einfluß auch stärkere Naturen sich nicht ent-

ziehen konnten. Mit einem Worte, der Geist des Christen=
tums und der Kirche gewann Gewalt über das Imperium
in einem Grade, wie bis dahin noch nicht der Fall gewesen
war. Darin liegt die Bedeutung der Regierung Gratians
und Valentinians.

Inzwischen that Arbogast den entschlossenen Schritt,
welchen die Ermordung Valentinians vorbereiten sollte. In
richtiger Erkenntnis der Lage selbst das Diadem verschmähend,
erhob er einen seit längerm ihm nahe stehenden kaiserlichen
Beamten römischer Abkunft Eugenius auf den Thron. Der
gelehrte, literarisch interessierte und unbescholtene Mann hatte
Bedenken; sein Geschichtswissen sagte ihm, daß alle sogenann=
ten Tyrannen ein gewaltsames Ende genommen, und er hatte
das richtige Urteil über sich, ein Usurpator zu sein. Doch
es gelang Arbogast, der einen willenlosen Augustus wollte
und in dieser Hinsicht mit Eugenius richtig gefahren zu sein
glaubte[1]), diese und andere Bedenken zu zerstreuen. So
wurde dieser Humanist Kaiser des Westens und stellte sich
als solcher dem Theodosius vor, nicht als Bittender, sondern
mit der Forderung der Anerkennung. Die Divination ver=
sprach dem Staatsstreich den besten Erfolg.[2])

Eugenius war Christ[3]) und ließ Münzen mit dem Kreuz

--- --

[1]) Oros. VII, 35: Arbog. Eugenium tyrannum mox creare
ausus est legitque hominem, cui titulum Imperatoris imponeret,
ipse acturus imperium.

[2]) Sozom. VII, 22.

[3]) Das Schreiben des Ambrosius an ihn (Epist. I, 57) läßt
darüber keinen Zweifel aufkommen: auch Sozomenos (VII, 22 das
bezeichnende Urteil: οὐχ ὑγιῶς διακείμενος ἐπὶ τὸ δόγμα τῶν
Χριστιανῶν) u. A. setzen dies voraus, wogegen das gegenteilige Zeugnis
des Philostorgius (XI, 2) nicht aufkommen kann.

und dem Monogramm Christi prägen: aber seit langer Zeit
in freundschaftlichem Umgang mit Heiden und in Abhängig=
keit von einer heidnischer Umgebung, schlug er eine Religions=
politik der Mitte ein und suchte die Heiden zu gewinnen, ohne
sich die Christen zu entfremden. [1] Er vergaß, daß eine solche
Vermittelung etwas längst Veraltetes war, das in die neue
Zeit nicht mehr hineinpaßte.

Dennoch atmete das Heidentum auf: auch die geringste
Hoffnung gestaltete sich ihm sofort riesengroß. Aber war
hier die Hoffnung auf ein günstigeres Loos wirklich nur
gering? Symmachus war dem neuen Herrscher eng befreundet;
noch ein Jahr vorher hatte er ihn als seinen „Bruder"
bezeichnet. [2] Auch der Landsmann Arbogasts, der General
Richomer, der gemeinschaftliche Freund des Symmachus und
des Libanius, ein bewußter Anhänger des Götterglaubens[3]
und Verehrer hellenischer Bildung, stand dem Usurpator nahe:
er soll zuerst die Aufmerksamkeit Arbogasts auf Eugenius
gelenkt haben. [4] Doch wird er, da er grade damals mit
Theodosius im Orient weilte, für die heidnische Partei
schwerlich etwas haben thun können. Von weit größerer
Bedeutung war das Ansehn eines Mannes, der jetzt zuerst
in diesem Kampfe öffentlich hervortritt, des prätorischen
Präfekten Virius Nicomachus Flavianus.

----

[1] Es ist eine ansprechende Vermutung Ranke's (S. 200), daß
„der Ursprung dieser ganzen Kombination (d. h. die Ermordung Valen
tinians und die Erhebung des Eugenius) in Rom zu suchen sei," ge
nauer innerhalb der heidnischen Partei daselbst. Doch läßt sich darüber
leider nichts Genaueres feststellen.

[2] Symm. Epist. III, 61.

[3] Liban. I S. 136: Ῥιχομήρις ... στρατηγός, ἱεροῖς
τε καὶ θεοῖς προσκείμενος ἄνθρωπος.

[4] Zosim. IV, 54.

In seiner Familie war die feste Treue zu dem Götter=
glauben ein Erbstück. Der Vater galt als ein entschiedener
Anhänger der alten Religion und hat wahrscheinlich diesem
Umstande die lange Verzögerung seiner Laufbahn unter
Konstantius zu verdanken.[1] Es scheint, daß dem Sohne
dieselben Hindernisse im Wege standen; denn erst im
dreißigsten Jahre erlangte er eine Magistratur, die Ver=
waltung Siziliens, und erst zehn Jahre nachher, nämlich
376 erstieg er eine höhere Stufe, indem er Vicarius in
Nordafrika wurde. Seine Erbitterung gegen die Großkirche
verleitete ihn hier zur Begünstigung der Donatisten, so daß
Augustinus ihn einen Parteigänger der Donatisten nennt.
Später gelang es ihm, bei Theodosius in Gunst zu kommen,
der ihn im Jahre 383 zum prätorischen Präfekten machte,
eine Würde, die er zwar schon in demselben Jahre wieder
niederlegte, aber 389 durch Theodosius, als dieser nach der
Besiegung des Maximus in Italien weilte, von neuem er=
hielt.[2] Er war ein erfahrener, thatkräftiger und auch
wissenschaftlich tüchtiger Mann von einnehmendem Wesen.
Symmachus stand ihm nahe. Innerhalb der heidnischen
Partei in Rom besaß er eine gewichtige Stimme. Vielleicht
steht es in Zusammenhang mit seiner Zugehörigkeit zum
Pontifikalkollegium, daß er in der Opferschau sich bewandert
zeigte und großen Wert darauf legte.[3]

Es war begreiflich, daß diese Männer und die Partei,
die hinter ihnen stand, den rechten Augenblick für gekommen

---

[1] Seeck in d. Proleg. zu s. Ausgabe d. Symm. S. CXIV.

[2] Ich folge hier den vortrefflichen, gründlichen Auseinander=
setzungen von Seeck a. a. O., woselbst noch manche Einzelheiten.

[3] Rufin. II, 33: Sozom. VII, 22. Neben Prätextatus hat
auch Flavianus in den Saturnalien des Macrobius eine Rolle.

hielten, um dem neuen Herrscher Zugeständnisse abzuzwingen. Sie hatten allerdings Ursache, auf die Dankbarkeit des Usurpators zu rechnen, bedachten aber nicht, daß sie denselben damit vor eine gefährliche Entscheidung stellten. Eine Gesandtschaft ging nach Gallien ab. Sie trug dieselben Wünsche mit sich, die einst dem Kaiser Gratian unterbreitet waren: es war also nicht nur die Wiederherstellung des Altars der Victoria ins Auge gefaßt, sondern auch die Restitution der Rechte und Emolumente, die Gratian der Priesterschaft und dem Kultus in Rom entzogen hatte.

Merkwürdig genug, Eugenius widerstand; die Deputation erreichte nichts. Der Tyrann wollte offenbar auch den Schein vermeiden, als ob er der Kirche feindlich gesinnt sei. Denn es mußte ihm einleuchten, daß ein Widerstand der gallischen Bischöfe das neue Imperium auf die Dauer unmöglich machen würde. Davon mag sich auch Arbogast überzeugt haben, der außerdem etwas von dem Einflusse des Ambrosius wußte. [1]

Auch ein zweiter Versuch von Rom aus, der in derselben Richtung ging, mißlang. Um so überraschender ist, daß eine dritte Gesandtschaft endlich zum Ziele kam. [2] Was gewährt wurde, bezog sich allerdings nur auf die Stadt Rom, dennoch bedeutete dieser Gewinn einen großen Sieg des Heidentums, das sich damit weitere Aussichten erschloß. Eugenius hat sich das schwerlich verhehlt. Aber entweder sind seine Bedenken durch stärkere politische Bedenken ent-

[1] Die Erzählung bei Paulin. Mediol: Vita Ambrosii 30.
[2] Ambros. Epist. I, 57, 6: te imperante petierunt legati, ut templis redderes, non fecisti. Iterum alteri postulaverunt, renisus es: et postea ipsis. qui petierunt, donandum putasti.

gegensetzter Art überwunden worden oder der Wille Arbogasts
gab schließlich den Ausschlag.

Jedenfalls entschied sich Eugenius nur ungern zu jenem
Schritte, der die Möglichkeit einer Verständigung mit der
Kirche zerschnitt. Denn noch ehe die Entscheidung gefallen
war, schrieb er in der Sache an Ambrosius.[1]) Dieser, der
in dem Briefe mißfällig die Unsicherheit des Usurpators be=
merkte und mit seinem scharfen Blick voraussah, was das
Ende sein werde, hielt es nicht der Mühe wert, darauf zu
antworten. Auch ein zweites dringenderes Schreiben hatte
keinen bessern Erfolg, vielmehr bestärkte dasselbe den Bischof
in seiner Meinung, wie er seiner Umgebung gegenüber offen
aussprach.[2])

Die Nachgiebigkeit des Usurpators wirkte weiter, als
dieser ahnen mochte. Seine heidnischen Ratgeber konnten
freilich nicht daran denken, ihn auf die Bahn der julianischen
Religionspolitik zurückzuführen, wohl aber versuchten sie, sei
es mit, sei es ohne Wissen des Augustus, das Heidentum,
wo dieses überhaupt Neigung dazu hatte, wiedererstehen zu
lassen. Das alte heidnische Rom lebte vor den Augen der
erstaunten Christen wieder auf und geberdete sich, als ob
seine Religion heute noch, wie vordem, die alleinherrschende
sei.[3]) Eine thätige Agitation, deren Fäden in der Hand

---

[1]) Ambros. Epist I, 57, 11.

[2]) Ambros. a. a. O.: denique reposcenti litteras, cum
ipse non rescriberem, dixi: haec causa est, quod extorquendum
ei arbitror.

[3]) Ein anschauliches Bild dieser Zustände giebt, trotz mancher
Dunkelheiten, ein wahrscheinlich 394 oder kurz nachher verfaßtes latei-
nisches Gedicht eines unbekannten christlichen Autors in einem Pariser
Codex, welches sich in heftiger Sprache gegen diese Restauration des
Heidentums in der Hauptstadt wendet und vorzüglich mit Flavianus

Flavians zusammenliefen, fachte die erloschenen Opferfeuer an und erneuerte die verfallenen Kulte. Die kahlgeschorenen ägyptischen Priester erschienen wieder, um den beliebten Dienst der Nilgottheiten zu verrichten. Durch die Straßen zog die Prozession der Kybelegläubigen, darunter auch Senatoren, den Wagen und das Bildnis der Göttin begleitend. Sogar die sabinische Flora mit ihren unzüchtigen Spielen kehrte zurück, und Symmachus — der Vater oder der Sohn — errichtete ihr einen Tempel.[1] Ja, selbst das Amburbium, der feierliche Sühnopfergang, den seit Aurelian Rom nicht mehr gesehen hatte, bewegte sich in der vorgeschriebenen Weise durch die Stadt und ihre Pomeria, wahrscheinlich um das Gebiet gegen die von Theodosius drohende Gefahr zu feien.[2] Schärfer konnte das Selbstgefühl und das Herrschaftsbewußtsein der alten Religion nicht zum Ausdruck kommen. Flavianus war unermüdlich; er vollzog selbst das wahnwitzige Taurobolium.[3]

Auch die Christen bemühte sich diese Restauration in ihre Kreise zu ziehen. Flavianus versuchte „tausend Künste". Würden und Geschenke sollten Konvertiten machen.[4] Manche fielen. Ein gewisser Hierius stieg mit Flavianus in die

sich beschäftigt. Die neueste kritische Ausgabe von Mommsen in Hermes IV S. 350 ff. Dazu die ausführlichen Erklärungen von Morel (Revue archéologique 1868 S. 23) und de Rossi (Bull. di archeol. crist. 1868 S. 49 ff.; 61 ff.). Im Folgenden ist der von Mommsen hergestellte Text zu Grunde gelegt.

[1] Carm. cod. Paris. v. v. 95; 98 ff.; 65 f.; 103 ff.; 112 ff. u. f.
[2] V. v. 28 ff.
[3] V. v. 57 ff.
[4] V. v. 78 ff.: Christicolas multos voluit sic perdere demens — Qui vellent sine lege mori, donaret honores — Oblitosque sui caperet quos daemonis arte — Muneribus

Mithrashöhle hinab, um dort die heiligen Weihen zu empfangen[1]); zwei andere Christen, Leucabius und Marcianus erhielten um den Preis ihres Abfalles ansehnliche Magistraturen.[2]) Auch ein Senator, der erst vor wenigen Jahren den alten Glauben verlassen hatte, wandte sich nun dahin zurück. „Göttin," so sprach er zur Isis, „ich habe gesündigt. Vergieb, ich kehre zurück." Gerade diese Konversion scheint in christlichen Kreisen Aufsehen gemacht zu haben. Ein dem Senator nahe stehender Mann richtete ein tadelndes Gedicht an ihn.[3]) Mit Spott malt er den Aufzug und das Treiben der Kybele= priester und den Konvertiten selbst, wie er als Isisdiener in feierlicher Prozession durch die Stadt zieht und in seinem Hause, das Sistrum in der Hand, sich malen läßt. Besser, er wäre immer Heide geblieben. „Denn nichts verehrst du, während du alles verehrst." Doch hat der Dichter Hoffnung, daß das „reife Greisenalter" den Abgefallenen wieder zur Besinnung bringe, und daher schließt er mit einer in dieser Richtung gehenden Ermahnung.

Diese und ähnliche Vorkommnisse ließen die neue Regierung als christenfeindlich erscheinen. Als daher im

cupiens quorundam frangere mentes — Aut alios facere parva mercede profanos — Mittereque inferias miseros sub Tartara secum.

[1]) V. v. 47 ff. Ich fasse Hierius als Eigennamen; möglicher= weise ist diese Person identisch mit dem von Augustin Conf. IV, 14 erwähnten gleichnamigen Rhetor (vgl. darüber de Rossi a. a. O. S. 57).

[2]) V. v. 85 ff.

[3]) Ad senatorem ex christiana religione ad idolorum servitutem conversum (in den Opp. Cypriani ed. Hartel. Appen- dix S. 302 ff.). Ich weiß für dieses aus 85 Hexametern bestehende, nicht unwitzige Gedicht keinen andern Platz als hier. Es erinnert viel= fach an das S. 288 Anm. 3 genannte Carm. Cod. Paris.

Sommer des Jahres 393 Eugenius nach Italien vorrückte und in Mailand sein Standquartier nahm, war die christliche Bevölkerung dieser Stadt in einiger Besorgnis. Ambrosius selbst entwich vor dem Tyrannen nach dem mittlern Italien. Doch hielt er es für nötig, ein Schreiben an Eugenius zu richten, um seine Abreise zu rechtfertigen und um Schonung für seine Gemeinde zu bitten.[1]) Er weigert in diesem Schreiben dem Usurpator den Kaisertitel nicht und redet zu ihm in dem Tone des Respekts, auf welchen der Träger des Imperiums Anspruch hat. Aber er hält auch nicht mit ernstem Tadel zurück. Er erinnert daran, wie Valentinian und Theodosius die wiederholten Bemühungen des Heidentums um Wiedergewinnung seiner Rechte abwiesen; so habe auch Eugenius einmal und zweimal gehandelt und doch zuletzt nachgegeben. „War es nicht, wie sehr auch jene dich anhaltend bestürmten, deine Pflicht, zur Ehre des höchsten und wahren und lebendigen Gottes um so anhaltender zu widerstehen und das zu versagen, was eine Beleidigung unserer heiligen Religion ist?" Wohl könne ein Herrscher mit seiner Gunst und seinen Gnadenerweisungen frei schalten, aber mehr als jeder Andere schuldet ein Kaiser Gott Gehorsam.

Übrigens war Theodosius mit diesem Rückzuge seines bischöflichen Freundes nicht einverstanden; er deutete ihn sich, als ob Ambrosius zu der Überzeugung gelangt wäre, daß seine, des Theodosius Sache von Gott verlassen sei. Als Ambrosius nachträglich Kenntnis davon erhielt, zerstreute er die Bedenken des Kaisers; er habe nie an dem Siege der gerechten Sache gezweifelt und nur darum Mailand ver-

---

[1]) Ambros. Epist. I, 57.

laſſen, weil er eine Begegnung mit dem „ſacrilegiſchen
Menſchen“ vermeiden wollte. [1])

Inzwiſchen rüſtete ſich Theodoſius langſam, wie es
ſeine Art war, zum Kriege gegen den Uſurpator, der vergeblich ſich bemüht hatte, als Auguſtus des Weſtens anerkannt zu werden; auch die chriſtlichen Prieſter, welche den
Mut hatten, vor dem Kaiſer die Schuldloſigkeit Arbo-
gaſts an dem Morde Valentinians zu beteuern [2]), erreichten
nichts.

Glücklich paſſierte Theodoſius die gefährlichen Päſſe
der juliſchen Alpen: die hier aufgeſtellten Zeusbilder er-
wieſen ſich mit ihren Blitzen unkräftig [3]), die wenigen Truppen, die den Weg verſperrten, wurden geworfen. Flavian,
der kurz vorher aus der Hand des Uſurpators die Conſulats-
würde erhalten hatte, verlor dabei das Leben. Als er ſah,
daß der Zuſammenſtoß einen unglücklichen Ausgang nahm,
warf er ſich, an Allem verzweifelnd, den Tod ſuchend in die
Reihen der Feinde. [4]) „Da liegſt du nun, Bejammerns-
werter,“ verhöhnte man den Toten [5]), „mit einem dürftigen
Grabe beſchenkt.“

Am 5. September 394 kam es in der Nähe von Aquileja
am Fluſſe Frigidus zum Entſcheidungskampfe. Wie einſt,

---

[1]) Ambros. Epist. I, 61.
[2]) Rufin. II, 31.
[3]) Augustin. De civit. Dei V, 26. Dazu Carm. cod.
Paris. v. 25 f. Wahrſcheinlich hat dort auf einem hohen Punkte ein
Zeustempel geſtanden, wie auch ſonſt auf Bergeshöhen (vgl. C. J. L.
1 S. 267).
[4]) Rufin. II, 33: Flavianus, plus pudoris, quam sceleris
reus, cum potuisset evadere eruditus admodum vir, mereri se
mortem pro errore justius, quam pro crimine judicavit.
[5]) Carmen cod. Paris. v. 111.

als Konstantius bei Mursa gegen Magnentius stritt, wirkte auch hier durch. den politischen Gegensatz ein religiöser durch. In den Reihen des Eugenius sah man Fahnenzeichen mit dem Bilde des Herkules, die Scharen des Theodosius kämpften unter dem Kreuze. [1]) Ja, schon in den Vorberei= tungen zum Kriege trat dieser Unterschied hervor; während die Heiden durch Opfer und Divination sich die Zukunft zu sichern suchten, flehte Theodosius mit Fasten und Beten die Hülfe des Himmels auf sein Unternehmen herab. [2]) Als Arbogast und Eugenius Mailand verließen, drohten sie, sie würden bei ihrer Rückkehr die Kirche — gemeint ist wohl die Hauptkirche — in einen Stall umwandeln und die Geist= lichen für die Armee ausmustern. [3])

Der erste Schlachttag war dem Eugenius günstig; das strategische Talent Arbogasts zeigte sich in glänzender Weise, aber der zweite Tag entschied durch eine gefährliche Krisis hindurch den Sieg des Theodosius. Es war ein Sieg „nicht durch menschliche Klugheit, sondern durch göttliche Gnade", bemerkt Ambrosius und fühlt sich an die wunderbaren Siege der Helden des Alten Testaments erinnert. [4]) Das Schreiben, in welchem ihm Theodosius das Geschehene meldete und zu= gleich eine kirchliche Danksagung forderte, hielt der Bischof bei der Abendmahlsfeier am Altar in seiner Hand, „damit dein Glaube in meiner Stimme redete." [5])

Eugenius wurde während der Schlacht gefangen, mit gebundenen Händen vor Theodosius geführt und darauf von

---

[1]) Theodor. V, 24.
[2]) Rufin. II, 33.
[3]) Paulin. Mediol. Vita Ambr. c. 31.
[4]) Ambros. Epist. I, 62.
[5]) Ambros. Epist. I, 61, 4 f.

den Soldaten getötet. Arbogast entleibte sich auf der Flucht.
Damit war das neue Kaisertum abgethan; die Milde des
Siegers that das Übrige; er gab den Reuigen bereitwillig
Verzeihung. Eine Anzahl Flüchtiger hatte sich nach Aquileja
geworfen und daselbst das Asylrecht der Kirche in Anspruch
genommen; um ihre Begnadigung bemühte sich besonders
Ambrosius. [1]

Der Ausgang des Kampfes entschied zugleich über die
von Flavianus in Rom durchgeführte Restauration des Götter=
dienstes. Was in drei Monaten in geschickter und rühriger
Ausnützung der günstigen Umstände zu Stande gebracht war,
ging infolge dieses einen Sieges vollständig wieder verloren.
„Sagt doch, was hat euer Präfekt der Stadt genützt?"
Diese Frage eines Christen [2] noch im Jahre 394 selbst oder
bald nachher zeigt, wie schnell alles vorübergegangen ist,
was Flavianus mit Ernst und Eifer geschaffen hatte. Nur
das ist auffallend, daß noch am 17. September auf einer
christlichen Inschrift Flavianus als Consul bezeichnet wurde,
statt Arcadius und Honorius. Ohne Zweifel beruht dies
indes nicht auf bestimmter Absicht, sondern auf Nach=
lässigkeit. [3]

Wahrscheinlich ordnete Theodosius die Verhältnisse per=
sönlich bei seinem Aufenthalte in Rom. [4] Er soll hier die

---

[1] Ambros., Epist. I, 62.

[2] Carm. cod. Par. v. 25.

[3] Bull. di archeol. crist. 1868 S. 65: ... DP · XV · KaL
OCTOB · NICOMACHO · FLABIANO · CONSS · (= CONS)
De Rossi meint, daß damals die Siegesnachrichten in Rom noch nicht
eingetroffen waren; doch liegen zwischen der Inschrift und der Schlacht
am Frigidus mehr als zehn Tage.

[4] Ich kann mich nicht entschließen, mit Tillemont, Sievers
(Studien z. Gesch. d. röm. Kaiser S. 331) und Güldenpennig u. Ifland

heidnischen Senatoren in einer öffentlichen Rede zur Annahme
des Christentums aufgefordert haben; da diese sich weigerten
von der Religion zu lassen, unter welcher so viele Jahr=
hunderte hindurch die Stadt glücklich gewesen sei, habe er
erklärt, daß die Beiträge für den öffentlichen Kultus die
Staatskasse übermäßig in Anspruch nehmen und daher zurück=
gehalten werden sollten; er brauche Geld für die Armee.[1]
Ob diese Einziehung nur eine Wiederholung der Maßregel
Gratians war oder weiter griff, läßt sich nicht erkennen.
Theodosius hat zwar damit nicht einen Standpunkt ein=
genommen, der grundsätzlich von der Religionspolitik Gratians
und Valentinians II sich unterschied, doch ist sein Verfahren
insofern bedeutungsvoll, als es den Moment bezeichnet, „in
welchem das Imperium sich definitiv von den alten religiösen
Ideen, auf denen das Reich beruhte, losriß und den christ=
lichen die Oberherrschaft beschaffte." Seitdem ist dem Heiden=
tum nicht mehr gegeben, sondern nur genommen worden.

Dieses Vorgehen gegen die alte Religion trug dem
Kaiser seitens der Bekenner derselben harten Tadel ein.
Doch er fand einen Verteidiger in dem Bischof Paulinus
von Nola. Dieser frühere Staatsbeamte, der noch nicht
lange vorher plötzlich zu der Erkenntnis gekommen war, daß

(der Kaiser Theod. d. Gr. S. 230 u. Anm. 41) die Reise des Theodosius
nach Rom, über welche wir sehr bestimmte Berichte bei Zosimus und
Prudentius (auch Theodoret V, 23) haben, für ungeschichtlich zu halten.
Die auf dem Trajansforum ausgegrabene bekannte Aufschrift (C. J. L.
VI n. 1783; dazu de Rossi in Annali dell' Inst. archeol. 1849
S. 283 ff.), insbesondere die Worte quae verba ejus aput vos
fuisse plerique meministis setzen ganz bestimmt einen Aufent=
halt des Kaisers in Rom voraus.

[1] Zosim. IV, 59. Dazu die poetische Ausmalung bei Prudent.
Contra Symm. I, 410 ff., die sich nicht auf Konstantin, sondern auf
Theodosius bezieht.

er unter „Feinden“ alt geworden sei und inmitten seiner
Reichtümer und seines Wohllebens sich vorkam wie Einer,
der in einem zerbrochenen Nachen sitzt, schrieb an dem Orte
seiner Zurückgezogenheit, am Grabe des hl. Felix bei Nola
einen glänzenden Panegyrikus, um deßwillen Hieronymus
den Theodosius glücklich preisen zu dürfen gemeint hat.[1])

Bald nachher, in der Nacht des 17. Januars 395 entschlief der große Kaiser in Mailand. In den Erdbeben,
welche um diese Zeit einen großen Teil Europas erschütterten,
glaubte man die Vorzeichen dieses Ereignisses zu erkennen.

An den Namen des Theodosius ist ein bedeutungsvolles
Stück römischer Geschichte geknüpft. Noch einmal stellte sich
in ihm die Alleinherrschaft der alten Reichsordnung dar.
Auf politischem Gebiete hat vielleicht die Pacifizierung der
Goten als sein vornehmstes Werk zu gelten. Mehr als der
Staat hat die Kirche ihm zu verdanken: noch auf dem
Sterbebette „dachte er mehr an das Wohl der Kirche als an
seine Krankheit“.[2]) Die Kirche schuldet ihm die endgültige
Überwindung des Arianismus und anderer Sekten, also die
Herstellung der dogmatischen Einheit; andererseits gab er
ihr durch Niederwerfung des Heidentums einen freien Spiel-
raum und mehrte ihre Machtsphäre und die Zahl ihrer
Glieder. Denn der Abnahme des Heidentums entsprach das
Wachstum des Christentums.[3]) „Ein zweiter Jakob“ hat

---

[1]) **Hieron. Epist. LVIII.** Die Rede selbst ist verloren
gegangen.

[2]) **Ambros. De obitu Theod. c. 35**: dilexi virum, qui cum
jam corpore solveretur, magis de statu ecclesiarum quam de
suis periculis angebatur.

[3]) Am bezeichnendsten ist in dieser Hinsicht das Urteil **Rufin.
II. 19.**

er die Götterbilder in die Verborgenheit gestellt und den
Götterkult ausgelöscht[1]); den „verruchten Irrwahn“ that
er ab. Sein Eifer war wie der des frommen Josias.[2])
Als Zerstörer der Häresie und des Götterglaubens hat er
in den Annalen der christlichen Geschichtschreibung einen
ruhmvollen Platz gefunden. Sein Vorgänger Valens erwies
sich der Orthodoxie feindlich und dem Heidentum nicht hart
genug; so mußte die entgegengesetzte Politik seines Nach=
folgers in ein um so helleres Licht treten. Aber auch ab=
gesehen davon, kein Herrscher hat vor Theodosius in gleicher
Weise den Götterglauben von allen Seiten eingeengt, in
allen seinen Erscheinungen unter Strafe gestellt. Von ihm
sind die widerheidnischen Einzelgesetze früherer Kaiser gleich=
sam summiert und dadurch in ihrer Wirkung gesteigert
worden. Auch waren sie selbst nicht mehr vorwiegend Droh=
worte, die nur ausnahmsweise zur That wurden, sondern
die Regierung bewies jetzt in zahlreichen Fällen ihren festen
Willen, diese Gesetze auch anzuwenden, und sie schloß zu
diesem Zwecke einen engen Bund mit den kirchlichen Organen.
Gewisse Einschränkungen haben freilich nicht gefehlt; es gab
immer noch genug Situationen, vor denen die Regierung
Halt zu machen vorzog. Indes das Programm war ge=
geben, die Ziele klar vorgezeichnet.

---

[1]) Ambros. a. a. O. c. 4: qui imitatus Jacob supplanta-
vit perfidiam tyrannorum, qui abscondit simulacra gentium;
omnes enim cultus idolorum fides ejus abscondit, omnes
eorum caeremonias obliteravit.

[2]) Ambros. a. a. O. c. 38: qui sacrilegos removit erro-
res, clausit templa, simulacra destruxit? In hoc Josias rex
superioribus antelatus est.

# Viertes Kapitel.

## Die Kirche und das Heidentum.

Vergleicht man das, was unter Konstantins vom Heiden=
tum noch sichtbar ist, mit den analogen Verhältnissen in den
neunziger Jahren, so tritt ein auffälliger Unterschied hervor.
Die kompakten Gebiete des alten Götterglaubens sind zer=
stückt, in Teile zerschlagen, und diese Teile stellen sich wie
Inseln im Meere dar. Die Lage, in der sich etwa um die
Mitte des dritten Jahrhunderts das Christentum fand, ist
dem Heidentum zugefallen: es ist im Zustande der Diaspora.
Über größere geschlossene Massen verfügt es nur noch in
den von Verkehr und römischer Kultur wenig oder gar nicht
berührten Landschaften und Provinzen. Doch auch hier wurde
ihm in dem Maße Boden abgenommen als das Mönchtum
in die Einöden und die Abgeschiedenheit vordrang, also
hauptsächlich in Ägypten, Cölesyrien und Mesopotamien.
Auch im Abendlande, besonders in Gallien und auf den
zahlreichen kleinen Inseln an der Westküste Italiens erstanden
Klöster. Allerdings hat dieses älteste Mönchtum die Heiden=
mission nicht zu seinen Aufgaben gezählt, doch es verstand
sich ganz von selbst, daß die Klöster und Einsiedeleien
Zwingburgen wurden, von denen aus man das Heidentum

bedrängte und verdrängte.[1]) Die Herbergen für Fremde,
die nicht selten mit dem Kloster verbunden waren, und die
Kindererziehung, welche einzelne Statuten fordern, gaben un=
gesucht Gelegenheit, religiöse Anknüpfungspunkte zu ge=
winnen. Andererseits zeigen die Mönchshaufen, welche die
Tempel im Orient stürmten, was für eine Stimmung in
den „heiligen Hütten" sich barg. Auch war es ganz natür=
lich, daß der Kirche, indem sie wuchs und innerlich wie
äußerlich erstarkte, das Verlangen sich steigerte, das feindliche
Gebiet ganz zu besitzen. Seit der Thronbesteigung Gratians
im Westen und seit dem Untergange des Arianers Valens
im Osten scheinen die Anstrengungen der Kirche zur Über=
windung des Heidentums kräftiger und zielbewußter geworden
zu sein.

Das Urteil über das absterbende, ungefährlich ge=
wordene Heidentum hat nichts von seiner frühern Schärfe
verloren. Die Ironie des Apostels Paulus über die Weis=
heit der Welt, die vor Gott eine Thorheit ist, klingt überall
durch. „Die Fischer, die Zöllner, die Zeltmacher haben den
Philosophen den Mund gestopft und die Zunge der Rhetoren
stumm gemacht."[2]) Man glaubte jetzt, in den Heiden die
Natur der Weiber „mit ihren unsteten Meinungen und
thörichten Reden" zu entdecken[3]) — eine eigentümliche

---

[1]) Die ältern Mönchsgeschichten bei Rufinus und Palladius
geben eine Reihe von Beispielen. Ich verweise hier nur auf Rufin.
Historia Monach. c. 7 (de Apollonio); die legendarische Aus=
schmückung hebt die Thatsächlichkeit des dort Erzählten nicht auf.

[2]) Chrysost. Exposit. in Ps. CIX (t. V S. 258).

[3]) Hieron. Comm. in Jesai. V, 19 (t. IV S. 206): de
nostris temporibus nemo dubitat, quod comparatione Christianorum omnes Ethnici quasi mulieres sint, infirmas habentes
sententias et quidquid dixerint verti in stultitiam.

Weise des Spottes, wenn man bedenkt, daß die Leute, die
davon Gebrauch machten, selbst an der antiken Weisheit
sich geschult und nicht nur die Form ihres theologischen
Denkens, sondern auch manche Stücke des Inhaltes desselben
von dorther hatten. Auch dachte man in wissenschaftlichen
Kreisen nicht daran, auf das wertvolle Erbe zu verzichten.
Hieronymus ist trotz übeler Erfahrungen und wider ein
heiliges Gelöbnis[1]) zu der klassischen Litteratur zurückgekehrt, und Basilius von Cäsarea hielt es für angemessen,
einen Traktat über den richtigen Gebrauch heidnischer Schriften
abzufassen.[2]) Er warnt davor, ohne Wahl sich ihnen hin-
zugeben, sondern die Jünglinge sollen, „annehmend das, was
in jenen von Nutzen ist, zugleich erkennen, was in ihnen zu
verwerfen ist." Nichts ist gut, was nur für diese Welt
Wert hat: denn wir leben in der Hoffnung auf das Jenseits.
Darnach bemißt sich auch die Bedeutung der klassischen
Litteratur.    Zum ewigen Leben führt allein das Wort
Gottes; aber so lange wie noch nicht in die Tiefen desselben
eindringen können, ist es erlaubt, „in anderen nicht geradezu
widersprechenden Schriften", als dem „Schatten und Spiegel"
des Höhern uns zu üben. „Nachdem wir uns so zuerst daran
gewöhnt haben, die Sonne gleichsam im Wasserspiegel zu
sehen, erheben wir unsere Augen zu dem Lichte selbst." So
hat auch Moses die Weisheit der Ägypter und die Weisheit der Chaldäer vorher sich zu eigen gemacht. Nur

---

[1]) Ich meine die bekannte Erzählung von dem Traumgesicht im
Briefe an Eustochium (Epist. XXII c. 30). Darüber und über die
klassische Bildung des Hieronymus überhaupt z. vgl. Zöckler, Hieronymus S. 45 ff.; 323 ff.
[2]) Basilii Magni opera ed. Maur. Paris. 1721 t. II
S. 173 ff.

muß stets als feste Regel gelten, daß, wo die Schriftsteller
von guten Thaten und guten Menschen erzählen, wir diese
nachahmen; wo von bösen und schlechten Dingen, das Ohr
verschließen, wie Orpheus vor den Sirenen. Wie die Bienen
nicht zu allen Blumen fliegen und sie nirgends ganz aus-
saugen, so sollen auch die Jünglinge zu den Schriften der
Alten sich verhalten. Wenn weiterhin Chrysostomus einmal
als seine Meinung ausspricht, daß man die Kinder nicht mit den
„griechischen Mythen" bekannt mache, sondern ihnen sogleich
zum Bewußtsein bringe, „daß es ein Endgericht giebt" [1]), so
lag darin kein Widerspruch gegen Basilius; seine Forderung
richtete sich nur auf einen einzelnen Punkt, in dessen Abschätzung Basilius ihm durchaus beistimmen mußte. Wohl
aber fordert eine Synode, daß ein Bischof heidnische Schriften
gar nicht lese [2]); Folge ist indes dieser Anordnung nicht
gegeben worden. Tritt hier noch ein hoher Grad von Besonnenheit hervor, so war in der Abschätzung der alten
Religion kein Maß und keine Gerechtigkeit. „Überall," so
lautet eine Aussage über den Götterdienst [3]), „Ausschweifung,
überall Sinnenlust, überall Abbilder gottloser Umarmung
und toller Liebe." Und doch konnte man wissen und mußte
wissen, daß die Entartungen und Einzelerscheinungen nicht
das Ganze des Götterglaubens ausmachten. Aber noch nie
ist eine Religion im Kampfe gegen eine andere dieser gerecht
geworden. Das Heidentum erfuhr jetzt an sich die gleiche

---

[1]) Chrysost. In II Epist. ad Thess. hom. II, 4 (t. XI
S. 521).

[2]) Sog. IV. carth. Synode c. 16 (Mansi III S. 952): ut
episcopus gentilium libros non legat, haereticorum autem pro
necessitate et tempore.

[3]) Chrysost. In Ps. CXIII (t. V S. 298).

Methode des Urteils, die es vordem selbst am Christentum
geübt hatte. Vor allem warf sich die Entrüstung immer
wieder auf die Ungereimtheit einer Verehrung der Gottheit
im Bilde. „Was ist das für eine Thorheit," ruft ein abend=
ländischer Prediger aus[1]), „ein Opfer darzubringen denen,
die nichts davon wissen, ein Licht den Blinden hinzustellen,
Weihrauch anzuzünden denen, die nicht riechen können, Bitten
an Taube zu richten, Hilfe zu suchen bei denen, welche ein
Dieb zu stehlen sich nicht fürchtet." Und doch hub gerade
damals in der Kirche selbst eine Entwickelung an, die an
demselben Punkte hernach mündete.

Dennoch ist zu keiner Zeit der Gedanke einer völligen
Scheidung der Christen von den Heiden ausgesprochen worden;
er wäre auch nicht ausführbar gewesen. Ambrosius bemerkt
lobend, daß das Verhältnis des Grußes zwischen beiden be=
stehe, und will, daß man sich auch vom Gastmahl der Heiden
nicht fernhalte, da auch der Herr mit den Sündern aß.[2]) Er
selbst hat öfters in Gesellschaft des Heiden Arbogast gespeist.
Freilich war bei ihm und wo sonst diese Meinung sich äußert,
der letzte Beweggrund nicht die Duldung, sondern die Hoffnung,

---

[1]) Zeno, Sermo de Ps. XLIX (opera ed. Veron. 1710
S. 69). Ich finde keine Veranlassung, diese Schriften in das 3. Jahrh.
zurück zu datieren, wie neuerdings versucht worden ist (vgl. Vogel in
Herzog=Plitt Realencykl. Art. Zeno). Dagegen spricht z. B. schon
Sermo de S. Arcadio Martyre. Ich sehe in dem Verfasser den
Bischof Zeno von Verona, der gegen Ende des 4. Jahrh. starb.

[2]) Ambros. Expos. Ev. sec. Luc. VII, 62; V, 18: Dominus
cum peccatoribus manducando etiam cum gentilibus non pro-
hibet nos inire convivium; Chrysost. In Gen. hom. XLI, 4
t. IV S. 410); vgl. auch August. In Ps. c (c. IV, 1088): die
Christen mögen lieber mit Heiden zusammenessen, als mit solchen Christen,
die sich schlecht führen.

[3]) Paulin. Vita Ambr. 30.

in diesem Verkehr die Möglichkeit einer religiösen Einwirkung
zu gewinnen.[1]) Daß es aber auch fanatische Gemüter gab,
die den Andersgläubigen den Gruß weigerten, kann nicht
auffallen. Gregor von Nazianz erzählt von seiner eigenen
Mutter Nonna, daß sie nie einer heidnischen Frau, auch wenn
diese aus einem vornehmen Stande oder ihr nahe verwandt
war, die Lippen oder die Hand zum Gruße bot. An einem
Tempel ging sie nie vorüber, ja sie vermied es, einen solchen
auch nur zu sehen. Heidnischen Erzählungen und Gesängen
verschloß sie das Ohr.[2])

Wenn solche Erscheinungen vereinzelt waren, so ist
andererseits doch selbstverständlich, daß die Kirche in diesem
Verkehr und der sozialen Gemeinschaft bestimmte Grenzen
zog. Ihre Abneigung gegen die Mischehe dauert fort, ja sie
steigerte sich in dem Grade, als das Heidentum verächtlicher
und bedeutungsloser wurde. In lebendiger Schilderung
malt der Bischof Zeno von Verona, offenbar in Anknüpfung
an einen in der Gemeinde vorgekommenen Fall, die Unzuträglichkeiten der Ehe einer Christin mit einem Heiden.[3])
„Nicht ohne großen Schmerz und Seufzen" kann er davon
reden, daß sich „die Tempel Gottes den Heiden aufschließen."
Mancherlei Schwierigkeiten und Nöte ergeben sich daraus.
Es kann der Fall eintreten, daß ein Tag für beide Religionen ein Festtag ist. Die Christin geht zur Kirche, der

---

[1]) Chrysost. a. a. O. Ambros. Hexaëmeron II, 14 (t. I
S. 63): wir sollen den Umgang mit Heiden nicht fliehen eo quod et
gentilis qui fuerit acquisitus quo gravior fuerit assertor erroris,
eo vehementior possit fidei defensor existere.

[2]) Gregor Naz. Orat. XIX (t. I S. 292).

[3]) Zeno: Sermo de continentia (Op. S. 259 ff.). Die Homilie
bietet manches kulturgeschichtlich Wertvolle.

Mann zum Tempel. Aber da sie aus demselben Hause aus
gehen und in dasselbe Haus zurückkehren, so machen sie sich
beide eines Sacrilegs schuldig. Es ist überhaupt ein „elen=
des Dasein", wenn das Weib nicht thun darf, was der
Mann thun darf. Leistet sie Widerstand, so „tönt das
ganze Haus vom Streite wieder." Dagegen wenn sie sich
fügt, „so ist es noch schlimmer." „Denn ohne Götzendienst
kann man einem Götzendiener nicht zu Willen sein." Der
Bischof führt dann noch eine Reihe von Konfliktsmöglich=
keiten auf und schließt mit den energischen Worten: „Werde
keine Götzendienerin, werde keine Verräterin am Gesetz.
Warum willst du einen Heiden heiraten, wenn du einen
Christen heiraten kannst?"

Ein bestimmtes allgemeines Verbot der Mischehe ist
übrigens nirgends ausgesprochen: es hätte sich auch nur mit
großen Verlusten durchführen lassen, während andererseits der
Kirche aus der Mischehe doch immer ein Gewinn zufloß.
Außerdem stand einem solchen Verbote ein klarer Ausspruch
des Apostels Paulus (1. Kor. 7, 12 ff.) entgegen, der sich
nicht ohne Weiteres bei Seite setzen ließ. Nur den Söhnen
der Geistlichen legte eine Synode zu Hippo im Jahre 393
das Gebot auf, mit Heidinnen sich nicht zu verheiraten.[1]

Überhaupt geht durch die Kanones der nordafrikanischen
Kirche ein scharfer antiheidnischer Zug. So verpflichtete
eine karthagische Synode im Jahre 401 die Bischöfe unter
Androhung des Anathems, keinen Heiden als Erben einzu=
setzen; es soll vielmehr bei Zeiten Vorsorge getroffen werden,

[1] Mansi III S. 921 c. 12: Ut gentilibus vel etiam haereticis et schismaticis filii episcoporum vel quorumlibet cleri-
corum matrimonio non conjungantur. Über die Synode und ihre
Kanones vgl. Hefele, Konziliengesch. 2. Aufl. II S. 53 ff.

daß auch nicht ab intestato ein Andersgläubiger die Hinterlassenschaft antrete.[1])

Umfassender sind die Vorschriften der Kirche, welche sich
auf mittelbar oder unmittelbar heidnisch=religiöse Akte und
Verhältnisse beziehen, darum weil dieses Gebiet ein umfassen-
deres war. Edele und unedele Motive liegen im äußern
Wachstum der Kirche des vierten Jahrhunderts nebeneinander. Ein wirklich religiöser Drang und ein tiefer Zug
des Herzens hat die Einen zum Christentum geführt, weltliche Rücksichten, Zufälligkeit und irdische Notlage die Andern.
Die Beweise für letzteres sind ebensowohl aus der Fortdauer
heidnischer Gebräuche wie aus dem Vorhandensein eines
Scheinchristentums zu erheben. Volkstümliche Unbefangenheit, Unklarheit, Unsicherheit und berechnende Täuschung
kommen hier wechselnd zum Vorschein. Viele tragen die
Maske des christlichen Bekenntnisses nur, um irgend einen
Vorteil davon zu haben, etwa um eine Tochter christlicher
Eltern zur Gattin zu gewinnen. Sie kommen in das Gotteshaus, beugen die Kniee, werfen sich auf den Boden nieder
und „wer sie sieht, hält sie für Christen, aber Gott hört,
wie sie im Herzen ihn verneinen."[2]) Sie beten das „heil-
bringende Zeichen" an und doch machen sie sich nicht vom
„Dienst der Dämonen" frei.[3]) Sie sind die zahlreichste
Gattung. Ihr Dämonendienst ist mannigfaltig. Voran steht
die Zukunftserforschung. Die alte Religion hatte die Gläubigen in dem Grade daran gewöhnt, daß der neue Glaube

[1]) Mansi III S. 782 c. 15.

[2]) Ambros. Expos. in Ps. CXVIII n. 48. 49.

[3]) Zeno, Sermo in Ps. C (Op. S. 78): signum salutare
venerantur et tamen a ministeriis daemonum non recedunt. —
Orant, quia timent: peccant, quia volunt.

hier den größten Hindernissen begegnete. Bei wichtigen
Unternehmungen, bei außerordentlichen Vorgängen wird die eine
oder die andere Art der Divination zu Rate gezogen. Um einen
Dieb festzustellen, nimmt man die Hilfe des Sehers in An=
spruch.[1]) Sogar gebildete und angesehene Leute konnten sich
von diesem Banne nicht los machen.[2]) Die Kirche bedrohte
die Schuldigen. Wer einen Wahrsager befragt, verordnete
Basilius d. Gr., tritt in eine sechsjährige Pönitenz.[3]) Ein
kirchlicher Kanon setzte Excommunication auf dieses Ver=
gehen.[4]) Trotzdem war dieses und verwandte Übel nicht
auszurotten. In der morgenländischen und in der abend=
ländischen Christenheit wird darüber geklagt.[5])

Nahe an dieses Gebiet grenzt die Tagewählerei, weiter=
hin die Summe von zauberischen Verrichtungen und Gegen=
ständen. Wenn ein Kirchenschriftsteller bei einer Gelegenheit
rühmend hervorhebt: „schon hat alle Beschwörung aufgehört,
alle Zauberei ist vernichtet und als Thorheit erwiesen"[6]),

---

[1]) Quaest. ad Antiochum principem 126, eine pseudo=atha=
nasianische Schrift (Op. t. II), wohl aus dem Ende des 4. Jahrh.

[2]) Basil. M. Comm. in Jesai. II, 77 (t. I S. 433 f.; nicht
von Basilius, aber nur wenig später).

[3]) Basil. M. Epist. 199 (canonica III) c. 83.

[4]) Sog. vierte karth. Synode (Mansi III S. 945 ff.) c. 89:
Auguriis vel incantationibus servientem a conventu ecclesiae
separandum.

[5]) Z. B. Chrysost. In Epist. ad Cor. hom. IV n. 6 (t. X
S. 32); In Epist. ad Gal. comm. n. 7 (t. X. S. 669); Ephraem.
Syr. Op. gr. et lat. Romae 1746 t. III S. 106. 113. 215 u. sonst;
Hieron. Epist. LXXV, 3 (t. I S. 453); ferner die in den vorher=
gehenden Anmerkungen angeführten Stellen u. s. w. Das Material
ist ziemlich umfangreich.

[6]) De passione et cruce Domini c. 30 (unter den Schriften
d. Athanasius t. II).

so entspricht diesen Worten die Wirklichkeit keineswegs. Denn fortwährend kämpft die Kirche gegen diese Dinge an, ein Beweis, daß sie noch etwas bedeuteten. In Antiochien z. B. pflegten „Viele" in Krankheitsfällen mit Zaubersprüchen und Amuletten gegen das Übel anzukämpfen.[1]) Oder man ließ um teures Geld den Beschwörer kommen, und es waren nicht immer heidnische Beschwörer, auch christliche Weiber trieben das einträgliche Gewerbe und gebrauchten dabei den Namen Gottes.[2]) Bei der Geburt werden die Kinder unter abergläubischen Riten geseit.[3])

In einem unter dem Namen des hl. Ephräm über= lieferten orientalischen Abrenuntiationsformular[4]) werden aus= drücklich aufgeführt: Zauberei, Mantik, Beschwörung, dämo= nische Gesänge, Vogelschau, beschriebene Amulette, Opfer= fleisch. „Ich entsage," heißt es dann weiter, „allem Götzen= dienst, der sich auf Sonne, Mond und Sterne bezieht, und allem, was an Quellen, Bäumen, Kreuzwegen gethan wird, und allen Zaubertränken, sowie den vielen andern thörichten Dingen, die zu nennen schändlich ist."

Weit bedenklicher war es, daß getaufte Christen an heidnischen Festlichkeiten teilnahmen, an heidnischen Feier= tagen Öl zu den Tempeln trugen oder gar mit fremden Kulthandlungen sich befleckten.[5]) Diese letzte Thatsache zeigt

---

[1]) Chrysost. In 1 Epist. ad Thess. hom. III, 5 (t. XI S. 447).

[2]) Pseudo-Basil. In Jesai. c. 8 (t. I S. 544) mit der Be= gründung: οὐδεὶς μάντις ἀθανασίαν χαρίζεται (vgl. Basil. Epist. can. III c. 65); Chrysost. Ad illum. cat. II, 5.

[3]) Chrysost. In Epist. ad Gal. comm. n. 7 (t. X S. 669).

[4]) Ephraem. Syr. Op. gr. et lat. Rom. t. III S. 215.

[5]) Synode v. Laod. c. 39; Can. apost. c. 71 (70); die karth.

deutlich, welche zauberhafte Wirkung der alten Religion noch innewohnte. Man hatte sich äußerlich, nicht innerlich von ihr gelöst. Chrysostomus nennt mehrere Örtlichkeiten, wo Christen und Heiden gemeinsam vor den alten, ehrwürdigen Göttern sich beugten.[1]) Nicht immer freilich beurteilen die altchristlichen Theologen dies mit Recht als ein Hinken nach dem Heidentume; oft war es ein bewußter Synkretismus, der in armseliger Nachahmung des Gnosticismus oder Neu= platonismus Heidentum und Christentum zusammenzufassen suchte.

Die Kirche ging gegen diese bedenklichen Erscheinungen mit entschlossenen Maßregeln vor. Der römische Bischof Siricius bestimmte auf die Klage seines Kollegen Himerius in Tarraco darüber, daß einige Christen „mit dem Kult der Idole und der Befleckung durch Opfer sich profaniert hätten", solche „von dem Leibe und Blute Christi abzuscheiden."[2]) Desgleichen setzt eine gallische Synode zu Valence im Jahr 374 auf dieses Vergehen die Excommunication.[3])

In sehr bezeichnender Weise tritt dieses Ineinander= greifen von heidnischen und christlichen Vorstellungen in den

---

Junisynode v. 401 c. 4 (Mansi III 766 f.); Pseudo-Athan. Syn- tagma doctr. ad Mon. c. 2 (Athan. op. t. II).

[1]) Chrysost. In Epist. ad Tit. hom. III, 2 (XI 747): — τὸν ἐν Δάφνῃ λέγω, τὸ τῆς Ματρώνης λεγόμενον σπή- λαιον, τὸν ἐν Κιλικίᾳ τόπον τὸν τοῦ Κρόνου λεγόμενον. Dazu t. VI, 373. Die Bezeichnung Matrona ist schwer zu erklären; sie scheint einer jüdisch=heidnischen religiösen Mischbildung anzugehören.

[2]) Epist. I Siricii Papae ad Him. Tarr. (Mansi III, 655).

[3]) Mansi III 491 c. 3. Vgl. auch das Verfahren Basilius d. Gr. gegen solche Christen, die bei Einfällen der Barbaren, z. T. gezwungen, Opferfleisch gegessen, heidnische Eide geschworen und andere idololatrische Handlungen begangen hatten, in Epist. can. III c. 81.

mancherlei Amuletten hervor. In der heidnischen Volkssitte nahm das Amulet eine bedeutende Stellung ein und richtete sich in erster Linie gegen den bösen Blick. Die Wirksamkeit hängt entweder an der Form und dem Material oder an der Inschrift; in jedem Falle aber scheint eine Weihung vorausgegangen zu sein. Auch in den christlichen Gemeinden fand oder behielt vielmehr dieses populäre Schutzmittel seine Stätte, obwohl die Kirche mit großer Entschiedenheit und Ausdauer den Kampf dagegen führte. Schließlich mußte sie sich dazu bequemen, die Ersetzung der heidnischen Amulette durch christliche Medaillen, Stücke von Evangelienschriften, Kreuze mit Reliquien u. s. w. zu empfehlen. Daraus und aus anderen Gründen entstand eine Art von Amuletten, welche Heidnisches und Christliches, zum Teil auch Jüdisches in seltsamer Vermischung zeigen.[1]) Besonderes Interesse nehmen in dieser Hinsicht die Medaillen in Anspruch, welche auf der einen Seite das Bild Alexanders d. Gr., auf der andern eine christliche Inschrift tragen.[2]) Chrysostomus erwähnt einmal gelegentlich das Vorhandensein solcher Amulette.[3])

Auch auf die Fortdauer heidnischer Vorstellungen und Ausdrücke in den altchristlichen Inschriften ist hinzuweisen. Auf Grabinschriften begegnet uns die echt antike Tröstung „Niemand ist unsterblich"; der Tod heißt „ewiger Schlaf", das Jenseits „elysischer Hain"; es ist die Rede vom „wütenden Tartarus" und der „unerbittlichen Lachesis". Einmal wird die Möglichkeit der Auferstehung von dem unverletzten

---

[1]) M. Katakomben S. 218 ff., wo ausführlicher darüber gehandelt ist.

[2]) A. a. O. S. 223 u. Kraus, Das Spottcrucifix vom Palatin S. 23 u. Taf. n. 3.

[3]) Chrysost. Ad illum. cat. II (II, 287).

Zustande des Grabes abhängig gemacht.[1] Überhaupt ist die
altchristliche volkstümliche Wertschätzung des Begräbnisses ein
antikes Erbe; von antiker Anschauung ist auch der Grund-
gedanke des altchristlichen Gräberschmuckes ausgegangen, ferner
die Ausstattung des Grabes mit verschiedenen Gegenständen.
Ja, mehrere mythologische Figuren, wie die Sirenen, Eros
und Psyche, Oceanus, Juno Pronuba, Gorgoneion, haben
in dem Bilderkreise der Katakomben Aufnahme gefunden.[2]
Auch die heidnischen sepulkralen Festfeiern und Riten sind von
Einfluß gewesen.[3]

So trägt die Christenheit in reicher Fülle die Merk-
male ihrer natürlichen Herkunft an sich.

Zu dem Kampfe gegen diese Schäden und Mißbildungen,
welchen Synoden, Bischöfe und theologische Schriftsteller gemeinsam führten, kam noch die Abwehr literarischer Angriffe
auf das Christentum. In Julian hatte das Heidentum zum
letztenmal seinen Mund zur Bestreitung und Verhöhnung des
Christentums aufgethan. Der jähe Untergang des Götterfreundes
ließ vorerst diese Streitschrift vergessen. Gregor von Nazianz
und Ephräm der Syrer haben wohl den Toten und sein
Werk verunglimpft, nicht aber seiner Polemik Aufmerksamkeit
geschenkt. Auch in der nächsten Folgezeit nahm die Kirche
keine Veranlassung, gegen das feindliche Buch irgendwelche
Maßregeln selbst zu treffen oder zu veranlassen; nur bei-

---

[1] Die Beispiele in meinen Kat. S. 249 ff.: S. 15 Anm. 6.

[2] Ebendas. S. 1 ff.; S. 114 ff.: S. 201 ff.: S. 98 ff.: meine
Archäol. Studien (Wien 1880) S. 99. 112. Sonst noch z. vgl. m.
Kat. S. 209. 100. Besonders verweise ich auf die synkretistischen Bild-
werke bei S. Pretestato an der Via Appia S. 42 Anm. 17.

[3] M. Kat. S. 50: Haseneleder, Der altchristl. Gräberschmuck
(Braunschweig 1886) S. 171 (doch öfters zu weitgehend).

läufig und flüchtig wird auf das Buch und seine Einzel=
heiten abwehrend Bezug genommen. Um so mehr hütete
das Heidentum diesen Schatz; heimlich wurde es abgeschrieben
und gelesen und von Hand zu Hand weiter gegeben. Je
fühlbarer und drückender die Herrschaft des Christentums
und der Kirche wurde, desto größern Trost gab es den be=
kümmerten Altgläubigen. Noch am Anfange des fünften
Jahrhunderts war es weit verbreitet und hatte solchen Ein=
fluß, daß der Patriarch Cyrill von Alexandrien die Gelegen=
heit benutzte, um neben seinen vielfachen andern Geschäften
auch noch das Amt eines Apologeten des Christentums gegen
den kaiserlichen Sophisten zu übernehmen.[1]) Viele, so
äußert er sich in dem an Theodosius II gerichteten Vorwort,
haben sich, vom Teufel verführt, gegen Gott erhoben, darunter
auch Julian, der nicht erkannte, „daß Christus der
Geber der königlichen Würde und Gewalt sei.“ Darum
ist er „unreiner Dämonen Diener“ geworden. Doch hat
sein Buch viele Schwache erschüttert, so daß sie den Dämonen
als „süße Beute“ zufielen, ja auch solche, die bis dahin im
Glauben nicht wankten, werden irre, indem sie glauben, daß
jener die heiligen Schriften gründlich kenne. Andererseits
berufen sich die Heiden auf jene Streitschrift: eine solche
Gewalt der Beredsamkeit wohne ihr inne, daß Keiner der
Christen dagegen aufkommen und sie widerlegen könne. Diese
Erfahrungen und das „Zureden Vieler“ veranlaßten den
streitbaren Patriarchen zur Abfassung seiner in zehn Bücher
geordneten Widerlegung, die den Gegenstand mit Gründlich=
keit und im allgemeinen mit Geschick behandelt.

Widerwärtiger als Julians Polemik erschien den Theo=

---

[1]) In der Ausgabe d. Werke Julians von Spanh. Lips. 1696.

logen die rücksichtslosere und scharfsinnige Streitschrift des
Neuplatonikers Porphyrius, des „Vaters alles frechen Ge=
redes wider die Christen".[1] Aus ihr schöpfte mit Vorliebe
die antichristliche Streit= und Pamphletliteratur. Hierokles,
der unter Diokletian mit Schrift und That gegen die Christen
vorging, und Julian haben sie benutzt. In heidnischen
Kreisen muß sie weit verbreitet gewesen sein und einen großen
Einfluß gehabt haben. Daher wandte sich schon Eusebius
von Cäsarea gegen Porphyrius, ebenso Methodius von Tyrus
und der bedeutende Apollinarius der Jüngere. Firmicus
Maternus schalt ihn einen „Feind Gottes" und einen „Meister
verruchter Künste".[2] Auch der arianische Kirchenhistoriker
Philostorgius glaubte sein Talent hier nicht zurückhalten zu
sollen. Um dieselbe Zeit endlich, also um die Wende des
vierten und fünften Jahrhunderts bekämpfte in einer erst
neuerdings bekannt gewordenen Schrift ein gewisser Makarius
— wahrscheinlich Bischof von Magnesia — den verhaßten
Neuplatoniker.[3] Erwähnt und getadelt wird die Streit=
schrift gelegentlich auch sonst damals und noch später.
Spuren irgendwelcher anderer Streitschriften werden nicht
bemerkbar, obwohl anzunehmen ist, daß sie nicht ganz gefehlt
haben. Jedenfalls muß ihre Bedeutung gering gewesen sein,

---

[1] Cyrill. Alex. Adv. Jul. I S. 28. Porphyrius aus Tyrus,
dessen Lebensausgang ungefähr mit dem Ende Diokletians zusammen=
fällt, schrieb in 15 Büchern Κατὰ Χριστιανῶν λόγοι, von denen
uns nur Fragmente erhalten sind. Über seine Bedeutung und Stellung
innerhalb des Neuplatonismus s. Zeller, Phil. d. Gr. 3. Aufl. III,
2 S. 636 ff.

[2] Firm. Mat. XIII, 4.

[3] Μακαρίου Μάγνητος Ἀποκριτικός (Ἀποκριτικά), ed.
Blondel, Paris 1876. Dazu Wagenmann in d. Jahrb. f. deutsche
Theol. 1878 S. 138 ff. u. S. 269 ff.

da sie der Mühe einer Widerlegung nicht wert geachtet
wurden. Bestimmt aber wissen wir, daß die Erbitterung des
Heidentums sich in harten Äußerungen oder in scharfem
Spott Luft machte. Über „Verlästerung Christi" wird öfters
geklagt.[1])

Größern Wert und Erfolg als diese abwehrende, allerdings notwendige Arbeit der Kirche hatte ihre auf Gewinnung
der Andersgläubigen durch das Mittel der Predigt und der
religiösen Unterweisung gerichtete Thätigkeit. Jetzt, in der
zweiten Hälfte des vierten Jahrhunderes tritt zuerst wieder
in deutlichen Umrissen eine Mission hervor, die an die
apostolische Zeit erinnert. Es ist dies um so höher anzuschlagen, als Niemandem die Einsicht verschlossen sein konnte,
daß das Heidentum im Prozeß der Auflösung begriffen sei und
über kurz oder lang von selbst dem Christentume zufallen
werde.

Als ein „zweiter Paulus" wirkte in diesem Sinne
Philaster, ein Mann wahrscheinlich italischer Abkunft. Er
durchzog die Länder des römischen Reichs und predigte, „des
heiligen Geistes voll", das Evangelium den Heiden und den
Juden. Auch in Rom lebte er längere Zeit und gewann in
privater wie öffentlicher Disputation Viele. Doch nicht nur
die Städte, auch die Dörfer und die Kastelle suchte er auf
seinen Reisen auf. Nach mannigfachen Wanderungen kam
er nach Brixia, das damals noch fast ganz heidnisch war,
aber „nach Unterweisung begehrte". Er wurde Bischof der
Stadt und „pflanzte einen Weinberg, dessen Frucht ihn erfreute". Gleicherweise lichtete er außerhalb Brixia in seinem

---

[1]) Z. B. Zeno, Sermo pro fidei veritate (a. a. O. S. 209);
Pseudo-Athan. (a. a. O) De passione et cruce Domini c. 30;
Basil. Ep. 45 ad Monachum lapsum (S. 134).

Sprengel „den dichten Wald des Irrtums".[1] Nach be=
wegtem Leben und Kämpfen starb er um das Jahr 387.

Im Morgenlande ist um dieselbe Zeit Chrysostomus
der eifrigste Förderer der Mission. Er besaß in Beziehung
auf diese Aufgabe nicht nur ein tiefes Pflichtgefühl, sondern
auch ein richtiges Verständnis für die Art ihrer Durch=
führung. Als er an die Abfassung einer für Heiden und
Juden bestimmten Schrift zum Beweise der Gottheit Christi
ging, erklärte er, er wolle kurz und einfach reden, daß auch
Sklaven, Mägde, Fischer und Bauern ihn verstehen könnten.[2]

In Freundlichkeit ferner solle sich die Rede bewegen,
wie Eltern zu ihren Kindern reden. „Denn die Hellenen
sind alle Kinder." Daher muß man es ihnen zu Gute
halten, daß sie lachen, wenn man ihnen von unserem Glau=
ben erzählt.[3] Was den Inhalt der Missionsunterredung
anbetrifft, so ist seine Meinung, daß man darin den Heiden
die Thorheit ihres Glaubens und die Größe der Krankheit auf=
zeige, an der sie leiden.[4] Aber das wirksamste Missionsmittel
ist und bleibt ihm doch ein vorbildlicher guter Wandel der

---

[1] Diese Angaben über Philaster entstammen einer Gedächtnis=
rede seines Nachfolgers Gaudentius: Sermo XXI de vita et obitu
Philastrii (Migne I, 20 S. 997 ff.). Darin: — circumiens uni-
versum pene ambitum Romani orbis, Domini cum praedicavit
verbum, Pauli apostoli idoneus imitator existens. Erhalten ist
von ihm liber de haeresibus, worüber z. vgl. Lipsius, Zur Quellen=
kritik des Epiphanios, Wien 1865; Ders., Die Quellen der ältesten
Ketzergeschichte, neu untersucht, Lpz. 1875.

[2] Chrysost. Contra Jud. et Gent. quod Christus sit
Deus (I, 558 ff.), geschrieben 387, als Chrysostomus noch Presbyter
in Antiochien war.

[3] Chrysost. In Epist. ad Cor. hom. IV, 6 (X, 32).

[4] In Genes. hom. VII c. 7 (IV, 56).

Christen. „Es gäbe keinen Heiden mehr, wenn wir wahr=
hafte Christen wären." Der eine Paulus habe so viele
gewonnen. „Wenn wir alle so wären, welche Welten hätten
wir an uns gerissen." Denn es giebt mehr Christen als
Heiden. Wenn diese aber sehen, wie wir Unrecht thun, wie
können sie sich für das Christentum begeistern? Wie soll
man nun die Heiden bekehren? „Durch Hinweis auf die
Wunder? Die geschehen nicht mehr. Durch das Vorbild
unseres Wandels? Der ist durch und durch verderbt. Durch
Liebe? Davon ist nirgends eine Spur zu entdecken." „Aber
es haben doch unter uns große Männer gelebt." „Wie soll
ich das glauben?" wird der Heide antworten, „da ich nicht
sehe, daß ihr so seid wie jene. Wenn man auf solche Dinge
sich berufen will, so haben auch wir große Philosophen,
deren Leben bewundernswert war. Aber du zeige mir einen
zweiten Paulus und einen zweiten Johannes. Du wirst es
nicht können."[1]

Es entging der Erkenntnis des Bischofs nicht, daß die
christlichen Besitzer von Latifundien in der Lage seien, an
der Ausrottung des Götzendienstes und der Bekehrung der
Heiden erfolgreich mitzuwirken. Aber sie vernachlässigten
diese Aufgabe. Bäder anzulegen und Wirtschaftsgebäude
aufzuführen und die Lasten zu mehren, sind sie bereit, aber
das Seelenheil anderer kümmert sie wenig. Wohl haben sie
Acht, die Dornen auf dem Acker auszuroden, aber an die

---

[1] In I Epist. ad Timoth. hom. X, 3 (XI, 602). Vgl.
Ephraem. Syr. a. a. O. t. III S. 105: Augustin. In Ps.
XXVI (IV, 116), wo der Heide dem ihm zuredenden Christen ant=
wortet: quid mihi persuades, ut Christianus sim? Ego fraudem
a Christiano passus sum et nunquam feci. Falsum mihi
juravit Christianus et ego nunquam.

Dornen, die in den Herzen ihrer Dienstleute und Kolonen
aufwachsen, denken sie nicht. Sie werden einst dem obersten
Hausherrn Rechenschaft darüber ablegen müssen. Das be=
gehrte Chrysostomus von ihnen, daß sie Kirchen bauen und
Geistliche beschaffen. Jeder Grundbesitzer soll ein Gottes=
haus haben: die Ausrede, daß in der Nachbarschaft ein
solches sei, oder daß die Mittel zu einem solchen Bau
fehlen, ist grundlos. Es braucht nur ein kleines Haus zu
sein: der Nachfolger mag es vergrößern und allmählich aus=
schmücken. Erst wenn neben den Behältern für Korn und
Stroh auch Behälter da sind, wo die Früchte der Seele ein=
geheimst werden können, dann wird das Land in noch höherem
Maße haben, was es jetzt schon vor der Stadt voraus hat,
Ruhe und Friede. Das Land mit einer Kirche ist wie das
Paradies Gottes.[1]

Die Umsicht und der praktische Blick des Bischofs treten
hier leuchtend hervor. Denn die Überwindung des Heidentums
auf dem Lande bot und bietet immer viel größere Schwierig=
keit als die Mission in den Städten. Der alte Glaube
wurzelt dort tiefer und fester in den Gemütern und der Zu=
gang zu den Herzen ist schwieriger. Der konservative Zug,
welcher die Landbevölkerung auszeichnet, die Pietät gegen
das Überkommene tritt hinzu. Daher ist es nicht zufällig,
daß im vierten Jahrhundert die Bezeichnung Pagani, d. h.
Landbewohner, für die Heiden aufkommt.[2]

---

[1] Chrysost. Hom. XVIII in Act. (IX, 149 f.).

[2] Bereits im 2. Jahrh. erscheint paganus im Gegensatz zu miles
als Bezeichnung für Bürger, Civilist, woraus sich weiterhin der Unter=
schied von jus militum und jus paganorum entwickelte. Das jus
paganorum ist hier identisch mit dem alten Römerrechte, dem Privat=
rechte. Kuntze (Excurse über röm. Recht 2. Aufl. Leipz. 1880 S. 664 f.)

Am Anfange des 5. Jahrhunderts finden wir in Phöni-
cien eine organisierte Missionsarbeit, die von Mönchen und
Geistlichen betrieben wurde. Sie unterwiesen die Heiden im
Evangelium und erbauten Kirchen; auswärtige Gemeinden
versorgten sie mit Kleidungsstücken und Lebensmitteln. Das
Werk war im besten Fortgange, da trat, wie es scheint nicht
ohne Schuld der Christen, plötzlich eine heftige Reaktion ein.
Die Heiden erhoben sich in Wut gegen die Missionare und
töteten und verwundeten mehrere derselben. Diese wurden

meint, der Ausdruck sei so entstanden, daß die Soldaten ihre befestigten
Heerlager (castra), die zu wichtigen Sammelpunkten, Schutzstätten und
Burgen, ja zu bevorzugten Städten wurden, als die erhabenen Orte im
Reiche betrachteten und auf alles, was außerhalb lag, auf das „platte
Land", geringschätzig herabblickten. „Pagani waren ihnen also die Bewohner des Reiches außerhalb der castra, und dieser Ausdruck war
gerade in den Provinzen treffend, wo noch viele Reste der nationalen
Gauverbände waren, das Volk vielfach als Landvolk zerstreut umher-
wohnte und die castra oft als die einzigen geschlossenen Wohngemein-
schaften erschienen." Im 4. Jahrh., wo überhaupt vielfach eine Um-
prägung der Ausdrücke stattfand (Kunze a. a. O. S. 693) wurde in
der kirchlichen und in der juristischen Sprache pagani gleichwertig mit
gentiles, und für pagani im Gegensatz zu milites kehrt die Bezeichnung privati wieder. Wie überhaupt im römischen Reiche nur die
Städte etwas bedeuteten und in den Städten das Christentum das
Übergewicht gewann, während das platte Land fester und länger in
dem alten Glauben verharrte, so begreift sich leicht die Bezeichnung
pagani für die Heiden. In der Gesetzessprache findet sie sich zuerst
Cod. Theod. XVI, 2, 18 (a. 368?); weiterhin XVI, 10, 13; 19—25
u. sonst. Um dieselbe Zeit taucht das Wort in der kirchlichen Literatur
auf und wird in der Christenheit rasch populär. Im 5. Jahrh. war
es der gebräuchlichste Ausdruck. Daher in einem Gesetz von 409 (Cod.
Theod. XVI, 5, 46): gentiles, quos vulgo paganos appellant; dazu August. Retract. II, 43: quos usitato nomine paganos
vocamus. Auf dem Grabsteine einer Christin des 4. Jahrh. (jetzt im
Louvre zu Paris) heißt es bezeichnend: pagana nata... fidelis
facta (de Rossi, Bullettino di archeol. crist. 1868 S. 75).

mutlos; sie beschlossen, das Terrain aufzugeben. Doch
Chrysostomus, damals als Verbannter in Kukusus in Klein-
armenien weilend, trat ihnen mit ernster Warnung entgegen.
Er schrieb ihnen, sie möchten vor dem stürmenden Meere
nicht erschrecken. Je größer die Gefahr, desto größer solle
sich ihr Mut zeigen. Kein Arzt läßt seinen Kranken im
Stich. Das Werk sei glücklich angefangen und dürfte jetzt
um keinen Preis wieder aufgegeben werden. Auch an den
Presbyter Rufinus, einen erfahrenen und besonnenen Mann,
wandte er sich mit der Aufforderung, sich nach Phönizien
zu begeben und durch Milde und Klugheit die Verhältnisse
wieder in Ordnung zu bringen.[1]

Es entspricht genau der in diesen Bemühungen sich
äußernden Stimmung, daß Chrysostomus das kirchliche Asylrecht auch Heiden gewährt wissen wollte, ja sogar solchen,
die als heftige Christenfeinde bekannt waren. Dafür hat
ihn freilich die ihm feindliche Synode „An der Eiche" im
Jahre 403 zur Rechenschaft gezogen.[2]

In einem eigentümlichen Widerspruch hierzu steht freilich, daß derselbe Chrysostomus kein Bedenken getragen hat,
die gewaltsame Zerstörung heidnischer Tempel anzuordnen.
Wie viele seiner Zeitgenossen scheint er ein solches Vorgehen
ganz außer Zusammenhang mit dem von ihm sonst em-
pfohlenen und beobachteten Verfahren in der Heidenmission
betrachtet zu haben.[3]

Ein ganz anderes Missionsbild gewährt die Wirksamkeit
des Asketen Abraames, der von dem Drange, die Heiden zu

---

[1] Über dieses interessante Stück Missionsgeschichte geben Epist.
LI (III, 621): CXXIII; CXXXVI des Chrysostomus Auskunft.

[2] Mansi III, 1146 c. 10.

[3] Theodor. V, 25.

bekehren, ergriffen, in der Verkleidung eines Kaufmannes ein
heidnisches Dorf am Libanon betrat und daselbst ein Haus
erwarb. Als er aber mit der Predigt des Evangeliums
beginnt, erhebt sich unter den Bewohnern ein heftiger Wider=
stand, den aber der gewandte Mönch in geschickter Aus=
nutzung einer Steuerkalamität so zu überwinden weiß, daß
die Dorfschaft eine Kirche erbaut und ihn selbst als ihren
Geistlichen begehrt. Drei Jahre wirkt er erfolgreich, bestellt
sich dann einen Nachfolger und setzt an einem andern Orte
mit derselben Klugheit und demselben Eifer seine Bekehrungs=
arbeit fort.[1] Natürlich ist dieser mönchische Missionar keine
einzelstehende Erscheinung.

Nur geringe Kunde ist auf uns gekommen von dem,
was sonst auf dem Wege friedlicher, ernster Mission versucht
und erreicht worden ist. Darf man daraus schließen, daß
rohe Gewalt und blinde Zerstörungswut die beliebtere Weise
gewesen sei, um den Götterglauben aus der Welt zu schaffen?
Nichts berechtigt dazu. Die Sinnesart der Bischöfe gab
diesem oder jenem Verfahren den Vorzug. Die Kirche selbst
hat durch den Mund ihrer Organe d. h. der Synoden wohl
sich selbst und ihr Gebiet geschützt, aber in keinem einzigen
Falle zu gewaltsamer Verwüstung des Heidentums An=
weisung gegeben. Die karthagische Iunisynode vom Jahre
401, die in dieser Richtung am weitesten geht, hat sich doch
nur darauf beschränkt, die weltliche Regierung um Beseitigung
der auf dem Lande „in ganz Afrika" noch zahlreich vor=
handenen Tempel und Kapellen zu ersuchen.[2] Dieselbe
Versammlung hat aber auch darum petitioniert, daß an

---

[1] Theodor. Hist. rel. XVII.
[2] Mansi III, 766 c. 2.

Sonn= und Feiertagen keine Schauspiele und öffentlichen
Aufführungen gestattet würden.[1])

Ein fruchtbares Mittel, auf die Heiden Einfluß zu
gewinnen, lag ferner in den Arbeiten und Instituten der
Kirche auf sozialem Gebiete. Schon in apostolischer Zeit
finden wir eine ausgedehnte freiwillige oder geordnete Armen=
pflege. Für die Gemeinde bestimmt, griff sie doch über diesen
Umfang in besonderen Fällen hinaus. In engem Zusammen=
hange damit steht die Fürsorge für Kranke, Altersschwache,
Waisen und Hilflose jeder Art. Es kommt hier nicht in
Betracht, daß diese Bemühungen schon früh nicht mehr aus
der rechten evangelischen Gesinnung hervorwuchsen; sie waren
da und in einem Umfang und in einer Intensität, daß
sie das Bild einer bewundernswerten, weitverzweigten
Organisation darstellten. Ihre Centren wurden im vierten
Jahrhundert mehr und mehr die an Zahl wachsenden An=
stalten verschiedener Bestimmung, die Fremdenherbergen,
Hospitäler, Waisen= Witwen= und Armenhäuser. In regel=
mäßiger Weise fungierte in diesen Instituten die christliche
Liebesthätigkeit. In einer Zeit, wo der materielle Ruin
immer weiter um sich griff und das soziale Elend sich steigerte,
mußten die durch solche Anstalten gebotenen Vergünstigungen
auf die unteren Volksschichten eine starke Anziehungskraft
ausüben. Wir erfahren allerdings nirgends etwas darüber,
ob und in welchem Maße die christliche Liebesthätigkeit
Gläubige gewonnen hat, aber der Schluß liegt so nahe, daß
man sich wundern müßte, wenn es nicht der Fall gewesen
wäre. Dagegen wissen wir bestimmt, daß die Kirche in
großer Zahl ausgesetzte heidnische Kinder aufgenommen und

---

[1]) Mansi III, 767 c. 5.

im christlichen Bekenntnisse erzogen hat. Die Sitte der Alten, sich derjenigen Kinder, die als eine Last befunden wurden, durch Aussetzung zu entledigen, ist zwar unter den christlichen Kaisern eingeschränkt, aber nicht beseitigt worden; noch im 6. Jahrhundert beschäftigt sich die kaiserliche Gesetz=gebung damit. Die Kirche griff hier energisch ein. Mit dem Protest gegen diesen „Menschenmord" verband sie praktische Maßregeln, um die verderblichen Folgen jener legalisierten Herzlosigkeit zu hindern; sie nahm die ausgesetzten Kinder auf und rettete sie dadurch vor leiblichem und moralischem Untergange.[1]) Viele Tausende mögen auf diese Weise dem Christentum zugeführt sein; die Grabinschriften reden öfters von solchen Findlingen. Sie wurden in der Gemeinde oder in den der christlichen Liebesthätigkeit dienen=den Anstalten erzogen.[2])

Abgesehen von diesen Mitteln und Wegen hat noch manches Andere dazu dienen müssen, dem siegreichen Christen=tum Taufwillige zuzuführen. Einen eigenartigen Beleg da=für bietet ein bukolisches Gedicht, welches der Rhetor Endelechius, ein Freund des Bischofs Paulinus von Nola, ohne Zweifel zu dem Zwecke anfertigte, damit auf die länd=liche Bevölkerung missionierend zu wirken.[3]) Der Dichter

---

[1]) Tertull. Apol. c. 9; Syn. v. Arles c. 9 u. 10.

[2]) Becker, Behandlung verlassener Kinder im Altert. Frankf. 1871; Allard, Les esclaves chrét. Paris 1876. S. 353; Uhlhorn a. a. O. S. 379 ff.

[3]) (Severi Sancti) Endelechii Carmen bucolicum de mortibus boum, bestehend aus 33 asklepiadischen Strophen. Ausg. von F. Piper, Gött. 1835; Riese, Anthologia Latina I, 2 n. 893. Dazu Ebert, Gesch. d. christlich=lat. Lit. I S. 303 f. Das Gedicht ist am Ende des 4. oder am Anfange des 5. Jahrh. entstanden. Der Verf. stammte aus Gallien und lebte in Rom als Lehrer der Rhetorik.

führt zunächst zwei Hirten, Agon und Bucolus ein. Bucolus
zeigt sich niedergeschlagen.    Von seinem Genossen um die
Ursache befragt, erzählt er, daß eine verderbliche Seuche in
die Herde gekommen und alle Hilfe umsonst gewesen sei.
In bewegten Worten schildert er den schweren Unglücksfall.
In dem Augenblick als Agon teilnehmend auf die Worte
antwortet und hierbei bemerkt, daß des Tityrus Herde ganz
verschont geblieben sei, kommt dieser selbst mit seinem Vieh
herangezogen.  Sie fragen ihn sofort, welcher Gott ihn vor
der Seuche bewahrt habe, die doch alle Nachbarn betroffen
hat.  Er antwortet: das Kreuzeszeichen, das er jedem Stück
der Herde auf die Stirn gezeichnet, habe jene geschützt, und
beeilt sich, den Genossen sofort den Weg zu dieser Hilfe zu
zeigen.  „Wenn du diesen Gott anrufen willst, bedarf es
nur des Glaubens.“    Es bedarf keines von Blut triefenden
Altars und keines Opfers, sondern „ein reines Herz gewinnt
und genießt dieses Gut.“    Darauf erwidert Bucolus: „Wenn
das wahr ist, zögere ich keinen Augenblick, mich der wahren
Religion zuzugesellen“ und den „alten Irrtum“ zu meiden:
„denn trügerisch ist er und thöricht.“  Worauf Tityrus be=
merkt, er sei gerade im Begriff, den Tempel des „höchsten
Gottes“ aufzusuchen.  „Wohlan, Bucolus, laß uns den nicht
weiten Weg gemeinsam gehen und den Gott Christus kennen
lernen.“  Als Agon dies hört, bittet er um die Erlaubnis,
sich anzuschließen.

    Damit bricht das gewandt geschriebene Gedicht ab.  Es
hat schwerlich bloß als ein Spiel dichterischer Phantasie zu
gelten, sondern trägt eine bestimmte Tendenz in sich, näm=
lich die kräftige Wirkung des heiligen Kreuzeszeichens in
solchen und ähnlichen Fällen empfehlend vor Augen zu stellen
und damit zur Annahme der neuen Religion einzuladen.

Auch die Bekenntnisse einflußreicher Männer, die vom Heidentum sich zum Christentum wandten, mußten, neben der Thatsache des Übertritts selbst, von nicht geringer Wirkung sein. So rechtfertigte Paulinus von Nola in einem Gedichte[1]) seine Bekehrung, die selbst schon unter Heiden wie Christen das größte Aufsehen machte. Er bekämpft darin Judentum, Heidentum und die falsche Philosophie, allerdings mehr mit Eleganz als mit Kraft, und bekennt, daß er, nachdem er alle Religionen und Meinungen geprüft, „nichts besseres gefunden habe, als an Christum glauben."[2])

Mit Recht kann man diese Dinge hoch anschlagen; dennoch steht ihr thatsächlicher Wert in dem vorausgesetzten Zusammenhange hinter der Bedeutung zurück, welche die Kirche als Ganzes und in ihrer Gesamterscheinung dem Heidentum bot. Immer machtvoller und einflußreicher war sie seit Konstantin hervorgetreten. Der Staat ehrte sie und rechnete mit ihr. Die festgeschlossene Hierarchie, die deutliche Ordnung des kirchlichen und gottesdienstlichen Lebens, der internationale Charakter, die auch in den dogmatischen Kämpfen nicht zerbrochene Einheitlichkeit ließen diese Kirche als das weltlich=geistliche Abbild des römischen Staatstums erscheinen. In derselben Höhe aber als das Religiöse das Bürgerliche überragte, mußte dieser kirchliche Organismus als der wertvollere und innerlich stärkere sich den Menschen auf=

---

[1]) Das sog. Poema ultimum, das bald nach der Bekehrung, also nach c. 390 geschrieben ist und sich an einen gewissen Antonius wendet. Der Text nach Bursian in d. Sitzungsber. d. K. bahr. Akad. d. Wissensch. 1880 S. 3 ff.

[2]) Discussi, fateor, sectas, Antonius, omnes;
Plurima quaesivi, per singula quaeque cucurri;
Sed nihil inveni melius quam credere Christo.

drängen. Ein Vergleich beider Erscheinungen konnte nur zu
Gunsten der Kirche ausfallen. Ihre Herrschaft war fester
als die des Staates, ihre Disciplin vorzüglicher, ihr äußeres
Auftreten humaner. Das Verhältnis des Staatsoberhauptes
zu seinen Unterthanen war das des Herrn zu den Knechten,
die Kirche aber gebärdete sich wie eine Mutter zu den Kindern,
wenigstens wollte sie so sein, und ist es auch in weitem Umfange gewesen. Stark und milde zugleich — das war ihr
Ideal. Ihre hervorragendsten Persönlichkeiten in dieser Zeit,
wie Ambrosius im Abendlande und Basilius im Orient,
haben es verwirklicht. Darum sind auch solche Männer von
so tiefgreifendem Einfluß gewesen; man beugte sich ihnen
aus Furcht und aus Liebe. Der Niedere hatte Vertrauen,
der Hohe Achtung oder Furcht vor ihnen. Je seltener aber
in einem Jahrhundert bedeutende Persönlichkeiten sind und
je größer andererseits Servilität, Kleinmut, Hilflosigkeit,
desto mächtiger ist die Anziehungs- und Überwindungskraft
kräftiger Charaktere. Und diese waren damals mehr in der
Kirche als im Reiche zu finden.

So kann man wohl verstehen, daß die Kirche des
vierten Jahrhunderts, bei allen Schäden und Übeln, doch
dem Heidentume Achtung abzwang. Sie war nicht nur eine
weltliche, sondern auch eine moralische Macht. Der eine
suchte jenes, der andere dieses: sie konnte Beiden genügen.

Diesen realen Kräften standen gegenüber die Hoffnungs-
losigkeit und das Gefühl der Ohnmacht, welche die Gemüter
der Göttergläubigen mit zunehmender Schwere belasteten.
Ein Volk kann nicht ohne Religion sein. Verzweifelt es an
der ererbten Religion, so fällt es der zu, die am eindring-
lichsten sich ihm anbietet. Das war in diesem Falle das
Christentum. Auf Seite dieser Religion und gegen die alte

Religion stand auch das Imperium. Unter Gratian und
Theodosius war der Bund zwischen Kirche und Kaisertum
so fest und augenfällig geworden, daß keine Täuschung dar=
über mehr möglich war. Die Fortdauer gewisser Akte im
Ceremoniell der Staatsbeamtenschaft, welche von empfind=
lichen Christen als götzendienerisch abgeschätzt wurden, wie
das Tripudium bei Übernahme des Konsulats [1]), verloren
sich doch zu sehr in der ganz anders gestalteten Umgebung,
als daß ihnen eine ernsthafte Bedeutung zugemessen werden
konnte. Dazu redeten die scharfen Dekrete gegen den Götter=
glauben auch zu der Menge unmißverständlich von der neuen
Gestaltung der Dinge. In der Kirche selbst ist anerkannt
worden, daß die Verfügungen der Kaiser dem Christentume
viele Heiden zugeführt haben.[2])

Dieses Fortschreiten der Kirche von Sieg zu Sieg in
einer Zeit, wo sie mit dogmatischen Kämpfen sich selbst
schwächte, fand in der Christenheit einen überschwenglichen
Wiederhall. Vor allem klingt bei dem gefühlvollen und
rhetorisch angelegten Chrysostomus diese freudige Empfindung

---

[1]) Noch im 5. Jahrh. redet Salvianus (de gubern. Dei VI, 2)
davon: numquid non consulibus et pulli adhuc gentilium
sacrilegiorum more pascuntur et volantis pinnae auguria
quaeruntur ac paene omnia fiunt, quae etiam quondam
pagani veteres frivula atque inridenda duxerunt? Bei der be=
kannten Sucht Salvians, zu übertreiben, ist es leider nicht möglich,
diese merkwürdige Notiz als zuverlässig zu verwerten. Das paene
omnia steht warnend da. Indes die Thatsache, daß bei der Über=
nahme des Konsulats noch gewisse alte heilige Formen bewahrt wurden,
wird nicht zu bezweifeln sein, aber gewiß in sehr reduzierter Gestalt und
schwerlich als allgemeine Sitte. Jedenfalls ist nicht anzunehmen, daß
Konstantius, Gratian oder Theodosius mit heidnisch=sakralen Akten das
Konsulat antraten.

[2]) August. Epist. 93 (II, 242).

durch). In einer an die Heiden und die Juden gerichteten
Flugschrift weist er rühmend darauf hin, wie Christus in
kurzer Zeit den „ganzen Erdkreis" erobert habe. Römer
und Barbaren dienen ihm. In den Städten und in der
Wüste, in den Dörfern, Inseln und Häfen herrscht jetzt das
Kreuz. Konsuln und Kaiser, Freie und Sklaven, Weise und
Unweise haben sich dem Joche Christi gebeugt. „In dem
königlichen Rom eilen, alles Andere bei Seite setzend, die
Kaiser, die Konsuln, die Heerführer zu dem Grabe des
Fischers (Petrus) und des Zeltmachers (Paulus); in
Konstantinopel aber begehrten die, welche mit dem Diadem
geschmückt sind, nicht bei den Aposteln, sondern draußen an
ihren Schwellen begraben zu werden, und so sind die Kaiser
Thürhüter der Fischer geworden." [1]) Die Kirche, einst un=
fruchtbar, ist jetzt die Mutter zahlloser Kinder.[2]) Die
Tyrannei der Dämonen hat aufgehört. Mit den Altären,
Tempeln und Götterfesten ist es zu Ende gegangen. Die
gottlosen Opfer sind unterdrückt, die Seher, die Augurn sind
geflohen.[3])

Den gleichen Eindruck spiegeln zahlreiche andere Aus=
sagen im Orient wie im Occident wieder.[4])

---

[1]) Chrysost. Contra Jud. et Gent. c. 1. 2. 9 (I, 558 ff.).
[2]) Chrysost. In Ps. XLIV. n. 12 (V, 181).
[3]) Chrysost. In Ps. CIX. n. 5 (V, 258).
[4]) Pseudo-Basil. In Jes. c. II n. 96 (I, 446): Die
Dämonen haben ihre Werkstätte verlassen; es giebt kein Delphi mehr,
die Seherin schweigt. Wohl wird noch aus der Kastalia getrunken,
aber das Wasser verzückt nicht mehr. Geflohen ist Amphiaraos (sein
Tempel mit einem berühmten Traumorakel und seine Quelle waren bei
Oropos) und Amphilochos ist nirgends mehr. — Ambros. De
virginib. VIII, 47: ex omnibus partibus mundi odor sacratae
religionis inolevit (al. adolevit); Pseudo-Athan. De pass.

Mit besonderem Wohlgefallen machte man diese Be=
obachtung in Beziehung auf Ägypten, welches den Christen
immer als das klassische Land des Götzendienstes gegolten
hat. Wenn man jetzt, so hören wir um das Jahr 389,
nach Ägypten kommt, so findet man die „Tyrannei des
Teufels ganz vernichtet." Das ist nicht nur in den Städten
der Fall, sondern noch viel mehr in der Einöde. „Nicht so
glänzend ist der Himmel mit seiner reichen Sternenpracht
als die Einöde Ägyptens mit ihren Hütten der Mönche
überall." Zwar sind noch Denkmäler des Götzendienstes dort
vorhanden, aber sie haben keine andere Bedeutung, als
Zeugnisse alter Thorheit zu sein, und die, welche sich einst
dazu bekannten, lachen selbst darüber.[1]

In einem im Jahre 403 geschriebenen Briefe entwirft
Hieronymus in kurzen Zügen ein glänzendes Bild der da=
maligen Lage des Christentums. „In der Stadt Rom,"
sagt er, „erleidet die Heidenschaft Verödung. Die, welche die
Götter der Völker waren, haben jetzt mit Eulen und Käuzchen
einen Unterschlupf auf den Dächern gesucht." Das Kreuz
glänzt jetzt auf den kostbaren Steinen königlicher Diademe.
Der ägyptische Serapis hat sich zum Christentume bekehrt.
In Gaza trauert der eingeschlossene Gott Marnas und bangt
um die Zerstörung seines Tempels. Von Indien, Persien,

---

et cruce Dom. c. 30 (op. t. II); August. Epist. 36, 4 (II, 52
a. 397): — ecclesiam toto terrarum orbe diffusam, exceptis
Romanis et adhuc paucis orientalibus.

[1] Chrysost. In Matth. hom. VIII, n. 4 (VII, 120).
Dazu Hieron. In Jes. V, 19 (IV, 204): was c. 19 geweissagt
sei, habe sich erfüllt. Hoc opere videmus exemplum, quod
Ecclesiarum trophaea consurgunt et in omni Aegypto idola
corruerunt.

Äthiopien kommen täglich Scharen von Mönchen zu uns. Armenien hat seinen Köcher niedergelegt. Die Hunnen lernen den Psalter; Glaubensglut schmilzt die Kälte Scythiens. Das rotblonde Heer der Goten umschwärmt die Zelte der Kirche.[1] Auch eine Stimme aus der syrischen Kirche dieser Zeit rühmt laut: „Siehe, die Ungläubigen haben den Götzen= bildern entsagt und die Götzenpriester das Heidentum von sich gestoßen. Siehe, in Persien ist Deine (angeredet ist Christus) Lehre ausgebreitet und in Assyrien hat sich Dein Evangelium vermehrt und vervielfältigt.“[2] Und der hl. Ephräm, der selbst eifrig an der Bekehrung der Heiden arbeitete, glaubt sagen zu können, das Kreuz habe nun die Oberherrschaft; alle Nationen, Völker, Stämme und Sprachen verehren es. Den Irrtum der Götzenbilder hat es vernichtet und die ganze Welt erleuchtet. „Vom Niedergang und Norden, vom Meer und Morgen versammelte es die Völker.“ Keine Zunge vermag, die siegreiche Waffe des Königs Christus würdig zu preisen.“[3]

Wenn aber damals gesagt worden ist, „der Irrtum ist von selbst erloschen und in sich selbst zusammengefallen“, wie ein hinsiechender Leib zusammenbricht, ohne daß Jemand ihn zerstört[4], so war dies doch nur halb wahr, nämlich nur so weit, daß der Übertritt zum Christentum nicht in der Weise erzwungen wurde, wie in den Christenverfolgungen

---

[1] Hieron. Epist. CVII (I, 679).

[2] Cyrillonas (wahrscheinlich aus Edessa), Bittgesang für das Allerheiligenfest 396, deutsch von Bickell in der Kemptener „Bibliothek der Kirchenväter“ n. 41 S. 25.

[3] Ephräm: Rede auf das Osterfest zum Lobe des hl. Kreuzes, deutsch von Bickell a. a. O. Bd. I, 372.

[4] Chrysost. De S. Babyla (II, 540); ähnlich de S. Dro-side (II, 691).

heidnische Magistrate die Opfer und den Schwur beim Genius des Kaisers erzwangen. Aber auch nur darin liegt das Bessere dieser Religionspolitik.

Indes trotz aller Erfolge war die Entwickelung doch noch nicht so weit geführt, daß der Staat auch nur in seinen höhern Ämtern auf die Mitarbeit seiner heidnischen Bürger hätte verzichten können. Gratian sowohl wie Theodosius hatten in ihrem Konsistorium Männer heidnischer Religion, Göttergläubige bekleideten einflußreiche Verwaltungs- und Regierungsämter; in dem Konsulat und in der Präfektur begegnen sie uns zahlreich. Im Occident sind Prätextatus und Flavianus die bezeichnendsten Beispiele dafür. Ähnliches gilt von der Armee. Von den germanischen Generalen, die seit Konstantin dem Großen in der römischen Geschichte immer mehr in den Vordergrund treten, hat, wie es scheint, nur ein kleiner Bruchteil sich der Christenheit eingegliedert, die Mehrzahl, darunter die beiden bedeutenden Heerführer Arbogast und Richomer, ist im Heidentum verblieben. In dem stark mit Germanen durchsetzten Heere muß das Bekenntnis ein sehr gemischtes gewesen sein. Hier konnte ein gewisser Spiel= raum gestattet werden, denn zu keiner Zeit ist in der römischen Geschichte in dem Verhältnis des Herrschers zu den Legionen das religiöse Moment maßgebend gewesen, obwohl in ent= scheidenden Augenblicken für gut befunden worden ist, an das religiöse Gefühl der Soldaten zu appellieren, wie z. B. auf den Schlachtfeldern von Mursa und am Frigidus geschah. Zweifelhaft ist freilich, ob schon zur Zeit des Theodosius der Militäreid ein christlicher war. [1]) Jedenfalls waren die

---

[1]) Vegetius, De re militari II, 5 (jurant autem per Deum et Christum et sanctum Spiritum et per majestatem Impera= toris, quae secundum Deum generi humano diligenda est et

Fahnenzeichen christliche; die Legionen kämpften unter dem Labarum.[1] Die nichtchristlichen Glieder des Heeres mögen indifferent genug gewesen sein, hieran keinen Anstoß zu nehmen, oder haben darin unvermeidliche Äußerlichkeiten gesehen. Andrerseits ist anzunehmen, daß, wo irgend unter den heidnischen Soldaten eine religiöse Empfindlichkeit sich regte, Nachsicht geübt wurde. Denn die Armee garantierte Thron und Reich und forderte daher Rücksichten. Doch wird ein solcher Anlaß selten eingetreten sein. Denn auch da, wo in und außerhalb des Heeres die heidnische Religion noch mit einem bestimmten Bewußtsein festgehalten wurde, fehlte ihr fast immer die Schärfe und Entschiedenheit, die auch einen offenen Widerspruch nicht scheut. Das findet seine Erklärung darin, daß hier die Treue zu dem alten Glauben viel weniger eine klare religiöse Überzeugung war als Anhänglichkeit an die Vergangenheit überhaupt. Die Göttergläubigen der höhern Stände sind die Altkonservativen, die laudatores temporis acti. Bei Symmachus und Libanius tritt dies deutlich hervor. Das Entscheidende bei ihnen ist nicht die Religion, sondern ein romantischer Enthusiasmus für die klassische Welt und ihre alten Ordnungen. Man ist sehr versucht, auch in den nicht ruhenden Forderungen des Senats um Wiederherstellung des Altars der Victoria nicht nur religiöse, sondern auch vaterländische und politische Motive vorauszusetzen. Religiöser Fanatismus war fast nur

---

colenda) kann nicht mehr als Beweis dafür gelten, da nach dem gründlichen Nachweise von O. Seeck (Die Zeit des Vegetius, Hermes 1876 Bd. XI S. 61 ff.) der Autor nicht unter Theodosius d. Gr. schrieb, wie bisher angenommen wurde, sondern unter Valentinian III.

[1] Hieron. Ep. 107, 2: Vexilla militum crucis insignia sunt; Prudent. Contra Symm. II, 713 ff.

in den untern Volksklassen vorhanden, aber latent. Es hatte
sich demnach das Augenmerk der Regierung nur darauf zu
richten, diese glimmenden Funken nicht unvorsichtig anzu=
fachen, sondern langsam ersterben zu lassen.

Was der Staat dem Heidentum noch gelassen hat, sind
zunächst diejenigen Feste, die keine Opfer oder sonstige als
idololatrisch beurteilten Handlungen erheischten; das oben
erwähnte kapuanische Festverzeichnis vom Jahre 387 illustriert
hinreichend die Art derselben. Die Priestertümer bestanden
noch fort, indes mit scharfer Einschränkung ihrer Funktionen,
da die Gesetzgebung alle Opfer ausschloß. Was übrig blieb,
waren farblose religiöse Verrichtungen, ferner die Besorgung
von Festfeiern und öffentlichen Spielen, endlich eine Reihe
bürgerlicher Obliegenheiten. Mit der antiken Religion in
dieser Gestaltung rechnet auch die kaiserliche Gesetzgebung.[1]
Der eigentliche Kultus mit seinen Opferzügen, die Divination
mit ihren mannigfaltigen Formen, die glänzende Außenseite
und damit das eigentliche Wesen der alten Religion haben
offiziell überall und thatsächlich in weitem Umfang aufgehört.
„Das Kapitol liegt wüst, die Tempel Jupiters und die Cäri=
monien haben ein Ende genommen", so konnte im Jahre 393
Hieronymus schreiben[2]; es liegt Übertreibung in diesen
Worten, aber noch viel mehr Wahrheit.

Selbstverständlich hat indes neben dem farblosen, neu=
tralisierten Heidentum an vielen Orten der Götterkult in

---

[1] Z. B. Cod. Theod. XII, 1, 11. Hier ist in einem Erlaß
von 386 die Rede von templorum cultus, von templa und templorum
solennia, aber alles dies nur im Sinne der vorliegenden religions=
politischen Gesetzgebung.

[2] Hieron. Adv. Jovin. II, 38. Ähnlich übrigens auch
Zosim. V, 38.

alter Weise fortgedauert, nämlich da, wo die Umstände es
gestatteten. Die Isispriester waren noch nicht ganz ver=
schwunden; auch die phrygischen Sacra und der ausgelassene
Dionysosdienst behaupteten an einzelnen Punkten noch ihre
Existenz.[1]) Die Dämonen umflattern noch die Altäre, nach
den Opfern begierig, von denen sie sich nähren.[2]) Von der
Verehrung der Laren redend, bekennt Hieronymus, daß an
dieser „übeln Gewohnheit" in vielen Provinzen die Städte
leiden und vor allen Rom, indem man vor das Bild der
Hausgötter brennende Kerzen und Lampen aufstelle, so daß
auf diese Weise die Eintretenden und Ausgehenden immer
wieder an die „haften gebliebene Lüge" erinnert würden.[3])
Doch diese Einzelerscheinungen hatten keine große Bedeutung.
Auch das ändert das Gesamtbild nicht, daß an einzelnen
Orten die fanatisierte heidnische Bevölkerung auf dem Lande
sich zu blutiger Gewalthat gegen die Christen erhob, wie in
Anaunia in den rhätischen Alpen, wo im Jahre 397 die er=
bitterte Bauernschaft drei Geistliche ermordete und ver=
brannte.[4]) Die angebahnte Entwicklung ging unaufhalt=
sam weiter. Es giebt kein deutlicheres Zeugnis der ge=

---

[1]) Ambros. Epist. I, 58, 3; de officiis I, 4, 16.

[2]) Pseudo-Basil. In Jes. c. 1 S. 398 f. Daselbst noch
weitere Einzelheiten.

[3]) Hieron. In Jes. XVI, 57 (IV, 672).

[4]) Ausführlich darüber Maximus von Turin in Sermo 87
(Migne t. 57, 695 f.). Die drei Kleriker hatten in der Landschaft,
wo das Christentum noch ganz unbekannt war, eine Kirche zu bauen
angefangen. Bei einem heidnischen religiösen Feste reizten sie die Menge
durch ihre missionierende Ansprache, wurden ergriffen, getötet und mit
der Kirche verbrannt. Maximus feiert die Märtyrer in überschweng=
licher Weise; man möchte sagen, daß er es mit Freude begrüßt, daß in
einer Zeit, cum nullus rex persecutor urgeret, nullus sacrilegus
tyrannus insisteret, dennoch Martyrien nicht fehlen.

änderten Lage, als die Thatsache, daß der Kampf der Kirche
gegen das Heidentum zwar an einzelnen Punkten heftiger
und rücksichtsloser geworden ist, aber in seinem Umfange
sich bedeutend ermäßigt hat. Die apologetische und polemische
Literatur ist fast auf Nichts zusammengeschrumpft, und die
synodalen Bestimmungen, die sich gegen den Götzendienst
richten, sind an Zahl ganz geringfügig. Der Gegner
war so matt geworden und in seiner geistigen und reli=
giösen Widerstandskraft in einem Grade erlahmt, daß die
Fortführung des Kampfes in der Hauptsache in die Hand
des Staates gelegt werden konnte. Irgendwelche Besorgnisse
waren nicht mehr vorhanden.

Die weitere Entwickelung hat diese Annahme gerecht=
fertigt. Es fehlt in der Folgezeit zwar nicht an Bemüh=
ungen heidnischer Kreise, aber gerade die Art und der Ver=
lauf dieser Unternehmungen zeigt auf das klarste, daß es zu
solchen Plänen und Handlungen zu spät war.

# Fünftes Kapitel.

## Vollendung der Theodosianischen Religionspolitik.

Theodosius war der letzte römische Kaiser, dessen Name und Autorität etwas bedeutete im Reiche. Ihm folgten im Imperium seine beiden Söhne, deren einer ein Knabe, der andere noch in dem ersten Jünglingsalter war [1]), unter Leitung zweier einflußreicher Männer aus der Umgebung des Theodosius: dem Augustus des Ostens, Arkadius, trat der gewandte Gallier Rufinus als allmächtiger Minister zur Seite, der jüngere Honorius kam unter den Schutz eines erprobten Generals, des Vandalen Stilicho. Es war dabei nicht auf eine Teilung des Reichs oder der Herrschaft abgesehen, sondern auf gemeinschaftliche Regierung des Reichsganzen. [2])

Stilicho zählte zu den Vertrauenspersonen des toten Kaisers, der ihm seine eigene Nichte Serena, eine Tochter seines Bruders Honorius, als Gattin gegeben hatte. Schon daraus läßt sich entnehmen, daß Stilicho sich zum Christentum bekannte; denn sonst würde schwerlich Theodosius den

---

[1]) Ambros. De ob. Theod. 15: Arcadius imperator jam validus juventa, Honorius continuo pulsat adolescentiae fores.

[2]) Gut Oros. VII, 36, 1: (Arcadius et Honorius) commune imperium divisis tantum sedibus tenere coeperunt.

wenn auch noch so verdienstvollen Barbaren in eine so nahe
Verwandtschaft zu sich herangezogen haben. Serena selbst
war eine fanatische Götterfeindin: der Erinnerung des Heiden=
tums hat sich fest eingeprägt, daß sie einst in Rom in einem
Tempel der Magna Mater dem Götterbilde den kostbaren Hals=
schmuck entriß und ihn sich umhängte.[1] Auch über profane
Akte Stilichos hatte das Heidentum zu klagen; in Rom ließ
er die goldenen Verzierungen an den Thüren des kapitoli=
nischen Jupitertempels abreißen[2], und die uralten heiligen
sibyllinischen Bücher übergab er den Flammen, eine schwerere
Schuld damit auf sich ladend als Nero, der wenigstens nur
eine Sterbliche verletzte.[3] Andererseits stand derselbe in Be=
ziehungen zu Ambrosius und ist von Prudentius als Streiter
Gottes und Christi besungen worden.[4] Ein heidnischer

---

[1] Zosim. V, 38. Daselbst auch in Verbindung hiermit der
Fluch der von Serena beleidigten alten Vestalin.

[2] Zosim. V, 38. Dabei soll die ominöse Inschrift zum Vor=
schein gekommen sein misero regi servantur. Diesem Orakel habe
denn auch der Ausgang des Stilicho entsprochen.

[3] Rutil. Namat. De red. suo II, 52 (geschrieben 416).
Ganz mit Unrecht beruft sich Birt (De moribus christ. quantum
Stil. aetate in aula imper. occident. valuerint. Marburger
Universitätsprogramm 1885 p. XIII u. XXIII n. 1) für den Fort=
gebrauch der sibyllinischen Bücher bis zum Jahre 402 auf Claudian.
In Eutrop. I, 11: es ist hier alles dichterische Einkleidung. Die Nicht=
beachtung dieses Umstandes hat schließlich den Verf. zu dem durchaus
ungeschichtlichen Urteil über die Lage des Heidentums unter Stilicho
p. XXIII geführt. Man muß den Dichter als Dichter nehmen. Oder
hat wirklich z. B. Theodosius d. Gr. den Jupiter von Dodona und
das delphische und das Ammonsorakel sowie die Sibylle befragt und
sich bei chaldäischen Magiern Rats erholt, wie Claudian (de III cons.
v. 117: de IV cons. v. 143. 148. 145) angiebt?

[4] Paulin. Vita Ambr. 45 (vgl. auch 34 u. 43); Prudent.
Contra Symm. II, 709 ff.

Mann in solcher Stellung wäre damals überhaupt unmög=
lich gewesen. Freilich lag in dieser Zugehörigkeit Stilichos
zur Kirche durchaus noch keine Gewähr für eine Fortsetzung
der Religionspolitik des Theodosius; denn Stilicho war von
dem bewußten Christentum dieses Kaisers jedenfalls weit
entfernt und außerdem von ganz andern Sorgen und Inter=
essen als religiösen Fragen bewegt. Die Entscheidung hing
vielmehr davon ab, ob in der Umgebung des kaiserlichen
Knaben die Traditionen der vorhergehenden Regierung sich
behaupten würden. Das ließ sich aber von vornherein an=
nehmen. Denn unter Theodosius war der Einfluß der
Kirche am Hofe mächtig gewachsen; bestimmte Ursachen aber,
dem wertlos gewordenen Heidentume mit Zugeständnissen
entgegen zu kommen, waren nicht da. Doch auch wenn sie
dagewesen wären, mußte es angemessen erscheinen, jenen Weg
zu betreten, so lange Ambrosius lebte. In der That bewegt
sich die Religionspolitik der abendländischen Regierung in den
Bahnen, die Theodosius ihr gewiesen hat. Gleich nach dem
Tode des Theodosius wurden der katholischen Kirche ihre
Privilegien neu bestätigt und die Verordnungen gegen die
Ketzer erneuert. [1])

Das gilt auch vom Morgenlande. Sowenig der Cha=
rakter des Rufinus irgendwelche feste Garantieen bot, so
lag doch im Orient ein Abweichen von dem bisher einge=
schlagenen Wege noch ferner. Das Heidentum bedeutete dort
noch viel weniger. Außerdem befleißigte sich Rufinus einer
eifrigen Kirchlichkeit [2]) und legte Wert auf gute Beziehungen
zu den höhern geistlichen Würdenträgern. Übrigens wurde

---

[1]) Cod. Theod. XVI, 2, 30; 36; XVI, 5, 3 ff. u. sonst.

[2]) In den Invectiven Claudians (z. B. In Rufin. I, 98) wird
dieselbe, was nicht überraschen kann, als Heuchelei gestempelt.

er bereits im Winter 395 auf dem Paradefelde in Konstan=
tinopel von den unzufriedenen Truppen ermordet. Die
beiden Herrscher sollen darin eine besondere Gnadenerweisung
Gottes erkannt und ihre Dankbarkeit in reichen kirchlichen
Privilegien zum Ausdruck gebracht haben.[1]) An die Stelle
des Rufinus trat der Präpositus sancti Cubiculi, der Eunuch
Eutropius, den schon Theodosius geehrt und mit einer reli=
giösen Mission an den Asketen Johannes in der Thebaïs
beauftragt hatte.[2]) Wie der verschlagene Asiate überhaupt
in seiner Amtsverwaltung und seinem Intriguenspiel seinem
Vorgänger ähnelte, so auch in seiner kirchlichen Haltung.
Wenn er sich veranlaßt sah, das Asylrecht der Kirche einzu=
schränken[3]), so trieb ihn dazu die gefahrvolle Stellung
seinen zahlreichen Gegnern gegenüber. Auch seine sonstigen
Eingriffe in kirchliche Angelegenheiten wollen nicht vom Stand=
punkte seines persönlichen Christentums beurteilt sein. Er
hat sich jedenfalls nicht für einen schlechteren Christen ge=
halten als Andere.

Die Person des Augustus steht überall im Hinter=
grunde. Mit den Söhnen des Theodosius kommt auf dem
römischen Kaiserthrone die ungewöhnliche Gepflogenheit auf,
die Schwäche des Principats und die Unbedeutendheit seiner
Träger hinter einer steifen Etikette und einer geheimnisvollen

---

[1]) Sozom. VIII, 1.

[2]) Vor Beginn des Krieges mit Eugenius, um von dem Heiligen
ein Orakel über den Ausgang des Feldzuges zu haben (Sozom. VI,
28; VII, 22; Rufin. II, 19. 32 u. A.).

[3]) Sokrat. VI, 5; Sozom. VIII, 7. Daß Eutropius das
Asylrecht der Kirche gänzlich aufgehoben habe, wie beide Schriftsteller
melden, ist nicht glaublich: er wird nur bestimmte Fälle davon aus=
genommen haben.

Unnahbarkeit zu verbergen. Der schwächliche, in seiner
äußern Erscheinung von der Natur vernachlässigte, aber gut=
mütige Arkadius[1]) zog es vor, im heiligen Gemache des
Palastes sich in der Kunst der Kalligraphie zu üben, statt
die Last der Staatsgeschäfte zu tragen, Paraden abzuhalten
oder gar Kriege zu führen. Diese Dinge überließ er neidlos
seinen Ministern. Seine Frömmigkeit wird gerühmt[2]); ja
er ist noch wenige Tage vor seinem Tode in den Geruch
eines halben Heiligen gekommen.[3]) Unter ihm zuerst be=
ginnt die Sitte, daß der Hof und die oberste Beamtenschaft
in Konstantinopel an öffentlichen kirchlichen Akten in hervor=
tretender Weise teil nehmen. Als zum Beispiel im Jahre
406 die Reliquien des hl. Samuel in die Stadt geführt
wurden, schritt der Kaiser samt dem Präfektus Prätorio
Anthemius und dem Stadtpräfekten Ämilianus und zugleich
mit dem ganzen Senate dem Zuge voran.[4]) Auch als einige
Zeit später andere Reliquien eingebracht wurden, geleitete
der Stadtpräfekt Ursus und der ganze Senat die Prozession.[5])
Beide Brüder haben in der Weise ihrer Zeit die Gottes=
furcht besessen, welche der sterbende Vater ihnen als die
Macht empfohlen hatte, die den Frieden nährt und den
Krieg verzehrt.[6])

Die feste Entschlossenheit der oströmischen Regierung

---

[1]) Sokrates (VI, 23) nennt ihn bezeichnend ἀνὴρ πρᾶος καὶ
ἡσύχιος.

[2]) Sokrat. VI, 23; Sozom. IX. 1: Hieron. Epist. ad
Ageruch. 17 (t. I S. 914), woselbst beide Herrscher religiosissimi
genannt werden.

[3]) Sokrat. VI, 23.

[4]) Chron. Pasch. a. 406 (S. 569).

[5]) Chron. Pasch. a. 415 (S. 572 f.).

[6]) Theodor. V, 25.

spiegelt sich wieder in einem noch im Todesjahre des Theo=
dosius von Konstantinopel aus erlassenen Gesetze, welches
zugleich mit den Häretikern das Heidentum bedroht. Niemand
soll aus irgend einem Grunde einen Tempel oder sonst ein
Heiligtum betreten, oder an einem andern Orte zu irgend
welcher Zeit „verabscheuungswürdige Opfer" darbringen.
Alle früheren Bestimmungen darüber werden mit dem Be=
merken in Erinnerung gebracht, daß auf die Durchführung
schärfer als bisher geachtet werden solle.[1]

Damit machte also die neue Regierung den Standpunkt
der vorigen zu ihrem eigenen. Das scheint überhaupt der
Zweck dieses Erlasses gewesen zu sein, der Religionspolitik
des Theodosius eine ausdrückliche Billigung zu geben.
Aber es lag in der Art dieser Religionspolitik, daß sie
weiter und weiter drängte. Das zeigt sich auch hier. Be=
reits im folgenden Jahre ging der Staat über die vorge=
fundene und von ihm anerkannte rechtliche Situation hinaus
und mit raschem Schritt der völligen Vernichtung des Heiden=
tums entgegen.

Noch hatten nämlich die Priestertümer und Priester
zahlreiche Privilegien, die ihr Ansehen und ihren Einfluß im
Volke aufrecht erhielten, der Ehrensitz bei bestimmten öffent=
lichen Feierlichkeiten, die auszeichnende Gewandung, eine
ganze Reihe von Immunitäten, Einkünfte städtischer oder
staatlicher Herkunft, dazu gewisse bürgerliche Rechte —
kurzum eine Summe von Vorrechten, wie sie aus der engen

---

[1] Cod. Theod. XVI, 10, 13: Statuimus, nullum ad fanum
vel quodlibet templum habere quempiam licentiam accedendi
vel abominanda sacrificia celebrandi quolibet loco vel tempore u. s. w. Dat. VII Id. Aug. Constantinopoli, Olybrio et
Probino coss.

Verbindung staatlicher und religiöser Ordnungen in der
Vorzeit sich als selbstverständlich ergaben. Die Verluste
unter Konstantin und Konstantius glich Julian wieder aus,
während die nachfolgenden christlichen Herrscher wiederum
naturgemäß den Umfang einschränkten. Leider läßt sich
nicht erkennen, was in den Jahren von Jovian bis zum
Tode des Theodosius im Einzelnen diesen Genossenschaften
an Rechten verloren gegangen ist. Wie groß oder wie klein
indes der Rest gewesen sein mag, Arkadius beseitigte ihn
vollständig. Sämtliche Priester höheren und niederen Ranges,
die Opfervorsteher wie die Diener des Tempels samt den
Leitern der Mysterien werden aller ihrer Privilegien für
verlustig erklärt. Sie haben kein Recht mehr, sich auf
irgend eine ihnen in früherer Zeit gestattete Vergünstigung
zu berufen.[1]

Im Grunde liegt diese Maßregel durchaus in der
Konsequenz der bisherigen Religionspolitik; denn ist der
Götterdienst ungesetzlich, so tritt damit auch die Priesterschaft
außerhalb des Gesetzes; sie existiert nicht mehr für den Staat,
also auch ihre Privilegien nicht. Richtig wird dieser logische
Zusammenhang in dem Gesetz auch hervorgehoben.

Die Wirkung des Edikts mußte eine außerordentliche
sein. Gerade in einer Zeit, wo der Kampf gegen die alte
Religion die Priesterschaft mehr und mehr schwächte, war
der Besitz der alten Privilegien, wenn auch in beschränktem

---

[1] Cod. Theod. XVI. 10, 14: Privilegia, si qua concessa
sunt antiquo jure sacerdotibus, ministris, praefectis, hiero-
phantis agrorum sive quolibet alio nomine nuncupantur,
penitus aboleantur nec gratulentur, se privilegio esse munitos,
quorum professio per legem cognoscitur esse damnata (Dat.
VI Id. Dec. Constantinopoli).

Umfange, doppelt wertvoll. Die Priester waren nun auf die freiwilligen Gaben der Gläubigen angewiesen; für den Staat waren sie keine religiöse Körperschaft mehr.

Im Abendlande hören wir zunächst nichts von solchen Maßregeln, wohl aber von wiederholten Gnadenerweisungen des Kaisers an die Kirche. Die gleich bei Beginn seiner Regierung von Honorius den Parteigängern des Eugenius gewährte Amnestie [1] war nur die Verwirklichung eines Wunsches des Theodosius [2], welcher bereits den Sohn Flavians seine Gnade reichlich hatte erfahren lassen. [3] Zunächst macht sich ebensowenig eine Begünstigung wie eine Bekämpfung des Heidentums bemerklich. Politische Bedrängnisse, Verhandlungen mit den Barbaren und die längst verdächtig gewordene Haltung des in einflußreicher militärischer Charge befindlichen Mauren Gildo, eines Parteigängers des Eugenius, nahmen zunächst die Thätigkeit der Regierung völl und ganz in Anspruch. Im Sommer 397 endlich ging der verwegene, ehrgeizige Afrikaner zu offener Feindseligkeit über.

Unter seiner Schreckensherrschaft litt schwer auch die afrikanische Kirche, die zu schonen Gildo um so weniger Ursache zu haben glaubte, da er ein Gegner des Christentums war. Er zog die Kirchengüter für seine verschwenderische

---

[1] Cod. Theod. XV, 14, 9: valeat omnis emancipatio tyrannicis facta temporibus, valeat a dominis concessa libertas u. s. w. Funestorum tantum consulum nomina jubemus aboleri u. s. w. (a. 395).

[2] Cod. Theod. XV, 14, 11: Fas est, sequi nos paternae dispositionis arbitrium u. s. w. (a. 395).

[3] Im Jahre 399 wurde er Präfektus Urbi. Vgl. das Dankesschreiben des Symmachus an Stilicho Epist. IV, 4 (S. 98 ed. Seeck).

Hofhaltung und die Kriegsführung ein und bedrückte die Christen. Stilicho trat der drohenden Gefahr rasch und entschlossen entgegen. Noch im Winter desselben Jahres lief unter Führung des Mauren Mascezel, eines Bruders Gildos, die Flotte von Pisa aus. Mascezel bekannte sich zum Christentum. Als er an der Insel Capraria vorbei= fuhr, nahm er eine Anzahl Mönche an Bord, um durch ihre Gebete sich den Sieg zu sichern. Auch sonst trat in diesem Feldzuge das religiöse Element hervor.[1]

Der Sieg über den von weitfliegenden Plänen be= herrschten Usurpator wurde mit verhältnismäßig geringer Anstrengung gewonnen, womit auch die afrikanische Kirche wieder in den Besitz ihres Eigentums und ihrer Rechte kam. Diese kurze Episode einer verunglückten Rebellion berührte die große religiöse Frage der Zeit direkt nicht, wohl aber läßt sich annehmen, daß sie im Falle des Gelingens ihre Wirkung auch auf die allgemeine religionspolitische Lage des Westreichs übertragen haben würde; in christlichen Kreisen hat man damals wenigstens in dieser Erwartung gestanden.[2]

Beachtenswert ist auch, daß der Leiter der kaiserlichen Expedition sich und seine Truppen unter den Schutz des Christengottes und der Gebete mönchischer Männer stellt. Hernach freilich soll seine Gesinnung umgeschlagen sein und

---

[1] Oros. VII, 36, 5, 12; Paulin. Vita Ambr. 51. Be= merkenswert ist die Erzählung des Orosius (VII, 36, 7), daß Mascezel unmittelbar vor dem Feinde eine nächtliche Erscheinung des Ambrosius hatte, die ihn, mit einem Stab auf die Erde zeigend, anredete: hic, hic, hic. Mascezel verstand das Zeichen und machte an jenem Orte Halt.

[2] Oros. VII, 36, 3: (Gildo) gentilis magis licentia con- tentus quam ambitu regiae affectationis inflatus.

er sich dazu haben hinreißen lassen, das Asylrecht der Kirche zu verletzen.[1])

Sonst verharrt die Regierung noch auf dem Stand=
punkte der vorgefundenen Politik; mit neuen Gesetzen tritt sie
zunächst nicht hervor, im Gegenteil, sie hält es für angemessen,
der allzueilfertigen Zerstörung von Götterbildern und sonstigen
mythologischen Kunstdarstellungen Schranken zu ziehen. Aus
Spanien und aus gallischen Provinzen muß Klage an den
kaiserlichen Hof gekommen sein, daß der Fanatismus der
Christen auch gegen die an oder in öffentlichen Gebäuden
befindlichen Statuen und sonstigen Kunstwerke in Relief oder
Farben sich richte, ohne Zweifel wegen des mythologischen In=
haltes derselben. Dadurch wurden diese Bauten wie auch die
öffentlichen Plätze ihres Kunstschmuckes beraubt. Es scheint
hier eine Gesinnung zur Herrschaft gekommen zu sein, wie
sie etwa in den Schriften Tertullians sich breit macht. Der
Erfolg erklärt sich vielleicht daraus, daß in diesen, von der
römischen Civilisation wohl erreichten, aber doch nicht ganz
durchgebildeten Gebieten der Respekt vor der Kunst als
solcher ein weit geringerer war als in den alten Kultur=
ländern. Rom und Konstantinopel z. B. haben noch Jahr=
hunderte hindurch ihre Götterstatuen und mythologischen
Reliefs gehabt. Die abendländische Regierung war verständig
genug, hier Einhalt zu gebieten. „Zwar die Opfer sind
verboten," erklärte sie am 29. Januar 399, „doch ist
unser Wille, daß den öffentlichen Bauten der Kunstschmuck
bleibe." Daher möge Niemand sich anmaßen, solche zu zer=
stören. Glaubt Jemand, ein Recht dazu zu haben und eine

---

[1]) Oros. VII, 36, 13.

schriftliche Ermächtigung zu besitzen, so soll er das nach=
weisen. [1]

Der Wortlaut bezieht sich, wie der Eingang zeigt, ins=
besondere auf Götterbilder, Statuen heidnischer Gottheiten, aber
der vorliegende Fall hatte eine größere Tragweite. Indes
blieben die Tempelgebäude selbst hier ganz außer Frage.
Sonst hätten nicht schon wenige Wochen später die beiden
Comites Gaudentius und Jovius in Karthago die heidnischen
Heiligtümer niederreißen können. [2] Schon längst war hier
der Ruf eifriger Christen gehört: „Wie es in Rom ist, soll
es auch in Karthago sein! Wenn das Haupt in der Heiden=
frage vorwärts schreitet, sollen dann die Glieder nicht folgen?" [3]
Der Bischof Augustinus konnte ihnen seine Beistimmung

---

[1] Cod. Theod. XVI, 10, 15: Sicut sacrificia prohibemus,
ita volumus publicorum operum ornamenta servari. Ac ne
sibi aliqua auctoritate blandiantur, qui ea conantur evertere,
si quod rescriptum, si qua lex forte praetenditur, erutae hujus
modi chartae ex eorum manibus ad nostram scientiam si illicitis evectiones aut suo aut alieno nomine potuerint demon-
strare, quas oblatas ad nos mitti decernimus u. s. w. Das Edikt
ist nach Spanien und an die beiden Aquitanica und die drei Lugdu=
nenses gerichtet, wie Gothofr. z. d. St. wahrscheinlich gemacht hat. Die
Überschrift lautet allgemein: Macrobio PPO Hispaniarum et Pro-
cliano vicario quinque Provinciarum. Ganz mit Unrecht hat
Birt p. IX aus diesem Erlaß einen Schluß auf die nachgiebige Ge=
sinnung Stilichos dem Heidentum gegenüber gezogen und dafür sich
auch auf Cod. Theod. XVI, 10, 17: 18 (darüber weiter unten) be=
rufen. Dazu geben die Edikte selbst kein Recht; sie ruhen auf ganz
andern als religiösen Rücksichten.

[2] August. De civit. XVIII, 54; Pseudo-Prosp. De prom.
et praed. III, 38, 2 verallgemeinernd und übertreibend.

[3] August. Sermo XXIV, 6, 7 de Ps. 82 (t. V S. 132).

nicht versagen. „Wenn die römischen Götter," äußerte er sich, „Rom im Stich gelassen haben, warum sind sie bei uns noch zurück? Der einst so genannte Gott Herkules ist nicht mehr in Rom. Hier aber hat es ihm gefallen, mit vergoldetem Barte zu sein." Man erkennt hieraus, welche Ungeduld an einzelnen Orten die christliche Bevölkerung in Rücksicht auf die Todesstunde des Heidentums bewegte.

Überhaupt bot im Westen Afrika die größten Schwierig= keiten; es bildet in dieser Hinsicht ein Analogon zu Phöni= kien im Osten. Obwohl in den Städten fast ausnahmslos das Christentum die Herrschaft oder wenigstens eine achtung= gebietende Stellung hatte, so hielt sich in den vom Verkehr abgelegenen, schwer zugänglichen ländlichen Distrikten der alte Glaube um so zäher. Noch zahlreich standen dort Wald= und Feldheiligtümer, und die religiösen Volksfeste spielten sich ab wie zuvor. Möglicherweise ist hier in einzelnen Gegenden eine bestimmte Gegenwirkung gegen die Ausbrei= tung des Christentums organisiert und der religiöse Gegensatz künstlich gestärkt worden, und man kann vielleicht die Aus= gangs= und Mittelpunkte in den Landgütern finden, welche der römische Adel in Nordafrika zahlreich besaß. Möglich ist freilich auch, daß christliche Großgrundbesitzer, wie auch sonst, es hier über sich gewannen, den dort auf ihrem Grund und Boden befindlichen heidnischen Heiligtümern Schutz zu gewähren, um dadurch eine Steuer zu erpressen oder überhaupt an den sakralen Einkünften ihren Anteil zu haben. [1])

Aber auch in den Städten schuf das Vordringen des

---

[1]) Bezeugt wird solche Praxis durch Zeno v. Verona Serm. XV und Chrysostomus Hom. XVIII in Acta (IX, 149 f.).

christlichen Bekenntnisses einen düstern Fanatismus des Heidentums, der bei dem erregbaren Naturell des Nord= afrikaners nur allzuleicht mit Ungestüm hervorbrach. Als in der römischen Kolonie Suffecta übereifrige Christen eine Herkules= statue zerschlugen, kam es zu einem blutigen Handgemenge zwischen ihnen und den Heiden, wobei sechzig Christen tot auf dem Platze blieben. Mit Entsetzen vernahm man in der nord= afrikanischen Christenheit von diesem Geschehnis. Augustinus richtete ein Schreiben an den Magistrat. Das „berüchtigte Verbrechen“, das in der Stadt begangen wurde, habe die Welt erschüttert und den Himmel bewegt. Die römischen Gesetze seien bei ihnen „vergraben“; es sei keine Ehrfurcht mehr vor den Kaisern da. Die Christen, so fährt er dann ironisch fort, seien gern bereit, ihnen einen andern Gott zu besorgen; es gebe ja Metall und Marmor und Künstler genug. Die Statue solle auch mit Sorgfalt gearbeitet und schön bemalt werden. Aber gebt uns dann auch die Seelen wieder, die eure Hand gemordet hat.[1]

Entrüstung und Hohn wechseln in diesem merkwürdigen Schreiben ab. Ob auch Heiden in dem Kampfe umgekommen, ob die Christen nicht die Schuld der Aufreizung trifft, da= von redet der Bischof nicht. Der Götterglaube ist ihm in dem Maße Unrecht, daß auch alles, was davon ausgeht oder damit in Zusammenhang steht, ihm von vornherein Unrecht ist. Er hat völlig die Fähigkeit verloren, das Ge= bahren des Gegners zu verstehen. Eine solche Sprache in einem an den Magistrat gerichteten Briefe erklärt sich nur aus der Empfindung tiefsten Hasses gegen das Heidentum.

---

[1] August. Epist. 50 (II, 116) c. a. 399. Die Adresse: Auctoribus ac principibus vel senioribus Coloniae Suffectanae.

Einen besonders schwierigen Punkt in der Organisation der religiösen Verhältnisse bildeten die öffentlichen Festlich= keiten. Die deutlich götzendienerischen Feste waren allerdings beseitigt und die Regierung zeigte, wie die früher mitge= teilten Kalendarien ausweisen, das Bestreben, das Heidentum auf einen neutralen Festcyklus einzuschränken, doch begegnete dieses Bestreben großen Hindernissen. Denn fast sämtliche volkstümliche Festlichkeiten hingen irgendwie mit der antiken Religion zusammen, wie lose auch vereinzelt diese Zusammen= hänge im Laufe der Zeit geworden sein mochten. Die Auf= gabe der Regierung mußte sich demnach darauf richten, diese heidnischen Zusammenhänge oder heidnischen Elemente zu beseitigen. Aber gerade diesem Bestreben gegenüber mußte die heidnische Bevölkerung einen um so größern Trieb haben, den ererbten Besitz zu behaupten. Ja, es ist dazu gekommen, daß diese noch frei gegebenen Festlichkeiten dazu benutzt wurden, um das wieder aufzunehmen, was in anderer Umgebung und auf anderm Boden strafbar geworden war. Opfer, wenn auch nur in der Form des Rauchopfers oder der Libation, heidnische Gebete und Hymnen, die draußen unter Strafe standen, kamen hier wieder zum Vorschein.[1]) Man darf sich nicht wundern, wenn von diesen Erfahrungen die Kirche Veranlassung nahm, mit allen ihr zu Gebote stehenden Mitteln diese Festlichkeiten zu hindern oder wenigstens ein= zuschränken. Besonders in Afrika scheint dies der Fall ge= wesen zu sein. Die von dieser Reaktion Betroffenen wandten sich direkt oder durch willige Mittelspersonen, die nicht Heiden gewesen zu sein brauchen, Beschwerde führend an den Kaiser.

---

[1]) Vgl. Cod. Theod. XVI, 10, 17, wo Ähnliches die Voraus= setzung bildet.

Darauf erfolgte von Padua aus am 20. August 399 der
Befehl an den Profonsul, daß die „festlichen Zusammenfünfte"
nicht zu hindern seien; nur die profanen Riten habe das
„heilsame Gesetz" beseitigt. Dem Volfe sollen seine Ver-
gnügungen „nach alter Ordnung" bleiben, vorausgesetzt, daß
feine Opfer oder irgend ein anderer verdammlicher Aberglaube damit sich verbindet. Vorzüglich sollen die Vota
publica ungehindert vor sich gehen.[1]

Diese Entscheidung der Regierung ruht auf durchaus
richtiger Erkenntnis; der Vorbehalt, in einzelnen Fällen
Prohibitivmaßregeln anzuordnen, blieb ihr selbstverständlich
gewahrt. Noch in demselben Jahre machte sie Gebrauch davon. Aus dem Osten nämlich hatte Afrika das mit unan-
ständigen Aufführungen verbundene Majuma-Fest, ursprüng-
ein syrisches Naturfest, überfommen. Unter den christlichen
Kaisern wurde es verboten, aber auf eine Petition hin im
Jahre 396 der Provinz Afrika zurückgegeben, indes unter
der Bedingung, daß dabei „Anstand und Zucht beobachtet werde".[2]
Diese Bedingung wurde aber nicht inne gehalten, daher erfolgte im Oftober 399 mit scharfem Tadel die Aufhebung
des „schmutzigen und unziemlichen Spiels".[3] Gewiß hat
hier der Staat dem Drängen der Kirche nachgegeben. Denn
wie sehr dieselbe auch diesen Dingen ihre Aufmerksamkeit

---

[1] Cod. Theod. XVI, 10, 17: ut profanos ritus jam
salubri lege summovimus, ita festos conventus civium et com-
munem omnium laetitiam non patimur summoveri. Unde
absque ullo sacrificio atque ulla superstitione damnabili ex-
hibere populo voluptates secundum veterem consuetudinem,
inire etiam festa convivia, si quando exigunt publica vota,
decernimus.

[2] Cod. Theod. XV, 6, 1.

[3] Cod. Theod. XV, 6, 2.

schenkte, zeigt eine Äußerung der karthagischen Junisynode vom Jahre 401, welche darüber klagt, daß noch an vielen Orten Gastmähler heidnischer Art stattfinden, an welchen auch Christen teilzunehmen gezwungen würden. Bei solchen Festlichkeiten werden unreine Tänze aufgeführt; auch andere Unanständigkeiten kommen vor. Die Unzuträglichkeit wird dadurch noch erhöht, daß diese Feierlichkeiten öfters an den Tagen der Märtyrer stattfinden. Die Synode äußert sich, daß Solches in Zukunft nicht mehr zu dulden sei.[1] Die Vermutung liegt nahe, daß diese öffentlichen Erklärungen sich indirekt gegen das erwähnte kaiserliche Edikt wenden, mit dessen allgemeiner Fassung die Kirche wenig zufrieden sein mußte.

Nochweniger konnte freilich ihren Wünschen eine weitere Verfügung der Regierung aus demselben Jahre entsprechen, die sich auf die Tempel bezog. Den heidnischen Heilig= tümern war freilich ihre Bedeutung als Kultstätten staat= licherseits genommen; ein Teil ist sofort oder später zerstört, andere sind in Kirchen umgewandelt oder sonst verwertet worden. Daneben aber blieb eine Anzahl noch völlig unbe= rührt, nachdem die Götterbilder und die Altäre entfernt waren. Der Anblick dieser außer Gebrauch gesetzten Tempel scheint in manchen Christen unangenehme Empfindungen wachgerufen zu haben; sie sahen darin Monumente des Götterglaubens. Dazu kam, daß, vor allem auf dem Lande, die geleerten Heiligtümer doch noch ihre Besucher hatten, die heimlich kamen und ihre Opfer brachten. Das Wichtigste endlich war, daß, in Widerspruch mit den kaiserlichen Ver= ordnungen, in vielen Tempeln und Kapellen Nordafrikas der

---

[1] Mansi III, 766 f. c. 4; vgl. Hefele 2. Aufl. II, 80 ff.

alte Kultus ungestört weiter fungierte. In der Christenheit
aber hatte sich schon seit längerer Zeit die Praxis eingebürgert,
die Missionsarbeit mit der Zerstörung der Heiligtümer zu
beginnen, wo irgend die Verhältnisse es erlaubten. Gerade
damals nun begann in Afrika ein energischer Vernichtungs=
kampf der Kirche gegen die noch vorhandenen Tempel. Die
Regierung war damit nicht einverstanden; sie fürchtete offen=
bar Unruhen in der ohnehin unruhigen Provinz. Daher
bestimmte sie, daß Niemand die von „unerlaubten Dingen
leeren Heiligtümer" im Vertrauen auf die kaiserliche Sanktion
zu zerstören wage. Vielmehr sollen die Gebäude unversehrt
bleiben. Dagegen bleibt es dabei, daß die Opfer strafbar
und die Götterbilder zu vernichten sind. Wo ein wirklicher
Götzendienst nachgewiesen wird, soll eine Untersuchung statt=
finden, wie ein solcher Kult des „thörichten Aberglaubens"
überhaupt noch möglich war.[1]

Also den berechtigten Ansprüchen der Kirche kommt
dieses Edikt durchaus entgegen: die Opfer sind wie vorher
verboten, kein Tempel darf zu heidnischen Kultusakten miß=
braucht werden. Der Kirche fiel die Aufgabe zu, die unter
Verbot gesetzten Fälle im Einzelnen festzustellen und zur
Kenntnis der Regierung zu bringen. Indes konnten die
Bischöfe mit Recht darüber klagen, daß diese allgemeine
Regelung der Angelegenheit unzureichend war. Denn es
ergab sich als unmöglich, durch eine bloße Reinigung und

---

[1] Cod. Theod. XVI, 10, 18: Aedes illicitis rebus vacuas
nostrarum beneficio sanctionum ne quis conetur evertere.
Decernimus enim, ut aedificiorum quidem sit integer status:
si quis vero sacrificio fuerit deprehensus, in eum legibus vindi-
cetur, depositis sub officio idolis, disceptatione habita, quibus
etiam nunc posuerit cultum vanae superstitionis impendi
(Dat. XIII Kal. Sept. Patavio).

Schließung der zahlreichen Kapellen auf dem flachen Lande und den Privatbesitzungen hier und dort den heidnischen Kultus abzudämmen; eine Kontrolle war hier in vielen Fällen gar nicht möglich. Daher gingen im Jahre 401 die afrikanischen Bischöfe die Regierung an, diese Heiligtümer zu zerstören. Ihr Gesuch bezog sich nur auf diejenigen Tempel, die fortdauernd dem Götterglauben dienten; ausgenommen wurden ausdrücklich solche, die irgend einen Kunstwert darstellten[1]), womit also das Edikt vom Januar 399 durchaus respektiert wird.

Das Präsidium jener Synode führte der Bischof Aurelius von Karthago, welcher die Stellung eines Primas der nordafrikanischen Kirche einnahm. Er war ein rühriger, tüchtiger Kirchenfürst, der unter den schwierigsten Verhältnissen sich geschickt zu benehmen wußte. Seine Energie fühlten die Heiden nicht minder wie die schismatischen Donatisten. Unter ihm wurde Karthago der Schauplatz eines bemerkenswerten Vorgangs, über welchen ein Augenzeuge uns berichtet. Schon seit längerer Zeit nämlich war der ausgedehnte, aus kostbarem Material hergestellte Gebäudekomplex, welcher den Tempel der Dea Cälestis in Karthago vorstellte, durch staatliche Anordnung unzugänglich gemacht. Aurelius wollte mehr als dieses. Ihm schien der Triumph des Christentums über den Wahnglauben erst dann recht zum Ausdruck zu kommen, wenn dieses weitberühmte Heiligtum in eine Kirche verwandelt würde. Daher ließ er am Osterfest den Tempel aufschließen, seine bischöfliche Cathedra dort aufstellen und begab sich dann in feierlichem Zuge, von zahlreichen Priestern und einer großen Menschenmenge be-

---

[1]) Mansi III, 766.

gleitet, in das Innere und nahm von dem Bischofsstuhle Be=
sitz, hiermit die Besitzergreifung des Heiligtums andeutend.[1]
So wiederholte sich in Karthago, was vordem in Ägypten
geschehen war.   Die pomphafte Weise, in welcher der Akt
sich vollzog, ist ein Zeugnis des Selbstbewußtseins oder,
wenn man lieber will, der Rücksichtslosigkeit der karthagischen
Kirche. Ja es scheint fast, daß das Ganze als ein momentanes
Schaustück veranstaltet wurde; man versteht sonst nicht, daß
dieser Tempel später mit andern auf Anordnung des Tribunen
Ursus[2]) niedergerissen werden konnte.   Doch ist auch möglich,
daß Verwickelungen eingetreten waren, welche eine solche
Maßregel notwendig machten.

Bezeichnend für die Situation in Afrika ist, daß auch
ein heidenfeindlicher angesehener Bischof nicht umhin konnte,
das, was die Heiden durch die kaiserlichen Gesetze erleiden,
eine „Verfolgung" zu nennen; doch geschieht dies nicht etwa
mit einem Gefühle des Bedauerns, sondern vielmehr in leb=
hafter freudiger Genugthuung darüber, daß nunmehr — das
heißt um das Jahr 400 — „im ganzen Reiche die Tempel
zerstört, die Idole zerbrochen, die Opfer aufgehoben und die,
welche die Götter ehren, im Betretungsfalle zur Strafe ge=
zogen werden."[3]) Was des Näheren Afrika anbetrifft, so be=
gegneten sich hier Katholiken und Donatisten, wie haßerfüllt
sie auch sonst einander gegenüberstanden,  in dem Eifer der

---

[1]) Pseudo-Prosper, De prom. et praedic. III, 38, 5 (ge=
schrieben um 440). Aurelius war Bischof seit 391. Die hier ge=
schilderten Vorgänge lassen sich chronologisch nicht genauer fixieren, doch
dürften sie, meine ich, an den Anfang des 5. Jahrhunderts zu
setzen sein.

[2]) Ps.-Prosper a. a. O. III, 38, 5.

[3]) August. Contra Epist. Parmen. I, 9, 15 (t. IX ed.
Bened.).

Tempelzerstörung. Die revolutionären Circumcellionenbanden, welche raubend das Land durchzogen, rissen alle Heiligtümer nieder, über die sie Gewalt bekamen und „zerbrachen die Flöten und Taktsohlen der Götzenmusiker." [1])

In ganz anderer Weise löste in demselben Jahre die östliche Regierung die Frage der Tempel Der Präfektus Orientis erhielt den summarischen Befehl, alle ländlichen Tempel, wenn solche etwa noch vorhanden sein sollten, „ohne Aufsehen und Tumult" zu beseitigen. [2]) Hieran ist ersichtlich, daß im Ostreich die Consequenzen der Theodosianischen Religionspolitik schneller gezogen wurden als im Abendlande, ohne Zweifel, weil das Wagnis geringer war. Das Heidentum bedeutete dort nichts mehr; es lag längst am Boden. Die Regierung hatte keinerlei Ursache mehr, irgendwie Schonung zu üben. Schon vorher sind auch mit ihrem Wissen Tempel niedergerissen worden; nämlich bereits am 1. November 397 erging an den Comes Orientis Asterius in Antiochien die Anweisung, aus dem Material der zerstörten Tempel die fiskalischen Straßen, Brücken, Wasserleitungen und Mauern ausbessern zu lassen. [3])

Die Kirche beeilte sich, die Freiheit, welche das kaiserliche Gesetz zum Verderben der heidnischen Tempel gab, auszunutzen. Selbst der milde Johannes Chrysostomus, obwohl erst kurz vorher auf den Patriarchenstuhl in Konstantinopel

---

[1]) August. a. a. O. I, 9, 16; Contra Gaudent. II, 38, 51 (t. IX).

[2]) Cod. Theod. XVI, 10, 16: Siqua in agris templa sunt, sine turba ac tumultu diruantur. His enim dejectis atque sublatis, omnis superstitionis materia consumetur. (Dat. III Id. Jul. a. 399.)

[3]) Cod. Theod. XV, 1, 36.

erhoben und in mancherlei widrige Umstände hineingezogen, besann sich darauf, daß in Phönikien der Götterdienst noch üppig wuchere, und beorderte eine Schar Mönche dorthin, die unter dem Schutze des kaiserlichen Willens ihr Zer= störungswerk begannen. Fromme Frauen fanden sich bereit, die dazu nötigen Geldmittel aufzubringen, nachdem der Bischof ihnen das Segensreiche des gottgefälligen Werkes klar gemacht hatte.[1] Der Erfolg soll ein vollständiger ge= wesen sein; aber eine gewaltige Reaktion ist auch nicht aus= geblieben.[2]

Das Edikt redet von den Heiligtümern auf dem Lande, hat also keine Beziehung auf die städtischen Tempel. Über diese ist keine generelle Maßregel verfügt worden. Man zog es vor, hier von Fall zu Fall zu entscheiden. Die Vor= gänge in dem phönikischen Gaza zeichnen die Situation um diese Zeit vortrefflich. Die angesehene, mit einem befahrenen Hafen versehene Stadt galt als eine der stärksten Vesten des Heidentums. Als solche hatte sie Konstantin zurückgesetzt, Julian sie bevorzugt. Sie besaß nicht weniger als acht Tempel, darunter das berühmte Heiligtum des Gottes Marnas mit einem vielbefragten Orakel. Die wenigen Christen spielten keine Rolle. Die Bemühungen der Bischöfe erwiesen sich lange erfolglos, bis zur Stuhlbesteigung des Thessalonichers Porphyrius, welchem der Ruf einer kraftvollen Persönlichkeit und eines Heiligen vorausging. Die übermütige Haltung der Heiden reizte ihn. Daher sandte er seinen Vertrauens= mann, den Diakonen Marcus nach Konstantinopel, um von

---

[1] Theodor. V 29. Ich glaube, daß diese Ereignisse hier ein zufügen sind.

[2] Siehe oben S. 317.

dem Herrscher ein Edikt gegen die Tempel zu erlangen.
Marcus wurde von ihm zunächst an Chrysostomus gewiesen,
der für die Angelegenheit Interesse gewann und von Eutropius
eine günstige Zusage erwirkte. Bald nachher traf ein kaiser=
licher Beamter namens Hilarius in Gaza ein, ein Ereignis,
welches den am Fieber darniederliegenden Bischof Porphyrius
so freudig berührte, daß er sogleich gesund wurde. Auf An=
ordnung des Hilarius, der sich mit einer Anzahl Polizisten
umgeben hatte, wurden nun sämtliche Tempel geschlossen und
die Götterbilder zerstört; nur ließ der unzuverlässige, durch
Bestechung gewonnene Beamte das Marnasorakel heimlich
weiter bestehen. Nun entschloß sich Porphyrius selbst im
März 401 an den Hof zu reisen und überredete den Bischof
Johannes im palästinensischen Cäsarea, ihn zu begleiten. Die
Kaiserin Eudoxia erwies sich in einer Audienz gnädig; die
Petition, welche dem gerade von der Taufe zurückgebrachten
neugeborenen Prinzen Theodosius[1]) übermittelt wurde, fand
Erhörung und wurde als „erster Befehl" des Kindes mit
besonderer Feierlichkeit behandelt. So erlangten die Bischöfe
ein Reskript, welches die Zerstörung sämtlicher Tempel in
Gaza anordnete. Nachdem sie noch den Wunsch geäußert,
daß mit der Ausführung ein ehrlicher, aufrichtig christlicher
Beamter beauftragt werde, reisten sie ab. Bald nachher traf
Cynegius aus dem kaiserlichen Konsistorium samt einem
Konsular und einem Dux mit starker bürgerlicher und
militärischer Mannschaft in der Stadt ein. Den Bürgern
ward der kaiserliche Befehl öffentlich bekannt gemacht: sie
nahmen ihn mit lautem Geschrei entgegen, worauf die

---

[1]) Geboren wurde Theodosius am 10. April 401 und wenige
Tage nachher getauft.

Mannschaft auf sie losschlug. Darauf begann das Zerstörungswerk; die Christen von Gaza leisteten dabei hilfreiche
Hand. Innerhalb zehn Tagen waren sieben Tempel niedergerissen; dagegen trotzte das Marneion, dessen Zugang die
Priester mit schweren Steinen blockiert hatten, allen Angriffen. Schließlich kam man dem gefeierten Heiligtum mit
Feuer bei. Die Götterbilder wurden vernichtet, die Tempel-
schätze konfisziert. Prophyrius bedrohte jeden seiner Gemeinde, der sich mit diesem profanen Gut heimlich bereichere,
mit dem Banne. Auch die Privathäuser wurden untersucht,
wobei viele Götterbilder entdeckt wurden, die man gleichfalls
zerschlug oder in den Kot warf; ebenso götzendienerische
Bücher und Beschwörungsformeln.

So war mit einem Schlage der heidnische Kultus aus
der Öffentlichkeit entfernt und aufgelöst. Viele Heiden —
ihre Zahl belief sich im ersten Jahre auf etwa 300 — bekehrten sich zum Christentum, zum Teil aus Furcht, wie ein
Augenzeuge berichtet, zum Teil in richtiger Erkenntnis. Es
ist begreiflich, daß Porphyrius die günstige Gelegenheit benutzte, um auch in der Umgegend auf dem flachen Lande
mit den Tempeln aufzuräumen, obwohl nicht anzunehmen
ist, daß die kaiserliche Vollmacht so weit reichte.[1]

Die völlige Rechtlosigkeit des Heidentums, bezw. seiner
Tempel wird hier in eigentümlicher Weise offenbar. Wo die
Christen in hinreichend starker Anzahl waren, haben sie
schwerlich erst die kaiserliche Erlaubnis zur Tempelzerstörung

---

[1] Vgl. den auch in mancher anderer Hinsicht anziehenden Bericht
des oben genannten Diakonen Marcus in seinem „Leben des Porphyrius" (lat. abgedruckt in den Acta Sanctorum Febr. t. III
S. 645 ff., griech. von Haupt in d. Abhandl. d. Königl. Akad. d.
Wissensch. 1874 S. 171 ff.).

eingeholt; wo sie einer starken Übermacht gegenüberstanden, gab es Mittel und Wege, die staatliche Gewalt zu diesem Zweck in Bewegung zu setzen. Was in Gaza geschah, mag an vielen Orten geschehen sein. Das Heidentum war vollkommen auf das Unsichere gestellt.

Dasselbe Jahr, in welchem das obige Gesetz erlassen wurde, brachte den Untergang des Eunuchen Eutropius. Eine Zeitlang stand Konstantinopel unter dem Terrorismus des Goten Gainas, der den Versuch machte, dem Arianismus in der Hauptstadt wieder aufzuhelfen. Auch als dieser im Jahre 401 umgekommen war, dauerten im Ostreich die innern und äußern Unruhen fort, während die Kaiserin Eudoxia selbst die Zügel der Regierung führte. Am 1. Mai 408 starb Arkabius unter erschreckenden Vorzeichen in der Natur, wie einst der große Theodosius.

Noch schwerern Gefahren war währendem das Westreich ausgesetzt. Dem Einbruche Alarichs 401 folgte drei Jahre später ein furchtbarer Verheerungszug germanischer Scharen unter Radagais. Dieser ostgotische Häuptling war ein Heide und das Gerücht ging ihm voraus, daß er das Blut des ganzen römischen Volks seinen Göttern als Opfer gelobt habe.[1] Als er gegen Rom heranzog, lief die heidnische Bevölkerung zusammen und rief, der Feind sei darum so stark, weil er auf die Götter sich stelle, und Rom werde untergehen, weil es die Götter und ihren Kultus weggewiesen habe. Man begann sogar über Wiederaufnahme der Sacra sich zu besprechen; Lästerungen Christi wurden laut.[2] Diese Stimmung fand ihren Wiederhall auch in entfernten Provinzen; in

---

[1] Oros. VII, 37, 5.
[2] Oros. VII, 37, 6ff.

Karthago hörte man die Heiden rühmen, daß jener Radagais, der den Göttern fleißig opfere, nicht von denen besiegt werden könne, „die den römischen Göttern solche Opfer nicht bringen und auch von Andern sie nicht bringen lassen." [1]

Also das Heidentum gewann in seiner verzweifelten Lage es über sich, von dem verhaßten und verachteten Barbaren Hülfe für sich und seine Götter zu erhoffen. Der scharfe Widerwille, der damals die griechisch-römische Nationalität von der germanischen schied und öfters in blutigen Zusammenstößen zum Ausdruck kam, fand hier seine Grenze. Der Patriotismus beugte sich vor der Religion. Das stolze Rom richtete seine Blicke sehnsuchtsvoll auf einen Barbarenfürsten. Es war ein kritischer Augenblick und die Befürchtung begründet, daß „die Lüge von neuem und schlimmer als vordem emporkommen werde." [2] Doch auch diese Hoffnung erwies sich als trügerisch. Bei Fäsulä vernichtete Stilicho den gefährlichen Feind und zwar mit solchem Geschick und solchem Erfolge, daß Christen ein Wunder zu erleben glaubten. Man sah in diesem Siege einen Sieg des Christentums über das Heidentum. „Wunderbar und barmherzig" hat Gott geholfen, sprach sich Augustinus aus, und sein getreuer Jünger Orosius erkennt darin die Absicht der Vorsehung, die heidnischen und gottlästernden Römer zu strafen. [3]

Diese Erfahrungen erinnerten die Christenheit wiederum daran, daß es in Rom noch eine starke heidnische Partei gab, die noch Hoffnungen für sich und ihre Religion hatte. Warum hätte sie auch im Angesicht der bedrohlichen Lage des Reiches, die jeden Augenblick in den Untergang desselben

[1] August. De civit. V. 23.
[2] Oros. VII, 37, 10.
[3] August. a. a. O.; Oros. VII, 37, 11.

umschlagen konnte, nicht alles hoffen sollen? Jeder Tag
konnte Überraschungen bringen, von denen der vorhergehende
nichts ahnen ließ. An diesen Hoffnungen nährte sich der
Paganismus in Rom. Aber gerade die Fortdauer des Heidentums
in Rom war der Kirche lästig und bedenklich. Mit Recht, denn
Rom allein hätte einem etwa neu sich sammelnden Heidentum Organisation und Ansehn geben können.

So kann es nicht überraschen, daß in derselben Stadt,
in welcher Symmachus seine glänzende Rede zur Verteidigung
des Götterglaubens schrieb, ein christlicher Dichter zum Angriffe gegen das Heidentum aufstand, Aurelius Prudentius.
Der einstige Advokat und kaiserliche Beamte war aus zügellosem
Weltleben zur Einkehr in sich selbst gelangt. Auf die Frage,
was er wirklich Nützliches in seiner bewegten und ruhmvollen
weltlichen Laufbahn gethan habe, wußte er keine Antwort
oder nur die Antwort, daß er der Welt entsagte und in
gottgefälligen Liedern seinen himmlischen Herrn und sein
Reich zu verherrlichen sich anschickte. Am Anfange des
fünften Jahrhunderts kam er nach Rom.[1]) Die Stadt stand
unter dem Eindruck der gewaltigen Schlacht zwischen Stilicho
und Alarich bei Pollentia am Ostersonntag des Jahres 402.
Wie hernach bei dem Einbruch des Radagais, so mag auch
damals das römische Heidentum dem Heranfluten der Scharen
Alarichs mit Erwartungen ähnlicher Art entgegengesehen
haben und hierin könnte die besondere Veranlassung des
Kampfgedichtes des Prudentius „Gegen Symmachus" liegen.
Daß der Dichter gerade gegen Symmachus sich wendet, findet
seine natürliche Erklärung darin, daß die Schutzrede desselben

---

[1]) Ich stimme hier den Ausführungen von Rösler (Der kathol.
Dichter Aur. Prud. Cl. Freiburg 1886 S. 8ff.) bei.

in Rom und auch sonst noch viele Leser hatte und überhaupt als Bekenntnisschrift des Heidentums galt.

Das erste Streitgedicht beginnt mit einer Vorrede, die einen weithergeholten Vergleich auszuführen bestimmt ist und in die Klage mündet, daß das Heidentum wiederum mit seinem Gifte die Christenheit bedrohe. Diese Klage bildet auch den Eingang des Gedichtes selbst. Sie muß also dem Dichter sehr am Herzen gelegen haben: doch schweigt er über die genauern Umstände, welche jene bei ihm voraussetzen. Da in diesem Zusammenhange die Gestalt des Theodosius deutlich hervortritt und auch auf Symmachus gewiesen zu sein scheint[1]), so darf man an die Usurpation des Eugenius und die Stellung des heidnischen Roms zu derselben denken. Neben der Ermahnung, den guten Absichten des Theodosius zu entsprechen, stellt der Dichter darauf ein düsteres Bild des heidnischen Götzendienstes nach der üblichen Weise der ältern Apologeten. Jetzt ist das alles vorüber. Rom hat die Bahn Christi betreten und seine Hoffnung wendet sich auf die Ewigkeit. Es schämt sich, das Blut der Gerechten vergossen zu haben. Noch mehr: die alten stolzen Senatorengeschlechter bekennen sich zum Christentum. Die „Leuchten der Welt" haben die Pontifikalinsignien abgelegt, um das schneeige Gewand der Frömmigkeit anzuziehen. Nur wenige unter den Vornehmen verharren jetzt noch in der „Finsternis" und wollen am hellen Tage die Sonne nicht sehen. Ähnlich verhält es sich mit dem Volke. In Scharen eilt der Pöbel zu dem vatikanischen Grabe und der Laterankirche. Wer kann da noch zweifeln, daß Rom sich Christo geweiht und seine Lehre angenommen habe?

---

[1]) V. 1 ff

Im zweiten Buche führt Prudentius seine eigentliche
Aufgabe aus, indem er mit starker Benutzung des Ambrosius
die Verteidigungsschrift des Symmachus im Einzelnen wider=
legt. Dem trauernden, durch Kummer gebeugten Rom des
Symmachus stellt er das freudig triumphierende christliche
Rom gegenüber, das sich anschickt, die Söhne des siegreichen
Theodosius zu begrüßen.

Es fehlt diesem Streitgedichte nicht an kraftvollen, echt
dichterischen Stücken. Mehrmals reißt die Begeisterung den
Verfasser zu hohem Schwunge hin. Die Bestreitung ist
lebendig und geschickt, obwohl entlehnt. Aber nicht in diesen
Dingen liegt die geschichtliche Bedeutung dieser beiden Ge=
dichte, sondern darin, daß hier zum erstenmal in glänzenden
Farben und plastischer Schilderung und zugleich auf der
Basis einer unerschütterlichen Überzeugung ein christliches
Rom den Zeitgenossen vor Augen gestellt wird. Das heid=
nische Rom gehört der Vergangenheit an, es war; jetzt giebt
es nur noch ein christliches Rom, in das die ganze Summe
der großen ruhmvollen geschichtlichen Erinnerungen gelegt ist.
Prudentius hat die Aussöhnung des römischen Patriotismus
mit dem christlichen Bekenntnisse vollzogen. Seitdem glaubte
man in der Christenheit an ein christliches Rom.

Ob Symmachus diesen Angriff noch erlebt hat? Im
Februar des Jahres 402 führte er noch eine Gesandtschaft
nach Mailand, kehrte aber krank heim[1]); seitdem verschwindet
seine Spur. Doch hat es fast den Anschein, als ob Pru=
dentius ihn als lebend voraussetze. Jedenfalls hat er ge=
schwiegen.

Am Schlusse seines Gedichtes legt Prudentius dem

---

[1]) Seeck a. a. O. S. LXXII.

Kaiser nahe, daß ihm noch eins zu thun übrig bleibe, was
der Vater unterlassen habe: dieser verbot, die Stadt mit
dem Blut der Tiere zu besprengen, dir kommt zu hindern
zu, daß das Leben elender Menschen hingeopfert werde. Er
meint damit die Gladiatorenspiele. Hat diese Bitte Erfolg
gehabt? In dieser Gestalt nicht, wenn Theodoret Recht hat,
der vielmehr folgende Erzählung über die Aufhebung der
blutigen Fechterspiele hat.[1]) Ein orientalischer Asket Telemachos hörte von der Fortdauer dieser den Christen verab-
scheuungswürdigen Sitte und beschließt, selbst nach Rom zu
gehen, um womöglich eine Änderung herbeizuführen. Er
begiebt sich zur Schaustellung und stürzt sich, als das Spiel begonnen hat, mitten unter die Gladiatoren, um sie zu trennen.
Da erhebt sich stürmisch die zuschauende Menge und steinigt
den übereifrigen Mönch zu Tode. Der Kaiser erfuhr davon,
erklärte voll Bewunderung den Telemachos würdig, in den
Reigen der Märtyrer aufgenommen zu werden, und ordnete
die Aufhebung des grausamen Spieles an. Diese Geschichte
klingt wenig glaublich. Man weiß auch nicht, ihre Wahrheit
vorausgesetzt, wie sie zeitlich zu fixieren ist. Andererseits
fehlen schon seit 399 in den kaiserlichen Spielen die Gladia-
torenkämpfe. Der Ausgleich dieser scheinbar sich widersprechenden Dinge wird so zu finden sein, daß zwar die
kaiserlichen Gladiatorenschulen, also auch die Spiele seit
jenem Jahre aufgegeben waren, aber die privaten noch fort-
dauerten, demnach die Bitte des Prudentius auf diese letzteren
sich bezieht.[2])

---

[1]) Theodor. V, 26.
[2]) Vgl. die chronistische Beischrift zu einer Beneventaner Oster-
tafel, mitgeteilt von Usener im Rhein. Mus. XXXVII S. 479: templa
idolorum demolita sunt et gladiatorum ludi tulti mallio et

Kaum war die Gefahr des Barbareneinfalls beseitigt, da brachen germanische Stämme in Gallien ein, und in Britannien gaben die Legionen einem obscuren Soldaten namens Konstantinus[1]), der sich zum Christentum bekannte, — er ließ sich nach dem unglücklichen Ausgange seines Kaisertums zum Priester weihen[2]) — den Purpur. Dieser gewann in Gallien die Oberhand und ließ durch seinen zum Cäsar erhobenen Sohn Konstans, einen frühern Mönch, seine Herrschaft auch in Spanien herstellen.

In dieser gefahrvollen Lage traf in Ravenna die Nachricht vom Tode des Arkadius ein; sie wurde das Signal zur Vernichtung Stilichos. Denn das in der Umgebung des Augustus ausgesprengte Gerücht, der Vandale habe den erledigten Thron für seinen heidnischen Sohn Eucherius ins Auge gefaßt, trieb eine schon längst intriguierende Hofpartei zu einem entscheidenden Schritte. In Ravenna wurde der Verhaßte, nicht ohne offenbare Rechtsverletzung, im August 408 getötet. Wenn damals hinter der angeblich geplanten Erhebung des mit dem Vater gemordeten Eucherius eine Restauration des Heidentums gesehen worden ist, so bezeugt das entweder die noch vorhandene Angst vor einer solchen oder diese ganze Geschichte ist nur als Agitationsmittel er-

---

theodor coñs (= Manlio Theodoro), also i. J. 399. Die wichtigen ergänzenden Zeugnisse Claudians zu dieser Frage hat Birt a. a. O. p. 14 zusammengestellt. Über ludi und munera vgl. auch Hirschfeld, Unters. zur römischen Verfassungsgeschichte. 1876. S. 175 ff. („Die kaiserlichen Spiele").

[1]) Oros VII, 40, 4: ex infima militia propter solam spem nominis (d. i. die Erinnerung an Konstantin d. Gr.) sine merito virtutis eligitur.

[2]) Sozom. IX, 15.

funden, um von dem frommen Honorius eine energische Maßregel zu erzwingen. [1])

Das Haupt der Verschwörung, Olympos, von Herkunft ein Asiate, trat an den leer gewordenen Platz. Er war ein Mann von ausgesprochener kirchlicher Gesinnung. Honorius versprach sich viel von seinen Gebeten; es gehörte zu seinen Gewohnheiten, die kranken Soldaten zu besuchen. Der Heide Zosimus nennt ihn einen Heuchler. Dagegen ist Augustin seines Lobes voll; sofort als die Nachricht, noch als unverbürgtes Gerücht, nach Afrika kam, beglückwünschte er den Emporkömmling; ein zweiter Brief folgte, als die offizielle Mitteilung eintraf. Er sei „nach Verdienst" zu so hoher Stellung erhoben, schreibt der Bischof, um daran sogleich die Bitte zu knüpfen, es möge von Olympos Ernst gemacht werden mit der Ausführung der heidenfeindlichen Gesetze; sie sind bisher nicht genügend zur Wirkung gekommen, weil die Heiden zu sagen wagten, sie wären ohne Wissen oder gar gegen den Willen des Kaisers gegeben worden. Es sei Zeit, den Feinden der Kirche zu zeigen, was diese Gesetze in Wahrheit bedeuten.[2]) Man ersieht hieraus, was man in der Kirche von dem neuen Minister erwartete.

Es ist übrigens sehr wahrscheinlich, daß der bei Honorius

---

[1]) Oros. VII, 38, 2 charakterisiert den Eucherius näher jam inde Christianorum persecutionem a puero privatoque meditantem und berichtet VII, 38, 6, daß Eucherius der heidnischen Partei die Wiederherstellung der Tempel und die Zerstörung der Kirchen versprochen habe. Dieser Bericht ist zu ungeheuerlich, als daß man ihn ernsthaft nehmen dürfte. Die sich auch sonst findenden wenig glaubhaften und sich widersprechenden Nachrichten über Eucherius (z. B. Philost. XII, 2, 3; Zosim. V, 32, 34, 35, 37) zeigen weiterhin, daß man über ihn und seine Ziele Genaueres nicht wußte.

[2]) August. Epist. 96. 97 (II, 260 ff.); Zosim V, 32 (wo-

angesehene Mann schon vorher die Religionspolitik, für welche Stilicho kaum Interesse hatte, beeinflußte. Bereits im Jahre 405 war nämlich von Ravenna aus eine Erklärung erfolgt, welche den „katholischen Glauben" für den allein zulässigen erklärte.[1] Jedenfalls deckt sich dieselbe mit dem, was sonst über Olympos bekannt ist.

Offener trat er jetzt hervor. Eine Verordnung im November des Jahres 408 schloß alle „Feinde der katholischen Religion" vom Palastdienste aus, „auf daß Niemand auf irgend eine Weise uns verbunden sei, der einen andern Glauben und eine andere Religion hat."[2] Betroffen wurden davon allerdings nur die Leibcorps und die Palastdienerschaft, wo die Christen schon seit längerer Zeit die Mehrheit bildeten. An sich hatte also diese Verfügung nicht viel zu bedeuten, sie hat Wert nur, insofern sie ein Vorspiel der später erfolgenden allgemeinen Ausscheidung des Heidentums aus Heer und Beamtenschaft ist. Möglicherweise wurde sie auch nur gegeben, um bestimmte mißliebige Persönlichkeiten zu beseitigen; jedenfalls dachte die Regierung nicht daran, sie streng durchzuführen. Das zeigt ein Vorfall in Rom. Dort bekleidete der verdiente germanische Heerführer Generid eine angesehene militärische Stellung. Verstimmt durch das kaiserliche Edikt, legte er den Militärgürtel ab.

---

selbst das Urteil: ἐν τῇ φαινομένῃ τῶν Χριστιανῶν εὐλαβείᾳ πολλὴν ἀποκρύπτων ἐν ἑαυτῷ πονηρίαν);

[1] Cod. Theod. XVI, 5, 38.

[2] Cod. Theod. XVI, 5, 42: Eos qui catholicae sectae sunt inimici, intra palatium militare prohibemus, ut nullus nobis sit aliqua ratione conjunctus, qui a nobis fide et religione discordat (Dat. XVIII Kal. Dec. Ravenna a. 408). Die Adresse: Olympio Magistro officiorum et Valenti Comiti domesticorum.

Als nachher im Palastdienste die Reihe an ihn kam, wies er auf jenen Erlaß der Regierung hin, der ihm als einem Heiden nicht gestatte, in seiner militärischen Würde am Hofe zu erscheinen. Honorius ließ ihm darauf mitteilen, daß jene Verfügung auf einen so verdienten Mann keinen Bezug habe, worauf der General erwiderte, er könne da nicht eine ehren= volle Ausnahme in Anspruch nehmen, wo zu gleicher Zeit so viele durch Entziehung ihrer militärischen Würde beleidigt würden. Daher habe, berichtet Zosimus, der Kaiser, in Beschämung und der Notlage weichend, jenes Edikt wieder beseitigt.[1]) Die Thatsache steht allerdings fest, daß Generid nachher noch in kaiserlichem Dienste stand, doch ist nicht wahrscheinlich, daß Honorius seine Verfügung in vollem Um= fange zurückgenommen habe; sie mag schonender durchgeführt worden sein.

Bald darauf erfolgte plötzlich ein heftiger Vorstoß gegen das Heidentum, das erste entschiedene Edikt der abendländischen Regierung seit dem Tode des Theodosius. Die Erfahrungen und Erwägungen, die ihm vorausgingen, verschließen sich leider, wie auch sonst in ähnlichen Fällen, unserem Wissen; gewiß waren sie ernster Art. Eine Äußerung in dem Edikt selbst legt die Vermutung nahe, daß Reklamationen der Bischöfe stattgefunden haben.

Denn wie sehr der Episkopat die Vorgänge auf diesem Gebiete im Auge hatte, zeigt ein Vorfall in der Stadt Calama in Numidien. Hier war es im Juni 408 bei Ge= legenheit eines ausgelassenen heidnischen Volksfestes vor der Kirche zu einem Konflikte gekommen, der in wiederholte Ge= waltthätigkeiten der Heiden gegen die Christen ausartete.

---

[1]) Zosim. V, 46.

Vergeblich erhob der Bischof des Ortes bei der städtischen Behörde Beschwerde; unmittelbar darauf erfolgte ein Angriff des Pöbels auf die Kirche, die mit Steinen beworfen und dann in Brand gesteckt wurde. Ein Christ verlor dabei das Leben; auch der Bischof kam in Gefahr und mußte ein Versteck aufsuchen. Die Behörde und die Primaten der Stadt blieben unthätig. Als Augustinus von diesen Ereignissen erfuhr, begab er sich in höchster Erregung von Hippo Regius nach Calama, um die Sache zu untersuchen.[1]

Man ersieht hieraus, wie die Bischöfe bei solcher Gelegenheit sich als solidarisch verbunden ansahen und bereit waren, einer dem andern nach Kräften Unterstützung zu leihen.

Das oben erwähnte, im November 408 in Rom publizierte Edikt[2] entzieht zunächst den Tempeln sämtliche Einkünfte, um sie dem allgemeinen Unterstützungsfond, insbesondere den „getreuen" Soldaten zuzuweisen. Damit wird also der ganze Rest der Bezüge mannigfacher Art, welche die Tempel auch nach den Säkularisationsedikten des Gratianus und Theodosius noch besaßen, eingezogen, und, was die Hauptsache ist, sämtliche Tempeleinkünfte des weströmischen Reichs werden von dieser Bestimmung betroffen, während die frühern Verordnungen sich lokal beschränkten.

---

[1] August. Epist. 91 (II, 223 ff.).

[2] Cod. Theod. XVI, 10, 19 mit dem Datum XVIII Kal. Dec. Romae (a. 408); dagegen in einem umfassendern, auch die Häretiker berücksichtigenden Edikt der Const. Sirm. XII (Novellae Constit. ed. Hänel S. 466) mit der Schlußnote Dat. VIII Kal. Decembr. Romae (a. 407). Proposita Karthagine in foro sub programmate Porphyrii Proconsulis Non. Jun. (a. 408). Demnach wird das Edikt aus dem größern Zusammenhange herausgeschält und erneuert worden sein.

Nunmehr sah sich die alte Religion allein auf die freiwilligen Beiträge ihrer Gläubigen angewiesen, wenn sie ihre
Priester erhalten wollte. Denn eine Erhaltung der Sacra
kam überhaupt nicht mehr in Frage; die ganze Summe derselben stand längst unter Strafe. Es konnte sich nur darum
handeln, den Inhabern der Priestertümer, die auf die Tempeleinkünfte angewiesen waren, die Existenz zu sichern.

Weiterhin wird in Beziehung auf die Götterbilder
angeordnet, daß, wenn solche „jetzt noch" in den Tempeln
und Heiligtümern vorhanden sind, entfernt werden, „da
dieses, wie wir wissen, schon zu wiederholtenmalen durch
kaiserlichen Befehl angeordnet ist." In der That bietet diese
Verfügung nichts neues, ebensowenig die anschließende, welche
sämtliche Tempelgebäude für Staatseigentum erklärt und
dem öffentlichen Gebrauch überweist; Voraussetzung ist aber,
daß wie die Götterbilder, so auch die Altäre vorher zerstört
werden. Dagegen sollen Privatbesitzer von Kapellen gezwungen werden, diese zu zerstören.

Hier kommt also der Staat den Wünschen der karthagischen Junisynode bereitwillig entgegen, nicht minder die
Anordnung über die öffentlichen Volksfeste. Alle Festmahl-
zeiten, die von dem „sakrilegischen Ritus" etwas an sich
tragen, müssen aufhören. Also auch hier ein bereitwilliges
Eingehen auf die Wünsche der Kirche. Man wird an die
Vorgänge in Calama erinnert. Denn sollte Augustinus geschwiegen haben? Er war doch sonst bereit, dem Minister
Olympos derartige Beschwerden vorzutragen.

Doch seine eigentliche Kraft erhält das Edikt erst durch
den Schlußsatz, welcher den Bischöfen das Recht giebt, in Gemäßheit der in ihren Händen ruhenden kirchlichen Gewalt solche
Dinge d. h. die in dem Gesetz unter Strafe gestellten Hand

lungen zu hindern. Andererseits werden die säumigen Richter mit Strafe bedroht.[1] Beide Bestimmungen ergänzen sich. Offenbar konnte der Staat in der Durchführung der heiden=feindlichen Gesetze in vielen Fällen auf seine eigenen Organe sich nicht verlassen, eine Thatsache, die auch von christlicher Seite berührt wird.[2] Die Bischöfe sollten nun dieses Manco ausfüllen. Der Staat erwählt also die schlimmsten Feinde der alten Religion als Mithelfer mit weitgehenden, ja über=haupt nicht zu definierenden Vollmachten. Denn die „kirch=liche Gewalt", in Gemäßheit deren die Bischöfe verfahren dürfen, läßt sich nach dieser Seite hin überhaupt nicht be=stimmt begrenzen.

So bedeutet dieses Edikt einen glänzenden Sieg der Kirche. Was sie seit Jahren ersehnt und gefordert hatte,

---

[1] Cod. Theod. XVI, 10, 19: Templorum detrahantur annonae et rem annonariam juvent, expensis devotissimorum militum profuturae. § 1. Simulacra, si qua etiam nunc in templis fanisque consistunt et quae alicubi ritum vel acceperunt vel accipiunt paganorum, suis sedibus evellantur, cum hoc repetita sciamus saepius sanctione decretum. § 2. Aedificia ipsa templorum, quae in civitatibus vel oppidis vel extra oppida sunt ad usum publicum vindicentur, arae locis omnibus destruantur omniaque templa in possessionibus nostris ad usus accomodos transferantur: domini destruere cogantur. § 3. Non liceat omnino in honorem sacrilegi ritus funestioribus locis exercere convivia vel quicquam solemnitatis agitare. Episcopis quoque locorum haec ipsa prohibenda ecclesiasticae manus tribuimus facultatem: judices autem viginti librarum auri poena constringimus et pari forma officia eorum, si haec eorum fuerint dissimulatione neglecta.

[2] Vgl. August. Ep. 97 und die oben erwähnte Vita Porphyrii des Marcus. Die Constit. Sirm. XII klagt gleichfalls über mala desidia judicum und conniventia officiorum.

wird ihr in einer Form gewährt, die den weitgehendsten Er=
wartungen Genüge leistete. Gerade darum ist vorauszusetzen,
daß die Bischöfe mit großem Eifer von dieser Befugnis Ge=
brauch machten, während die weltlichen Organe zu gewissen=
hafter Amtsverrichtung von neuem ermahnt werden mußten.[1])
Doch noch ehe diese Gesetze verfügt waren, wurde das Abend=
land von einem erschütternden Ereignis in Aufregung
versetzt.

Der gefürchtete Alarich, herbeigelockt durch den Tod
Stilichos, erschien mit ungeheuern Barbarenschwärmen in
Oberitalien, um seinen Weg gerade auf Rom zu nehmen.
Im Spätherbst 408 stand er vor den Mauern der ewigen
Stadt und umschloß sie mit eiserner Blockade. Die Not
stieg auf das höchste. Die Bevölkerung kam dem Hunger=
tode nahe. Der Christengott schien gegen die flehenden Ge=
bete und die feierlichen Bittgänge seiner Gläubigen gleich=
iltig zu sein. Was lag näher, als daß die heimlichen
Götterfreunde zu den alten Riten zurückgriffen. Um so
mehr, da das Gerücht ging, Athen sei durch den Schutz der
Minerva Promachos, die samt Achilleus vor den Mauern
der Stadt dem Gotenkönige sich zeigte, gerettet worden.[2])
Etruskische Leute, welche damals nach Rom geflüchtet waren
und die Erzählung mitbrachten, daß die Stadt Narnia in
Etrurien durch Wiederherstellung des alten Kultus und An=
rufung der Götter vor den Barbaren sich gerettet habe,
mußten die Aufmerksamkeit auf sich zu ziehen. Der Stadt=
präfekt Pompejanus unterredete sich mit ihnen; die
Fulguratoren machten die wirksame Hilfe von einem öffent=

---

[1) Cod. Theod. XVI, 5, 46.
[2) Zosim. V, 6.

lichen Opfer des Senats auf dem Kapitol und den öffentlichen Plätzen der Stadt abhängig. Aber Niemand getraute
sich, an diesem Opfer teilzunehmen, vielmehr wurden die
Etrurier entlassen und Verhandlungen mit dem Feinde angeknüpft.

Diese Erzählung des Zosimus klingt ganz glaublich.
Das Übermaß der Not macht den Versuch begreiflich, die
Mittel der alten Religion anzubieten; sie braucht dabei gar
nicht mehr den Wert einer Religion, sondern nur die Bedeutung einer superstitiösen Technik gehabt zu haben, so daß
also auch Christen auf diese Experimente sich einlassen konnten.
Wird aber gar hinzugefügt, daß der römische Bischof
Innocenz, mit welchem der Stadtpräfekt sich besprach, in
Beziehung auf die Etrurier, „seine Privatmeinung dem
Wohle der Stadt unterordnend“, geäußert habe, obwohl
heimlich, „sie möchten thun, was sie wüßten“, so ist das
ein schlecht erfundenes Märchen, oder eine ironische Antwort
des Bischofs hat diese falsche Deutung erfunden.[1]) Als das
Bedeutsamste an diesem Vorgange darf gelten, daß Keiner
den Mut hatte, an den feierlichen Opferakten sich zu be-
teiligen.

In anderer Weise sollte dennoch die alte Religion zur
Befreiung der Stadt beitragen. Der Gotenkönig ließ sich
nämlich schließlich durch eine hohe Kontribution befriedigen;
um dieselbe aufzubringen, wurde, da die Mittel sonst nicht
zu beschaffen waren, den noch vorhandenen Götterbildern ihr
reicher Schmuck genommen, ja mehrere Statuen aus edelem

---

[1]) Zosim. V, 41; im Einzelnen abweichend Sozom. IX, 6;
darnach ging die Initiative von den heidnischen Senatoren aus, der
Präfekt ließ die Etrusker kommen, und diese versprachen, mit Blitzen
den Feind von der Stadt zu vertreiben.

Metall kamen in die Schmelze, darunter auch eine Figur der römischen Virtus, deren Untergang die Götterfreunde mit trüben Voraussagungen beklagten.[1])

Indes nur für eine kurze Zeit gab Alarich die Stadt frei, weil Honorius, schlecht beraten, seinen weitern Forderungen nicht Folge geben wollte. Da griff der Gote, vielleicht in Erinnerung an das, was einst Arbogast Valentinian gegenüber zu thun für gut befunden hatte, zu dem Mittel einer Usurpation: er erhob im Jahre 409 den Präfektus urbis Attalus zum Imperator.

Flavius Priscus Attalus stammte aus Jonien und hatte sich erst unlängst in Rom durch den gotischen arianischen Bischof Sigesarius taufen lassen.[2]) Religiöse Motive wirkten dabei schwerlich mit: er war hernach ebenso bereit, den Heiden wie den Arianern gefällig zu sein, die also auch hier wieder im Bunde gegen das orthodoxe Kaisertum erscheinen. Die Thatsache, daß Attalus Münzen mit dem Labarum prägen[3]), aber zugleich von Sehern sich beraten ließ[4]), erweckt den Gedanken, daß er zum Christentum übertrat, weil ein heidnischer Augustus überhaupt unmöglich war. Oder ist er einem Wunsche Alarichs gefolgt? Anfangs hatte es den Anschein, als ob seine Erhebung in der That eine Restauration des Heidentums bedeute. Ein eifriger Heide, Lampadius, wurde prätorischer Präfekt, und Tertullus, gleichfalls ein Anhänger der alten Religion, Konsul. Dieser begann die feierliche Rede im Senat am 1. Januar mit den Worten: „Ich rede, versammelte Väter, zu Euch als Konsul

---

[1]) Zosim. V, 41.
[2]) Sozom. IX, 9.
[3]) Cohen VI, S. 498 n. 6.
[4]) Sozom. IX, 8.

und als Pontifex. Die eine dieser Würden besitze ich, die andere erhoffe ich."[1] Darin lag ein ganzes Programm. Aber es waren nur Hoffnungen, und abgesehen von einzelnen Ausnahmen, sind die Erwartungen des Heidentums über diese Linie nicht hinausgekommen. Das neue Kaisertum lebte nicht lange genug, um die religiöse Frage mit Ernst in Erwägung zu ziehen; es gab den Altgläubigen nur Stücke, nichts Ganzes. Dennoch war es ein seltsames Schauspiel: „in Ravenna ein christlicher Kaiser und ein christlicher Hof, in Rom ein heidnischer Kaiser und ein heidnischer Hof, aber auf beiden Seiten die Unmöglichkeit, sich zu schaden, denn das Schwert Alarichs trennte beide Parteien und hielt sie in Respekt."[2] Doch die tief= gewurzelte Rivalität zwischen Römertum und Barbarentum zerriß den Bund. Alarich entkleidete 410 feierlich im Lager zu Ariminum den von ihm erhobenen Herrscher des Purpurs und sandte diesen an Honorius. Damit war die frühere Lage wiederhergestellt. Das Schattenkaisertum hatte ein Ende.

Alarich besetzte darauf, am 24. August 410, Rom, ein an sich unbedeutendes Ereignis, das aber dennoch die ganze römische Welt, Christen und Heiden, in Aufregung versetzte und zu übertreibenden Gerüchten Veranlassung gab. Ohne Gewaltthätigkeiten ist es dabei nicht abgegangen, aber die Kirche hat auch glänzende Triumphe gefeiert. Schon nach drei Tagen zog der Sieger nach dem Süden weiter.[3]

Die Erhebung des Attalus ist der letzte Versuch des Heidentums, im Staate zur Geltung zu kommen. Sie ist

[1] Oros. VII, 42, 8.
[2] Beugnot II S. 63.
[3] Vgl. darüber Ranke IV. 1 S. 246f.

mit großen Hoffnungen begrüßt worden und hat kläglich geendet. Die unwürdige Art, mit welcher der Gote das heidnisch-römische Kaisertum wieder abthat, entspricht der elenden, aussichtslosen Lage des Heidentums im damaligen Staate. Seitdem fehlt ihm der Mut, sich nochmals aufzuraffen, langsam stirbt es dahin.

Die staatliche Religionspolitik wurde von diesen Ereignissen in keiner Weise beeinflußt: sie ging in derselben Linie weiter. Immer williger zeigte sich die Regierung den von christlicher Seite an sie gestellten Anforderungen. Im Jahre 415 erging von Ravenna aus eine schwerwiegende Verordnung nach Afrika. [1]) In diesem Lande waren die Priestertümer noch mächtig. Ihre gegenwärtigen oder früheren Inhaber besaßen in Karthago und in anderen größern Städten noch einen gewichtigen Einfluß. Die Leitung der öffentlichen Spiele unter anderem lag, wie auch sonst im griechisch-römischen Reich [2]), noch in ihrer Hand. Es scheint, daß sie diese Gelegenheit benutzten, an den Orten, wo diese Spiele gegeben wurden, länger zu verweilen, und der christlichen Propaganda Schwierigkeiten bereiteten: hier und dort mag es bei dieser Gelegenheit zu offenen Konflikten gekommen sein. Um diesen Unzuträglichkeiten zu begegnen, wird nun den Sacerdotalen, die übrigens nicht ausschließlich Priester waren, der Befehl erteilt, innerhalb einer bestimmten Frist in ihre Heimatsorte zurückzukehren. [3]) Auf eine Begründung dieser Maßregel

---

[1]) Cod. Theod. XVI, 10, 20. (Dat. III Kal. Sept. Ravennae a. 415.)

[2]) Ich verweise nur auf ein Gesetz v. J. 409 Cod. Theod. XV, 9, 2.

[3]) A. a. O.: Sacerdotales paganae superstitionis competenti coercitioni subjacere praecipimus, nisi intra diem

geht das Edikt nicht ein; aber der ganze Inhalt desselben
läßt keinen Zweifel darüber, daß die Frage eine religions=
politische ist.

Wenn diese Verordnung sich allein auf Afrika bezieht,
so wird die Gültigkeit der nächstfolgenden für „alle Provinzen
innerhalb unseres Reichs" ausgesprochen. Durch dieselbe
zieht der Staat sämtliche Liegenschaften der Tempel ein, „in
Gemäßheit des Dekrets des göttlichen Gratianus". Die,
welche unrechtmäßig diese Grundstücke in Besitz genommen
haben, sind gehalten, den Ertrag derselben an den Fiskus
abzuführen und zwar von dem Tage an gerechnet, wo der
Staat dem „verruchten Aberglauben" die Zuschüsse entzog
d. h. also vom November 407 an. Ausgenommen sind
diejenigen Objekte, welche von früheren Fürsten oder dem
regierenden Augustus Privatpersonen oder der „ehrwürdigen
Kirche" überwiesen wurden. Alle Einkünfte also, welche ehe=
mals dem „mit Recht verdammten Aberglauben" zugesprochen
sind, und alle Grundstücke, welche die Fredianer, Dendro=
phoren[1]) und andere heidnische Genossenschaften bisher
besaßen, sollen „unserm Hause" zufallen. Hiermit erhält also
die schon unter den Konstantinern begonnene Säkularisation
des sakralen Vermögens ihren Abschluß.

Unordnungen bei der Aufhebung von Kultstätten und
der Einziehung von Göttereigentum, indem Private un=

Kalendarum Novembrium de Karthagine decedentes ad civitates redierint genitales: ita ut simili quaque censura per
totam Africam sacerdotales obnoxii teneantur, nisi de metro-
politanis urbibus discesserint et remearint ad proprias civitates.

[1]) Über diese Genossenschaften vgl. Gothofr. z. d. St., wo jedoch
die Erklärung von Fredeni mißlungen ist.

berechtigterweise sich dies und das aneigneten, mögen diese Entscheidung beschleunigt haben. [1]

Die heiligen Bilder ferner, fährt das Edikt fort, welche bei den Opfern die Menschen täuschen helfen, sollen aus den Bädern und überhaupt von dem öffentlichen Anblick entfernt werden, damit sie den Irrenden nicht zur Verlockung werden. [2]

Dieser Satz scheint sich auf solche Statuen zu beziehen, die früher in Tempeln standen, oder sonstwo Gegenstand religiöser Verehrung waren, hernach aber, da sie einen Kunstwert hatten, nicht zerstört, sondern an oder in Bädern und an andern öffentlichen Orten aufgestellt wurden. Die religiöse Verehrung aber muß ihnen nachgefolgt sein, was billigerweise in der Kirche Anstoß erregte und auch den bestehenden Gesetzen zuwiderlief.

Daß es sich dabei um wirkliche Kunstwerke handelte, dürfte daraus zu erschließen sein, daß nicht die Zerstörung, sondern nur die Entfernung dieser Bildwerke aus der Öffentlichkeit anbefohlen wird.

Endlich untersagt noch das Edikt gewisse Organisationen innerhalb des Volkes, die den Zwecken des Heidentums

---

[1] Ich verweise auf August. Epist. 48 (II, 111), wo es für zulässig erklärt wird, Tempel, Idole, heilige Haine u. Ä. zu zerstören; aber nicht darf der Christ etwas davon für sich nehmen; das konfiscierte Gut soll nur aufgewendet werden in usus communes vel in honorem Dei (d. h. für kirchliche Zwecke).

[2] Der Text ist hier corrumpiert; Goth., Hän. u. A: Sane quae quondam sacratae (= sacratae imagines) sacrificiis etc... ab usibus lavacrorum vel publicis affectibus separentur. Lasaulx (S. 127 Anm. 353) emendiert: Lances, quae quondam etc. d. h. „die heiligen Schalen, welche ehemals u. s. w., sollen dem öffentlichen Anblick entzogen und nicht bei Taufhandlungen gebraucht werden." Ich kann dieser Emendation nicht zustimmen.

dienten und bei Revolutionen gefährlich werden konnten. Genannt werden namentlich die Chiliarchen und die Cento= narier, die Führer solcher Gruppen von tausend bzw. hundert Personen.

Jeder, der ein solches Amt mit oder gegen seinen Willen übernimmt, verfällt der Todesstrafe — eine scharfe Ver= fügung, welche jene Erscheinungen als sehr bedenklich erkennen läßt. Möglicherweise sind diese wohl nach militärischer Art formierten und ausgebildeten Volkskorps entstanden, als man das Bedürnis fühlte, den tumultuarischen Angriffen der Christen auf die Tempel entgegenzutreten. Die Geschichte der Tempelzerstörungen weist mehrere Fälle einer erfolg= reichen, wohlgeordneten Verteidigung seitens der Heiden auf [1].

Man erkennt an dieser Verfügung, daß die Regierung keinerlei Rücksichten mehr zu nehmen hat. Ihre Arbeit ist darauf gerichtet, nicht nur die Rechte und die Organisation des Heidentums zu zerstören, sondern dasselbe überhaupt aus der Öffentlichkeit verschwinden zu lassen.

Im Ostreich läßt sich dasselbe Bestreben deutlich wahr= nehmen. Hier war auf Arkadius sein erst siebenjähriger Sohn Theodosius gefolgt. Die Regierung führte der schon seit längerer Zeit an den Staatsgeschäften in hervorragender Weise beteiligte Präfekt Anthemius, ein Mann von bedeu= tenden Anlagen und achtenswertem Charakter.[2] Nach einer

---

[1] A. a. O. § 4: Chiliarchas insuper et centonarios vel qui sibi plebis distributionem usurpare dicuntur, censimus removendos, ita ut capitalem sententiam non evadat, si qui aut volens ad hujus modi nomen accesserit aut passus fuerit vel invitum se hujus modi praesumptioni atque invidiae de- putari.

[2] Sein Lob bei Sokrat. VII. 1.

sechsjährigen ruhmvollen Amtsthätigkeit trat er indeß, von einer Hofpartei und der nach der Alleinherrschaft begierigen Tochter des Arkadius, Pulcheria, verdrängt, zurück, und Pulcheria selbst, diese merkwürdige Erscheinung, in welcher Gedanken der Weltflucht und der Weltbeherrschung seltsam sich ineinanderflochten, nahm als „Augusta" das Staats= steuer in ihre Hand. Die Kirche hatte an ihr eine zuver= lässige Gönnerin: sie besaß die höchste Achtung vor den Bischöfen und den Mönchen, deren Wort sie gern an sich kommen ließ.

Unter ihr wurde Alexandrien wiederum der Schauplatz blutiger, aus Intoleranz herausgeborener Kämpfe.[1]) Eine doppelte Gegnerschaft stand hier dem Christentum gegenüber, das Judentum und das Heidentum. Die Tempelverwüstung unter Theophilus hatte allerdings die Macht des letztern gebrochen, nicht aber den Haß gegen seine Bedränger. Da= gegen erfreute sich das Judentum noch seiner durch alte Vorrechte geschützten einflußreichen Stellung. Es machte einen starken Bruchtheil der Bevölkerung aus, war an Handel und Wandel in hervorragender Weise beteiligt und genoß auf der Unterlage seines Reichtums und seiner geschäftlichen Gewandtheit ein bedeutendes Ansehen.

Zwischen dem Judentum und der Kirche bestand schon seit apostolischer Zeit eine Spannung, die in der Folgezeit zunahm. Denn fast überall machte die Christenheit die Er= fahrung, daß die Juden auf der Seite des verfolgenden Heidentums standen und mit Schrift, Wort und That das Evangelium und seine Bekenner bekämpften. Daher die

---

[1]) Die Quellen zu dem Folgenden: Sokrat. VII. 13 ff.; Suidas s. v. Ἱπατία; Hesychius, Περὶ σοφῶν s. v. Ὑπ. Dazu Philost. VIII. 9: Theoph. I S. 128 u. A.

Sympathieen Julians für das Judentum. Als nun die Kirche
seit Konstantin mehr und mehr in die Lage kam, ihre
Wünsche im Staate mit Erfolg geltend machen zu können,
wurde auch das Judentum von der Konsequenz betroffen.
Die Kirche grenzt dasselbe als eine unreine Genossenschaft
von sich ab und veranlaßt auch den Staat, die bisherigen
Rechte der Juden einzuschränken. Konstantin erneuerte das
Gebot Hadrians, daß kein Jude in Jerusalem wohnen dürfe,
und untersagte den Juden, ihre Sklaven zu beschneiden,
offenbar in der Absicht, ihrem Proselyteneifer eine Schranke
zu ziehen. Noch schärfer ging Konstantius gegen die Juden
vor. Auf die Ehe eines Juden mit einer Christin setzte er
die Todesstrafe, ebenso auf die Beschneidung der Sklaven
seitens der Juden; in Palästina wurden die Juden stark
bedrückt und der Versuch eines Aufstandes mit blutiger
Strenge niedergeschlagen. Unter Valens und Valentinian I
wurde die Lage wiederum günstiger, dagegen kehrte Theodosius
zu dem frühern strengen Verfahren zurück, welches sein
Enkel Theodosius II dann noch bedeutend verschärfte. Der=
selbe untersagte die Erbauung neuer Synagogen, beseitigte
die jüdischen Richter und hob das Patriarchat auf, obwohl
dessen letzter Inhaber, der Rabbi Gamaliel sich lange Zeit
hoher Gunst am Hofe erfreute. Trotz dieser und anderer
Einschränkungen und Rechtsverkürzungen hat der christliche
Staat dem Judentum doch ein großes Maß Freiheit gewahrt
und bei gelegentlichen Exzessen dasselbe in Schutz ge=
nommen.[1]

---

[1] Vgl. hierüber Cod. Theod. XVI 8, 1 ff.; 9, 1 ff. u. s. und
die weiteren Quellen in der allerdings gehässigen und parteiischen Dar=
stellung von Grätz, Geschichte der Juden. 2. Aufl. 4. Bd. S. 332 ff.,
384 ff.

Diese Erfahrungen steigerten selbstverständlich die Erbitterung des Judentums gegen die Kirche, und es war ganz
natürlich, daß zwischen ihm und dem Heidentum eine ver-
abredete oder stillschweigende Bundesgenossenschaft sich
bildete. In Alexandrien trat damals diese Bundesgenossenschaft zu Tage. Seit dem Jahre 412 saß dort auf dem
bischöflichen Stuhle Cyrillus, ein geborener Alexandriner,
der Neffe seines Vorgängers und Erziehers Theophilus.
Vordem hatte er einige Zeit als Asket unter den Mönchen
der nitrischen Wüste gelebt, aber was er von der Welt und
ihrer Klugheit und Leidenschaft mit sich trug in die Einsamkeit, das brachte er zurück auf den ehrwürdigen Stuhl
des Markus. Ohne die pöbelhafte Rücksichtslosigkeit seines
Vorgängers und andererseits von weit tüchtigerer
theologischer Bildung als jener, kann er als der Typus
einer Gruppe von Kirchenfürsten jener Zeit gelten,
welche die Orthodoxie als Machtfrage faßten und ihre persönliche Gunst oder Ungunst und die ganze Summe ihrer
selbstischen Bestrebungen mit dem Eifer um die Rechtgläubigkeit geschickt zu verdecken verstanden.

Zwischen Cyrill und dem Augustalpräfekten Orestes
war es, unbekannt aus welchen Gründen, zu einer heftigen
Verfeindung gekommen, die sich gegenseitig fühlbar zu machen
beide Theile beflissen waren. Orestes galt für einen Scheinchristen und hatte einen starken Anhalt an dem Judentum,
vielleicht darum, weil der Bischof ein Gegner desselben war.
Eine offenbare Vergewaltigung des Präfekten an einem
judenfeindlichen Anhänger Cyrills führte den Konflikt herbei.
Der Bischof, in der wohl richtigen Meinung, daß Orestes
bei jenem Akte nicht nur seiner eigenen Gesinnung, sondern
auch den Wünschen der Juden Rechnung getragen hatte, läßt

die Vorsteher der Judenschaft vor sich fordern und bedroht
sie mit Repressalien. Die übermütige und leidenschaftlich
erregte Judenschaft rächt sich durch einen blutigen Gewaltakt;
es wird in der Nacht das falsche Gerücht verbreitet, die
Alexanderkirche brenne, die Christen eilen zur Rettung herbei,
und diese Gelegenheit benutzen die Juden, um viele derselben
zu töten. Der Zorn Cyrills kannte jetzt keine Grenzen
mehr. Begleitet von aufgeregten Scharen seiner Gemeinde-
glieder, schließt er die Synagogen der Juden, weist sie selbst
aus der Stadt und giebt ihre Besitztümer der Menge preis.
Es war eine That von weittragender Bedeutung, wenn man
ermißt, was die Juden in dieser Stadt waren; die Verantwortung lag auf dem Bischofe, und da sich Orestes beeilte,
einen Bericht an den Kaiser zu schicken, so zögerte auch
Cyrill nicht mit seiner ganz anders lautenden Berichterstattung. Noch schärfer standen sich jetzt beide Männer gegenüber. Zwar wurde eine Vermittelung versucht, und Cyrill bot
dem Präfekten, das Evangelienbuch in der Hand, Versöhnung
an, indes dieser zeigte sich unzugänglich.

Die Kunde von diesen Vorgängen kam rasch zu den
Mönchen der Nitria, deren handfeste Hilfe schon dem
Theophilus dienlich gewesen. In einer Schar von gegen
fünfhundert erschienen sie plötzlich in der Stadt, um dem
gefährdet geglaubten Patriarchen Beistand zu leisten. Un-
glücklicherweise begegnet ihnen der Präfekt in seinem Wagen.
Mit lautem Geschrei stürzen sie auf ihn los, schelten ihn
„Opferer“ und „Hellene“ und überschütten ihn mit Beleidigungen. Vergebens ruft ihnen Orestes zurück, daß er
Christ sei und Attikus in Konstantinopel ihn getauft habe:
einer der Mönche namens Ammonius schleudert einen Stein
gegen ihn, der ihm eine blutige Kopfwunde verursacht. Da-

durch zur Besinnung gebracht, fliehen die Mönche hierhin
und dorthin auseinander; nur wenige halten aus. Gegen
diese wendet sich das inzwischen herbeigeströmte Volk, und es
gelingt ihm, den Ammonius zu ergreifen. Er erfuhr die
volle Rache des erzürnten Präfekten und wurde zu Tode
gefoltert. Aber Cyrill verschaffte sich den Leichnam, brachte
ihn in die Kirche und feierte in glänzender Weise den Toten
als einen Märtyrer, welcher der Folter erlegen sei, weil er
sich weigerte, Christum zu verleugnen. Denn so war dem
Bischof berichtet worden; erst nachher erfuhr er den wahren
Grund und begrub daher die ganze Angelegenheit in
Stillschweigen.

Doch noch ein Menschenleben sollte der Feindschaft
dieser beiden Männer zum Opfer fallen. Der Philo-
sophenkreis, der in Alexandrien, sei es um eine staatliche Anstalt, sei es in der Form privater Schulen sich
gesammelt hatte, verehrte damals als seine höchste Zierde
ein in den philosophischen Disciplinen wohlerfahrenes, und
durch Anmut und feine Sitte ausgezeichnetes junges
Weib, Hypatia, die Tochter des Philosophen Theon. Ihre
Freunde und Schüler trugen ihr eine schwärmerische Verehrung entgegen; die Briefe des Philosophen und späteren
Bischofs Synesius von Kyrene geben eine Probe davon.
Auch als Christ hat dieser ihr das Prädikat einer „gottge-
liebten Philosophin" nicht verweigert und diejenigen glücklich gepriesen „welche ihrer Stimme sich erfreuen."[1] Zu
ihren näheren Freunden gehörte auch der Präfekt Orestes.
Obwohl nun nirgends Spuren einer feindseligen Gesinnung der

[1] Vgl. Hoche, Hypatia, die Tochter Theons (Philologus 1860
S. 435 ff.); Wolf, Hypatia, Wien 1879.

heidnischen Philosophin gegen das Christentum hervortraten und zu ihren Schülern auch Christen gehörten, so ist damit nicht ausgeschlossen, daß ihr die Person des heidenfeindlichen Cyrill widerwärtig war. Ja, dies ergiebt sich als selbstverständlich aus der Thatsache ihres häufigen Verkehrs mit Orestes. Jedenfalls hat der christliche Pöbel in ihr das Haupthindernis einer Aussöhnung beider Männer gesehen. Eine Anzahl leidenschaftlicher Menschen thut sich unter Führung eines Lektors Petrus zu dem Zwecke zusammen, die gefeierte und verhaßte Heidin zu ermorden. Sie lauern ihr auf, als sie nach ihrem Hause zurückkehrt, reißen sie vom Wagen herunter, schleppen sie in die Kirche Kaisarion, entkleiden sie und töten sie mit Scherben. Doch die Blutgier der Mörder war damit noch nicht befriedigt; sie reißen den Leichnam in Stücke, schleppen diese zu dem sogenannten Kinaron und verbrennen sie dort. Das geschah im März des Jahres 415.[1]) Ähnlich hatte der heidnische Pöbel an dem Bischof Georgios seine Wut ausgelassen.

Der Kirchenschriftsteller Sokrates, der über diese in seine Zeit entfallenden Vorgänge am ausführlichsten berichtet, fügt am Schlusse seiner Erzählung hinzu: „Dieses Ereignis trug dem Cyrill und der alexandrinischen Kirche nicht geringen Tadel ein; denn durchaus fern ist denen, die gesinnt sind wie Christus, Mord und Kampf und dem Ähnliches."

---

[1]) Sokrat. VII, 15 verlegt das Ereignis in den März des vierten Jahres des Episkopats Cyrills, also März 415, nicht 416, da Theophilus am 15. Oktober 412 starb (VII. 7): denn, wie auch sonst bei der Zählung der Magistratsjahre, ist das Jahr 412 als das erste zu rechnen. Dann stimmt auch die weitere chronologische Fixierung ἐν ὑπατείᾳ Ὀρεστίου τὸ δέκατον καὶ Θεοδοσίου τὸ ἕκτον. Denn diese beiden Konsulate entfallen in das Jahr 415.

Während hier Cyrill in keinen unmittelbaren Zusammen=
hang mit dem Morde gebracht ist, läßt der neuplatonische
Philosoph Damascins[1]) ihn geradezu den Befehl zu der Blut=
that geben, bemerkt indes dabei, daß nach der Meinung An=
derer die Alexandriner gemäß der ihnen eigenen Verwogen=
heit und Aufruhrlust die That vollführten. Erweisen läßt
sich eine Schuld Cyrills in keiner Weise. Andererseits ist
das, was über seine Persönlichkeit bekannt ist, doch nicht
derartig, daß man ihn einer solchen That für fähig halten
könnte. Dagegen tritt in den an jene Vorgänge anschließenden
Verhandlungen und Verordnungen eine waghalsige und unbot=
mäßige städtische Korporation, die Parabolani, in einer Weise
hervor, daß dort die Urheberschaft des Mordes zu suchen sein
dürfte.[2]) Wäre der Bischof irgendwie an dieser That beteiligt
gewesen, so hätte er sich auch schwerlich in so hohem Maße in der
Folgezeit der Gunst des Herrschers erfreut. Daß die heidnische
Partei in ihm den Schuldigen fand, ist allzubegreiflich.[3])
Hypatia ist ein Opfer des wilden Hasses zwischen der heid=
nisch=jüdischen und der christlichen Bevölkerung in Alexan=
drien geworden, eines Hasses, der in der Feindschaft des
Bischofs und des Präfekten seine hervorragendste Ausprä=
gung fand.

Diese erschütternden Ereignisse haben in keiner Weise,
so weit sich erkennen läßt, den Gang der Religionspolitik

---

[1]) Bei Suidas a. a. O. Die ganze Erzählung ist unwahrscheinlich.
[2]) Cod. Theod. XVI, 2, 42 u. 43. Über die Parabolani
Augusti, Denkwürdigkeiten XI, 240 f.
[3]) Die Verteidigung Cyrills hat zuletzt geführt Kopallit,
Cyrillus v. Alexandrien, Mainz 1881 S. 26 ff. Die hier aufgeführten
Momente sind nicht alle beweiskräftig, doch hat, scheint mir, der Ver=
fasser seinen Satz hinreichend begründet.

in Konstantinopel beeinflußt. Sie bewegt sich in gerader
Linie ihrem letzten Ziele entgegen. Von Schwankungen ist
nichts zu bemerken. Wie schon vorher, unterscheiden sich auch
jetzt die einzelnen Verfügungen von denjenigen der abend=
ländischen Regierung durch größere Schärfe. Während in
Ravenna im Jahre 408 ein erster vorsichtiger Versuch ge=
macht wurde, gewisse militärische Posten den Heiden zu ent=
nehmen, ohne daß diesem Versuch hernach eine größere Aus=
dehnung gegeben worden wäre, wird unter Theodosius II
im Jahre 416 ein allgemeiner Ausschluß der heidnischen
Personen vom Militärdienst, sowie von richterlichen und
Verwaltungsämtern angeordnet.[1]) Die Verfügung fordert
nicht die Entlassung der bereits im kaiserlichen Dienste be=
findlichen Heiden, sondern dämmt nur den weitern Zuzug
derselben ab. Trotzdem ist kaum anzunehmen, daß sie in
allen Fällen Anwendung gefunden habe. Weder die weströ=
mische, noch die oströmische Regierung war damals bereits
in der Lage, den Altgläubigen den Staatsdienst durchaus
zu verschließen. Doch das hatte wenig zu bedeuten; die
Wirkung dieses Edikts mußte doch eine kräftige sein, inso=
fern der Staat klar und bestimmt sich als christlich ausgiebt und
durch die Absonderung des Heidentums diesem den Makel

---

[1]) Cod. Theod. XVI, 10, 21: qui profano pagani ritus
errore seu crimine polluuntur, hoc est gentiles, nec ad militiam admittantur nec administratoris vel judicis honore deco-
rentur (Dat. VII Id. Dec. a. 416). Es findet sich Cod. Just.
1, 4, 5 ein Gesetz des Arkadius v. J. 396, welches bestimmte Ämter
in Alexandrien ausschließlich den Christen zuweist. Aber der Zusatz
non nisi Christiani fehlt demselben Gesetze Cod. Theod. XIV, 27. 1,
und es braucht nicht ausdrücklich bemerkt zu werden, daß hier die
ursprüngliche Fassung vorliegt.

der Infamie anhängt. Einen großen Gewinn hat ohne Zweifel die christliche Mission aus dieser neuen Verordnung gezogen, denn wenn das Bekenntnis zum Christentum als Bedingung der Staatslaufbahn wie der militärischen Carrière galt, so wurde damit mancher vor die entscheidende Frage gestellt, die er unter anderen Verhältnissen hätte umgehen können. Die Entscheidung aber mußte naturgemäß in den meisten Fällen zu Gunsten der herrschenden Religion ausfallen. Aus zahlreichen Parallelen der Geschichte läßt sich von diesen Vorgängen ein gutes Bild gewinnen. Damals mag auch der christliche Diensteid in der Armee eingeführt sein.

Diese und andere Bemühungen der Regierung und der Kirche im Orient hatten einen solchen Erfolg, daß in einer Verfügung vom Jahre 423 die Heiden mit dem Bemerken erwähnt werden konnten: „obwohl wir glauben, daß es deren keine mehr giebt."[1] Dem entspricht vollkommen die Thatsache, daß in demselben Jahre die auf die Opfer gesetzte Todesstrafe in Güterkonfiskation und Verbannung umgewandelt wird.[2] Der Staat glaubte, jetzt, wo das Heidentum nur noch in ganz dürftigen Resten vorhanden war, von der früheren Strenge ablassen zu müssen; die Heiden haben für ihn nur noch die Bedeutung von bedauernswerten Unglücklichen. Offenbar aus derselben Erwägung heraus bedrohte die Regierung diejenigen Christen, die sich zu Gewaltthätigkeiten gegen die Heiden hinreißen ließen. Denn es kam vor, daß Fanatiker wehrlose

---

[1] Cod. Theod. XVI, 10, 22: Paganos, qui supersunt, quamquam jam nullos esse credamus, promulgatarum legum jamdudum praescripta compescant etc. (Dat. V Id. April. Constantinopoli a. 423).

[2] Cod. Theod. XVI, 10, 23. Bezeichnend auch hier der Eingang: Paganos, qui supersunt etc.

Heiden mißhandelten oder ausraubten.¹) Schon Augustinus hielt es für nötig, Christen dies als ein Unrecht zu erweisen.²)

Bis zu dem Punkte war also die Entwickelung gelangt, daß der Staat, der vor hundert Jahren in seinem eigenen wie im Interesse der heidnischen Religion einen großen Vernichtungskampf gegen die Christenheit entfesselte, seine Hand dazu bietet, um den bedeutungslosen Ueberbleibseln dieser Religion wenigstens die Freiheit eines ruhigen Hinsterbens zu gewähren.

Im Abendlande, wo der Götterglaube fester wurzelte, ist der Prozeß langsamer vor sich gegangen. Zum Teil sind aber auch die politischen Erschütterungen Schuld daran. Nur vereinzelt kommt aus den letzten sturmvollen Regierungsjahren des Honorius eine Kunde von einer Maßregel gegen das Heidentum. So berichtet Olympiodorus, daß ein asiatischer Zauberer namens Libanius nach Ravenna kam und dem bedrängten Honorius und seinem Mitregenten Konstantius magische Hilfe gegen die Barbaren anbot: er gab auch Proben seiner Kunst, wurde aber dann auf Veranlassung der Placidia, die ihren Gatten Konstantius mit der Drohung der Ehescheidung dazu vermochte, als „Zauberer und Heide" getötet. Um dieselbe Zeit zerstörte bei Rhegium ein gewisser Äskulapius, der die sizilischen Güter des Konstantius und der Placidia verwaltete, eine Statue, welcher geheimnisvolle Kräfte gegen das Feuer des Ätna und den Ansturm der Barbaren innewohnten.*) Am 15. August 423 starb Hono-

---

¹) Cod. Theod. XVI, 10, 24 (Dat. VI Id. Jun. Constant. a. 423).

²) August. Sermo CLXXIX de verb. Ap. Jac. 1. t. V S. 851.

³) Olympiod. b. Müller, Script. graec. IV, 66. Die Ver-

rins. „Er lebte in den beiden Ideen, denen er seine Thronbestei=
gung verdankte: der erblichen Legitimität und der unverbrüchli=
chen Anhänglichkeit an die christliche Kirche."[1] Nach dem kurzen
Zwischenspiel einer Usurpation folgte ihm, von Byzanz an=
erkannt, Valentinian III., der Sohn seiner Schwester Pla=
cidia. Unter ihm findet in staatlichen Erlassen das Heiden=
tum kaum noch Erwähnung. Es wird gelegentlich zusammen=
geschlossen mit Häretikern und Schismatikern[2]), oder es ist
die Rede von Scheinchristen, welche heimlich noch Opfer
bringen.[3] Man empfängt den Eindruck, daß der Staat nicht
mehr ernstlich mit ihm rechnet. Unter ihm sollen nach einer
vereinzelten Mitteilung die Tempelgüter der Kirche überwiesen
worden sein.[4] Wenn das wirklich unter ihm geschehen ist
und nicht schon früher, was wahrscheinlicher, so kann dies
selbstverständlich nur von einem Teil jener Liegenschaften
gelten. Die letzte Verordnung der Theodosianischen Gesetz=
sammlung, die sich auf das Heidentum bezieht, ein Edikt des
oströmischen Augustus, wiederholt das allgemeine Opfer=
verbot und die Forderung der Tempelzerstörung und setzt
auf die Verachtung dieser Bestimmungen den Tod.[5] Ein
bezeichnender Schluß.

mählung der Placidia mit Konstantius fand am 1. Jan. 417 statt
(Olymp. fragm. 37): am 8. Febr. 421 wurde Konstantius zum
Augustus erhoben und starb im September desselben Jahres. Diese
beiden Ereignisse müssen daher in die Zeit von 417—421 entfallen.

[1] Ranke IV. 1 S. 273.

[2]) Z. B. Cod. Theod. XVI, 5, 63 (a. 425).

[3]) Z. B. Cod. Theod. XVI. 7, 7 (a. 426).

[4] Pseudo-Prosp. De prom. et praed. III, 38, 2. Die An=
gaben der Kirchenschriftsteller über Einzelheiten der Religionspolitik sind
überhaupt mit Vorsicht zu benutzen. Die Verwirrung ist bei ihnen oft groß.

[5] Cod. Theod. XVI. 10, 25 (Dat. XVIII Kal. Dec.
a. 435). Auf den Ruinen der zerstörten Heiligtümer soll sich als
Sühne das Kreuz erheben.

Es ist eine verlockende Vermutung, daß die Erhebung
der heidnischen Philosophentochter Athenais auf den Kaiser=
thron von Byzanz zur Seite des Theodosius unter den
Göttergläubigen neue Hoffnungen erweckt habe, obschon Athe=
nais sich willig dem Unterricht des Bischofs Attikus und
der Taufe unterzog und eine eifrige Religiosität zeigte.[1])
Sollte es geschehen sein, so war es jedenfalls eine Täuschung.
Denn es wäre kühn, die vorhin erwähnten Schutzedikte vom
Jahre 423 in irgend einer Beziehung zu der kaiserlichen
Frau, der einstigen Heidin, sich vorzustellen, die damals noch
wie ihr Gemahl unter dem Einflusse der Pulcheria stand.
Im ganzen hat doch die Regierung des jüngeren Theodosius den
Eindruck hinterlassen, daß sie einen vernichtenden Kampf
gegen die Tempel geführt habe, wofür Gott ihre Unterneh=
mungen mit reichem Erfolge segnete.[2])

Nachdem im Westen die Gesetzgebung bis zu dem Punkte
völliger Rechtlosigkeit des Heidentums vorgeschritten war,
scheint sie auf weitere Maßnahmen verzichtet zu haben. An
ihre Stelle tritt die Arbeit der Kirche, die nun das Heiden=
tum rechtlos und wehrlos zu ihren Füßen sah. Sie setzte
den Kampf da fort, wo der Staat Halt gemacht hatte.
Zwar haben Stockungen und Störungen in der Folge nicht
gefehlt, aber darin lag keine Gefahr, kein ernstliches Hemmnis
mehr. Die Entwickelung drängte mit unwiderstehlicher Ge=

---

[1]) Sokrat. VII. 47: Evagr. I. 19, 22. Vgl. Güldpenning
Gesch. d. oström. Reiches unter den Kaisern Arkadius und Theod.
II S. 318 ff. Über ihre geistlichen Poesien vgl. Ludwig im Rhein.
Museum XXXVII S. 208 ff.

[2]) Theodor. V. 37.

walt der völligen Vernichtung der alten Religion zu. Nirgends
hat diese noch den Versuch gewagt, aus den wechselnden
politischen Verhältnissen einen Gewinn, sei es auch der ge=
ringsten Art, für sich zu ziehen. Wohl war in heidnischen
Kreisen des Ostens im sechsten Jahrhundert die Meinung
verbreitet und fand Glauben, daß der Patricius Anthemius,
welchen der griechische Kaiser Leo im Jahre 467 zum Imperator
des Westens ernannte, ein Heide gewesen sei und sich heimlich
mit Plänen zur Wiederherstellung des Götterglaubens getragen
habe [1]), doch das war Täuschung. Anthemius bekannte sich auf
seinen Münzen als Christen [2]), der Bischof Epiphanius von Tici=
num, der zwischen ihm und Ricimer vermittelte, verkehrte mit ihm
als einem Genossen seines Glaubens [3]), die christlichen Schrift=
steller kennen ihn als Christen [4]), endlich verdankt er seine Krone
einem Manne, dessen Legitimität die Kirche durch Weihe und
Ueberreichung des Diadems erst besiegelt hatte, und der selbst
gegen das Heidentum mit Strafverfügungen vorging. [5]) Seit
Julian hat auf dem Throne der Cäsaren kein Götterfreund

---

[1]) Damascius in seiner Biographie des Isidoros bei Photius,
Bibl. c. 242. Es wäre wertvoll, den Ursprung dieser Dichtung zu
wissen. Photius erklärt, keine Lust zu haben, auf diese Dinge einzu=
gehen. In geschickter, aber doch fruchtloser Weise hat Beugnot
(II, 247 ff.) die Wahrheit der Notiz des Damascius aufrechtzuerhalten
versucht.

[2]) Cohen, VI S. 521 ff. z. B. n. 1. 3. 5. 11. 13. 14 u. s. w.

[3]) Siehe den ausführlichen Bericht über die Audienz bei Ennod.
Vita Epiphanii S. 346 (ed. Hartel).

[4]) Theophanes (Chronogr. a. 457 S. 177 nennt ihn
ἄνδρα χριστιανικώτατον καὶ εὐσεβῶς τὴν βασιλείαν ἰθύνοντα.
Chron. Pasch. (S. 591) erwähnt einen Kirchenbau des An=
themius.

[5]) Zonar XIII, 24. — Cod. Just. I, 11, 8.

mehr gesessen, und Julians Imperium war eine Über=
raschung.

Westrom erlag endlich dem Ansturm der Germanen.
Odoaker beseitigte die schattenhafte Gewalt des Orestes und
seines unmündigen Sohnes, um dann selbst durch Theodorich
zu Falle zu kommen. Unter diesem spricht nochmals der
antike Staat — denn als Fortsetzer desselben betrachtete sich
Theodorich — in harter, scharfer Sprache zu dem Heidentume:
wer Opfer darbringt oder Wahrsagekunst und Totenbeschwö=
rung übt, verfällt der Todesstrafe:[1] das ist die letzte Stimme
dieser Art, die wir vernehmen.

Es könnte befremden, daß im Abendlande die Regierung,
soweit wir wissen, seit Valentinian III so gut wie gar
keine Anstrengungen mehr macht, die Auflösung des Heiden=
tums zu beschleunigen. Doch liegt eine genügende Erklärung
dafür in den schweren politischen Erschütterungen des west=
römischen Kaisertums. Das Reich wurde zerschlagen, zer=
kleinert, und in den noch gesicherten Ländergebieten folgte
sich die Reihe der Imperatoren so schnell, daß ein festes,
geordnetes Regiment überhaupt nicht zu stande kommen
konnte. Diese Kaiser sind sämtlich in dem Augenblick ihrer
Erhebung vor den Kampf um ihre Existenz gestellt worden,
um bald darauf in diesem Kampfe unterzugehen. Es blieb
ihnen keine Zeit, in der neuen Stellung heimisch zu werden.

---

[1] Theodorici regis edictum c. 108 (Corpus juris germa-
nici antiqui ed. Walter I, 1 S. 409): si quis pagano ritu sacri-
ficare fuerit deprehensus, arioli etiam atque umbrarii si reperti
fuerint, sub justa aestimatione convicti, capite puniantur;
malarum artium conscii, id est malefici, nudatis rebus omnibus
quas habere possunt, honesti perpetuo damnantur exilio, humi-
liores capite puniendi sunt.

Vor allen mußte die Religionspolitik, die damals keine neuen
Mittel und Wege mehr brauchte, ihnen fern liegen. Zu anderen
Zeiten und in anderen Verhältnissen freilich hätten solche
Zustände gefährlich werden können, nämlich im Angesicht
eines mächtigen Heidentums und noch ungebrochener Häresieen.
Aber jenes wie diese lagen am Boden. Die früheren Herr=
scher hatten darin das Ihrige gethan.

Anders im Morgenlande, obwohl hier der Hellenismus
weit weniger bedeutete. Die relative Kontinuität der Re=
gierung und die gesicherte Lage des Reiches ermöglichten
eine umfassende und sorgfältige Politik auch den Resten des
Götterglaubens gegenüber. Daher bricht die Reihe der gegen
das Heidentum gerichteten Edikte jetzt noch nicht ab.

So erfolgte Anfang 438 eine feierliche, von pathetischen
Reflexionen durchzogene Verordnung Theodosius' II, die mit
der Erklärung beginnt, daß das Gedeihen der menschlichen
Unternehmungen von der Ausübung der wahren Religion
abhänge, deren Pflege auch der kaiserlichen Majestät obliege.
Der Hauptinhalt beschäftigt sich mit den Juden und den
Häretikern; eingeflochten ist eine zornige Bedrohung der
Heiden, welche „sich nicht entblöden", an abgeschiedenen Orten
die „schändlichen Opferriten und die Lügen des unheilvollen
Aberglaubens" zu üben. Ihre „Frechheit" ist gewachsen. Da=
her bedroht der Kaiser, obwohl die Thorheit der Heiden das
höchste Strafmaß fordere, in der „ihm angeborenen Milde"
jeden Opferer mit Strafe an Gut und Leib. Denn die
Fortdauer des Götzendienstes ist die Ursache, daß der Frühling
seine gewohnte Lieblichkeit verleugnet und die Ernte den
Landmann getäuscht hat. [1]

---

[1] Novell. Constit. II, 3 (Dat. prid. Kal. Febr. a. 438).

Also hatte man inzwischen in der Christenheit gelernt, die Anklagen des Heidentums, welche die Verschlimmerung der Zeiten auf das Aufkommen der götterfeindlichen Religion zurückführten, sich anzueignen und zurückzugeben. Von hier aus läßt sich vielleicht ein Schluß auf den Ursprung des Edikts machen, soweit dieses auf die Heiden sich bezieht. Unwetter, Erdbeben, Mißernten, Kometen, die in den letzten Jahren die Bevölkerung des östlichen Reiches erschreckten,[1] mögen hier und da jene alten Vorwürfe wieder haben aufleben lassen und die Opferfeuer zur Versöhnung der Götter angezündet haben. Indem auf diese Weise plötzlich wiederum scharf in die Erscheinung trat, was man längst entschwunden glaubte, mußte die Überraschung und der Zorn darüber um so größer sein.

An demselben Tage erließ die Regierung auch eine Strafverfügung gegen diejenigen, die einen Sklaven oder einen Freigeborenen mit oder wider seinen Willen zum Abfall vom Christentum bringen.[2] Wie das eben erwähnte Gesetz, so faßt auch dieses nicht die Heiden ausschließlich ins Auge, sondern daneben die Juden, Samaritaner und Häretiker, obschon dies nicht ausdrücklich ausgesprochen ist.

Dennoch erfüllten diese Strafbestimmungen ihren Zweck nicht in der Weise, wie man wohl erwartet hatte. Mit

---

[1] Z. B. Chron. Pasch. S. 573. 580. 582 u. sonst.

[2] Cod. Justin. I. 17. 5: Eum, quicunque servum seu ingenuum, invitum vel suasione plectenda, ex cultu christianae religionis in nefandam sectam ritumve transduxerit, cum dispendio fortunarum capite puniendum censemus (Dat. prid. Kal. Febr. a. 438). Der Text hier und sonst nach der Ausgabe von P. Krüger, Berlin 1877. Gegen die Apostaten war auch von Ravenna aus 426 ein Gesetz erlassen (Cod. Theod. XVI, 7, 7), das sich frühern Bestimmungen darüber anschließt.

Überraschung vernahm man, daß die verschlossenen Tempel
wieder aufgethan, die Eingänge mit Guirlanden geschmückt
und Rauch- und Thieropfer auf den Altären dargebracht
würden. Was die Zeit als „Sacrilegium" anzusehen schon
lange gewohnt war, machte sich breit unter dem Namen
„Religion". Die Beamtenschaft, sogar die höchsten Offizialen,
verhielten sich zu dieser offenbaren Verletzung der Gesetze
nachlässig. [1]

Die dogmatischen Controversen, welche damals die
Kirche und die Theologen in Aufregung hielten, wurden
öffentlich Gegenstand des Spottes bei den Heiden. [2]

In Konstantinopel spielte sich bald darauf ein Vorgang ab, den wir zwar nur in seinen Umrissen kennen,
aber doch hinreichend, um daraus einen Einblick in
eigentümliche Verhältnisse zu gewinnen. Der Ägypter
Kyros, der sich durch staatsmännische Gewandtheit und
servile Gedichte bei Theodosius Gunst und angesehene
Ämter verschafft hatte, fiel plötzlich in Ungnade. Ob seine
Beliebtheit bei dem Volke oder bei der Kaiserin die größere
Schuld daran haben, bleibt zweifelhaft; mitgewirkt hat jedenfalls beides. Der gestürzte Minister wurde als „Hellene"
in den Anklagezustand versetzt und seiner Würden sowie
seines Vermögens beraubt. Doch scheint der Prozeß durch
das Bekenntnis oder den faktischen Übertritt des Kyros zum
Christentum abgeschnitten worden zu sein. Theodosius aber,

---

[1] Cod. Just. I, 11, 7.

[2] Evagr. I. 11. Dazu Cod. Just. I. 1, 4 (a. 452), wo
eine öffentliche turbulente Besprechung christlicher Streitsätze untersagt
wird unter anderem mit der Begründung: (quia) Judaeis et paganis
ex hujusmodi certamine profanant (scl. contemptores) veneranda mysteria (vgl. Conc. Chalc. bei Mansi VII S. 475).

offenbar um diesen Mann für immer unschädlich zu machen, ließ ihn zum Kleriker weihen und zwang ihm das Bistum von Kotyaion in Phrygia Salutaris auf, ein gefährlicher Posten, auf dem bereits vier Bischöfe ein gewaltsames Ende gefunden hatten. Doch gelang es dem gewandten Ägypter, zu seinen Diözesanen, die ihn mit Befremden als „Hellenen" empfingen, in ein gutes Vernehmen zu treten.[1] Dunkel bleibt, ob Kyros sich als Hellenen bekannt hat oder sich mit einem Scheinverhältnis zur Kirche deckte. Letzteres ist wahrscheinlich, da sich kaum annehmen läßt, daß eine so einflußreiche Stellung am Hofe und in der Regierung für einen offenbaren Heiden überhaupt noch möglich war. Das Gesetz vom Jahre 416, welches alle Nichtkatholiken vom Staatsdienste ausschloß, kommt hier nicht minder in Betracht, als der kirchliche Sinn des Theodosius und seiner Umgebung. Sonach haben wir wohl in Kyros den Repräsentanten einer gewiß zahlreichen Klasse von höheren Beamten zu sehen, welche den Hellenismus heimlich festhielten, im Übrigen aber den Thatsachen Rechnung zu tragen verstanden, sogar bis zu dem Punkte, daß ihnen die Taufe nicht beschwerlich wurde. Die häufige Bedrohung nachlässiger Richter in den religionspolitischen Erlassen dieser Zeit möchte hierdurch die richtige Beleuchtung erhalten.

Die letzte bekannte Maaßregel des Kaisers gegen das Heidentum war der im Jahre 448 gegebene Befehl, daß „alles, was Porphyrius, von Raserei getrieben, oder irgend ein Anderer gegen die heilige christliche Religion geschrieben hat", den

---

[1] Chron. Pasch. S. 588 f. wo unrichtig Smyrna statt Kotyaion genannt ist: Malal. Chron. XIV (S. 361 f. ed. Bonn.): Theoph. Chronogr. a. 437 (S. 148 f.).

Flammen übergeben werde. „Denn wir wollen nicht, daß Schriften, die geeignet sind, den Zorn Gottes hervorzurufen und die Seelen zu schädigen, zu den Ohren der Leute kommen." In unmittelbarem Anschluß daran werden dann auch die Parteigänger des Nestorius und die diesem Kreise angehörenden Schriften verdammt.[1] Also wiederum eine Zusammenstellung der Heiden und der Häretiker. Das Verbot beweist übrigens, daß der alte heidnische Polemiker noch seine Gemeinde hatte. Daß nur er und nicht auch Julian genannt wird, ist vielleicht fürstliche Rücksicht. Denn daß auch dessen Streitschrift damals noch etwas bedeutete, geht aus der Widerlegung Cyrills hervor, die Theodosius II gewidmet ist.

Theodosius II kam nicht mehr dazu, diese Mißstände abzuthun. Infolge eines Sturzes auf der Jagd starb im Jahre 450 der zwar schwache und unbedeutende, aber fromme und wohlmeinende Herrscher, der letzte männliche Sproß aus dem Hause des großen Theodosius. Die Kirche hat sein Wohlwollen in reichem Maße erfahren: so hat er ihr zahlreiche Gotteshäuser gebaut[2] und auch in der Öffentlichkeit in jeder Weise seine Achtung vor der katholischen Kirche bezeugt. Als Konstantinopel einst von einem furchtbaren Erdbeben heimgesucht wurde, sah man in der feierlichen Prozession der Kleriker, Senatoren und des Volkes den Kaiser barfuß ein-

---

[1] Cod. Just. I, 1, 3: Θεσπίζομεν πάντα, ὅσα Πορφύριος, ὑπὸ τῆς ἑαυτοῦ μανίας ἐλαυνόμενος ἢ ἕτερός τις κατὰ τῆς εὐσεβοῦς τῶν Χριστιανῶν θρησκείας συνέγραψε u. s. w. (Dat. XIV Kal. Mart. Constant. a. 448). Mit einigen Änderungen — z. B. fehlen die Worte ἢ ἕτερός τις — in den Akten der Synode von Ephesus Mansi V, 417. Über den Untergang der heidnischen Streitschriften vgl. Keim, Celsus' Wahres Wort S. 171 ff.

[2] Z. B. Malal. XIV S. 359 (Alexandrien); S. 360 (Antiochien); S. 363 (Nikomedien).

herschreiten[1]); das Heidentum war ihm ein Greuel. In diesem Sinne hat ein Bischof das Psalmwort auf ihn angewandt: „Ich hasse, Herr, die dich hassen."[2] Noch kurz vor seinem Tode gelang es Pulcheria, ihn zu bestimmen, den tapfern und beliebten Senator Marcianus zu seinem Nachfolger zu ernennen, dem dann Pulcheria zu einer jungfräulichen Ehe ihre Hand reichte. Die gerade Soldatennatur des Thraziers und die gewandte Art der mönchischen Kaisertochter begegneten sich in dem ernsten kirchlichen Sinne beider.[3] Marcian sprach als seinen festen Willen aus, alle in dem Glauben an den Einen Gott zu vereinigen, Ketzer wie Heiden.[4] Daher setzte er sich bald nach seiner Erhebung mit den oben erwähnten Zuständen auseinander, indem er sie unter strenge Bestrafung stellte. Verlust des Vermögens und Todesstrafe trifft den Schuldigen. Die Mitwisser und Mithelfer beim Opfer erliegen demselben Urteil. Wenn die zuständigen Beamten etwa nach Abschluß des Prozeßverfahrens die Ausführung der Strafe unterschlagen sollten, so wird ein solches Vergehen mit Geldstrafe geahndet.[5]

Doch allen diesen Anstrengungen zum Trotz wußte das Heidentum für seinen Kultus auf Privatgrundstücken oder in Privathäusern dennoch Unterschlupf zu finden. Es war hier nur schwer zu erreichen.

---

[1] Malal. XIV S. 363f.

[2] Cyrill Al. Contra Jul. Prooem.

[3] Prosp. Aquit. Chron.: vir gravissimus et non solum reipublicae, sed etiam ecclesiae pernecessarius.

[4] Evagr. II, 1.

[5] Cod. Just. I, 11, 7 (Dat. prid. Id. Nov. a. 451).

Daher griff die Regierung unter Leo mit einer entschiedenen Verordnung ein; sie bestimmte, daß sämtliche Grundstücke und Häuser, die mit „solchen Verbrechen" befleckt würden, dem Fiskus anheimfallen sollten, vorausgesetzt, daß die Besitzer Mitwisser waren. Diese selbst werden in diesem Falle, wenn sie Personen von Rang und Amt sind, mit Degradation und Vermögensverlust bestraft; sind sie dagegen lediglich Privatpersonen oder Plebejer, so sollen sie körperlich gezüchtigt und für immer zu den Bergwerken verurteilt werden.[1]) Schon vorher hatte derselbe Herrscher, an eine ältere Bestimmung anknüpfend, von den richterlichen Ämtern Jeden ausgeschlossen, der nicht in die „heiligen Mysterien der katholischen Religion" aufgenommen sei.[2]) Wenn bei dieser Gelegenheit auf Solche Bezug genommen wird in diesem Erlaß, die dieses dennoch heimlich versuchen sollten, so läßt sich daran erkennen, daß die Notlage das Heidentum auf die Bahn der Heuchelei trieb. Möglicherweise hat der Prozeß des Quästors Isokasios den Anlaß zu diesem Edikt gegeben. Dieser wurde nämlich im Jahre 467 als Bekenner des Heidentums angeklagt und nach Chalcedon geschickt, um dort von dem Bithynischen Statthalter Theophilus verhört zu werden. Doch gelang es der Fürsprache

---

[1]) Cod. Just. I, 11, 8, gegeben von Leo und Anthemius, also jedenfalls vor 472, denn in diesem Jahre kam Anthemius um, und nach 467, wo Leo dem Anthemius das abendländische Imperium gab. Bemerkenswert der Eingang: Nemo ea, quae saepius paganae superstitionis hominibus interdicta sunt, audeat pertemptare, sciens, quod crimen publicum committit, qui haec ausus fuerit perpetrare.

[2]) Cod. Just. I, 4, 15 (Dat. Kal. April. Constantinopoli a. 468). Übrigens richtet sich das Edikt nicht gegen die Heiden allein, sondern überhaupt gegen Nichtkatholiken.

des bei dem Kaiser angesehenen Hofarztes Jakob, daß dieser
Befehl zurückgenommen und die Sache in die Hand des
Präfektus Prätorio Pusäus in Konstantinopel gelegt wurde.
Die edele Haltung des Isokasios bei dem Verhör riß die
umstehende Menge zur Begeisterung hin; sie bemächtigte sich
unter Hochrufen auf den Kaiser des Angeklagten und führte
ihn zur Hauptkirche, die ihm zunächst wohl als Asyl dienen
sollte. Doch zeigte er sich bereit, christlichen Unterricht
zu empfangen, und unterzog sich schließlich auch der Taufe.
Daraufhin wurde er in seine Heimat entlassen.[1]

Auch hier überrascht, wie in dem oben erwähnten ähn=
lichen Vorgange unter Theodosius II, die große Bereit=
willigkeit, das Gelöbnis christlicher Lehre und christlichen
Wandels, wie es von den Katechumenen gefordert wurde, zu
übernehmen.

Dagegen gelang es dem genannten Hofarzte, der dem
Kaiser in einer gefährlichen Krankheit glücklichen Beistand
geleistet hatte, sein heidnisches Bekenntnis sich zu erhalten,
und dieser Umstand konnte seiner Beliebtheit in der Haupt=
stadt keinen Eintrag thun.[2] Man wird dabei an die
jüdischen Ärzte der Päpste erinnert.

---

[1] Chron. Pasch. S. 595 f., Malal. Chron. XIV (S. 369 ff.);
ebenso Cedren., Zonar. u. A.

[2] Näheres über diesen berühmten Hydropathen bei Herzberg,
Geschichte Griechenlands unter d. Herrschaft d. Römer III S. 473 f.

# Vierte Abteilung.

## Der Ausgang des Kampfes.

### Erstes Kapitel.

## Die Kirche.

Das persönliche Verhalten des Christen zu dem Heiden=
tum und den Heiden hatte die Kirche schon längst in seinen
Grundzügen und in manchen Einzelheiten geregelt. Man
war damit vertraut, und so hörte die Notwendigkeit auf,
öfters daran zu erinnern oder überhaupt daran zu erinnern.
Da außerdem die alte Religion seit dem Ausgange des
vierten Jahrhunderts in schnellem Rückschritt immer mehr auf
engere Kreise sich zurückzog, so kann nicht auffallen, daß die
Kirche ihr gegenüber nachlässiger wurde. Sie überließ jetzt
den Kampf fast ganz dem Staate. Auf den zahlreichen
Synoden des fünften und sechsten Jahrhunderts geschieht nur
selten des Götterglaubens Erwähnung. Doch ist deshalb
die Kirche nicht duldsamer geworden; sie bewahrt in diesem
Punkte ihre frühere Empfindlichkeit durchaus. Eine Verdächtigung
in Beziehung auf das Heidentum blieb auch in der Folge=
zeit eines der wirksamsten Mittel unter den kämpfenden
Parteien.

So wurde in der Anklageschrift, die auf der Synode zu Berytus im Jahre 448 (oder 449) gegen Ibas von Edessa verlesen wurde, diesem ein schwerer Vorwurf daraus gemacht, daß er der Stadt Karrä, wo die Zahl der Heiden noch groß war, seinen unerfahrenen und ausschweifenden Neffen Daniel zum Bischof gesetzt habe, und dieser gestatte gegen eine bestimmte Geldzahlung den Heiden, ihren Göttern Opfer zu bringen. Auch das glaubte die Anklage bekannt geben zu müssen, daß Ibas den Diakonen Abraham, der vordem zu einem Zauberer in nahen Beziehungen stand, zum Bischof von Bathene habe erheben wollen; von jenem Goeten besitze Ibas selbst noch zauberische Formeln.[1] Ja noch fast ein Jahrhundert nachher erhob der Klerus von Antiochien gegen den Bischof Severus die furchtbare Anklage, daß er den Dämonen gottlose Opfer dargebracht habe.[2]

Von Verordnungen gegen den Hellenismus hören wir innerhalb der klassischen Kulturländer nur Weniges und Bedeutungsloses. Denn wenn das Konzil zu Chalcedon im Jahre 451 denjenigen Lektoren und Kantoren, welchen die Ehe gestattet ist, verbietet, ihre Kinder mit Häretikern, Juden oder Heiden zu verheiraten[3], so liegt darin nichts Außergewöhnliches. Es scheint in der That, daß auf klassischem Boden die alte Religion für die Kirche fast alle Bedeutung verloren hatte: man hielt es für überflüssig, mit ihr weiterhin zu rechnen. Dagegen in denjenigen Gebieten, welche

[1] Mansi VII S. 224 ff.
[2] Auf der Synode zu Konstantinopel i. J. 536.
[3] Hefele II S. 518 f.

durch die Völkerwanderung den Barbaren anheimgefallen
waren, wie Gallien und Spanien, wurden die kirchlichen
Synoden noch öfters zu Maßnahmen gegen das Heidentum
herausgefordert. Denn die barbarische Invasion brachte nicht
nur neuen Götzendienst in das Land, sondern belebte und
stärkte auch die noch vorhandenen Reste desselben. Dadurch
sah sich z. B. die gallische Kirche zu einer erneuerten Ver=
ordnung gegen die Apostaten veranlaßt.[1] Ferner wies sie
die Bischöfe an, zu verhindern, daß in ihren Diözesen von
den Ungläubigen Fackeln angezündet oder Bäume, Quellen
und Steine verehrt würden. Auch die Gutsherrn sollen
darauf achten; zeigen sie sich abgeneigt, so trifft sie nach
vorhergegangener Ermahnung die Exkommunikation.[2] Bis
in das sechste Jahrhundert hinein zog sich der Kampf. Noch
im Jahre 533 bezieht sich eine Synode in Orleans auf
solche, die zu dem Götzendienst zurückkehren.[3] Die Di=
vination fand unter Geistlichen und Mönchen nicht minder
wie unter Laien ihre Jünger und Gläubigen. Die heiligen
Bäume und Quellen behaupteten hartnäckig ihre geheimnis=
volle Anziehungskraft, bei ihnen brachte man Opfer dar und
übernahm oder löste Gelübde.[4] Dazu gesellten sich mancherlei
Volksgebräuche heidnischen Ursprungs mit oder ohne religiöse
Färbung, die Feier der Kalenden des Januar oder des
Donnerstags, die Mahlzeiten an den Gräbern, die Weihung

---

[1] Synode von Arles i. J. 443 oder 452 Kan. 10 u. 11 (Mansi VII. 879).

[2] Syn. v. Arles Kan. 23.

[3] Mansi VIII, 838.

[4] Syn. v. Orleans i. J. 511 Kan. 30 (Mansi VIII, 356); Tours i. J. 567 Kan. 22; Auxerre i. J. 585 (oder 578) Kan. 3 (Mansi IX. 911).

der Trinkhörner mit Zaubersprüchen, der Schwur auf das
Haupt eines Tieres.[1]

Diese und ähnliche Dinge müssen im Volksleben noch
tief gewurzelt haben. Die Kirche hatte ein wohlgegründetes
Mißtrauen dagegen und faßte die Summe dieser Erscheinungen unter den Begriff Götzendienst zusammen. Und so
ist zu verstehen, daß eine Synode zu Toledo im Jahre 589
das Geständnis ablegt, daß „fast durch ganz Spanien und
Gallien hindurch das Sakrileg der Idololatrie eingewachsen
sei." Daher sollen Priester und weltliche Richter sich die
Hand reichen, um das Übel auszurotten.[2] Kein Zweifel
übrigens, daß hier in erster Linie der germanische Glaube
und Aberglaube ins Auge gefaßt ist.

Schon vorher, im Jahre 572, hatte eine Synode zu
Bracara in Spanien verordnet, daß die Bischöfe die versammelte Gemeinde an einem bestimmten Tage ermahnen
sollten, „den Trug der Idole zu meiden."[3]

Ein Teilnehmer der Synode, der Bischof Polemius von
Asturica erachtete es in Rücksicht auf diese Bestimmung für

---

[1] Syn. v. Tours Kan. 22: Auxerre Kan. 1: Narbonne i. J.
589 Kan. 15; Eluſa i J. 551 Kan. 3: de incantatoribus valens,
qui instinctu diaboli cornua praecantare dicuntur (vgl. Friedrich,
drei unedierte Konzilien d. Merovingerzeit 1867); Orleans i. J. 533
Kan. 16.

[2] Mansi IX, 996 f.: quoniam pene per omnem Hispaniam
sive Galliam idololatriae sacrilegium inolevit . . . . sancta
synodus ordinavit, ut omnis sacerdos in loco suo una cum
judice territorii sacrilegium memoratum studiose perquirat
et exterminare inventum non differat . . . . Si qui vero domini
extirpare hoc malum a possessione neglexerint vel familiae
suae prohibere noluerint, ab episcopo et ipsi a communione
pellantur.

[3] Mansi IX. 838 Kan. 1.

26*

nützlich, einen kurzen Abriß „über den Ursprung der Götzen und ihre Schändlichkeiten" zu haben, und wandte sich dieserhalb an den hochangesehenen und gelehrten Bischof Martin von Bracara. Dieser entsprach dem ihm kundgegebenen Wunsche und verfaßte eine Bauernpredigt, welche die Bischöfe ihrer Ansprache und ihren Maßnahmen bei der Kirchenvisitation zu Grunde legen könnten.[1])

Martin hat seine Aufgabe mit Geschick gelöst. Den götzendienerischen Aberglauben in seinen mancherlei Erscheinungsformen zeigt er auf in seinem Gegensatz zu der in der hl. Schrift und in der kirchlichen Glaubensregel ausgesprochenen und gewährleisteten Wahrheit und ergeht sich in Darlegungen des lächerlichen Ursprungs und des verächtlichen Wesens des Dämonendienstes.

Was er tadelt, gehört fast ausnahmslos dem Gebiete des klassischen Heidentums an[2]), und doch war damals Galläcien schon länger als anderthalb Jahrhunderte im Besitz der Sueven, und diese selbst bekannten sich über mehr als hundertundzwanzig Jahre zum Christentum. Es ist daher

---

[1]) Martin v. Bracara, De correctione rusticorum (in der mit vorzüglichem gelehrten Apparat ausgestatteten Ausgabe von Caspari, Christiania 1883).

[2]) Nämlich: Kalendas Januarias putant anni esse initium (10) — dies tinearum et murium observant (11) — auguria (12) — ad petras et ad arbores et ad fontes et per trivia cereolos incendere — Vulcanalia et Kalendas observare, mensas ornare, lauros ponere, pedem observare, effundere (in foco) super truncum frugem et vinum et panem in fontem mittere — mulieres in tela sua Minervam nominare et Veneris diem in nuptias observare et, quo die in via exeatur adtendere — incantare herbas ad maleficia et invocare nomina daemonum incantando (16). Im Einzelnen ist auf die eingehenden Erläuterungen von Caspari zu verweisen.

anzunehmen, daß der romanische, von auswärts eingewanderte
Bischof in vielen, wenn nicht in den meisten Fällen den von
ihm ins Auge gefaßten volkstümlichen germanischen Aberglauben in die ihm geläufigeren Formen und Vorstellungen
des klassischen Heidentums übertragen habe. [1]

Die angeführten Synodalbeschlüsse sind geringfügig im
Vergleich mit den Maßnahmen, welche am Anfange und um
die Mitte des vierten Jahrhunderts die Kirche zu verfügen
für nötig hielt. Man kann sagen, daß die gallische und
die spanische Kirche jetzt viel mehr mit der Abwehr des
Judentums als des Heidentums beschäftigt sind. Natürlich
erschöpft sich in jenen Kanones nicht das, was die Kirche
und ihre Organe im fünften und sechsten Jahrhundert gegen
die alte Religion angeordnet haben. Die wichtigste Aufgabe
auf diesem Gebiete lag nicht in den Synoden, sondern in
der Hand der Bischöfe. Die Stellung derselben innerhalb
der Kirche und angesichts des Staates war aber damals
eine solche, daß daraus leicht das Selbstbewußtsein und
der Eifer erwachsen mußten, welcher weder Häretiker noch
Ungläubige in der Diözese duldete. Sie waren außerdem
die gegebenen Auktoritäten, bei denen in zweifelhaften Fällen
gültige Auskunft zu erholen war. Augustinus scheint öfters
Anfragen dieser Art erhalten zu haben. So wandte sich
ein gewisser Publicola mit der Bitte um Auskunft an ihn:
ob man einen Eid als gültig annehmen dürfe, der bei den
Götzen geschworen sei; ob ein Christ sündigt, wenn er erlaubt,
daß von seiner Tenne oder seiner Kelter etwas zum Opfer

---

[1] Anders Caspari a. a. O. S. XCI f.: die Sueven seien damals schon stark romanisiert gewesen und hätten von ihren romanischen
Landsleuten vieles der noch vorhandenen Reste des romanischen
(römischen und keltischen) Heidentums angenommen.

verwendet werde: ob man Götzenopferfleisch essen dürfe; ob
ein christlicher Wanderer, der in Gefahr des Hungertodes
gekommen war, recht that, wenn er Opferfleisch genoß.[1]

Daneben gab es noch zahlreiche Einwürfe der Gegner
zu beantworten, durch welche schwächere Christen häufig in
Bedrängnis kamen. So war gesagt worden, daß eine
Staatsordnung nicht bestehen könne bei einer Religion,
welche Böses mit Gutem zu vergelten fordere. „Wer möchte
es sich gefallen lassen, daß ein Kriegsfeind ihn ausplündere
oder daß dem Eroberer einer römischen Provinz nicht nach
Kriegsrecht Böses für Böses gegeben werde?"[2] Es gingen
unter den Heiden griechische Orakelverse, als deren Urheber
Petrus bezeichnet wurde und die den Untergang des Christentums auf 365 Jahre nach Christus berechneten; die Zahl
hatte getäuscht, aber der Glaube daran erhielt sich.[3]

Doch alle diese und ähnliche Fragen und Bedenken
waren von geringem Gewichte gegenüber der großen zeit-
geschichtlichen Frage, die das absterbende Heidentum aus den
erschütternden Ereignissen der Gegenwart nahm und vor
die Christenheit stellte: kann die Religion die wahre sein,
deren Wachstum und Sieg in der Begleitschaft eines allgemeinen Ruins der politischen und sozialen Ordnungen sich
vollzieht? Schon Tertullian fand sich in der Lage, eine
volkstümliche Vorstellung zu bekämpfen, welche die öffentlichen Unglücksfälle der Zeit mit dem Aufkommen des
Christentums in Zusammenhang brachte. Jetzt aber handelte

---

[1] August. Epist. 47 a. c. 398 (II. 110 ff.). Vgl. auch
Epist. 135—138.
[2] August. Epist. 136.
[3] August. De civit. XVIII, 53.

es sich nicht mehr um Einzelheiten, sondern die ganze Er=
scheinung des zerrütteten, zerspaltenen, geängsteten Reichs
wurde zum Richterspruch aufgerufen wider das Christentum.
In der That redete die jüngste Geschichte eine Sprache von
niederdrückender Gewalt. Blühende Provinzen waren von
dem Reichskörper abgerissen, in kostspieligen Friedensverträgen
mit den Grenzvölkern schleppte der Staat müde seine Existenz
hin, der Römername galt nichts mehr, das Barbarentum
machte sich in der Armee breit, Handel und Wandel stockte,
und nun noch zuletzt, was den Höhepunkt aller trüben Er=
fahrungen bezeichnete, Rom war gefallen.[1] Festgewurzelt
stand bis dahin in heidnischen Kreisen die Idee der Roma
aeterna: auch die Masse der Christen teilte den Glauben
daran, und selbst Lactantius hatte einst doch nur mit Zagen
geurteilt: „der römische Name, der jetzt den Erdkreis beherrscht,
wird einst" — meine Seele schaudert, es zu sagen, aber ich
will es sagen, weil es geschehen wird — von der Erde ge=
nommen werden."[2]

In dem unerhörten Ereignis sah das Heidentum eine feier=
liche Manifestation der Götter gegen den Christenglauben;
nicht das heidnische, seiner Götter sich erfreuende Rom,
sondern das christliche Rom war dem Verderben anheim=
gefallen. „Sehet," so lautete die Rede, „in christlicher Zeit
ist Rom untergegangen."[3] „So lange wir unsern Göttern
die Opfer darbrachten, stand Rom, blühte Rom: aber da

---

[1] August. In Ps. 80 (IV, 857).
[2] Lactant. Div. Instit. VII, 15. 11. Unter den Heiden ist
vielleicht Rutilius Namatianus (I, 137) der erste, welcher die „Ewigkeit"
Roms in Zweifel zieht.
[3] August. Sermo 81 de ev. Matth. (V. 437 f.): ecce
temporibus Christianis tantae pressurae. vastatur mundus —
Ecce Christianis temporibus Roma perit — Quare inter sacri-

aufkam und die Oberhand gewann das Opfer eures Gottes,
und die Opfer unserer Götter gehindert und verboten sind,
sehet, was nun Rom leidet." Man ging von hieraus zu
dem weitern Schlusse über, daß überhaupt der Niedergang
des römischen Reichs mit der Herrschaft der christlichen
Kaiser anfange. [1] Aber auch Christen fragten beunruhigt:
„warum ist Rom gerade in christlicher Zeit geschlagen worden?"
Wo diese wirklich in der Antwort Beruhigung fanden oder
finden mußten, die ihnen Augustin einmal gab: „weil Gott
es so gewollt hat," so stieg doch in ihnen sofort die andere
Frage auf: „indes, was soll ich dem Heiden antworten, der
mich verhöhnt?" Es ließen sich verschiedene Antworten geben
und sind auch gegeben worden, wie: auch die Mutter Roms,
das heidnische Troja ist in Flammen aufgegangen; oder:
schon unter den Galliern und dann unter Nero hat Rom
gebrannt; jetzt brennt es zum drittenmale. [2]

Das waren wohl Antworten, die einen urteilslosen
Frager abfertigen konnten, aber sie berührten doch nicht den
Kern der Sache. Es giebt keinen besseren Beweis für die
Wichtigkeit, welche man dieser Frage in der Christenheit bei=
legte, als die Thatsache, daß derjenige Mann, der als der
Erste in der Kirche seiner Zeit stand, Augustinus die Auf=
gabe übernehmen zu müssen glaubte, in dem Rahmen einer
großen spekulativ=geschichtlichen Exposition die Meinungen
und die Thatsachen hier wie dort abzuwägen und das
Unrecht des Heidentums zu erweisen. „In brennendem

---

ficia Christianorum arsit Roma? — Sermo 80 (IV, 857): abun-
dare pressuras temporibus Christianis; ebendas. das Sprüchwort:
non pluit Deus, duc ad Christianos.

[1] August. Epist. 136 (geschrieben Anfang 412).
[2] August. Sermo 296 in Natali Apost. (V, 12).

Eifer für das Haus des Herrn," so bekennt er in späterer
Zeit, sei er damals darangegangen, die Lästerungen und die
Selbsttäuschungen der Ungläubigen zu widerlegen.[1] So
entstand sein Buch „Vom Gottesstaate". Im Jahre 412
begann er es, kam aber, da mancherlei Störungen dazwischen
traten, erst nach vierzehn Jahren zum Abschluß. Doch
wurden einzelne Stücke vorher veröffentlicht.[2]

Gleich am Eingange spricht Augustinus seine Ver=
wunderung darüber aus, daß die Heiden wegen der Ver=
wüstung Roms das Christentum schmähen, da sie doch in
den Schrecken der Eroberung in den christlichen Kirchen
Schutz suchten und fanden, also Ursache hätten, dankbar zu
sein. Solche Schonung haben die Heiden nie gegen die in
die Tempel Geflüchteten geübt. Wenn höhnisch darauf hin=
gewiesen wird, daß damals auch Christen und Christinnen
mancherlei Drangsale, Beraubung, Marter, Gefangennahme,
Schändung haben erdulden müssen, ohne daß ihr Gott für
sie eintrat, so kann das kein Zeugnis gegen die Wahrheit
der christlichen Religion sein. Gott hat solches aus weisen
Ursachen zugelassen und ein wahrer Diener Gottes weiß,
daß alle Prüfungen ihm zum Besten dienen. Fragen die
Heiden: „wo ist euer Gott?" so mögen die Christen ihnen
diese Frage zurückgeben: „wo sind eure Götter, da sie euch
solches leiden lassen?"

Es ist ungereimt, dem Christentume die Schuld an den
traurigen Verhältnissen der Gegenwart zuzumessen. In vor=
christlicher Zeit stand es in jeder Hinsicht noch schlimmer.

[1] August. Retract. 43 (I, 56).
[2] August. De civit. Dei V. 26: quorum (scl. librorum)
tres priores cum edidissem et in multorum manibus esse
coeperunt, audivi etc.

Eine wüste Sittenlosigkeit herrschte, wie die alten Schrift-
steller selbst bezeugen, und durch die Geschichte ziehen sich
die schlimmsten Greuelthaten von dem Brudermorde des
Romulus an bis zu den Bürgerkriegen des Marius und
Sulla. Was sind die Verwüstungen der Goten gegen die
Schandthaten dieser beiden letztern? Auf diesem dunkeln
Hintergrunde glänzt um so heller der Segen und das Glück,
den das Christentum in die Welt gebracht hat und den
Seinen immer neu giebt. Also: „sie mögen ihre Götter
anklagen um so vieler Übel willen, jene, die unserm Christus
für so viele Güter undankbar sind."

Es ist ein Grundirrtum, daß das Wachstum und die
äußere Macht des römischen Reichs auf der Gunst und
Hilfe der Götter ruhe; das Gegenteil ergiebt sich klar aus
der Geschichte dieses Reiches und aus der Natur seiner
Götter. Gott, „der die Glückseligkeit im Himmel nur den
Frommen giebt, aber die irdische Herrschaft den Frommen
und den Unfrommen, wie es ihm gefällt", hat ihm diese
Größe und Dauer verschafft, indem er die selbstsüchtigen
Triebe der Römer in seinen weisen Weltplan hineinnahm
und zum Besten kehrte.

Wenn sich Augustin bis dahin vorwiegend abwehrend
verhält, so geht er im sechsten Buche zum Angriff gegen
den Götterglauben in seiner volkstümlichen wie in seiner
philosophischen Ausprägung über. Schon erhebt sich aus
der Darlegung, obwohl noch in unbestimmten Umrissen der
Gegensatz der „Weltstadt" und der „Gottesstadt". Diesem
Gegensatz ist der zweite Hauptteil des Werkes gewidmet.
Das besondere Motiv, welches diese Schrift ins Leben rief,
und die engere Beziehung auf das griechisch-römische Heidentum treten zurück oder gehen unter in der großen welt- und

religionsgeschichtlichen Entwickelung, deren Ausgang, Lauf
und Ende Augustin nunmehr zu zeichnen sich anschickt. Der
Blick erhebt sich von dem Einzelnen zu dem Ganzen und
wendet sich in die fernste Vergangenheit zurück, wo die Anfänge
der Gottesstadt und der Weltstadt liegen. Nur selten klingt noch
ein Ton durch, der an das erinnert, was damals zwischen
Heiden und Christen die Frage war. Von dem großen
Publikum hat sich Augustin zu der kleinern Schar der
philosophisch Gebildeten zurückgezogen und diese zu seiner
Zuhörerschaft gemacht. Die Apologie wird zur Geschichts=
philosophie, wenigstens zur apologetischen Geschichtsphilosophie.

Dieses geistvolle, lebendig geschriebene Buch ist ohne
Zweifel zu den hervorragendsten Erzeugnissen der altkirch=
lichen Literatur zu zählen. Daher läßt sich annehmen, daß
da, wo die geistige Fähigkeit, es zu verstehen, vorhanden
war, der Eindruck ein tiefer gewesen sein muß.

Indes der Zweck, dem es ursprünglich dienen sollte,
kam doch nur unvollständig zu seinem Rechte. Augustin
selbst täuschte sich darüber nicht, und das große Interesse, welches
er an der Religionsfrage seiner Zeit nahm [1]), mußte ihn das
doppelt schwer empfinden lassen. Als daher im Jahre 415,
gerade als er die Ausarbeitung des zweiten Teils seines
Werkes in Angriff genommen hatte, der spanische Presbyter
Orosius bei ihm weilte, gab er diesem den Auftrag, jenem
Zwecke in umständlicherer Weise, in einem eigenen Buche zu
dienen; er möge „aus allen Geschichtswerken und Jahr=

---

[1]) Beweis dafür ist, abgesehen von seinen Schriften, die That=
sache, daß er auf die Kunde, Paulinus habe ein Buch adversus
daemonicolas verfaßt, zweimal brieflich bei demselben ungeduldig
darnach sich erkundigte (Epist. 42 u. 45 t. II. 88. 107).

büchern, deren er habhaft werden könne", alles Unheil von
Krieg, Krankheit, Hungersnot, Erdbeben, Überschwemmung,
bösen Wettern, Mord= und Schandthaten in einem kleinen
Büchlein zusammenordnen, um daran zu zeigen, „daß der
nach Blut gierige Tod geherrscht habe, so lange man die
wahre Religion nicht kannte." [1] Auch der Bischof Julianus
von Karthago gab einem solchen Wunsche Ausdruck, so daß
Orosius sofort an das Werk ging und bereits im Jahre
418 die „Sieben Bücher Geschichte wider die Heiden" er=
scheinen lassen konnte, allerdings mit dem Geständnis, etwas
eilfertig geschrieben zu haben. [2]

Der durch eine volkstümliche Klage des Heidentums
herausgeforderte, in der christlichen Apologetik längst ein=
gebürgerte Satz, daß in der Welt vor Erscheinung des
Christentums Unheil und Elend eine größere Ausdehnung
und Gewalt hatten als in christlicher Zeit, bildet den Grund=
gedanken dieses tendenziösen Geschichtswerkes, welches mit
dem Sündenfall anhebt und mit dem Jahre 410 schließt. [3]
Aus antiken Autoren hat Orosius eine lange Reihe düsterer
Ereignisse und Erscheinungen ausgewählt, wirkungsvoll ge=
staltet und damit die vorchristliche Zeit illustriert. Seine
ganze Geschichtsbetrachtung und Geschichtsdarstellung ordnet

---

[1] Oros. Adv. pagan. I Prol. 10.

[2] A. a. O. Prol. 13.

[3] Gennadius (Catal. viror. illust. cap. 40) charakterisiert es
gut mit den Worten: Orosius... scripsit adversus quaerulos
Christiani nominis, qui dicunt defectum Romanae reipublicae
Christi doctrina invectum libros VII, in quibus paene totius
mundi calamitates et miserias ac bellorum inquietudines repli-
cans ostendit magis christianae observantiae esse, quod contra
meritum suum res Romana adhunc duraret et pace culturae
Dei pacatum retineret imperium.

sich jenem apologetischen Gesichtspunkte unter, den er öfters
in scharfer Form hervortreten zu lassen liebt. Er spart
dabei weder Spott noch Übertreibung und gerät nicht selten
in heftige Ausfälle gegen die, „welche thöricht über die christ=
lichen Zeiten murren.“ Er hat seine Aufgabe, wenn auch
ohne Verständnis der Geschichte, mit Geschick gelöst. Was
man zu dem bestimmten Zwecke brauchte, hat er geliefert.
Wäre das Werk nicht so ausführlich, so möchte man es eine
Flugschrift nennen: denn es trägt sonst alle Kennzeichen
einer solchen.

Wir vermögen nicht zu sagen, ob das Buch den Erfolg
gehabt hat, welchen der Verfasser und Augustin sich davon
versprachen. Doch ist es schwerlich in die Kreise gedrungen,
auf die es in erster Linie ankam. Andererseits wissen wir,
daß nach mehr als einem Jahrhundert die Zweifel noch
nicht stumm geworden waren, gegen welche Orosius an=
kämpfte. Zeuge dafür ist der Gallier Salvianus. Dieser
mönchische Geistliche, der eine Heidin als Eheweib nahm, aber
hernach ihr, der Getauften, und sich das Gelübde der Enthalt=
samkeit auferlegte, kommt in dem dunkeln Gemälde, das er
unter dem Titel „Von dem drohenden Endgericht“ um die
Mitte des fünften Jahrhunderts in verdüsterter Stimmung
von seiner Zeit entwirft[1]), auch auf diejenigen zu sprechen,
welche die göttliche Weltregierung leugnen, „weil die Römer,

----

[1]) Salvian. De praesenti judicio, bekannter unter dem
Paralleltitel de gubernatione Dei. Das letzte, achte Buch ist un=
vollendet. Ausgabe von Pauly im Wiener Corpus script. eccl. lat.
1883. Zur Charakteristik Salvians vgl. Hauck, Kirchengeschichte
Deutschlands, Leipzig 1886 Bd. I S. 62 ff. (wo indes den starken Über=
treibungen Salvians nicht hinreichend Rechnung getragen ist); auch
Ebert a. a. O. I, 437 ff.

während sie einst als Heiden siegten und herrschten, jetzt als
Christen besiegt werden und dienen."[1) Er kann die That=
sache nicht in Abrede stellen; auch seine Meinung ist, daß
„fast im ganzen römischen Reiche Friede und Sicherheit nicht
zu finden sind", und er möchte mit einer Stimme, die über den
Erdkreis schalle, rufen: „schämt euch, ihr Römer allerorten,
schämt euch eures Lebenswandels." Er stellt fest, daß in
Afrika vornehme und angesehene Leute noch mit dem Heiden=
tum verknüpft sind, obwohl sie Christen heißen.[2) Aus der
Anerkennung dieser traurigen Weltlage folgt indes nicht
obiger Schluß. Zur Widerlegung der Zweifler genügt, daß
uns mit Recht größere Strafe trifft, als die Heiden. Denn
diejenigen, welche wissentlich das Gesetz Gottes übertreten,
sündigen mehr, als die, welche es unwissentlich thun. Aber
leider zeigt die Strafe keinen Erfolg. „Heilen will uns
Gott durch seine Züchtigungen, doch Heilung erzielen die
Arzneimittel nicht."

Die Zweifel und Bedenken, welche Salvianus in seiner
Weise bekämpft, gehörten Christen an, waren aber Erbstücke
aus dem Heidentume. Sie haben die Zeit ihres leiden=
schaftlichen Bekämpfers überdauert. Gegen Ende des fünften

---

1) VII, 1.

2) VIII, 2. Salvian drückt sich hier sehr allgemein aus, so daß
diese Notiz für uns nur von geringem Wert ist. Es scheint aber, daß
er nicht religiöse, sondern sittliche Verirrungen im Auge hat. Sein
Eifer reißt ihn zu dem Ausrufe hin: ecce quae Afrorum et maxime
nobilissimorum fides, quae religio, quae christianitas fuit!
Dicebantur Christiani ad contumeliam Christi. Unbestimmt ist
auch, was er VI, 11 äußert: colitur et honoratur Minerva in
gymnasiis, Venus in theatris, Neptunus in circis, Mars in
arenis, Mercurius in palaestris u. s. w. Es ist aber jedenfalls
ausgeschlossen, daß hier ein götzendienerischer Kultus anzunehmen sei.

Jahrhunderts werden sie in Rom wiederum laut und zwar in Verknüpfung mit Umständen, welche in der ausgehenden Geschichte des occidentalischen Heidentums die letzte an= ziehende Episode darstellen.

In Rom nämlich zählten seit ältester Zeit zu den be= liebtesten religiösen Volksfesten die dem Faunus (Lupercus) geweihten Luperkalien, deren Feier am 15. April beim Herannahen des Frühlings zur Sühnung und Segnung von Stadt und Volk begangen wurde. Eine uralte Grotte am palatinischen Hügel, das Lupercal, bildete den Ausgangs= und Mittelpunkt dieses in Opfern und ausgelassenen Lust= barkeiten bestehenden Naturfestes. Das siegreiche Christen= tum vermochte lange Zeit nicht, es zu beseitigen. Noch unter dem Kaiser Anthemius (467—472) wurde es gefeiert [1], natürlich mit Abzug alles unmittelbar Idololatrischen [2]), ja, sehr wahrscheinlich hat es sich bis in die achtziger Jahre hinein erhalten; dann wurde es aufgehoben, möglicherweise auf Dringen des römischen Bischofs. [3]) Als nun bald darauf eine heftige Pestilenz die Stadt Rom verheerte, fehlte es nicht an Solchen, welche in der Beseitigung der Luperkalien die eigentliche Ursache der Heimsuchung entdeckt zu haben glaubten und diese daher zurückforderten. [4]) Es mögen Leute aus den untern Volkskreisen gewesen sein, aber, was bezeichnend ist,

---

[1]) Gelasii papae tract. VI, 5: quando Anthemius im= perator Romam venit, Lupercalia utique gerebantur et tamen u. s. w.

[2]) Gelas. a. a. O. n. 11.

[3]) Dahin scheinen mir die Worte a. a. O. n. 13 zu weisen, wo dem Einwurfe, daß die Luperkalien auch in christlicher Zeit noch fort= gedauert hätten, begegnet wird: multa sunt, quae a singulis ponti= ficibus diverso tempore sublata sunt noxia vel abjecta u. s. w.

[4]) Gelasius a. a. O. n. 5. 6 u. sonst.

einflußreiche Perſonen, darunter der Senator Andromachus, ließen ſich für dieſe Wünſche gewinnen und ſetzten die Wiedereinführung des alten Sühnefeſtes durch. Freilich in den höhern Ständen bezeigte Niemand Luſt, an dem Um=lauf der Luperci durch die Stadt teilzunehmen, und ſo kam das Feſt ganz in die Hand des niedern Volkes.[1]) Die Hauptſache war indes doch, daß die ſtädtiſche Bevölkerung das beliebte Feſt wieder hatte. Aber im Jahre 492 erſtand dieſem ein heftiger Gegner in der Perſon des neuerwählten Biſchofs Gelaſius.

Ein Römer von Geburt, zeigt Gelaſius in ſeiner kraft=vollen, ſelbſtbewußten Erſcheinung die hervorſtechenden Eigen=ſchaften des Volkes, dem er entſtammte. Der Aufgabe, die römiſche Kirche nach außen wie nach Innen ſicher zu ſtellen, widmete er die Jahre ſeines Pontifikats. Für das Eine iſt bezeichnend ſein rückſichtsloſes Auftreten gegen Byzanz, für das Andere ſein Ausſpruch: „Duldung der Häretiker iſt verderblicher als die ſchlimmſte Verwüſtung der Provinzen durch die Barbaren." Es kann nicht Wunder nehmen, daß dieſer Mann mit der Wiederherſtellung eines doch im Grunde heidniſchen Feſtes nicht einverſtanden war.[2]) In ſeinen Predigten und ſonſt brachte er ſeinen Unwillen darüber zum Ausdrucke.[3]) Das verſtimmte die an jener Reſtitution be=

---

[1]) Gelaſius a. a. O. n. 7: deduxistis venerandum vobis cultum salutiferumque quem putatis, ad viles trivalesque personas, abjectos et infimos . . . . . Cur vos pudet per vos ipsos talia celebrare? Angeredet iſt die Ariſtokratie. Vgl. auch n. 10.

[2]) Ich möchte meinen, daß die Wiederherſtellung der Luperkalien unmittelbar vor der Erwählung des Gelaſius ſtattgefunden habe: die Erregung, in welcher der Traktat abgefaßt iſt, weiſt darauf hin.

[3]) A. a. O. n. 13.

teiligten Personen: man bestritt dem Bischofe das Recht,
sich in die Sache zu mischen, und suchte das Geschehene mit
mancherlei Gründen zu verteidigen. Dadurch wurde Gelasius
zu einem in leidenschaftlichem Tone abgefaßten Schriftstück
veranlaßt, in welchem er die schwebende Frage mit besonderer
Beziehung auf den Senator Andromachus und dessen Gesinnungsgenossen vor das Publikum brachte.[1]

Zunächst erweist er sein Recht, in dieser Angelegenheit
mitzureden. Wie der leibliche Ehebruch der Gewalt des
Pontifex unterliegt, so auch der geistliche. Ein heidnisches
Fest wiedereinführen, ist aber nichts anderes als geistlicher
Ehebruch. Daß die Schuldigen Laien sind, kann an der
Sache nichts ändern; denn als Christen gehören sie zur
Gemeinde, und die Gemeinde untersteht der Gerichtsbarkeit
des Bischofs.

Gegen die Pestilenz sollen die Luperkalien nach der
Meinung ihrer Erneuerer schützen. Aber auch als die
Luperkalien noch bestanden, wurde Rom von Unglück heimgesucht. Die Verwüstung durch die Gallier, die Bürgerkriege sind Beweise dafür. „Und waren etwa die Luperkalien
nicht da, als Alarich die Stadt zerstörte?" Gelasius selbst
hat eine Seuche erlebt, die in der Stadt wie auf dem Lande
den Menschen und den Herden verderblich wurde, und doch
feierte man in Rom noch das Sühnefest. „Warum besitzt
andererseits jetzt der Orient Überfluß an allen Dingen, der
niemals die Luperkalien hatte noch jetzt sie hat?" Daß
Rom so schwer heimgesucht ist, daran sind die Laster der

---

[1] Gelasii tractatus VI Adversus Andromachum senatorem ceterosque Romanos, qui Lupercalia secundum modum
pristinum colenda constituebant.

Römer schuld. „Sehet, die bereiten euch alles Widerwärtige und Feindselige, nicht die Luperkalien, die zu eurem Heile aufgehoben sind."

Lächerlich ist der Einwurf: was so lange gedauert hat, darf man nicht aufheben. „Dann möge auch in den Tempeln den Dämonen geopfert werden und auf dem Kapitol die Nichtigkeit des Götzendienstes wieder aufleben" — erwidert der Bischof. Auch darauf darf man sich nicht berufen, daß in christlicher Zeit die Luperkalien fortgedauert haben. Denn „was unter den frühern christlichen Vorstehern nicht abgeschafft ist, soll das deshalb auch unter den Nachfolgern bleiben?" Gelasius seinerseits giebt die bestimmte Erklärung ab: „was mich angeht, so wird kein Getaufter, kein Christ an diesem Fest teilnehmen, und die Heiden allein, deren Feier es ist, mögen diese ausführen." Mit dem Rate, die Luperkalien zu beseitigen, da sie nichts nützen, wohl aber der wahren Religion schaden, schließt das Schreiben.

Man wird an die Erwiderung des Ambrosius auf die Bittschrift des Symmachus erinnert. Dieselbe Erregtheit, dieselbe mehr überraschende als überzeugende Beweisführung, dieselbe Rücksichtslosigkeit in beiden. Auch inhaltlich berühren sich die Schriftstücke zuweilen. Eine eigenartige Bedeutung erhält die Streitschrift des Gelasius dadurch, daß sie bei Christen dieselben Einwände zu bekämpfen hat, welche die Apologeten bis dahin bei den Heiden zu widerlegen genötigt waren. Nur der Unterschied scheint zu bestehen, daß das, was dort religiöses Moment war, jetzt in das niedere Bereich des Aberglaubens herabgesunken ist. Hat diese Apostrophe Erfolg gehabt? Wir haben keine Nachricht darüber, aber man möchte es bejahen, wenn man sich die Persönlichkeit dieses Bischofs vergegenwärtigt.

Während so im Abendlande die Geschichte dem Heiden=
tum eine gefährliche Waffe in die Hand gab und das
Christentum zur Abwehr herausforderte, scheint im Orient
die frühere Weise der Polemik und Apologetik, wie sie etwa
bei Eusebius von Cäsarea sich darstellt, fortgedauert zu
haben.

Die alten Vorwürfe, daß im Christentum alles auf
bloßen, urteilslosen Glauben hinauslaufe, daß die Apostel
ungebildete Männer waren und ihre Schriften barbarische
Produkte, und anderes[1]) hat seine Existenz behauptet. Darnach
ist auch das bedeutendste christlich=apologetische Werk dieser
Zeit im Morgenlande bemessen, „Die Heilung heidnischer
Affekte" des Bischofs Theodoret von Kyros.[2])

Als Veranlassung dieser Schrift giebt der Verfasser
in der Vorrede an, daß häufig Heiden zu ihm gekommen
und im vertraulichen Gespräch sich gegen den einen oder den
andern Punkt des christlichen Glaubens geäußert hätten; er
habe ihnen zwar mündlich geantwortet, wolle aber jetzt auch
schriftlich und in einem größeren Umfange Verteidigung und
Rechenschaft geben. In zwölf Abschnitten gedenke er zwölf
wichtige Gegenstände der Kontroverse zu behandeln. Den
Titel habe er gewählt, um damit seinen Zweck, die Kranken
zu heilen, zu bezeichnen. Doch hoffe er auch den Gesunden
von Nutzen zu sein.

Das Buch offenbart eine große Gelehrsamkeit und
Gründlichkeit; doch laufen auch zahlreiche Irrtümer mit

---

[1] Theodor. Graec. aff. cur. Prooem.: Isid. v. Pelus.
Epist. IV, 27. 28. 31 (ed. Paris. 1638) und sonst.

[2] Ἑλληνικῶν παθημάτων θεραπευτική (Graecarum affec-
tionum curatio) geschrieben vor 438. Ausgabe von Gaisford, Ox-
ford 1839.

unter, und zuweilen empfängt man den Eindruck einer un=
ehrlichen Argumentation. Seine Vorgänger auf diesem Wege
hat Theodoret fleißig benutzt. Vor den allgemein philoso=
phischen und religiösen Fragen tritt das Praktische und
Reale durchaus zurück; daher ist diese Schrift für unsere
Kenntnis des damaligen Heidentums von sehr geringem
Werte.

Mit ähnlichen Vorhaltungen und Einwürfen hatte sich
um dieselbe Zeit der hochangesehene ägyptische Mönchsvater
Isidor von Pelusium auseinanderzusetzen. Er sah sich
genötigt, gebildete und ungebildete Heiden zurechtzuweisen,
die über den „toten Jesus" spotteten, das Kreuz verhöhnten,
die Ungebildetheit der Apostel und den schlechten Stil der
hl. Schrift ins Lächerliche zogen.[1] Ein Philosoph disputiert
mit ihm eingehend über die Auferstehung Christi; ein
Scholastikus erbittet sich — vielleicht nur als Versucher —
Auskunft von ihm über den Unterschied der Magna Mater
der Heiden und der Jungfrau Maria der Christen.[2] Wie
oft mögen solche Disputationen damals stattgefunden haben.
Das Wort führt auf der gegnerischen Seite fast überall das
philosophische Heidentum, welches den Bestand des volks=
tümlich=religiösen Heidentums weit überdauerte. Nachdem
der Götzendienst abgethan und aus der Öffentlichkeit zurück=
getreten war, blieb noch lange die heidnische Wissenschaft
als Feindin und Bestreiterin des siegreichen Kreuzes übrig.
Daher begreift sich, daß sie damals bei vielen, und nicht nur
bei geistig beschränkten Leuten, in ihrer ganzen Erscheinung
in Verdacht kam. Derselbe Isidor hat einst einen Mönch

[1] Isidor a. a. O.
[2] Isidor Epist. IV, 31. 28.

heftig getadelt [1]), daß er, obwohl „in der Ruhe der Philo=
sophie des Herrn sitzend", mit heidnischen Historikern und
Poeten sich abgiebt. Denn bei diesen sei alles schändlich
und lasterhaft und nichts, was die christliche Religion nicht
besser hätte.

Ein Zeitgenosse Isidors im Abendlande, der Bischof
Eucherius von Lyon, der von dem Standpunkte aus, daß die
wahre Glückseligkeit darin bestehe, die Welt zu verachten,
eine mönchisch=pessimistische Epistel über „die Verachtung der
Welt und der weltlichen Philosophie" schrieb, teilt dieses
Urteil; in der Philosophie, d. i. der heidnischen Wissenschaft,
ist nur „falsche Weisheit" zu finden: Tugend höchstens in
flüchtiger Andeutung.

Besser ist es, sich an die heilige Schrift zu halten. [2])
Die weltliche Weisheit wird indes von Eucherius nicht sowohl
in ihrer Eigenschaft als heidnische verworfen, sondern in die
allgemeine Verdammung alles desjenigen, was der Welt
angehört und in der Welt etwas bedeutet, eingeschlossen.
Aber er sieht doch in ihr eine Hinderung des weltflüchtigen
Christentums, das er vertritt, darin in Übereinstimmung mit
seinem Landsmanne Marius Victor, der in einer poetischen
Jeremiade als die beiden Hauptübel der Zeit die Weiber und
das klassische Studium entdeckt hat. [3])

---

[1]) A. a. O. I, 63. Mildere Urteile II, 3; III, 65, aber jenes
erstere bezeichnet seine Grundanschauung (vgl. auch I, 96).

[2]) Eucher. Epist. paraenetica de contemptu mundi et
saecularis philosophiae (Migne t. 50, 712 ff.).

[3]) Ich meine das aus 105 Hexametern bestehende Gedicht de
perversis suae aetatis moribus epistola ad Salmonem Abbatem
(Migne t. 61, 969 ff.), dessen Verfasser wohl identisch ist mit dem
Victorius, welchem die drei Commentarii in Genesim (Gennad.
c. 60) zugeschrieben werden. Vgl. Ebert a. a. O. S. 353 ff.

Frauen und Männer sind dadurch verderbt, daß sie, Paulus und Salomon verschmähend, an den heidnischen Poeten sich ergötzen.[1] Also im Grunde tritt hier in umgearbeiteter Gestalt die alte Anklage des Heidentums, welche Augustin und Orosius zu entkräften versuchten, wieder hervor, nur daß sie jetzt von Christen erhoben und gegen das Heidentum gestellt wird: die alte heidnische Weisheit ist mitschuldig an dem Unglück der Gegenwart, indem sie die volle Wirkung des Christentums hindert. Andererseits aber zeigt sich damit das Herannahen der Barbarei an, die bald darauf fast das ganze Abendland überspannen sollte und der das Verständnis für klassisches Altertum abging.

Man würde freilich irren, wenn man in jenen angeführten Einzelurteilen die ausschließlich herrschende Auffassung innerhalb der Kirche finden wollte, wenn schon die vorwiegende Meinung darin ausgesprochen ist.

So wahr es ist, daß seit dem Tode Augustins die antike Bildung den Menschen immer ferner rückt, und zwar im Westreiche schneller als im Osten, so haben doch die klassischen Studien nicht aufgehört, ihren Einfluß auch in einer Zeit auszuüben, welche nichts mehr davon wußte oder wissen wollte. Nur wurde der Kreis immer enger: es war eine kleine Schar von Geistesaristokraten, die den Zusammenhang mit dem klassischen Altertum festzuhalten suchte. Im Abendlande zählen unter andern dazu der Kleriker Claudianus

---

[1] 3. B. Non vitium nostrum est? Paulo et Salmone relicto.
Quod Maro cantatur Phoenissae et Naso Corynnae,
Quod plausum accipiunt lyra Flacci aut scena Terenti?
Nos, horum nos causa sumus, nos turpiter istis
Nutrimenta damus flammis: culpane caremus?

Mamertus in Vienne, gestorben um 474, und der berühmte Staatsmann Cassiodorius. Im Morgenlande ist die Zahl der Namen größer; in einer Reihe angesehener, blühender Akademieen, besonders in Alexandrien und Athen, lebte das Altertum noch fort. Die größere politische Ruhe und die größere theologische Unruhe im Osten waren günstige Momente für den Betrieb der Wissenschaft. Die neuplato= nische Philosophie bewies auch noch in ihrem Greisenalter eine starke Anziehungskraft weit in die theologischen Kreise hinein. Es galt nicht überall als ausgemacht, daß diese Philosophie und das Christentum sich ausschließen. Aber auch wo man hiervon wenigstens eine Ahnung hatte, gab man dem Zwiespalt nicht immer praktische Konsequenzen. Ein naives Beispiel dafür bietet der Bischof Synesius von Kyrene.

Aus einer angesehenen heidnischen Familie stammend, ein begeisterter Schüler der Hypatia und Anhänger der neuplatonischen Philosophie, empfing er doch in seinem ersten Mannesalter, vielleicht durch Vermittelung seiner christlichen Frau, Eindrücke vom Christentum. Indes noch ehe sich diese geklärt hatten, verlangte im Jahre 409 die Gemeinde von Ptolemais den einflußreichen, aber noch nicht getauften Mann zum Bischof. Synesius nahm nach einigem Zögern die Wahl an. Seine Bedenken und Vorbehalte äußerte er mit der ihn auszeichnenden Offenheit in einem an seinen Bruder Euoptius gerichteten Briefe.[1] „Du weißt," meint er, „daß die Philosophie mancherlei Meinungen auf= stellt, die mit den anerkannten kirchlichen Lehren nicht im Einklang stehen." Doch brauche die Gemeinde von der tiefen

---

[1] Synes. Epist. 105 (ed. Pet.).

philosophischen Wahrheit nichts zu wissen. Wie für ein
krankes Auge die Dunkelheit nützlicher ist als das Licht, das
gelte auch in Beziehung auf diejenigen, welche nicht die
Kraft haben, den Blick auf die volle Klarheit der Wahrheit
zu richten. Dem Irrtume müsse man gewisse Zugeständnisse
machen. Daher bestimmt Synesius seine Stellung so: zu
Hause Philosoph, draußen im Gewande der Mythe.[1]

Doch wo und wie immer in dieser oder anderer Form
das Heidentum sich erhielt, es bedeutete nichts mehr. Daher
auch nirgends in der Kirche Spuren einer Beunruhigung
über dasselbe.

Die Überwindung des griechisch-römischen Götterdienstes
wird so zu sagen der geschichtlichen Entwickelung überlassen, nur
hier und da greift die Kirche noch aktiv ein. Denn das Bewußtsein,
daß dem Christentum die Herrschaft über die Welt zukomme,
ist in ihr nie erloschen, und daraus erfolgte immer wieder
eine stärkere oder schwächere Anregung zur Heidenbekehrung.
Es fehlt daher auch im sechsten Jahrhundert weder in der
homiletischen noch in der sonstigen theologischen Literatur
an Beziehungen auf den Götterglauben im allgemeinen noch
in seinen besonderen Erscheinungsformen.[2] Doch es mag
genügen, die Auffassung und den Betrieb der Mission gegen

---

[1] A. a. O.: τὰ μὲν οἴκοι φιλοσοφῶν, τὰ δὲ ἔξω φιλο-
μυθῶν.

[2] Es sei nur an den um die Mitte des 5. Jahrhunderts lebenden
Bischof Maximus von Turin erinnert, der in seinen Homilieen öfters
auf die Heiden Bezug nimmt und eine eigene Abhandlung Contra
paganos abfaßte, in welcher er in übermütiger, lebhafter, aber auch
oberflächlicher Weise gegen die „Feinde der Wahrheit Christi" ankämpft
(Migne t. 57 S. 782 ff.). Auch der ältere Zeitgenosse des Maximus,
der hl. Nilus vom Sinai verfaßte eine (verloren gegangene) Schrift
gegen die Heiden.

Ende jenes Jahrhunderts an einer Persönlichkeit zu zeigen und zu charakterisieren, welche bedeutungsvoll am Ausgange der altchristlichen Zeit steht, ich meine Gregor den Großen.

Dieser rastlose Mann, der zu keiner Zeit im Großen das Kleine übersah, hielt, wie sehr er auch von den Gefühlen beherrscht war, daß der Erdkreis, soweit er damals überhaupt in der Geschichte der Kulturvölker in Anschlag kam, dem Christentum gehöre[1]), dennoch sein Augenmerk fest auf die Bekehrung der noch verbliebenen Heiden gerichtet. Durch sein ganzes Pontifikat hindurch zieht sich seine Sorge für die Bekehrung der Angelsachsen. Aber auch den Resten des Heidentums in denjenigen Gebieten, welche der Jurisdiktion des römischen Bischofs unterstanden, blieb seine Aufmerksamkeit stetig zugewendet. Was jedoch den Angelsachsen gegenüber in die Form väterlicher Liebe sich kleidete, die mit Nachsicht ihr Ziel sucht, war hier ein Eliaseifer, der keine Rücksicht kannte. Für Gregor gab es weder ein göttliches noch ein menschliches Recht des Heidentums innerhalb der Machtsphäre der Kirche. In der einfachen Thatsache des Vorhandenseins götzendienerischer Leute sah er eine sakrilegische Duldung, eine Verhöhnung des wahren Gottes. Begierig griff er Denunziationen dieses Inhaltes auf und bedrohte die säumigen Bischöfe mit dem vollen Maße seiner Ungnade.

So veranlaßten ihn Nachrichten aus Sardinien zu energischen Schreiben. Das Heimatland des Bischofs Lucifer

---

[1]) Z. B. In Job. lib. 17 (I, 547): super gentes fundavit Dominus ecclesiam suam: lib. 26 (S. 486): in cunctis mundi partibus sancta ecclesia culmine religionis excrevit. Vgl. auch den nur wenig späteren Kommentar In prim. Reg. (III, 12: 41: 137; 143).

hatte noch eine starke heidnische Landbevölkerung. Die christ-
lichen Grundbesitzer bezeigten gar kein oder nur geringes
Interesse an einer Bekehrung der ihnen zum Teil hörigen
Bauernschaft; auch der erste Geistliche des Landes, der Bischof
Januarius von Calaris war lässig.

Gregor, der durch Freunde und Agenten genau über
die Lage unterrichtet war, schrieb an den neuernannten Dux
von Sardinien und zu gleicher Zeit an die „Nobiles und
und Possessoren" der Insel. Mit tiefer Betrübnis habe er
vernommen, daß auf ihren Besitzungen noch fast alle Bauern
den Götzen dienen. Die Gutsherrn laden damit eine schwere
Verantwortung auf sich. „Ihr Diener des wahren Gottes
sehet mit an, daß die Euch Anvertrauten Steine anbeten,
und schweigt?" Sie mögen schleunigst Abhilfe schaffen und
über den Erfolg an den Papst berichten. Sollten sich Schwierigkeiten ergeben, so weist sie Gregor an den Bischof Felix
und den Abt Cyriacus. [1])

Härtere Worte bekam der Bischof Januarius zu hören.
Durch seine „Nachlässigkeit" geschehe es, daß die der Kirche
zugehörenden Bauern noch im Heidentum verharren. Das
müsse sogleich geändert werden; sonst werde er, Gregor, eingreifen. „Sollte ich in der Bauernschaft irgend eines Bischofs
auf der Insel Sardinien einen einzigen Heiden entdecken, so
werde ich gegen diesen Bischof mit aller Strenge einschreiten."
Wenn der Bauer gegen die Taufe sich widerspenstig zeigt,
so „soll er mit um so größeren Lasten beschwert werden, auf daß
er durch die Strafe der Bedrückung angetrieben wird, den
rechten Weg zu suchen." [2]) Der Bischof scheint sich darauf-

---

[1]) Epist. IV, 24. 25 (II, 702 f.).

[2]) Epist. IV, 26 (II, 704): tanto pensionis onere gravandus

hin in Bewegung gesetzt zu haben, aber doch nicht mit dem
Eifer und dem Erfolge, den Gregor erwartet und gefordert
hatte. Daher wird er in einem zweiten Schreiben „eindring=
licher" ermahnt und dabei zugleich seine Aufmerksamkeit auf
einen weiteren Punkt gerichtet, nämlich die Fortdauer der
Divination unter den Christen selbst. Er soll diese Erscheinung
unter pastorale Aufsicht nehmen, gegen die Irrenden öffent=
lich in der Predigt sich wenden und sie sowohl mit Hinweis
auf das jüngste Gericht als auch unter Androhung zeitlicher
Strafe verwarnen. Erweist sich dies als erfolglos, so möge
er in „glühendem Eifer" entbrennen, die Sklaven körperlich
züchtigen lassen, die Freien aber zur Pönitenz in sicheres
Gewahrsam nehmen. [1]

Auch der Bischof Agnellus von Terracina erhielt einen
scharfen Verweis, weil — „es sei kaum auszusprechen" —
in seiner Diözese, wie man dem Papste berichtet habe, noch
Leute wären, die „Bäume verehren und anderes Unerlaubte
und dem christlichen Glauben Widerstreitende vollziehen."
„Wir wundern uns sehr," schreibt ihm Gregor, „daß Eure
brüderliche Liebe noch nicht mit Strenge dagegen eingeschritten
ist." Doch werde erwartet, daß er es jetzt thue. Auch wird
ihm mitgeteilt, daß der Vicecomes Maurus von der Ange=
legenheit in Kenntnis gesetzt sei. [2]

Der feindseligen Gesinnung Gregors gegen die Götzen=
diener entspricht sein Wohlwollen für die Mission und die
Missionare. Als ihm der Bischof Petrus von Korsika über

---

est, ut ipsa exactionis suae poena compellatur ad rectitudinem
festinare.

[1] Epist. IX, 65 (II, 982).

[2] Epist. VIII, 18 (II, 908). Vgl. auch den Brief an die
Königin Brunhilde (Epist. IX, 11).

erfolgreiche Propaganda unter den dortigen Heiden Meldung
erſtattete, belobt ihn Gregor und giebt zugleich Anweiſungen,
wie die Aufnahme der Bekehrten in die Gemeinde zu vollziehen ſei: der Biſchof ſoll ſie auf das jüngſte Gericht hin-
weiſen und ihnen die Ungereimtheit einer Verehrung von
„hölzernen und ſteinernen Götzen“ darlegen. Als Beitrag
zur Beſchaffung von Kleidern für die Getauften ſendet der
Papſt fünfzig Solidi und macht zu demſelben Zwecke auch
in Korſika Geld flüſſig.[1]

Sein klarer Blick ließ den Papſt den Wert dieſer oder
jener Konverſion ſofort erkennen. Als z. B. der Biſchof
Stephanus eine Patrizierin Maria zur Taufe geführt hatte,
ſchrieb er ihm mit dem Ausdruck der Freude: „ich erwarte,
daß durch jene Viele zur Kirche geführt werden.“[2]

Man ſieht aus dieſen Äußerungen und Thatſachen, daß
das Heidentum in der abendländiſchen Kirche eine fremd-
artige Erſcheinung geworden war, deren Entdeckung Staunen
und Unwillen in gleich hohem Maße erregt, und daß die
gewaltſame Unterdrückung dieſer dürftigen Überbleibſel der
alten Religion als Recht und Pflicht der Kirche angeſehen
wird. Was einſt Firmicus Maternus von dem weltlichen
Arm begehrte, das leiſtet jetzt die Kirche. Dieſes Ergebnis
kann freilich nicht überraſchen. Denn wenn der Kirche ſchon
im vierten Jahrhundert als ſelbſtverſtändlich galt, den Häre-

---

[1] Epist. VIII, 1 (II, 894). Bei dieſer Gelegenheit erfahren
wir auch, daß ſich unter den von dem Biſchof Gewonnenen auch
Apoſtaten befanden, die freiwillig oder unter dem Drucke gewiſſer Ver-
hältniſſe zum Heidentum zurückgekehrt waren. Gregor ordnet an, daß
ſie nach geziemender Pönitenz unter ernſter Ermahnung wieder aufgenommen werden ſollen.

[2] Epist. VII, 8 (II, 856).

tifern die Freiheit des Kultus zu versagen, so hatte diesem
Standpunkt gegenüber das Heidentum ebensowenig Anspruch
auf Duldung. Es geschah ihm nichts Schlimmeres als der
Häresie. Nur verwehrte die bedrohliche Macht des Götter=
glaubens längere Zeit, die Konsequenz zu ziehen. Der Staat
mußte die ersten Axtschläge thun; die Kirche kam hinterher.

Es ist schon hervorgehoben worden, daß in den vom
Strome der Völkerwanderung überfluteten Provinzen des
westlichen Reiches die Reste der antiken Religion in dem
barbarischen Heidentum Bergung fanden. Die zum Teil
verschiedenartigen, zum Teil nahe verwandten Elemente wuchsen
vielfach zusammen. Indem aber die germanischen Stämme
in das Christentum eingingen, sank mit ihrer eigenen Reli=
gion das mit dieser verbundene klassische Heidentum auf die
Stufe des gemeinen Aberglaubens herab und dauerte nur
noch in der Form der Superstition fort. In dieser Gestalt
haben sich zahlreiche Stücke des griechisch=römischen Götter=
glaubens und seines Ritus bis in das Mittelalter hinein
erhalten, wo sie in gleicher Weise wie die Überbleibsel der
altgermanischen Religion und zusammen mit dieser von der
Kirche andauernd abgewiesen wurden.

Diese Mischung tritt in eigentümlicher Weise hervor in
einer fälschlich dem Augustin beigelegten „Homilie über
götzendienerische Handlungen" aus dem Ende des siebenten
Jahrhunderts.[1] Dieselbe richtet ihr Hauptaugenmerk auf
die Augurien; weiterhin wird auf Zaubersprüche und Zauber=
lieder und mancherlei andere abergläubische Praktiken Bezug
genommen, die sich auf germanische und romanische Sitte

---

[1] Homilia de sacrilegiis. mit Kommentar herausgegeben von
Caspari, Christiania 1886.

verteilen oder beiden gemeinsam sind. Die Schrift scheint
im nordfränkischen Reiche ihren Ursprung zu haben[1]); als
Quellen dienten dem Verfasser neben seinen eigenen Beob=
achtungen mehrere Schriftstücke[2]) aus nur wenig älterer Zeit.
Dennoch lassen sich aus jener Darlegung nicht ohne Weiteres
Schlüsse auf die Verhältnisse der Gegenwart ziehen.[3])

Was also im vierten Jahrhundert in weitesten Kreisen
als eine Herabwürdigung des römischen Namens empfunden
wurde, die Verbindung von Römertum und Germanentum,
ist in der schließlichen Verflechtung beider Religionen That=
sache geworden. Doch ohne Gewinn. Der Untergang der
antiken Religion ist dadurch nicht aufgehalten worden; er
war überhaupt nicht mehr aufzuhalten. Jene Beschützung
durch das Barbarentum hatte keine lange Dauer. Indes
auch wo der Götterglaube unberührt von fremdländischen
Elementen sein Dasein behauptete, auf dem platten Lande,
im Gebirge, auf den vom Verkehr abseits liegenden Inseln
wurde er in raschem Fortschritt mehr und mehr eingeschnürt.

---

[1]) Caspari S. 66ff. Dazu die wertvollen Belege zu den vom
Verf. gerügten Mißbräuchen S. 17ff.

[2]) Z. B. ist in hohem Maße ausgeschrieben der pseudo=
augustinische Sermo CXXIX de Kalendis Januariis (August.
opp. V, 233ff.), in welchem Christen zurechtgewiesen werden, welche
die Kalenden nach heidnischer Art feiern; ebenso Sermo CCLXXVIII
de auguriis (ebendas. S. 462ff.). Über die weitern Quellen Caspari
S. 63ff.

[3]) Nur beiläufig seien in diesem Zusammenhange zwei frühmittel=
alterliche Reden an Getaufte erwähnt, in denen an diesen ebenfalls die
Ausübung heidnischer Bräuche gerügt wird (Ausgabe von Caspari
in „Kirchenhistorische Anecdota" I Christiania 1883 S. 193ff.). Beide
berühren sich mit den oben erwähnten Schriften zum Teil wörtlich
und setzen dieselbe Mischung von antikem und altgermanischem Götter=
glauben bezw. Aberglauben voraus.

Wirksamen Schutz gab es für ihn überhaupt nicht mehr; wohl aber stand ihm eine Kirche gegenüber, die ihre feste, unwiderstehliche Organisation immer weiter über Land und Leute warf und damit das Heidentum an sich heranzog, um es zu vernichten. Nur von zufälliger Nachlässigkeit konnte dann noch aufs Ungewisse eine Frist gewonnen werden. Aber die Anordnungen Gregor d. Gr. bezeugen, daß man in der Kirche auf solche Nachlässigkeit aufmerksam geworden war. Andere suchten und fanden in der Maske des Christentums die Freiheit, den Göttern zu dienen. Jemand erschlich sich sogar die Priesterweihe, um mit desto größerer Sicherheit den alten Kult zu üben; neben seinen kirchlichen Funktionen vollzog er heidnische Funktionen vor einem versteckten Götter= bilde in seinem Hause.[1] Einen großen Teil der Schuld solcher Vorkommnisse trägt die Kirche. Denn sie hatte sich, wie bei Gregor d. Gr. grell hervortritt, auf den Standpunkt der Zwangstaufe gestellt.

Den Getauften war, nachdem sie in den kirchlichen Organismus eingegliedert und der Aufsicht des Klerikers unterstellt waren, die Möglichkeit genommen, eigentliche heidnisch=religiöse Akte öffentlich auszuüben. Desto zäher hielten sie an solchen Stücken, welche wohl religiösen Ur= sprungs waren, aber entweder nicht mehr die offenbaren Kenn= zeichen ihrer Herkunft an sich trugen oder in Rücksicht auf die neue Religion gewisse Abzüge erfahren hatten. Zu dieser Gruppe zählt die große Summe von Bräuchen, welche wichtige Ereignisse des Lebens, Geburt, Hochzeit, Begräbnis begleiten,

---

[1] Gregor M. Epist. X, 4 (II, 1044). Gregor bezeichnet diesen Presbyter Sisinnius als idolorum venerator ac cultor: in seinem Hause habe er quoddam idolum.

und eine Anzahl volkstümlicher Feste, wie die Luperkalien in
Rom und die beliebte Feier der Kalenden des Januar. Die
Kirche hat diese Dinge zum Teil geduldet, zum Teil an=
dauernd bekämpft. Besonders waren ihr die ausgelassenen Volks=
lustbarkeiten an den Januarkalenden, die mit kirchlichen Ord=
nungen, z. B. dem Fastengebote, in Konflikt standen, ein
Gegenstand eindringlicher Verwarnung.[1]) Diese Anstren=
gungen nehmen sich freilich kleinlich aus, gemessen an den
Kämpfen der Kirche mit dem Heidentum im vierten Jahr=
hundert. Indes man sieht daran, daß das Heidentum der
Kirche auf ihrem eigenen Gebiete noch Mühe machte, nachdem
es draußen längst überwunden war.

Ruhmlos ist das Heidentum untergegangen. Wohl er=
weckt eine Reihe von Männern, die sich mit Aufrichtigkeit
und Begeisterung zu Vorkämpfern der unterdrückten, rechtlos
gemachten Religion aufwarfen, Achtung, vielleicht auch Be=
wunderung, aber hinter ihnen stand eine träge Masse, die
gar keine oder nur unzureichende Empfindung hatte für die
große Frage der Zeit. Augustinus ist im Recht, wenn
er, die Glaubensfreudigkeit und Standhaftigkeit der christ=
lichen Märtyrer mit der Haltung der Heiden vergleichend,
fragt: „Wer unter ihnen hat, wenn er bei dem gesetzlich ver=
botenen Opfer ertappt wurde, nicht geleugnet? Wer unter

---

[1]) Daher die zahlreichen Bezüge auf die Kalenden des Januarius
bei den Predigern und theologischen Schriftstellern jener Zeit, z. B.
Maxim. v. Tur. Hom. XVI (Migne t. 57, 257 f.); XXI (S. 270);
CIII (S. 491 f.); Sermo VI (S. 345 f.) und sonst; dann der oben
(S. 430 Anm. 2) erwähnte pseudoaugustin. Sermo de Kalendis
Januariis; Martin v. Bracara a. a. O.; die Homilia de sacri=
legiis (S. 429) u. s. w. Die Januarkalenden und die Divination sind die
in der spätern Polemik am meisten hervortretenden Punkte.

ihnen hat, wenn er bei der Anbetung eines Idols ergriffen
wurde, nicht mit lauter Stimme gerufen: ich habe es nicht
gethan! und ist bange gewesen, daß man ihn überführen
möchte? Solche Jünger hat der Teufel gehabt." [1]

[1] August. In Ps. 140 (IV, 1574).

# Zweites Kapitel.

## Die Zeit Justinians.

Im oströmischen Reiche behauptete der Hellenismus noch eine hervorragende geistige Bedeutung zu einer Zeit, als er im Abendlande bereits auf die untern Bevölkerungs=klassen sich zurückgezogen hatte, und gerade darin besaß er ein Mittel, in die mittlern und obern Schichten der Gesell=schaft immer wieder seinen Weg zu finden und sich festzu=wurzeln. Die Achtung vor der nach dem göttlichen Plato sich nennenden Philosophie war noch im fünften Jahrhundert so groß, daß man das heidnisch=religiöse Gewand, in welchem dieselbe in die Öffentlichkeit trat, ertragen zu müssen glaubte. Doch geht neben dieser rücksichtsvollen Schonung des philosophischen Heidentums eine rastlose und erbitterte Ver=folgung des gemeinen Götzendienstes.

Drei Mächte wirkten zusammen, die alte Religion, so=weit sie noch in wirklichem, sei es öffentlichen, sei es ver=stecktem Kultus vorhanden war, zu zerreiben: die Kirche, der Staat, das Barbarentum. Von den Bemühungen der Kirche war bereits die Rede; sie treten in den Geschichtsdenkmälern wenig hervor, aber die Beobachtung, daß die bischöfliche Organisation des Landes sich im fünften Jahrhundert auf=fallend rasch ausbreitet und plötzlich in Gebieten durch=

geführt erscheint, in denen vorher davon kaum noch etwas
zu bemerken war [1]), giebt zu denken und weist mit Be=
stimmtheit auf eine zielbewußte und kraftvolle Pro=
paganda hin.

Am langsamsten kam die Christianisierung in dem eigent=
lichen Griechenland vorwärts. Auf diesem echt klassischen
Boden waren, wie in Rom, vaterländische Erinnerungen
und Götterglaube fest ineinandergewachsen, und zahlreiche
Denkmäler und Orte erinnerten unaufhörlich an die glänzen=
den Zeiten des heidnischen Griechenlands. Wohl empfand
man es als einen schmerzlichen Verlust, daß im Jahre 393
die olympischen Spiele zum letztenmale gefeiert [2]) und den
Tempeln und öffentlichen Gebäuden fortwährend wertvolle
Kunstwerke entzogen und nach der Hauptstadt am Bosporus
oder sonstwohin geschafft wurden [3]), indes standen am Ende
des vierten Jahrhunderts noch zahlreiche Heiligtümer un=
versehrt, und manche unter diesen sahen, den staatlichen Ge=
setzen zum Trotz, noch eine feiernde Menge. Da trat im
Jahre 395 eine furchtbare Katastrophe ein.

Im Herbst nämlich dieses Jahres setzte sich Alarich von
Thessalien aus gegen Griechenland in Bewegung. Den
schwachen Widerstand, der sich ihm entgegenstellte, über=
wältigend, drang er in Achaja ein. Athen war so glücklich,

<hr />

[1]) Vgl. Hertzberg, Geschichte Griechenl. unter der Herrschaft
der Römer. 3. Teil S. 437 ff. Die nähern Nachweise werden von
mir im zweiten Bande gegeben werden.

[2]) Cedren. Hist. comp. S. 573. Die Aufhebung fand unter
Theodosius d. Gr. statt. Der letzte geschichtlich bekannte Sieger zu
Olympia ist der armenische Arsakide Varaztad (Moses Choren.
III, 40).

[3]) Hertzberg a. a. O. S. 378; 428 f.

28*

sich retten zu können: um so schwerer litt das Land. Die
alten Kunstwerke, Tempel und Profanbauten wurden niedergebrannt. Aus Achaja wälzten sich die Scharen nach dem
Peloponnes, um das Zerstörungswerk fortzusetzen. Mit
der blinden Wut roher Eroberer scheint sich ein bewußter
Haß gegen die Denkmäler und Kultstätten der alten Religion
verbunden zu haben.[1]) Eine größere Verwüstung hat
Griechenland nicht erlebt. Mit derselben Wucht, mit der
dieser Schlag den Wohlstand und die Kultur des Landes
traf, traf er den Götterglauben. Es war kein lebenskräftiges
Heidentum da, um auf diesen Trümmern neu zu bauen,
wohl aber eine kluge, missionseifrige Kirche, welche die Lage
auszunutzen verstand.

Die Raubzüge der Vandalen an der griechischen Küste
unter Leo I und die verderbliche Invasion der Bulgaren in
Makedonien, Thessalien und Epirus am Beginn des sechsten
Jahrhunderts müssen ähnliche Zustände geschaffen haben.
Also während im Abendlande das Barbarentum dem ein-
heimischen Götterglauben zu einer kurzen Frist verhalf, be-
schleunigte es in Griechenland seinen Untergang.

So wenig wie die Kirche hat in Ostrom die Regierung
je darauf verzichtet, den sich vollziehenden Untergang des
Heidentums zu beschleunigen. Durch staatliche Erlasse ist
die Bevölkerung des Reichs auch in dieser letzten Zeit mehrfach daran erinnert worden, daß der Götterglaube etwas
Ungesetzliches, Strafbares sei.

---

[1]) Zosim. V, 5 (vgl. Hertzberg a. a. O. S. 391 ff.). Aus
Eunap. Vita Maximi (S. 53 ed. Boisson.) gewinnt man den Eindruck, daß an diesem Zerstörungswerk auch Mönche beteiligt waren,
die sich im Zuge der Goten befanden.

So mußte unter der Regierung Zenos[1] der Neu=
platoniker Severianus auf die Anklage hin, daß er in Be=
ziehung auf das kaiserliche Haus divinatorische Opfer=
handlungen verrichte, Konstantinopel verlassen; ein anderer
Philosoph, Hierokles, der sich gegen Christen unziemlich be=
nommen hatte, wurde blutig gegeißelt.[2] Doch schritt die
Regierung gegen die heidnischen Vertreter des Neuplatonis=
mus damals immer erst dann ein, wenn eine besondere Ver=
schuldung vorlag. Der Kaiser Zeno selbst bezeugte dem
Neuplatoniker Pamprepius die höchste Achtung und bemühte
sich persönlich, ihn für das Christentum zu gewinnen.
Pamprepius blieb indes standhaft, und die Standhaftigkeit
hat ihm keinerlei Beschwerde eingetragen.[3] Der Kaiser
Anastasius erneuerte[4] im Jahre 505 in Beziehung auf
eine bestimmte Funktion eine frühere Verordnung, welche
das orthodoxe christliche Bekenntnis als Bedingung für
Bekleidung öffentlicher Ämter forderte; Justin I wieder=
holte sie im weitesten Umfange.[5] Denn denen, so heißt
es in der betreffenden Verfügung, welche Gott nicht in
rechter Weise verehren, muß auch der Genuß menschlicher

---

[1] Der Isaurier Zeno regierte 474—491.

[2] Suidas s. v. Σεβηριανός u. Ἱεροκλῆς.

[3] Suidas s. v. Παμπρέπιος. Er ist später nicht als Heide,
sondern als Landesverräter hingerichtet worden (Theoph. Chron.
S. 201).

[4] Cod. Justin. I, 4, 19: jubemus eos tantummodo ad
defensorum curam peragendam ordinari, qui sacrosanctis
orthodoxae religionis imbuti mysteriis hoc inprimis sub gesto-
rum testificatione, praesente quoque religiosissimo fidei orthodoxae antistite, per depositiones cum sacramenti religione
celebrandas patefecerint u. s. w.

[5] Cod. Just. I, 5, 12 (a. 527).

Güter vorenthalten werden. Die weltlichen Beamten sollen sich mit den geistlichen Würdenträgern vereinigen, den kaiser= lichen Willen durchzuführen. Doch sind in beiden Fällen die Häretiker das eigentliche Objekt dieser Verfügungen; das Heidentum kommt mit dem Judentum nur gelegentlich zur Erwähnung, nämlich nur insofern als es auch zu den Gemeinschaften gehört, welche von dem orthodoxen christlichen Bekenntnis abseits liegen. Man gewinnt hieraus nicht mehr als eine allgemeine Bestätigung der Thatsache der Fort= dauer des Heidentums im Ostreiche. Aber bald darauf über= mittelt uns dieselbe Gesetzgebung wertvolle Einzelheiten.

Am 1. August 527 folgte Justinian I seinem Oheim Justinus in der Regierung, die er schon längere Zeit mit jenem geteilt hatte. Die Herrschaft des thrakischen Bauern= sohnes ist durch ihre Fehler und Schattenseiten wie durch ihre glänzenden Erfolge und positiven Schöpfungen für das byzantinische Reich bedeutungsvoll geworden. Unter ihm schloß das Kaisertum den engsten Bund mit der rechtgläubigen Theologie und Kirche. Eine Frucht dieses Bundes sind die scharfen Ketzergesetze, in deren Umfang in vielen Fällen auch das Heidentum hineingenommen ist; handelte es sich doch darum, das Gebiet der Orthodoxie von allen andersartigen christ= lichen und außerchristlichen Bildungen genau abzugrenzen. Es wird wiederum daran erinnert, daß einem Nichtorthodoxen jegliches Amt — dabei wird ausdrücklich der Jugendunter= richt genannt — verschlossen bleibt; wer sich ein solches mit Heuchelei zu verschaffen gewußt hat, soll daraus entfernt werden.[1]) Vererbungen können nur an rechtgläubige Kinder

---

[1]) Cod. Just. I, 5, 18: — ὥστε τοὺς τὰ τοιαῦτα νοσοῦν- τας μήτε στρατεύεσθαι μήτε τινὸς ἀξιώματος ἀπολαύειν,

und Erwachsene stattfinden[1]); kein Hellene oder Jude oder
Samariter oder nicht Rechtgläubiger darf einen Christen als
Sklaven haben.[2] Nur ein orthodoxer Christ kann Auf=
nahme in die Armee finden; daher muß Jeder, der solches be=
gehrt, sich einer genauen Prüfung unterziehen.[3] Das Zeug=
nis eines Nichtorthodoxen gegen einen Orthodoxen hat keinen
gerichtlichen Wert.[4]

Alle diese und ähnliche Bestimmungen treffen wohl das
Heidentum oder nennen es namentlich, sind aber nicht aus=
schließlich, nicht einmal in erster Linie gegen dasselbe ge=
richtet. Doch nahm oder fand die Regierung auch Veran=
lassung, gegen den Hellenismus Spezialverfügungen zu
treffen. Es waren, scheint es, Klagen darüber eingelaufen,
daß die alte Religion an vielen Orten noch ungescheut in
ihrem Kultus fortdauere; gegenüber dem auf sie ausgeübten
Druck schlossen sich die Altgläubigen um so enger und fester

---

ἀλλὰ μηδὲ ἐν σχήματι διδασκάλου παιδείας διϑέν τινος
τὰς τῶν ἁπλουστέρων ψυχὰς εἰς τὴν ἑαυτῶν ἀνϑέλκειν
πλάνην καὶ κατὰ τοῦτο ποιεῖν αὐτοὺς ἀργοτέρους περὶ
τὴν ἀληϑῆ καὶ καϑαρὰν τῶν ὀρϑοδόξων πίστιν.

[1]) Cod. Just. I, 5, 19.

[2]) Cod. Just. I, 10, 2: Ἕλλην καὶ Ἰουδαῖος καὶ Σαμα-
ρείτης καὶ πᾶς μὴ ὢν ὀρϑόδοξος οὐ δύναται Χριστιανὸν
ἀνδράποδον ἔχειν, ἐπεὶ καὶ αὐτὸ ἐλευϑεροῦται καὶ ὁ κτη-
σάμενος δίδωσι τοῖς περιβάτοις λ΄ λίτρας.

[3]) I, 4, 20: Οὐδεὶς στρατεύεται, εἰ μὴ ἐν ὑπομνήμασι
μαρτυρηϑῇ ἐπὶ τριῶν ἐπὶ τῶν ἁγίων εὐαγγελίων Χριστιανὸς
ὀρϑόδοξος, συνισταμένης τῆς πράξεως παρὰ τῷ ἄρχοντι,
ἔνϑα μέλλει στρατεύεσϑαι, δύο νομισμάτων ὑπὲρ αὐτῆς δι-
δομένων u. s. w.

[4]) I, 5, 21 (a. 531).

zusammen. Durch Geldgeschenke und letztwillige Verfügungen
Einzelner wurden für die Erhaltung und den Betrieb der
väterlichen Sacra die Mittel beschafft. Was in den Erst-
lingszeiten die Christen sich gewesen waren, lernte jetzt das
Heidentum in seiner Bedrängnis; es bemühte sich, seine
Religion und sich selbst durch Liebesgaben zu erhalten.

In Rücksicht auf diese Erscheinung verfügte Justinian
eine genaue amtliche Untersuchung [1]), zu der auch die Bischöfe
herangezogen wurden; in besondern Fällen soll an die Person des Kaisers Bericht erstattet werden. Als bestimmten
Punkt hebt das Ausschreiben hervor, „daß Niemand sich
unterstehe, weder testamentarisch noch in einer andern Ge-
schenksform etwas an Personen oder Orte zur Unterhaltung
der Gottlosigkeit des Hellenismus zu hinterlassen oder zu
geben.“ Die Richter werden sich dabei nicht durch irgend
eine täuschende Formel irre leiten lassen. Wo solche Zuwendungen nachgewiesen sind, fallen sie den Städten zu, in
denen jene Personen oder Orte sich befinden, und sollen
für die allgemeinen städtischen Ausgaben verwendet werden.
Zum Schlusse bestätigt der Kaiser feierlich die Giltigkeit
aller gegen den Hellenismus erlassenen Gesetze.

Noch umständlicher beschäftigt sich ein zweiter Erlaß
mit dem Hellenismus, in welchem am klarsten, aber auch

---

[1]) I, 11, 9. Der Eingang: Προστάττομεν τοὶς ἡμετέρους
ἄρχοντας τοῖς τε κατὰ τὴν βασιλίδα πόλιν ταύτιν καὶ
κατὰ τὰς ἐπαρχίας διὰ πάσης χωρεῖν προθυμίας οἴκοθέν
τε καὶ παρὰ τῶν θεοφιλεστάτων ἐπισκόπων τὰ τοιαῦτα
διδασκομένους πάντα τὰ τῆς Ἑλληνικῆς θρησκείας ἀσεβή-
ματα νομίμως ἀναζητεῖν.

am schärfsten die Anschauung der Regierung zum Ausdruck
kommt.[1])

Immer noch, so wird gleich eingangs konstatiert, finden
sich Leute, „die in dem Irrtume der unheiligen und wider=
wärtigen Hellenen hangen und Dinge thun, welche den barm=
herzigen Gott zu gerechtem Zorn reizen müssen." In „unsin=
niger Verblendung" bringen sie den Idolen Opfer und feiern
Feste, „jeglicher Unheiligkeit voll." Der Kaiser will diese
Dinge nicht „unverbessert" lassen und verordnet zunächst,
daß diejenigen Christen, welche, obwohl sie die heilige und
errettende Taufe empfangen haben, dennoch im Wahnsinn
der Hellenen verbleiben, der Todesstrafe verfallen. Diejeni=
gen dagegen, welche noch nicht getauft sind, sollen sich selbst
zur Anzeige bringen und, sei es in der Hauptstadt, sei es in
der Provinz, mit Weib und Kind samt ihrer ganzen Haus=
genossenschaft zu den heiligen Kirchen sich begeben, den christ=
lichen Glauben kennen lernen und die Taufe empfangen.
Die, welche das versäumen, mögen wissen, daß sie an keinen
der Wohlthaten des Staates teilhaben, weder bewegliches
noch unbewegliches Vermögen besitzen können, sondern, jeglichen
Dinges beraubt, sollen sie in der Not belassen werden und
dazu noch die entsprechende Strafe erleiden.[2])

Bis zu diesem Punkt war die vorjustinianische Gesetz=
gebung noch nicht vorgedrungen. Wohl hatte sie die reli=
giösen Rechte des Heidentums ganz und die bürgerlichen
zum größten Teil beseitigt; doch blieb es Justinian vorbe=

---

[1]) I, 11, 10.

[2]) A. a. O.: — ἀλλὰ παντὸς ἁμαρτηθέντες πράγματος
ἐν ἐνδείᾳ καταλειφθήσονται πρὸς τῷ καὶ ταῖς ἁρμοδίαις
ὑποβληθῆναι ποιναῖς.

halten, die Anhänger des Götterglaubens in den Zustand völliger Rechtslosigkeit zu setzen. Sie stehen jetzt auf einer tieferen Stufe als die Sklavenschaft. Die Regierung giebt sie dem Elende preis; es bleibt ihnen nichts mehr als der Bettel, und hinter diesem steht noch eine Summe von Drohungen, welche die bürgerlichen Beamten und die Bischöfe im Namen des Kaisers in ihrer Hand hielten.

Aber als ob die Regierung selbst von diesen bedrohlichen Strafen nicht allzuviel Erfolg sich versprochen habe, so faßte sie jetzt auch die Schulverhältnisse ins Auge. Richtig erkannte sie, daß der Schulunterricht ein wichtiges Moment in dem Kampfe gegen den Hellenismus sei. Es war leicht, hier einzugreifen, denn neben den vom Staate unmittelbar eingerichteten und unterhaltenen Anstalten gab es zahlreiche städtische Schulen, über welche die Regierung das Aufsichts= recht hatte, ganz abgesehen davon, daß die damalige Ver= fassung, welche die Kommunen vollständig der Gewalt des Staates unterordnete, einen gar nicht oder nur gering be= schränkten Einfluß auf städtische Institute ermöglichte. In der Lehrerschaft der höheren, mittleren und niederen Schulen war das religiöse Bekenntnis ein gemischtes, obwohl das christliche Bekenntnis weit überwog. Denn auf dem Gebiete des Wissens und des Unterrichts hatte das Heidentum eine thatsächliche Toleranz sich behauptet. In der Kirche mag der Einfluß heidnischer Lehrer schon längst übel empfunden worden sein; vielleicht hat sie damals ihre Wünsche vor Justinian gebracht. Jedenfalls kam dieser der Stimmung der Kirche entgegen.

In dem erwähnten Edikt heißt es: „Wir untersagen jeglichen Unterricht bei den an Wahnsinn der Hellenen krankenden Personen", damit diese nicht unter dem Vorwande

der Erziehung die schon vordem in den göttlichen Wahrheiten
unterrichteten Seelen verderben. Auch sollen sie nicht aus
den öffentlichen Speisegeldern Bezüge haben, wennschon sie
sich dabei auf irgend einen Rechtstitel berufen.[1]

Den heidnischen Lehrern wird also zwar nicht der Unter=
richt selbst genommen, nur verbietet der Staat seinen recht=
gläubigen Unterthanen die Teilnahme an diesem Unterricht
und entzieht den Lehrern die staatlichen Gehälter. In Wahr=
heit aber war damit die Wirksamkeit der heidnischen Lehrer
so gut wie aufgehoben. Leider werden bestimmte Klassen
von Lehrern nicht namhaft gemacht. Doch darf man an=
nehmen, daß sämtliche öffentlich Lehrende, von den Elemen=
tarlehrern der Grammatik an bis hinauf zu den Rhetoren
und Philosophen, gemeint sind.[2]

Darauf wiederholt der Kaiser, daß die, welche nicht zu
den Kirchen „eilen", den geziemenden Strafen verfallen, ihres
Vermögens beraubt und „dem Elende preisgegeben werden"
sollen. Auf Opferhandlungen und alle Vergehen der Idolo=
latrie steht der Tod, wie auf Zugehörigkeit zum Manichäismus.
„Denn daß jene (die Heiden) den Manichäern gleich zu achten
seien, ist unsere Meinung." Von neuem wird dann zu
eiligem Vollzug der Taufe bei Kindern und Erwachsenen er=
mahnt. Sollten Einige nur aus dem Grunde, um eine

---

[1] A. a. O.: πᾶν δὲ μάθημα παρὰ τῶν νοσούντων τὴν
τῶν ἀνοσίων Ἑλλήνων μανίαν διδάσκεσθαι κωλύομεν — — —
μηδὲ ἐκ τοῦ δημοσίου σιτήσεως ἀπολαύειν αὐτούς, οὐκ
ἔχοντας παῤῥησίαν οὐδὲ ἐκ θείων γραμμάτων ἢ πραγματι-
κῶν τύπων τοιούτου τινὸς ἄδειαν αὐτοῖς ἐκδικεῖν.

[2] Über die verschiedenen Klassen und die Besoldung der Lehrer
vgl. Kuhn, Die städt. u. bürgerl. Verf. d. röm. Reichs I S. 84 ff.

Stellung im Heere oder in der Beamtenschaft zu erlangen, heuchlerisch sich der Taufe unterziehen wollen oder unter= zogen haben, während ihre Frauen und Kinder und die übrigen Hausgenossen daheim im heidnischen Irrtum ver= harren, die sollen kein Amt empfangen im Staate, ja ge= bührend bestraft werden als solche, „die offenbar nicht mit aufrichtigem Glauben die heilige Taufe empfangen haben."

Der ausführliche Erlaß stellt die Thatsache fest, daß damals im byzantinischen Reiche noch erhebliche Reste des Heidentums sich erhalten hatten, die ihre Existenz auf zwie= fache Weise behaupteten, durch Verborgenheit und durch Heuchelei. Gerade letztere scheint eine große Rolle gespielt zu haben; in den militärischen und bürgerlichen Ämtern müssen zahlreiche Altgläubige sich befunden haben, die ent= weder auf dem Wege der Taufe oder sonstwie dahin gelangt waren. Wir wissen, daß gerade damals, unmittelbar vor Veröffentlichung jenes Edikts, der Regierung überraschende Thatsachen dieser Art zur Kenntnis kamen. Mehrere hoch= stehende Personen, darunter auch Beamte, wie der Exreferen= darius Macedonius, der Quästor Thomas, der Patrizier Photas, ein gewisser Pegasius mit seinen Söhnen, wurden als „Hellenen" denunziert und zum Teil hingerichtet; ihr Vermögen zog der Staat an sich.[1] Die genauere Unter= suchung ergab, daß Viele, die als Christen galten, heimlich noch Opfer und „andere unheimliche Verrichtungen" vollzogen.[2] Diese Entdeckungen riefen in der Bevölkerung eine große Bestürzung hervor; man sah sich unerwartet vor Thatsachen

---

[1] Malal. XVIII (S. 449); Theophan. I, 276; kürzer Leo Gramm. S. 125 u. Cedren. I, 642.
[2] Procop. Hist. arcana c. 11 (III, 76 ed. Bonn.).

gestellt, an deren Wirklichkeit man kaum noch glauben konnte.
Die Regierung ihrerseits formulierte das genannte Edikt,
welches in allen Städten allgemein bekannt gegeben wurde[1]),
und ließ es mit Strenge durchführen, so daß man den Eindruck einer „großen Verfolgung" des Hellenismus gewann.
Die Kirche unterstützte bei diesem Werke bereitwillig den
Staat. Ein angesehener kleinasiatischer Bischof Johannes
bereiste im Jahre 532 im Auftrage Justinians mehrere kleinasiatische Provinzen zu dem Zwecke, unter den noch vorhandenen Heiden Mission zu treiben, natürlich mit dem kaiserlichen Edikte in der Hand. Derselbe will, nach seiner eigenen
Angabe, 70,000 Personen der Kirche zugeführt haben; 41
Gotteshäuser bauten sich diese Bekehrten aus eigenen Mitteln,
55 ließ ihnen Justinian aufrichten und beschenkte sie außerdem freigebig mit silbernen und ehernen Gefäßen, heiligen
Schriften und linnenen Taufkleidern.[2]) Der Bericht über
diese Propaganda giebt leider keine Auskunft darüber, welcher
Klasse der Bevölkerung die Getauften angehörten; die hohe
Zahl und noch mehr die kaiserlichen Zuwendungen weisen
auf bäuerliche Kreise.

Die Motive, welche Justinian zu diesen Schritten bestimmten, waren religiöse und hängen eng zusammen mit der
ihn beherrschenden Idee, „die Millionen seiner Unterthanen
mit Güte oder Gewalt zu der großartigen Monotonie jener
Form christlicher Orthodoxie zu gewinnen, der er als leidenschaftlicher Theologe sich selbst angeschlossen hatte." Wenn
die bei der Heidenverfolgung verlockend sich darbietende Ge-

---

[1]) Malal. a. a. O.: — ὅστις θεῖος τύπος ἐνεφανίσθη
ἐν πάσαις ταῖς ἑῴτικαῖς πόλεσιν.

[2]) Assemani, Bibl. orient. II S. 85.

legenheit, durch Konfiskation des Eigentums der Schuldigen die darniederliegenden staatlichen Finanzen aufzubessern, gründlich ausgenutzt worden ist, so darf darin doch nicht der Ausgangspunkt jener Prozesse und Verurteilungen gesucht werden.

Was den Charakter dieser Religionspolitik anbetrifft, so entdeckt man in ihr dieselbe Anschauung, welche Gregor d. Gr. in seinem Verhalten zum Heidentume leitete. Das Recht, die Anhänger der alten Religion zur Taufe zu zwingen, steht ihr unzweifelhaft fest; die Mittel, dieses Recht zur Durchführung zu bringen, bestimmten sich nach den Verhältnissen: Justinian versuchte durch völlige Entrechtung, Gregor durch Steigerung der Frohnden die Widerspenstigen willig zu machen.

Eine besondere geschichtliche Bedeutung haben die Maßnahmen Justinians gegen die philosophische Schule zu Athen. Die Lehrstühle daselbst waren fast ausschließlich im Besitz heidnischer Neuplatoniker, die ihren Unterhalt aus uralten Stiftungen bezogen. Wenn gegen Ende des vierten Jahrhunderts Synesius von Kyrene das scharfe Urteil aussprach, Athen habe von seiner alten Herrlichkeit nichts mehr als leere Namen, die Philosophie sei fortgezogen; jetzt sei die Stadt nur noch durch ihre Honigkrämer berühmt [1]), so war das nur halb wahr. Allerdings hat die allgemeine Entwickelung zum Christentume hin und die innere Auflösung der neuplatonischen Philosophie und vor allem die auf Grund eines umfassenden Plans und mit reichen Mitteln durchgeführte Neuordnung der Akademie zu Konstantinopel durch Theodosius II das einst berühmte Athen zurückgedrängt und mehr auf die Erinnerungen an seine frühere Herrlichkeit ange-

---

[1]) Synes. Epist. 136 S. 493.

wiesen, indes die tüchtigsten Vertreter der damaligen Philo=
sophie setzten ihren höchsten Ruhm darin, in Athen zu lehren.
Allerdings befand sich diese Philosophie im Stadium des Greisen=
alters. „Wenn man den Stand der neuplatonischen Wissenschaft
in der Schule des Proklus und die innere Unmöglichkeit ihrer
weiteren Fortbildung beachtet, so wird man darüber nicht in
Zweifel sein können, daß diese Schule untergehen mußte, auch
wenn ihre äußere Lage günstiger gewesen wäre, als sie seit dem
Siege des Christentums sein konnte." [1] Mit Schonung wurde
die ehrwürdige Akademie lange Zeit von den christlichen Kaisern
behandelt; die Bedrängnisse, in welche einzelne Philosophen
kamen, entsprangen aus zufälligen Verwickelungen [2] und hatten
mit dem Verhalten des Staates zu der Universität nichts
zu thun. Selbstverständlich unterstanden auch die akademi=
schen Lehrer den gegen den Götzendienst erlassenen Gesetzen:
davon wurde indes ihre heidnische Philosophie zunächst
nicht berührt.

Justinian griff in diese Verhältnisse mit gewaltsamer
Hand ein. Sein oben erwähntes Verbot, den Unterricht
eines heidnischen Lehrers zu genießen, ist als der einleitende
und vorbereitende Schritt zu der tief einschneidenden Maß=
regel zu betrachten, welche er über die Universität Athen
verhängte: im Jahre 529, wie es scheint, traf in Achaja der
Befehl ein, daß in Zukunft in Athen Niemand mehr
Philosophie lehren solle. Zugleich wurde die Einziehung

---

[1] Zeller, Die Philosophie d. Griech. III, 2, 849.

[2] Schon Proklus hatte mancherlei Gefahren zu bestehen, worüber
Marinus, Vita Procli c. 15 (vgl. auch c. 29); Marinus selbst
flüchtete einmal nach Epidaurus (Damasc. Isid. 277; vgl. 228) und
Hegias hatte wegen seiner Anhänglichkeit an den alten Kultus zahl=
reiche Feinde (Suidas s. v. Ἡγίας).

des Stiftungsvermögens angeordnet.[1]) Es ist zweifellos, daß
damit die den Götterglauben bekennende philosophische Schule
vernichtet werden sollte; wertvoll wäre es, die genauere und
unmittelbare Veranlassung dieser Verfügung zu wissen. Denn
es ist wohl anzunehmen, daß ganz bestimmte Vorkommnisse
den Gedanken nahegebracht haben. Überhaupt liegt das
Ende der athenischen Universität im Dunkel. Wir wissen
nur die Thatsache. Ein Teil der Professoren[2]) wanderte
nach Persien aus, wo sie bei dem Könige Khosru Nuschirvan
Gunst und Brot zu finden hofften. Doch kehrten sie bald
enttäuscht zurück, nachdem ihnen in dem Friedensschlusse
zwischen Persien und Ostrom im Jahre 533 Religionsfrei=
heit zugesichert war.[3]). Wie haben die Zurückgebliebenen
ihre religiöse Freiheit behauptet? Wie stellte sich der Staat
zu den sonst im Reiche lehrenden Neuplatonikern, besonders
zu der alexandrinischen Akademie? Auf diese und andere
Fragen geben uns die Quellen keine Antwort.

Es ist von vornherein anzunehmen, daß die Maßnahmen
Justinians, wie umfassend und scharf sie auch waren, das
Heidentum wohl einschüchterten und schwächten, aber doch

---

[1]) Malal. S. 187 (a. 529): ἐπὶ δὲ τῆς ὑπατείας τοῦ
αὐτοῦ Δεκίου ὁ αὐτὸς βασιλεὺς θεσπίσας πρόσταξιν ἔπεμψεν
ἐν Ἀθήναις, κελεύσας μηδένα διδάσκειν φιλοσοφίαν μήτε
νόμιμα ἐξηγεῖσθαι. Dazu Procop. Hist. arc. c. 26; Zonar.
XIV, 6. Das Jahr 529 steht nicht absolut fest, ist aber wahrscheinlich).

[2]) Die Namen bei Agathias II, 30 f.

[3]) Agath. c. 31; wonach im Friedensvertrage festgesetzt wurde:
τὸ δεῖν ἐκείνους τοὺς ἄνδρας εἰς τὰ σφέτερα ἤθη κατιόντας
βιοτεύειν ἀδεῶς τολοιπὸν ἐφ' ἑαυτοῖς, οὐδὲν ὁτιοῦν πέρα
τῶν δοκούντων φρονεῖν ἢ μεταβάλλειν τὴν πατρῴαν δόξαν
ἀναγκαζομένοις.

nicht beseitigten. In der That treten in der Folgezeit noch
vereinzelte Spuren desselben hervor[1]); doch allmählich ver=
lieren sie sich, und die Geschichte des Götterglaubens schließt
im Ostreich in derselben Weise ab wie im Westen, das heißt,
das eigentlich Idololatrische schwindet, das Übriggebliebene
aber sinkt zum Werte des Aberglaubens herab. Bezeichnend
für diesen Abschluß der Entwickelung ist das Concilium
Trullanum vom Jahre 692, welches vom Götzendienst nichts
mehr weiß, wohl aber eine ganze Summe hellenischen Aber=
glaubens und hellenischer Gebräuche bekämpft.[2]) Der letzte
Zeitpunkt, bis zu welchem wir im griechischen Reiche die
Fortdauer des alten Götterglaubens in organisiertem Kultus
verfolgen können, ist das neunte Jahrhundert. Von jener
Zeit wird uns berichtet, daß es Basilius dem Macedonier
gelang, die tapfern Nachkommen der Eleutherolakonen, die
Maniaten in dem südlichen Teile des Taygetos, zur Taufe
zu zwingen.[3]) Doch auch diese waren nicht mehr Träger des
reinen Hellenismus, sondern schon mit slavischen Elementen
vermischt. So verliert sich auch hier der Hellenismus im
Barbarentum.

---

[1]) 3. vgl. Evagrius, H. E. I, 11; V, 18; Cedren. I, 692:
Theophyl. I c. 11.
[2]) Kan. 61. 62. 71. 94.
[3]) Constant. Porphyr. De admin. imp. c. 50 (III, 224).

# Drittes Kapitel.

## Rückblick.

Durch ein denkwürdiges Reskript entzog einst Trajan dem Christentum im römischen Reiche das Existenzrecht, welches bis dahin der neuen Religion in Unkenntnis ihres Wesens stillschweigend bewilligt worden war. Zwei Jahrhunderte hindurch ist diese Entscheidung für das grundsätzliche Verhalten des antiken Staates zum Christentum maßgebend gewesen und hat die Voraussetzung der gewaltthätigen Verfolgungen gebildet. Erst das Mailänder Religionspatent schuf die Lage um: es führte das Christentum aus dem Zustand der Rechtlosigkeit heraus und gab ihm die begehrte staatliche Duldung.

Damit war äußerlich der Friede zwischen den beiden hadernden Religionen hergestellt, aber in Wirklichkeit trug jenes Schutzedikt den Zündstoff neuer Konflikte in sich, die bald in die Erscheinung traten. Denn das der einen Religion zugestandene, scheinbar gerechte Privilegium bedeutete einen Rechtsverlust der anderen Religion, die nun gezwungen ist, das Gebiet des Weltreichs mit dem Christentum zu teilen. Die persönliche Haltung Konstantins in der Religionsfrage hat das Hervortreten dieser Konflikte beschleunigt, die eine heidenfreundliche Regierung möglicherweise noch um einige Jahrzehnte hätte zurückhalten können. Der geschicht- liche Verlauf hat es thatsächlich so gefügt, daß das angeb- liche Toleranzedikt der Ausgangspunkt immer intensiver sich gestaltender Bedrückungen des Heidentums wurde.

Diese Bedrückungen gehen zugleich vom Staate und von der Kirche aus. Die Kirche hat anfangs den Kampf in der Weise geführt, in welcher sie seit längerem sich heimisch fühlte, nämlich mit literarischen Mitteln. Noch in einer Zeit, als die weltliche Regierung ihre Gewaltmaßregeln gegen die alte Religion in rücksichtslosester Form durchführte, ist sie mit wissenschaftlicher Bestreitung und Belehrung abwehrend und einladend an das Heidentum herangetreten. Obwohl die Versuchung groß war, hat sie sich verhältnismäßig doch erst spät von dem Staate auf denselben verkehrten Weg hin- reißen lassen. Freilich nicht da liegt ihre größte Schuld, sondern vielmehr in der Thatsache, daß sie das gewaltsame Vorgehen des Staates nicht nur nicht gehindert oder auch nur ermäßigt, sondern sogar gefördert hat. Denn der Ein- fluß der Kirche im öffentlichen Leben war schon unter Kon- stantin ein solcher, daß eine einmütige und entschiedene Ein- sprache vom Staate nicht ganz außer Rücksicht gelassen worden wäre. Es scheint aber nicht einmal der Gedanke daran bestanden zu haben. Wie ist das zu erklären?

Die Wahrheit, wenn sie sich wirklich voll und ganz als Wahr- heit fühlt, neigt stets zur Intoleranz. Die Christenheit lebte aber in dem absoluten Wahrheitsbewußtsein. Die Kehrseite war eine tiefe Verachtung und scharfe Abneigung gegen das Heiden- tum. Wenn die Reaktion des christenverfolgenden Heiden- tums aus der Empfindung verletzter Pietät hervorgewachsen ist, welche die schroffe Abweisung der Göttergestalten und

29*

der Götterbilder und den rücksichtslosen Hohn darüber nicht
dulden konnte und wollte, so war hier das übermächtige Ge=
fühl des ausschließlichen Wahrheitsbesitzes der nicht ruhende
Antrieb ungerechten Handelns gegen das Heidentum. Die
Weltüberwindung war den Gläubigen von dem Herrn selbst
und seinen Aposteln zugesichert und von ebenderselben Seite
die einzige Wahrheit und damit das einzige Recht der neuen
Gottesoffenbarung ausgesprochen worden. Dieser Glaube be=
herrschte die apostolische Zeit, als das Christentum, äußerlich
angesehen, noch nichts bedeutete; er beherrschte die Ver=
folgungszeit, wo die Erfahrungen der Gegenwart das Gegen=
teil zu weissagen schienen; um wie viel mehr mußte er das
siegreiche, vom Staate widerwillig in Schutz genommene,
bei dem Kaiser und in der Welt angesehene Christentum
beherrschen.

Vergleichungen zwischen der frühern und der spätern
Lage sind damals nicht selten angestellt worden: ihr Er=
gebnis war stets der Christenheit günstig. Man redete sich
ein, daß ein körperlicher Zwang, wie er in den Christen=
verfolgungen üblich war, oder gar die Todesstrafe um des
religiösen Bekenntnisses willen nicht mehr stattfinde. Das
ist richtig; der christliche Gedanke erwies sich hier siegreich,
aber doch nur bis zu einer gewissen Linie. Denn die
Todesstrafe fehlt wenigstens als Drohung nicht, und die
Verwüstung der Tempel und Altäre, die Auflösung der
priesterlichen Ordnungen und Korporationen, die Einziehung
des heiligen Besitzes und der Staatszuschüsse waren Ge=
waltmaßregeln, welche das Prinzip der Toleranz verletzten.
Der heidenverfolgende Staat hat vor dem christenver=
folgenden Staate das voraus, daß die Vernichtung der alten
Religion zwar nicht ohne Gewalt, aber im allgemeinen

schonender und in langsamer Steigerung der Maßnahmen
vollzogen wurde. Die furchtbaren Blutedikte und Blutscenen
fehlen ganz.

Andererseits läßt sich kaum vorstellen, wie der christliche
Staat mit den Grundsätzen strengster Toleranz seine Auf=
gabe hätte lösen wollen. Nachdem einmal das Heidentum
als etwas in der geschichtlichen Entwickelung Hinderliches er=
kannt und durch die Erfahrung als überlebt und untüchtig
erwiesen war, lag es im höchsten Interesse des Staates, das
Ende der absterbenden Religion möglichst zu beschleunigen.
Was ferner in der neuen Zeit lebenskräftig war, befand sich
in Widerspruch und Gegensatz zu dem Heidentum, und ein
solcher Antagonismus war dem Staatswesen nicht förderlich.
Es mußte daher als eine ernste Pflicht erscheinen, diese Hemm=
nisse, die Trümmerstücke einer überwundenen, untergehenden
Welt, möglichst schnell zu beseitigen. Das forderte das
Staatswohl. Dieses aber hat stets ein größeres Recht als
irgend eine Doktrin. Die religiöse Differenz kam hinzu, um
diese Auffassung zu erhalten und zu festigen.

In Konstantin erscheinen diese beiden Momente, das
staatliche und das religiöse Interesse geeint. Seine welt=
geschichtliche Größe besteht darin, daß er seine Zeit verstand.
Für ihn war nicht zweifelhaft, welcher der beiden Religionen,
die er im Kampfe miteinander vorfand, die Zukunft gehöre.
In seiner Person und in seinem Principate endet im römi=
schen Staatstum eine alte Religion und hebt eine neue an.
Er hat zugleich den richtigen Weg gefunden, auf welchem
der Staat durch die gefährliche Krisis schadlos hindurchgehen
konnte. Es läßt sich nicht absehen, zu welchen Erschütte=
rungen es geführt haben würde, wenn statt Konstantin die

leidenschaftliche Politik des Konstantius den Krieg gegen das Heidentum eröffnet hätte. Konstantin hat den Grund gelegt, auf welchen die Folgezeit bauen konnte. Er hat als der Erste dem Heidentum die Kenntnis erschlossen, daß es von dem Staate nichts mehr zu erhoffen habe; er ist der erste Kaiser auf dem Throne des Weltreichs, der die alte Religion öffentlich mit Verachtung behandelt und die neue empfiehlt. Sein Ziel war die Beseitigung des Heidentums, aber auf dem Wege allmählicher Zertrümmerung.

Die Religionspolitik der nachfolgenden christlichen Herrscher zeigt manches Schwanken, indem politische Verwickelungen und sonstige außergewöhnliche Vorkommnisse, die unter Konstantin fehlten, störend einwirkten. Der Kampf ist bald mit größerem, bald mit geringerem Nachdruck geführt worden. Doch ist in allen diesen Wechselfällen und Ungleichheiten die Richtung auf das Ziel immer wieder gefunden worden. In der That hätte eine Regierung, die jenes Ziel aufgegeben hätte, sich selbst aufgegeben. Denn in jenem Ziele lag die Zukunft des Reichs. Wenn zugestanden wird, daß für die griechisch-römische Menschheit die alte Religion nutzlos und hemmend geworden war, so wird damit die Notwendigkeit der Vernichtung derselben zugestanden. Der Staat hat zwei Jahrhunderte gebraucht, um bis zu diesem Punkte zu gelangen, ein Beweis, daß dieser Religionskampf im Großen und Ganzen mit Schonung und Geduld geführt worden ist. Einzelne Ausnahmen heben diesen Schluß nicht auf.

Widerstandswille und Widerstandskraft des Heidentums treten nur an vereinzelten Punkten hervor. Die alte Religion ist fast ganz ohne große Momente untergegangen; da

mit bezeugte sie ihre eigene Unfähigkeit, den an sie Glau=
benden noch etwas sein zu können. Unter den Wirkungen
der kaiserlichen Religionspolitik im Bunde mit der Arbeit
der Kirche und an ihrer eigenen Schwäche und inneren Halt=
losigkeit ist sie ruhmlos abgestorben.

---